평생교육론

강유정 · 신연희 · 장기덕 · 최성열

창지사

머리말

현대사회는 급진적인 과학문명과 기술의 발달로 예측 불가능의 불확실한 시대가 전개되고 있으며, 노동의 시간과 양을 중시하는 근대사회와 달리, 현대사회에서는 정보와 지식, 창의력 등이 사회의 기본적 가치가 된다. 따라서 이러한 사회적 흐름을 슬기롭게 극복해나가기 위해 현대인들은 교육을 '요람에서 무덤까지' 계속되어야 할 삶의 중요한 양식으로 이해하고 있다. 즉 '평생학습사회' 혹은 '열린학습사회'의 구축을 통해 사회전체의 교육력, 학습력을 제고하는 평생교육이 점차 중요해지고 있는 것이다.

평생교육은 전통적인 기존의 교육체제에 대한 하나의 근본적인 도전으로서 현실적인 의미를 지니며 교육의 모든 형태, 모든 내용, 모든 대상, 모든 방법에 걸치는 광범하고도 다양한 포괄적인 복합개념으로 발전하고 있다. 즉 교육개념의 광역성과 통합성, 교육시기의 계속성과 항상성, 교육대상의 평등성과 전체성, 교육접근방식의 다양성과 상대성 그리고 교육체제의 개방성과 탈정형성을 개념적 특성으로 하는 교육이념으로서, 이는 기존의 교육이념과 체제에 대한 새로운 교육의 패러다임(paradigm)이다. 따라서 평생교육은 교육 형태상으로는 형식, 비형식, 무형식교육을 포괄하는 총체적 이념이며, 궁극적으로는 학습자의 자율적 학습수행과 교육적 선택의 자유를 통한 학습권이 보장되는 학습사회를 지향하는 개념이다.

허친스(R. M. Hutchins, 1968)는 평생학습사회를 "모든 성인들에게 인생의 모든 단계에서 시간제(part-time) 교육 기회가 제공될 뿐만 아니라 학습, 자기실현, 인간형성을 지향하여 온갖 제도를 그 목적 달성을 향하도록 가치전환을 이룩하는 사회"로 정의하고 있다. 이제 현대사회에서의 교육은 장소와 시간을 초월하여 언제 어디서든지 자유롭게 학습할 수 있는 사고로 전환되어야 한다. 교육은 더 이상 교육을 위한 교육이 아니라 삶을 위한 교육, 생존을 위한 교육으로 전환되어야 하며, 단순히 지식을 쌓아가는 학습에서 생활에 적용할 수 있는 실용지식을 배워가는 학습으로 전환되어야 한다.

결론적으로, 평생학습은 21세기를 새롭게 열어갈 열쇠이며, 새롭게 제시되는 도전들에 대응할 수 있는 도구이기도 하다. 평생교육과 평생학습이 세계적으로 강조되고 있는 시점에 평생교육론을 집필하게 된 것을 기쁘게 생각한다.

이 책은 총 3부, 13장으로 구성되어 있다. 1부 평생교육의 이해에서는 평생교육의 개념, 평생교육의 기본원리, 평생교육의 학문적 기초, 평생교육법, 평생교육사, 평생교육기관, 주요국의 평생교육에 대해 소개한다. 2부 평생교육의 실제에서는 지역사회의 평생교육, 노인 평생교육, 장애인 평생교육, 다문화 평생교육, 문해교육에 대해 살펴본다. 3부 평생교육의 과제에서는 미래 사회와 평생교육에 대해 탐색한다.

저자들은 이 책을 통하여 평생교육을 전공하는 학생, 평생교육사 자격증을 취득하고자 하는 학습자, 평생교육기관에 근무하는 현장실무자 등이 평생교육의 기본적인 흐름을 이해하여 평생교육의 이론과 실제를 종합적이고 통합적으로 구성할 수 있는 역량을 배양하고, 보다 많은 사람들이 평생교육에 대한 정확한 이해를 갖추길 바란다. 끝으로 본 책의 출판을 맡아주신 창지사 임직원 여러분께 감사의 마음을 전한다.

2023년 2월

저자 일동

Part 1.

평생교육의 이해

1장
평생교육의 개념

평생교육이라는 학문을 이해하기 위해서는 그 개념을 먼저 살펴보는 것이 중요하다. 따라서 이 장에서는 평생교육의 등장 배경, 정의, 특징, 필요성 그리고 평생교육과 유사한 개념들에 대해서 살펴보고자 한다.

1. 평생교육의 등장 배경

평생교육이라는 용어는 불어의 영구교육(L'Education Permanente)에서 시작되어 영어로는 평생교육(Lifelong Education)으로, 일본에서는 생애교육(Career Education)으로 불린다(김용현 · 김종표, 2017). 세계 2차 대전 이후 국민들의 높아지는 학습요구는 많은 국가들이 평생교육에 관심을 기울이게 하는 커다란 이유가 되었으며, 이로 인해 세계 교육기구인 UNESCO가 UN산하에 생겨나게 되었다. 이후 UNESCO를 중심으로 전개된 다양한 형태의 세계성인교육회의가 개최되었다. 즉, 1949년의 제1차 덴마크 엘시노어 회의, 1960년의 제2차 캐나다 몬트리올 회의, 1972년의 제3차 도쿄회의, 1985년의 제4차 파리 회의, 1997년의 제5차 독일 함부르크 회의가 개최되었다(나항진 외, 2015).

랑그랑(P. Lengrand)은 '평생교육'이라는 용어가 등장하게 하는데 결정적인 기여를 하였다. 그는 1960년 제2차 캐나다 몬트리올 회의의 의장으로서 UNESCO 사무국에 「평생교육(lifelong education)」이라는 연구보고서를 제출하였으며, 1965년 12월 프랑스 파리에서 UNESCO주관 '성인교육을 위한 국제회의'에서 기조논문을 발표하였다. 그의 기조논문은 발표 후 다음과 같은 내용으로 UNESCO 사무총장에게 하나의 건의 권고안으로 제출되었다.

> "UNESCO는 태어나서 죽을 때까지 인간의 일생을 통하여 행해지는 전체구조로 통합되는 교육의 과정을 만들어 실천에 옮길 수 있는 원리로서의 「평생교육」이라는 구상을 승인해야 한다. 그러기 위해서는 사람의 일생이라고 하는 시계열 차원의 수직적 통합과 개인 및 사회생활 전반에 걸친 공간적 측면의 수평적 통합이 이루어져야 한다."

이 권고안은 곧 평생교육을 세계적으로 확산시키고, 교육통합을 위한 교육개혁 지도이념으로 평생교육을 규정하는 계기가 되었다.

최근에는 유네스코와 OECD를 비롯한 다른 국제기구들이 '평생교육'의 용어를 평생학습(lifelong learning)으로 대체하였고 전 세계적으로 선호되는 추세에 있다. 교육에서 학습으로 용어가 변경된 것은 기존 교육이 학교나 대학에서의 형식교육에서 삶의 주기에 걸쳐 어떻게 학습이 지속되는지에 대한 관점의 변화를 반영한 결과라 할 수 있다(강은숙 외, 2021).

우리나라에서는 1973년 유네스코 한국위원회에서 '평생교육 발전을 위한 세미나'를 개최하여 평생교육의 발전과제에 대해 논의하였으며, 1977년에는 한국사회교육협회 주최의 '평생교육과 사회교육법'에 관한 전국 세미나가 개최되었고, 1978년에는 문교부 정책 연구과제로 '평생교육관계 보고서'가 제출되는 등 활발한 연구가 진행되어 왔다. 그 후 1982년에는 「사회교육법」이 공포되어 평생교육의 중요성이 인식되었으며, 1999년에는 「사회교육법」이 「평생교육법」으로 전부 개정되었고, 2000년 3월에 시행령이 공포되어 시행에 들어갔다. 2002년부터 정부는 5년 단위 계획으로서 평생교육진흥 종합계획을 수립하여 모든 국민이 언제 어디서나 평생학습을 누릴 수 있는 학습기본권을 보장함으로써 삶의 만족도를 높이고 일자리와 성장잠재력을 담보하는 가장 효과적이면서 기본적인 복지정책이라는 개념으로 자리 잡게 되었다.

〈표 1-1〉 UNESCO 국제성인교육회의 연혁

구분	제1차	제2차	제3차	제4차	제5차
개최연도	1949년	1960년	1972년	1985년	1997년
개최장소	덴마크 엘시노어	캐나다 몬트리올	일본 도쿄	프랑스 파리	독일 함부르크
참가국	25개국 총 79명	51개국 총 112명	85개국, 42개 국제기구 총 400여 명	전체 122개 회원국, 비회원국, 국제협력 기관 총 841명	전체 130개의 회원국, 비회원국, 국제협력기관, 협회, 비정부조직 총 1,570명
시대배경	제2차 대전 직후	탈식민지화	냉전	경제 상황의 악화	글로벌화
의의	성인교육 분야의 세계적인 결속과 국제 협력의 계기 마련	정책목표로서의 평생교육 이념의 강력한 대두	회원국의 성인교육 관계법규 제정, 정비와 각종 성인교육 활동 보급	학습권 선언 채택	교육권과 학습권
주제 및 특성	• 민주사회 건설을 위한 시민성 강조 • 직업교육을 제외한 자유교육 강조	• 변천하는 세계에서의 성인 교육 • 성인의 문맹퇴치 강조 • 평화와 성인교육간의 관련을 부각 • 기술교육의 필요성 강조	• 통합적 평생교육체제 속에서 성인교육의 지위 확립 • 교육의 민주화 · 경제사회적 진보와 더불어 문화 발전의 한 요소로서 성인교육의 역할 강조 외	• 성인교육 방향과 성인교육 발전을 위한 방법과 수단 모색 • 성인의 문해 강조 • 교육의 민주화와 평생교육 관점에서의 성인교육의 발달 등 논의	• 인간 중심 학습 및 반전 천명 • 미래의 성인학습을 위한 정책의제 • 성인학습: 21세기 지역변화의 권력강화 • 성인교육의 위상 및 역할정립 외

출처: 이희수 외(2000).

〈표 1-2〉 UNESCO 평생교육 주요사업 연혁

연도	내용
1949	제1차 세계성인교육회의 개최(덴마크 엘시노어)
1960	제2차 세계성인교육회의 개최(캐나다 몬트리올)
1962	성인교육국제위원회 개최(함부르크 유네스코 교육연구소)
1965	성인교육추진국제위원회 개최(Lengrand이 「평생교육에 관하여」라는 보고서 제출)
1968	제15차 유네스코 총회 '세계 교육의 해' 의제로 평생교육 채택
1971	교육발전국제위원회(포르위원회) 조직
1972	Faure의 「Learning to Be」 보고서 제출. 제3차 세계성인교육회의 개최(일본 도쿄)
1974	평생교육에서 고등교육의 역할에 대한 심포지엄 개최(모스크바)
1976	제19차 유네스코 총회에서 평생교육 발전을 위한 권고 채택(나이로비 권고)
1983	평생교육 원리의 적용에 관한 전문가 국제회의 개최(프랑스 파리)
1985	제4차 세계성인교육회의 개최(프랑스 파리)
1990	만인을 위한 교육세계회의 개최(유네스코, 유니세프, 유엔디피 공동 개최(태국 좀티엔)
1996	21세기 특별위원회 개최 Delors의 「Learning: The Treasure Within」 보고서 발간
1997	제5차 세계성인교육회의 개최(독일 함부르크)
2000	「세계교육보고서 2000」 발간. 주제: '평생교육을 지향하는 교육권'
2001	제56차 UN 총회 'UN 문해교육 10개년 계획(2003~2013): 모든 이를 위한 교육(Education for All)' 채택

2. 평생교육의 정의

인간은 원래 학습하는 존재이며 교육이 필요한 존재이다. 더욱이 오늘날과 같이 가속적으로 변화하고 있는 사회에 있어서는 태어나서부터 죽을 때까지 계속적으로 학습해야 하며 그에 따라 필수적으로 교육이 요구된다. 요람에서 무덤까지 계속되는 교육, 인간발달을 조장하고 생활의 질을 높이며, 바람직한 사회발전에 공헌할 수 있도록 조력하는 교육이 되어야 하는 것이다. 교육에 대한 이러한 생각이 바로 평생교육(lifelong education)의 개념이다(김수천, 1979). 평생교육은 전통적인 기존의 교육체제에 대한 하나의 근본적인 도전으로서 현실적인 의미를 지니며 교육의 모든 형태, 모든 내용, 모든 대상, 모든 방법에 걸치는 광범하고도 다양한 포괄적인 복합개념으로 발전하고 있다(오석연, 1980). 즉 교육개념의 광역성과 통합성, 교육시기의 계속성과 항상성, 교육대상의 평등성과 전체성, 교육접근방식의 다양성과 상대성 그리고 교육체제의 개방성과 탈정형성을 개념적 특성으로 하는 교육이념으로서, 이는 기존의 교육이념과 체제에 대한 새로운 교육의 패러다임(paradigm)이다. 따라서 평생교육은 교육형태상으로는 형식, 비형식, 무형식 교육을 포괄하는 총체적 이념이며, 궁극적으로는 학습자의 자율적 학습수행과 교육적 선택의 자유를 통한 학습권이 보장되는 학습사회를 지향하는 개념이다(최운실 외, 1995).

우리나라 평생교육법 제2조 제1항에 의하면, 평생교육이란 "학교의 정규교육과정을 제외한 학력보완교육, 성인 문자해득교육, 직업능력 향상교육, 인문교양교육, 문화예술교육, 시민참여교육 등을 포함하는 모든 형태의 조직적인 교육활동을 말한다"라고 정의하고 있다. 즉 우리나라 평생교육법에 나타난 평생교육의 개념 요소를 살펴보면 다음과 같다. 첫째, 평생교육은 학교의 정규교과과정을 제외한 교육활동이다. 둘째, 학력보완교육 등 모든 형태의 교육을 포함한다. 셋째, 조직적인 교육활동이다.

한편, 교육부(2000)에서는 평생교육을 다음과 같이 정의하고 있다.

첫째, 평생교육의 개념은 실정법상으로 광의, 협의의 두 가지 범주로 구분할 수 있다. 광의로는 학교교육과 학교 외 교육을 포괄하는 개념으로 사용되며, 협의로는 정규학교교육에 대비되는 학교 외 교육을 의미한다.

둘째, 평생교육법상의 평생교육은 '학교교육을 제외한 모든 형태의 조직적인 교육활동'으로 정의함으로써 협의의 개념으로 사용되고 있다. 즉 정규학교에서 행하는 정규교과학습을 제외한 학교 또는 학교 외의 장소에서 정규교과 외의 모든 형태의 조직적 · 의도적 · 체계적인 교육활동으로 규정하여, 학교가 주체가 되는 비정규교과과정도 본 법의 적용대상으로 하고 있다. 또한 동법 제4조에 의한 평생교육의 이념은 다음과 같다. ① 모든 국민은 평생교육의 기회를 균등하게 보장받는다. ② 평생교육은 학습자의 자유로운 참여와 자발적인 학습을 기초로 이루어져야 한다. ③ 평생교육은 정치적·개인적 편견의 선전을 위한 방편으로 이용되어서는 아니 된다. ④ 일정한 평생교육과정을 이수한 자에게는 그에 상응하는 자격 및 학력인정 등 사회적 대우를 부여하여야 한다.

다음으로 평생교육의 개념에 대해 국내·외 학자들의 다양한 기술을 살펴보고자 한다. 사회적·학문적으로 합의된 평생교육에 대한 개념 정의가 아직 미흡하므로, 다음과 같은 다양한 관점이 존재한다.

- 인간의 삶의 과정과 계속적 발달과정으로서의 교육, 평생을 통한 계속적인 교육, 모든 교육체제와 교육적 노력의 수직적·수평적 통합으로서의 교육, 교육내용, 도구, 자료, 매체의 융통성과 다양성, 학습하는 방법을 학습하는 교육, 교육의 기회균등과 민주화를 표방하는 교육, 인간의 완전한 자아실현을 추구하는 교육, 교육사회를 추구하는 교육이다(강준모, 1980).
- 정규학교에서 행하는 정규교과학습을 제외하고 학교 또는 학교 외의 장소에서 기초교육, 보충교육, 추가교육 또는 계속교육을 통하여 국민의 평생교육 기회를 제공하는 모든 형태의 조직적, 의도적 및 체계적인 교육활동이다(김용현·김종표, 2017).
- 태교부터 시작하여 유아교육, 아동교육, 청년교육, 성인기초교육, 성인후기교육, 노인교육을 수직적으로 통합한 교육과 가정에서 이루어지는 교육, 학교에서 이루어지는 교육, 사회에서 이루어지는 교육을 수평적으로 통합한 교육을 총칭하여 말하며, 개인의 잠재 능력의 최대한의 신장과 사회발전에 참여하는 능력의 개발을 목적으로 한다(김종서, 1982).
- 평생교육은 교육개념의 광역성과 통합성, 교육시기의 계속성과 항상성, 교육대상의 평등성과 전체성, 교육 접근 방식의 다양성과 상대성, 그리고 교육체제의 개방성과 탈정형성을 개념적 특성으로 하는 기존 교육이념과 체제에 대한 새로운 교육 패러다임이다. 평생교육은 교육 형태상으로는 형식, 비형

식, 무형식교육 그리고 교육 영역상으로는 가정교육, 사회교육, 학교교육을 포괄하는 총체적 이념이며, 궁극적으로는 학습자의 자율적 학습 수행과 교육적 선택의 자유를 통한 학습권이 보장되는 학습사회를 지향하는 교육이념이다(최운실, 1990).

- 평생 모든 국민이 각자 자신이 가진 다방면에 걸친 소질을 계속적으로 발전시키고 사회의 발전에 충분히 참여할 수 있게 하는 교육이다(Lengrand, 1970).
- 학교교육과 학교졸업 후 교육훈련을 통합하고 형식적인 교육과 비형식적인 교육의 관계를 발전시켜 개인(어린이, 청년, 성인)과 지역사회가 그의 생활을 통해서 최대한 문화적·교육적 달성을 실현할 수 있도록 하기 위한 교육정책의 중심적인 요소를 구성하는 것이다(Gelpi, 1985).
- 개인적·사회적인 관점에서의 모든 교육적 과정을 총괄하는 개념이다(Faure et al., 1972).
- 개인과 집단 모두의 생활의 질을 향상시키기 위해서 개인의 평생을 통한 개인적·사회적·직업적 발달을 성취시키는 과정이다(Dave, 1976).
- 개인의 생애에 있어서 어느 때라도 학습에 참여하고, 이해하고자 하는 휴머니즘에 입각한 계획적인 일련의 사상이다(Javis, 1986).
- 다양한 교육을 실천해 나가는 데 제시될 수 있는 일종의 조직적이고 과정적인 안내지침으로서 평생교육의 목적은 평생학습, 즉 삶을 총체적으로 가로지르는 학습을 가능하게 하는 것이다(Knapper & Cropley, 2000).

평생교육의 정의에 관한 여러 가지 견해를 종합적으로 정리해보면, 평생교육이란 인간의 삶의 질을 개선하기 위하여 교육권을 실질적으로 보장해주기 위한 교육이념으로서 유아교육, 청소년교육, 성인교육, 노인교육 등 발달단계에 따른 교육활동의 수직적 통합과 가정교육, 학교교육, 사회교육 등으로 각기 다르게 전개되는 형식, 비형식, 무형식적인 교육활동의 수평적 통합을 통하여 "삶이 곧 교육"

인 "학습사회"를 건설하고자 하는 모든 형태의 교육활동이다(안병환 외, 2020).

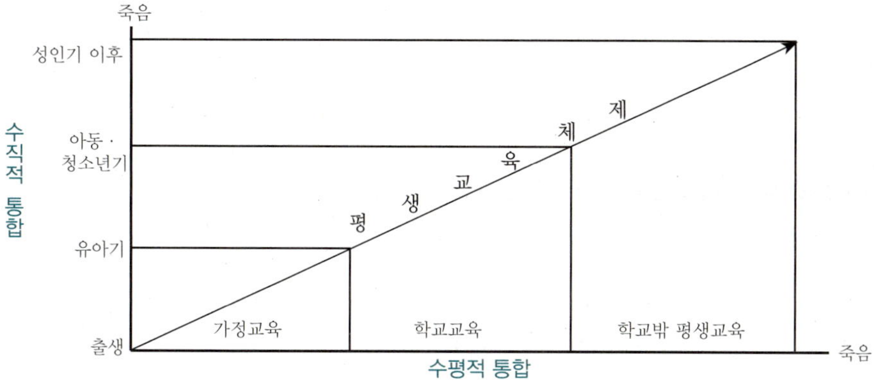

[그림 1-1] 교육체제의 수직적·수평적 통합체제

출처: 한상길(2009).

3. 평생교육의 특징

교육과 관련된 모든 이론과 연구는 여러 가지 특징적 요소를 내포하고 있다. 이러한 특징적 요소나 요소의 집합들은 계속적인 탐구를 위한 중심적 과제와 요점을 제시한다(김용현·김종표, 2017). 평생교육의 개념을 좀 더 구체적으로 이해하기 위하여 특징들을 살펴보면 다음과 같다(Dave, 1976).

- 평생교육이라고 하는 단어가 뜻하는 세 가지 기본 용어는 삶(Life), 평생(Lifelong)과 교육(Education)이다. 이들 용어에 부과된 의미와 그들 용어에 내려지는 해석은 주로 평생교육의 범위와 의미를 결정한다.
- 교육은 형식적 학교교육의 수료로서 종료되는 것이 아니고 한평생 동안 계속되는 과정이다. 평생교육은 한 개인의 한평생의 전 기간을 포함한다.
- 평생교육은 성인교육에만 국한된 개념이 아니다. 그것은 초등교육 전 단계, 초등교육, 중등교육 등 교육의 모든 단계를 포함하여 통합한다. 그래서 평생교육은 교육을 그 전체성에서 관찰하고자 한다.

- 평생교육은 형식적(Formal), 비형식적(Nonformal), 무형식적(informal) 형태의 모든 교육을 포함한다.
- 평생교육과정이 시작되는데 있어서 1차적이고, 가장 민감하면서도 결정적 역할을 하는 것은 가정이다. 이 과정은 가정학습(Family Learning)을 통하여 한 개인의 전 생애 기간에 걸쳐 지속되는 것이다.
- 지역사회 또한 어린이가 지역사회와 상호작용을 하기 시작하는 그 시점에서부터 평생교육체제에서 매우 중요한 역할을 한다. 지역사회의 교육적 기능은 한 개인이 전문적 생활과 일반적 제 영역이 생활에서 한평생 계속된다.
- 학교, 대학, 훈련소 등과 같은 교육기관이 중요하다는 것은 더 말할 나위 없다. 그러나 그 뜻은 여러 평생교육기관의 하나라고 하는 점에만 중요하다. 그러한 교육기관이 국민 교육기관으로서 독점적 지위를 더 이상 누릴 수 없고, 그들의 사회 안에 있는 다른 교육기관과 관계없이 고립되어 존재할 수도 없다.
- 평생교육은 수직적 또는 종단적 차원의 계속성과 연결성을 추구한다(수직적 연계).
- 평생교육은 인생의 각 단계에서 수평적·심층적 제 차원의 통합성을 추구하기도 한다(수평적 통합).
- 평생교육은 귀족주의적 교육 형태와는 반대로 서민주의 교육 형태의 성격을 갖는다. 그것은 교육의 민주화를 표방한다.
- 평생교육의 특징은 학습내용, 학습도구와 기술, 학습시간에 있어서의 신축성과 다양성에 있다.
- 평생교육은 새로운 학습자료와 학습매체 등을 즉시 활용할 수 있게 해주는 교육에의 가동적(加動的) 접근방식이다.
- 평생교육은 교육을 받는 형태와 형식에서 무한한 다양성을 가질 수 있다.
- 평생교육은 넓게 일반교양적 요소와 직업적 요소의 두 요소를 가지고 있다. 이들 두 요소는 서로 완전히 별개의 요소가 아니고 성격상 관련성을 갖고 상호작용을 하는 것이다.
- 개인과 사회가 가지고 있는 적응기능과 혁신기능은 평생교육을 통하여 수행

된다.

- 평생교육은 교정적 기능(Corrective Function)을 수행한다. 즉 현형 교육제도의 결함을 보완하는 역할을 하는 것이다.
- 평생교육의 궁극적 목적은 삶의 질을 유지하고 개선하는 데 있다.
- 평생교육이 실현되기 위한 주요한 세 가지 전제조건은 기회(Opportunity), 동기(Motivation), 교육가능성(Educability)이다.
- 평생교육은 모든 교육활동의 조직원리이다.
- 평생교육은 실제 운영 수준에서 볼 때 모든 교육의 총체적 체제를 제공하는 것이다.

한편, 평생교육의 창시자라 할 수 있는 프랑스의 Lengrand(1970)이 언급한 평생교육의 특성은 다음과 같다.

- 일생에 걸쳐 지속된다.
- 지적, 정서적, 심미적, 직업적, 정치적, 신체적이라는 다면적인 인간으로서 전체적, 구체적인 관계를 갖고자 한다.
- 인격의 전체적이고 유기적인 발달을 고려하여 다양한 교육 간의 연계와 통합을 도모한다.
- 지식, 지성, 인격은 형성되는 것이므로 인간은 지속적으로 탐구하면서 교육활동을 도모한다.
- 각 개인이 가지고 있는 개성이나 독자성, 자기자신이 가진 특성에 따라 자발적, 자주적으로 성장, 발달해 가는 것에 중점을 둔다.
- 끊임없는 자기 발전의 과정이며, 교육을 성장의 수단으로 본다.
- 인간이 가지고 있는 자질을 일생에 걸쳐 발달단계에 따라 계발하는 것이다.
- 교육기회를 선택할 때 이용가능한 매체의 여부, 그것을 개인이나 사회에 대한 적용 여부를 고려해야 한다.

- 사람들이 실생활에 관련되는 여러 가지 환경이나 상황에 따라 확대하는 것이다.
- 시간과 상황에 따라 사회 전체가 교육의 기회를 제공하는 것으로 본다.

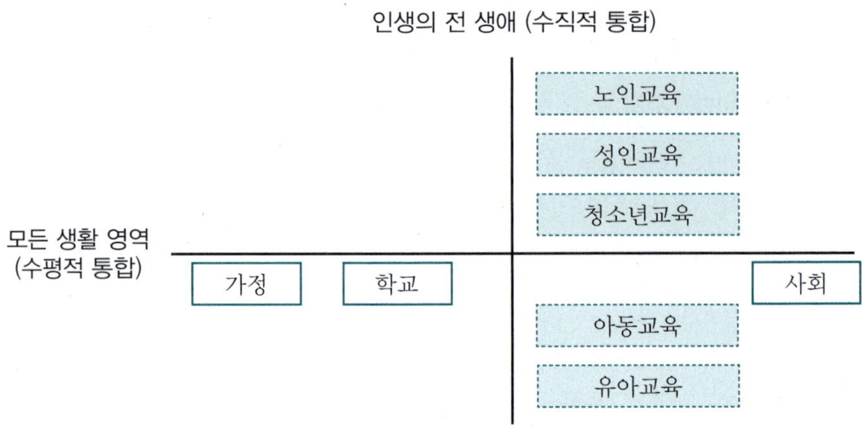

[그림 1-2] 십자형 평생교육 개념

출처: 김동일(2021).

이와 같은 평생교육에 대한 특성들을 요약하면 다음과 같다(조화태 외, 2006).

첫째, 평생교육은 계획적이고 의도적인 학습뿐만 아니라 우발적인 학습까지도 포함하여 모든 형태의 교육을 통합하려는 교육이다. 둘째, 평생교육은 일생에 걸친 균등한 교육기회의 확대를 통해 개인의 자아실현을 지속적으로 지원하며, 개인의 전인적인 발달을 추구한다. 셋째, 평생교육의 기회확대와 균등화를 이루기 위해 교육의 형태와 내용, 방법을 다양화하고 융통성을 부여하여 교육의 개별화를 추구한다. 넷째, 평생교육은 사회 전체를 교육적인 환경으로 만들기 위해 노력하며 보다 나은 교육적 환경을 사회구성원들에게 제공하기 위해 노력한다.

4. 평생교육의 필요성

현대사회의 급격한 변동에 따른 산업구조 및 기술의 변화와 혁신은 평생에 걸친 계속교육을 요청하고 있으며, 학교교육의 한계와 문제 극복, 자기개발과 성취에 대한 욕구증대, 여가시간의 증대, 평균수명의 연장 등으로 평생교육의 필요성이 부각되고 있다. 이와 같은 평생교육의 필요성을 좀 더 구체적으로 제시하면 다음과 같다(가영희 외, 2013; 나항진 외, 2015).

1) 인간의 수명 연장

과학기술의 발달로 인한 고령화 사회가 되어가고 노인들의 평균 연령이 높아짐에 따라 노인들을 대상으로 하는 노인교육의 필요성이 증대되고 있다. 노인들은 다양한 영역의 교육에 대한 욕구를 가지고 있기 때문에 다양한 영역의 교육프로그램을 활용하여 노인들이 원하는 교육을 받을 수 있도록 하여야 한다. 또한 고령화가 되어감에 따라 일을 하고자 하는 노인들도 많아지고 있는 실정이므로 그들의 직업을 위한 교육도 이루어져야 하고 노인들을 위한 일자리도 점차 확대하여야 한다.

2) 세계화의 가속화

정보화 사회를 거쳐 지식기반 사회의 도래는 지식에 기반한 경제사회를 만들었으며, 세계화 범주 안에서 이해될 수 있다. 지식기반 사회는 기존의 세계화 경향을 더욱 가속시키며 새로운 통신, 정보기술, 교통, 경제의 상호의존성의 결과인 세계화는 지식발전의 원동력이 되고 있다. 세계화는 단순히 경제적인 측면에서 강조되는 것이 아니라 문화, 이념, 종교, 스포츠 등과도 매우 관련이 깊다고 볼 수 있다. 지구촌이 갈수록 좁아지는 상황에서 개인과 국가 모두 세계화에 동참할 수 있는 태도와 능력이 요구된다. 세계화와 관련하여 국가 간의 협력과 교류가 빈번

해지며 반면에 경쟁도 치열하다. 단순히 외국인과의 언어적 커뮤니케이션 능력을 넘어서 그 나라의 각종 제도나 문화를 이해하여 자신의 것으로 소화해 내고 이에 기반한 새로운 지식의 창출과 활용이 요구된다.

3) 정보화기술에 대한 적응

과학기술의 발달, 정보통신의 발달에 따른 산업구조의 변화와 문화지체(cultural lag)로 인한 가치 갈등, 심각한 청소년 문제와 다양한 형태의 인간소외, 그 외에도 한 사람이 평생 동안 직업을 자주 수정하지 않으면 안 될 뿐 아니라, 생활의 행동반경이 전 세계적으로 확대되어 가는 현대사회에서 우리가 무사히 살아가는 데는 의무교육이나 학교교육만으로는 도저히 불가능하다. 학교교육은 주로 새로운 시대에 대처할 수 있는 능력을 키우는 기초교육에 역점을 두고 새로운 변화에 적응하기 위한 교육은 평생교육이 담당하게 되어야 할 것이다.

지식기반사회에서 정보화 기술은 지식의 창출, 확산, 저장, 이용, 공유와 같은 여러 활동에 있어 가장 중요한 도구의 역할을 한다. 따라서 가치 있는 지식을 생산하고 가공하여 효과적으로 이용하는 데 정보화 기술의 숙련도는 필수적이다. 정보화 기술은 과거 어느 때보다 엄청난 속도로 발전하고 있으며 지식기반사회의 모든 시스템, 제도, 행정, 문화, 교육 등에 영향을 주고 있다. 따라서 지식기반사회에 있어서 빠르게 진화하고 있는 정보화 기술에 대한 지속적인 교육의 필요성이 제기되는 것이다.

4) 자아실현의 강조와 삶의 질 향상

인간은 측정하기 어려울 만큼 대단한 잠재 능력을 갖추고 있으면서도 많은 환경적 저해 요인 때문에 그 능력이 사장되는 경우가 있다. 현대사회처럼 복잡하고 급변하는 시대에 인간이 주체적이고 자율적으로 적응하여 살아가려면 끊임없는 자기발전이 요구되는데, 그것은 학교교육만으로는 불가능하기 때문에 평생교육을 통하여 보완하여야 할 것이다. 지식기반사회는 어느 정도 경제 성장을 이룩한 국가에서 나타나며 기본적인 인간의 권리나 생리적인 욕구가 충족되는 나라에서 가능하다고 볼 수 있다. 기본적인 삶을 영위하는 조건이 충족되면 일반적으로 인간은 그다음에 자신의 삶의 질 향상을 꾀하게 된다.

매슬로우(Maslow, 1943)의 욕구위계이론에 의하면 인간은 하위단계가 충족될 때 상위의 욕구를 충족하기 위해 동기부여가 된다고 주장한다. 따라서 욕구위계이론의 마지막 단계인 자아실현의 욕구는 자신의 잠재가능성을 실현하거나 행동의 주체로서 스스로 자신의 정신적인 모습을 설정하여 그러한 이상을 실현하고자 하는 욕구를 의미하는 데, 성인은 이와 같은 자아실현을 위한 교육이 필요한 것이다.

5) 문화욕구 증가와 새로운 생활양식

과거에 국가 간, 사회 간 서로 분리되었던 문화적 한계가 무너지고 사회생활 양식도 변했다. 지식과 기술의 발달로 세계화가 발생하여 공간적 한계가 무의미해지고, 인간의 수명은 연장되고, 또한 경제적 안정으로 인해 여가나 문화에 더 많은 관심을 갖게 되었다. 단일민족, 단일문화를 가지고 살았던 한국인들에게 해방 후 산업화 되면서 수출주도 경제정책과 세계화에 맞추어 많은 인구가 해외로 이주하였고, 아울러 많은 외국인들이 국내에 거주하게 되었다. 그 결과 서로 이질적인 국내인과 외국인 간의 문화차이로 인한 생활양식의 변화와 문화가치의 향상이 평생교육의 필요성을 강조하는 계기가 될 것이다.

6) 노인, 여성, 장애인 등에 대한 지위 변화

현대사회에서 노인, 여성, 장애인 등에 대한 역할이나 기대가 과거 어느 때보다 커지고 있다. 여성의 경우 과거에 가사를 전담하는 경우에는 특별한 교육의 필요성이 없었으나 성평등과 다변화된 사회에서 여성은 직업을 가질 기회가 많아졌으며, 특별한 직업 없이 가사에 전념하더라도 급속한 사회변화에 대처하기 위하여 계속적인 교육을 받아야 할 필요성이 생겼다. 또한 여성은 직업을 갖지 않더라도 자신의 교양과 문화에 관심을 가지며, 자아실현과 삶의 만족을 위하여 교육에 대한 욕구를 가질 것이다. 현대사회는 노동집약적인 사회가 아니라 전문업종이 많아지므로, 노인, 여성, 장애인 등이 경제활동에 참여할 기회가 커졌으며, 그들의 지위 또한 향상되었다. 또한 과학기술의 발달로 인하여 고령화 사회가 되어감에 따라 성인들이 계속적으로 일할 수 있는 기회가 증가하였고, 변화하는 사회에 발맞춰 교육을 받아야 할 필요성이 생기게 된 것이다.

7) 학교교육의 한계

지식의 수명은 점차 그 생명이 짧아져 가고 있다. 예전에는 한 인간의 인생 주기(life cycle)는 학교에서 습득한 지식으로 직장생활을 하고, 퇴직하여 노후를 맞이하면 되었다. 그러나 과학기술의 급속한 발달로 인하여 학교가 학생들에게 지식과 기술을 독점적으로 전달하던 시대는 지났다. 학교는 더 이상 학습의 종착역도 아니며, 학교에서 배운 것을 평생동안 활용한다는 생각은 터무니없는 것이 되었다. 학교에서 한번 배운 지식과 기술로 평생을 사는 것이 불가능해졌기 때문이다. 또한 현대인의 삶에서 많은 변화가 일어나고 있다. 개인의 학습을 뒷받침하는 조건 예컨대, 노동시간의 단축과 여가시간의 증대, 고령인구의 증가, 흥미나 관심의 다양화 등으로 인해 일반 사람들의 학습욕구가 높아지고 있다.

그러나 보편화된 학교교육은 현대인들의 높아진 학습욕구를 충족시키지 못하고, 오히려 여러 가지 역기능을 초래하고 있다. 즉 교육이 사회가 바라는 '인간 형성'이라는 본래의 기능을 수행하기보다는 인재를 적당히 선발하여 적당한 장소에 배치하는 수단으로 전락하고 있다. 즉 학교의 기능이 학력이나 학벌, 출신학교 등에 따라 사회적 지위나 소득을 결정하는 도구적 수단이 된 것이다. 이에 일리치(I. Illich, 1971)와 라이머(E. Reimer, 1971) 등은 학교교육의 본래적 기능을 회복하여야 함을 주장하였다. 특히 Illich는 학습망(learning webs)을 주장하였는데, 이는 탈학교화의 대안으로 평생교육에 시사하는 바가 크다.

〈표 1-3〉 학교교육과 평생교육의 비교

구분	학교교육	평생교육
교육목적	• 입신출세, 취직조건, 이상적	• 인간교육, 인격형성, 실제적
교육대상	• 획일적, 동질적, 특징적	• 다원적, 이질적, 보편적
교육내용	• 사회에 의하여 공인된 특정 사집단의 문화센터(교과 중심) • 경험이 별로 중시되지 않음	• 학습자의 흥미와 필요에 기초한 문화내용 • 경험이 풍부한 학습자원
교육방법	• 일방교육, 교사 중심적, 수동적	• 상호교육, 학습자 중심적, 능동적
교육제도	• 형식적, 고정적, 획일적 • 사회변화에 적응하기 곤란	• 비형식적, 다양, 유연 • 사회변화에 적응 용이
교육평가	• 경험 위주의 시험평가	• 학습자 스스로의 자기 평가
교육결과	• 지식의 미래효용도 중시	• 지식의 현재 효용도 중시
교육시기	• 한정(재학기간, 졸업연도)	• 무한정(수시) • 전 생애
교육장소	• 학교라는 고정된 장소	• 학교 내외로 무한정
학습동기	• 타율적	• 자율적
학습자	• 의존적 성향(교사 주도적)	• 독립적 성향(자기 주도적)
교사역할	• 지식전달	• 안내자, 조력자

출처: 송병순, 이영호(2000).

21세기는 평생학습사회이다. 허친스(R. M. Hutchins, 1968)는 평생학습사회를 "모든 성인들에게 인생의 모든 단계에서 시간제(part-time) 교육 기회가 제공될 뿐만 아니라 학습, 자기실현, 인간형성을 지향하여 온갖 제도를 그 목적 달성을 향하도록 가치전환을 이룩하는 사회"로 정의내리고 있다. 이제 현대사회에서의 교육은 장소와 시간을 초월하여 언제 어디서든지 자유롭게 학습할 수 있는 사고로 전환되어야 한다. 교육은 더 이상 교육을 위한 교육이 아니라 삶을 위한 교육, 생존을 위한 교육으로 전환되어야 하며, 단순히 지식을 쌓아가는 학습에서 생활에 적용할 수 있는 실용지식을 배워가는 학습으로 전환되어져야 한다(최은수·배석영, 2009).

5. 평생교육의 유사개념

평생교육의 개념은 모든 교육을 포함하는 상위개념으로 이해될 수 있으며, OECD의 보고서(OECD, 1996)에서는 「모두를 위한 평생학습(Lifelong Learning for All)」처럼 평생학습(Lifelong Learning)이라는 용어로도 쓰이고 있다.

이 용어들은 지향하는 궁극적 이념에 있어서는 기존 교육체제에 대한 상보적 · 대안적 접근이라는 점에서 유사성을 지니나 그 구체적인 범주와 관점, 강조에 있어서는 다른 점도 있다(최운실 외, 1995; Merriam & Brockett, 1997).

1) 성인교육(Adult Education)

성인교육은 학교이외의 사회교육기관에서 이루어지는 성인학습자를 대상으로 하는 교육을 의미하며, 미국을 중심으로 사용하고 있는 용어이기도 하다. 따라서 교육의 대상은 성인이며, 교육방식은 형식, 비형식, 무형식교육 등 모든 형태의 교육활동이 포함된다. 사회교육과 달리 성인을 위한 학교교육도 성인교육의 범주에 들어갈 수 있으며, 평생교육 개념 중 성인기 이후의 교육활동이 여기에 속한다(강은숙 외, 2021).

1976년 유네스코(UNESCO) 총회에서는 성인교육의 개념과 성격을 다음과 같이 규정하였다(UNESCO, 1982).

첫째, 성인들이 참여하는 모든 조직적인 교육활동을 말한다.

둘째, 성인들이 그들의 소질과 능력을 키워 지식을 획득하고, 직무능력이나 자질향상 또는 직업전환을 위해 실시하는 교육활동을 말한다.

셋째, 조화롭고 영속적인 사회 · 경제 · 문화발전을 위해 성인들의 태도와 행동을 변화시켜 주는 조직적인 교육활동을 말한다.

넷째, 성인교육의 주체인 성인은 그가 속해있는 사회 안에서 성인이라고 인정되거나 성인이 하는 역할을 하는 사람들을 말한다.

이후 UNESCO는 40년 가까이 지속한 성인교육에 대한 개념을 수정하였고 2015년 제안서 「성인학습 및 교육에 대한 제안(Recommendation on Adult Learning and Education)」을 통해 성인교육의 개념을 다음과 같이 정의하였다.

성인학습 및 교육은 평생학습에 있어 핵심적인 요소이다. 이것은 모든 성인이 그들의 사회와 직업세계로의 참여를 보장하는 것을 목적으로 하는 모든 형태의 교육과 학습을 포함한다. 또한 성인들이 살아가는 공동체와 조직, 사회에서 이루어지는 형식, 비형식, 무형식 학습 과정 전체를 의미하며, 역량을 습득하고 알아가며 교환하고 적응하는 지속적인 활동과 과정을 포함한다. 청년과 성인 사이의 경계가 대부분의 문화권에서 옮겨지고 있는 상황에서, UNESCO의 보고서에서 성인학습 및 교육은 법적으로 성인의 연령에 미치지 않더라도 성인학습과 교육에 관여하고 있는 모든 개인을 포함한다.

UNESCO는 위의 정의와 함께 3가지 기술과 학습의 핵심영역을 다음과 같이 제시하였다. 첫 번째는 문해 능력과 기초기술의 습득, 두 번째는 계속훈련 및 전문개발 프로그램 제공, 세 번째는 공동체교육 및 교양교육 등을 통한 적극적인 시민의식 고양이다. 이 새로운 제안은 국제연합(UN)의 「2030 지속가능개발 아젠다(the 2031 Agenda for Sustainable Development)」의 내용과 함께하여 앞으로의 성인학습 및 교육의 지향점을 내포하고 있다.

2) 계속교육

계속교육(continuing education)은 미국, 영국, 호주, 뉴질랜드 등의 국가에서 성인교육과 함께 성인계속교육이라고 사용되고 있는 용어이다. 이러한 계속교육은 여가를 이용한 문화활동, 레크리에이션 활동 등 성인교육에 그 뿌리를 두고 있다. 즉 의무교육을 마친 자가 역량개발이나 자아실현을 위해 다시 교육의 장으로 돌아오는 것을 의미하며, 주로 성인의 학교를 통한 이차적 교육기회를 말한다. 특히 미국의 대학에서는 성인교육 프로그램이 계속교육이라는 이름으로 진행되고 있으며, 교육방식은 학교교육 중심이라는 점에서 사회교육이나 성인교육 또는 비형식교육과 차이가 있다.

3) 사회교육

사회교육(social education)이란 한 사회 내에서 이루어지는 모든 형태의 교육 중 학교교육을 제외한 모든 형태의 교육을 의미하며, 일반적으로 학교 외 교육과 동의어로 사용되고 있다. 우리나라의 경우는 해방 이후 일제가 사용하던 사회교육이라는 용어를 평생교육이라는 용어와 혼용하여 사용하다가 1999년 평생교육법이 공포되면서 현재는 평생교육이 사회교육을 포함하는 광의의 용어로 사용되고 있다(나항진 외, 2015). 평생교육법으로 개정되기 이전의 우리나라 사회교육법 제2조 제1항에는 사회교육을 "다른 법률에 의한 학교교육을 제외한 국민의 평생교육을 위한 모든 형태의 조직적인 교육활동을 의미한다."라고 규정하고 있다.

사회교육의 개념은 각 나라의 지역적 특성과 사회적·문화적 발전수준에 따라 다르게 사용되고 있다. 선진국의 사회교육은 개인적·교육적 요구 충족과 삶의 질 향상 등에 치중되며 개발도상국에서의 사회교육은 국가가 중심이 되어 기초문해교육, 기초교양교육, 국민계몽교육, 생산소득 증대 등 국가발전사업의 일환으로 활용되고 있다. 이와 같은 사회교육은 우리나라를 비롯하여 동남아시아 국가들, 즉 일본, 태국, 필리핀 등에서 일반적으로 사용하고 있는 용어이다(성낙돈 외, 2015).

4) 순환교육

OECD는 순환교육을 "의무교육 이후의 교육 또는 기초교육 이후 교육을 대상으로 하는 포괄적인 교육 전략으로 교육과 일, 자발적인 비고용 기간, 은퇴가 서로 교차할 수 있으며, 교육은 개인의 전 생애동안 순환적인 방법으로 배분될 수 있다는 순환과 교대를 기본 원리로 삼고 있는 교육방식"으로 정의하였다(OECD, 1973). OECD가 정의한 순환교육은 산업사회의 생산적인 갱신을 위한 반복적인 교육을 뜻하는 것이며, 이것은 학교교육을 마치고 각자 직업생활에 종사하고 있는 성인들에게 수시로 적절한 시기를 택하여 계속적인 재교육을 반복케 하는 것이 필요하다는 의견에서 시작되었다. 이러한 교육에는 비단 기업 내 교육 또는 사내연수교육 등의 형태로 실시되는 직업훈련교육뿐만 아니라 직업인에게 일정 기간 유급휴가를 주어 대학, 기타의 정규교육기관이나 연구기관 등에 파견, 취학하게 하는 형식의 프로그램도 포함된다(차갑부, 1999). 평생교육이 전 생애에 걸친 모든 교육을 통합하는 개념이라면, 순환교육은 상대적으로 그 범위가 직업 관련 교육으로 제한되어 있고 실용적인 특징을 갖는다(강은숙 외, 2021).

5) 생애교육

생애교육(career education)은 미국에서 시작하여 최근에 발달한 교육의 한 개념으로 주로 직업교육의 영역에서 많이 사용된다. 생애교육이란 개인이 자기의 적성·흥미·능력에 알맞은 일을 자각·탐색·선택·준비·유치·개선할 수 있도록 취학 전 교육부터 시작하여 평생동안 학교와 지역사회의 공동 노력에 의하여 학습하는 경험의 총체이다(이무근, 1982).

생애교육은 1970년대 미국교육에 커다란 혁신 프로그램으로 소개되었다. 말런드(S. Marland, 1972)는 미국에서 학업을 중단한 학생들의 비율이 높은 이유 중의 하나는 미래의 성인으로서의 기능을 수행하는 데 적절한 지식과 기술을 학교가 학생들에게 제공하지 못했기 때문이라고 생각했다. 이와 같은 생애교육의 목적은 다음과 같다. 첫째, 모든 청소년의 직업선택을 위한 기초를 제공하여 준다. 둘째, 직업상의 기능획득을 촉진시켜 준다. 셋째, 교육상의 달성을 증대시켜 줌과 동시에 교육을 그들의 장래에 비추어 보다 뜻있는 것이 되게 한다. 넷째, 훈련기회의 폭을 넓혀준다(정우현, 1981).

6) 지역사회교육

지역사회교육(community education)은 지역사회 전체가 지역의 모든 구성원들에게 그들의 교육적 요구를 받아들여 봉사한다는 개념을 지닌 용어로써, 지역문제를 적극적으로 해결하여 지역사회를 발전시키고 궁극적으로 지역주민들의 자아실현을 돕고 지역사회화 과정을 추진하면서 지역사회의 모든 자원을 최대한으로 활용하고자 하는 활동을 말한다(한상길, 1995).

지역사회교육은 처음에 푸에르토리코(Puerto Rico)나 다른 저개발국에서 공식용어로 사용한 것으로, 지역사회의 종합적인 생활향상을 위한 주민들의 집단적인 사회교육과정을 말하는 것이다. 과거 우리나라의 1970년대 새마을 운동이 대표적인 지역사회교육의 형태라고 볼 수 있다. 지역사회교육도 성인교육과 매우 유사하지만, 그 대상이 특정 지역에 한정되며 지역의 공통된 이슈를 해결하기 위한 교육이라는 점에서 일반 성인교육과 다르다(NCEA, 2004).

7) 평생학습

최근에 평생교육(lifelong education)과 평생학습(lifelong learning) 두 용어를 구별하여 쓰는 사람들이 많이 생기고 있다. 유네스코와 같은 국제기구는 이 두 개념을 혼용하기도 하지만, 평생교육이라는 말을 더 쓰는 것으로 보인다. 그럼에도 불구하고 오늘날 평생학습을 더 선호하는 사람들은 성인과 노인들은 위로부터 위압적으로 지도하는 것은 합당하지 않기 때문에 평생학습이 더 타당하다고 생각하기도 한다. 더욱이 자유로운 의사에 따라 배우고 싶은 것을 자신에게 적합한 방식으로 배운다는 학습자 중심의 사고에서 보면 평생학습과 평생교육은 구별되기도 한다. 그러나 실제에 있어 평생교육과 평생학습의 개념을 명확히 구분하기 어렵다(나항진 외, 2015).

평생교육은 일생에 걸친 모든 교육의 형태를 통합하는 교육으로서, 오늘날 평생교육의 개념은 국가가 지향하는 교육체제의 발전 방향이나 개혁원리를 함축하는 교육이념적 성격을 갖는다고 할 수 있다.

2장
평생교육의 기본원리

이 장에서는 성인학습자의 특성과 성인교육의 실천원리로 여겨지는 성인학습이론을 중심으로 앤드라고지(Andragogy), 구성주의학습, 전환학습, 의식화이론, 자기주도학습에 대해서 살펴보고자 한다.

1. 앤드라고지

1) 앤드라고지의 어원

앤드라고지(Andragogy)는 희랍어 andros(man)와 again(to lead)로부터 형성되어 '성인들의 학습활동을 돕는 기예와 과학(art and science of helping adults learn)'을 의미한다. 이와 대조적인 의미로 페다고지(Pedagogy)는 paid(child)와 agogos의 합성어로 '어린이들을 가르치는 기술과 과학(art and science of teaching children)'이라는 뜻을 가지고 있다(Knowles, 1980).

노울즈(Knowles)는 성인이 되기 전의 학교교육과 구분하기 위해 유럽에서 발전된 앤드라고지(Andragogy)의 개념을 도입하였다.

앤드라고지는 성인학습자에 대한 여섯 가지 가정을 전제한다.

① 사람들은 성숙해 가면서 자아개념이 의존적에서 자기주도적으로 변한다.

② 성인은 시간이 갈수록 더 많은 경험을 축적하게 되며, 그 경험은 귀중한 학습자원이다.

③ 성인의 학습준비성은 그 사람의 발달과업 또는 사회적 역할과 깊은 관계가 있다.

④ 사람들은 성숙해감에 따라 시간 관점이 변화한다. 즉, 학습한 지식을 미래에 적용하는 것으로부터 즉각적인 적용으로 바뀌며, 성인의 학습은 과목중심적이기보다 문제중심적이다.

⑤ 가장 강력한 학습동기는 외적 동기가 아니라 내적 동기이다.

⑥ 성인은 자신이 왜 그것을 배워야 하는지를 알아야 한다.

노울즈(Knowles)는 교실분위기가 신체적, 정신적으로 '성인에 합당'해야 하며, 교사와 학생들 사이에는 '공동 연구자로서 서로 함께하고 있다는 정신'이 존재해야 한다고 언급하며, 자기주도적이라는 의미를 성인학생들이 자신들의 학습요구(needs)의 진단, 학습활동의 설계와 실행, 학습활동의 평가에 참여할 수 있다는 것을 의미한다고 보았다.

앤드라고지(Andragogy)와 페다고지(Pedagogy)의 원리상의 차이는 기본적으로 교육대상, 즉 아동과 성인학습자로 특징지을 수 있다. 아동과 성인학습자 간에는 생물학적 연령, 사회문화적 생활환경, 그리고 심리학적 발달단계의 차이가 있을 뿐 아니라 아동과 성인학습자가 처해 있는 상황의 차이도 있다. 아동과 성인학습자들이 지니고 있는 제반 특성의 차이점은 이들에 대응하는 학습지도 원리의 전제조건이 될 수 있다. 이와 같은 입장에서 보면 페다고지(Pedagogy)와 앤드라고지(Andragogy)는 대립적으로 보일 수 있지만, 인간교육 전체적 관점 이나 평생교육학적 관점에서 보면, 이 두 학습이론은 연속선상의 상호보완적 관계이며, 페다고지에서 앤드라고지로 이동해 가는 것을 알 수 있다. 상호보완적이라고 할 수 있는 예로, 앤드라고지가 성인학습자들에게만 적용되는 것이 아니라, 아동 및 청소년 학습자도 학교 외의 학습에 있어서는 자기주도적일 수 있는데, 이와 같은 상황에서는 아동학습자도 앤드라고지가 유용하며, 학교학습 상황에서도 앤드라고지의 원리에 의하여 아동의 경험을 학습자원으로 활용하기도 하고, 주체적으로 학습을 계획하고 실시하는 데 필요한 장면을 구성하는 것이 적절하다고 할 수 있다.

성인 학습자는 기본적으로 아동이나 청소년과 다른 존재이므로 그 차이점이 교육활동에 반영되어야 한다고 믿고 있다. 앤드라고지는 성인학습자가 일정한 사회적 역할과 지위, 풍부한 경험, 그리고 다양한 학습욕구를 지니고 있으므로, 새로운 이론 및 실천체계로 등장하게 되었다(신용주, 2004).

2) 앤드라고지의 기본 가정

앤드라고지(Andragogy)는 아동학습자와 구별되는 성인학습자의 특성을 제시하고 있다. 앤드라고지가 제시하는 성인학습자의 특성인 앤드라고지의 기본 가정은 다음과 같다.

첫째, 알고자 하는 욕구이다. 성인학습자는 어떤 것을 배우는 것을 시작하기 전에 왜 그것을 배워야 하는지 알고 싶어 한다. 토프(Tough, 1971)는 성인 학습자들이 어떤 것을 스스로 배우기 시작했을 때는 배움을 통해서 얻게 될 좋은 것들과 배우지 않았을 때 얻게 될 부정적인 것들을 계산하고 상당한 양의 에너지를 투자하는 것을 발견했다. 따라서 교수자는 성인학습자들의 삶의 질이나 수행효과를 향상시키기 위한 학습의 가치를 지적으로 알려줘야 하는 것이다. 성인학습에 있어 학습의 최고 교수자는 성인학습자가 왜 그것을 배워야 하는지 알게 해주는 데 있다고 할 수 있다.

둘째, 학습자들의 자아개념이다. 성인학습자들은 자신의 삶에 있어 자신이 내린 결정에 책임을 지는 존재라는 자아개념을 가지고 있다. 이러한 자아개념은 아동기를 거치면서 형성되는 것으로 보고 있다. 아동이 자아정체감이 형성되기 시작하면서 그는 처음에는 성인 세계와 충돌하지 않는 경험적이고 사소한 문제를 자신이 스스로 의사결정을 할 수 있는 능력을 가졌다고 보기 시작한다. 성인학습자들은 자신이 스스로 결정하고 독특한 인간으로 인식되고 싶은 욕구를 가지고 있다. 따라서 성인학습자들은 자율적인 개인으로서 자아개념이 인정되지 않는 상황에서는 학습을 거부하는 경향이 나타나기도 한다. 그러나 성인학습자들이 학습을 재정립하는 과정을 거치게 되고, 자신이 인생의 다른 측면에서 하는 것처럼 자신의 학습에 대한 책임을 질 수 있다는 것을 발견하게 되면 그는 안도감과 희열을 경험할 수 있을 것이다.

셋째, 학습자들의 경험에 대한 역할이다. 성인학습자는 아동과 달리 아주 다른 질과 많은 양의 교육활동을 한다. 따라서 성인학습자들은 경험의 양과 질에 있어 아동들과 차이가 나는데, 이는 성인학습에 있어 여러 가지 결과에 영향을 미친다. 성인학습자 집단은 어떤 아동학습자 집단보다 개인차 범위가 크다. 또한 성인학습자 그룹은 이질적이다. 특히 성장배경, 학습스타일, 학습동기, 욕구, 흥미, 목표에 있어서 아동학습자들에 비해 상당한 차이를 보인다. 따라서 성인학습에 있어 가장 중요한 것은 학습전략의 개별화이다. 또한 성인학습자들은 그들 스스로가 학습에 필요한 풍부한 경험들을 가지고 있다. 그러므로 성인학습에 있어 집단토론, 모의 상황, 사례 연구, 실험실 연구와 같은 경험적 기법은 학습에 효율적으로 활용될 수 있다. 그러므로 동료들끼리 도와가며 학습하는 것이 가능해진다.

그러나 경험이 많다는 것은 부정적인 영향을 가질 수도 있다. 경험이 쌓이면 쌓일수록 사고, 습관, 편견, 선입견 등에 사로잡힐 수 있는 경향성도 있다. 그래서 새로운 생각, 대안적 사고를 하는 데 있어 방해요소로 작용할 수 있다. 그러나 성인학습자들에게 있어 어떠한 상황에서도 경험은 무시되어서도 안 되고, 평가절하되어서도 안 된다.

넷째, 학습준비도이다. 성인학습자는 그들의 실제 삶의 상황 속에서 효과적으로 대처하기 위해 사용할 수 있는 것들을 알고 싶어 하고 배우려는 경향이 있다. 학습경험 시기의 중요성은 발달과제와 관련이 있는데, 예를 들어 고등학교 2학년 여학생은 양육 등에 대하여 배울 준비가 되어 있지 않다. 그러나 대학 졸업 후에는 매우 필요한 학습주제가 될 수 있다. 이처럼 학습준비도에 따라 배울 수 있는 순간이 있다. 성인학습에 있어서 학습준비도는 각자의 상황에 맞게 준비되어야 하는 것이다.

다섯째, 학습경향성이다. 학습에 있어서 아동들에게는 주제중심지향성을 보이지만, 성인학습자는 생활중심지향성을 보여준다. 성인학습자들은 자신들의 삶의 상황에 직면하는 문제를 다루거나 과업수행에 있어 도움을 줄 수 있는 어떤 것을 배우기를 원하며, 이러한 문제들에 대하여 에너지를 투자한다. 게다가 실제상황 속에 적용하는 학습에 있어 가장 효과적으로 새로운 지식, 기술, 가치, 태도 등을 배우는 경향성을 보이게 된다.

여섯째, 학습동기이다. 성인학습자들은 더 좋은 직장, 승진, 높은 임금 등과 같은 외적 동기요인에 대하여 반응하지만, 높은 직무만족, 자존감, 삶의 질과 같은 내적 동기요인에 의하여 잠재적으로 압박을 받는다. 토프(Tough)는 그의 연구에서 일반적으로 성인학습자들이 지속적으로 성장하고 발달하는 것에 동기화되어 있으며, 이러한 동기는 부정적 자아개념, 기회나 자원접근 불가능성, 시간적 제약 등과 같은 장애에 의하여 영향을 받는다고 하였다.

* 제라고지(Geragogy)
지금까지 오랜 시간에 걸쳐 페다고지(Pedagogy)라는 용어가 교육학을 의미하는 용어로 사용되었다. 페다고지란 '아동과 청소년 교육에 관한 학문'을 의미하는 것으로, 19세기 전반까지 성인이나 고령자들은 교육과는 거의 무관한 존재로 여겨졌다. 19세기 중반 이후 성인의 교육에 관한 학문을 의미하는 앤드라고지(Andragogy)라는 용어가 사용되었다. 노울즈(Knowles)가 제시한 성인의 학습모델은 학습방법에 있어 연령의 차이를 강조하지 않아, 특히 노인학습자의 특성을 충분히 구별하지 않았다는 비판을 하며 레벨(J. Lebell)은 노인학습을 위한 교육이론을 언급하면서 제라고지(Geragogy)라는 용어를 사용하였다. 제라고지는 '노인을 위한, 노인에 의한, 노년기의 학습에 관계되는 모든 것'이라는 넓은 의미로 해석된다.

〈표 2-1〉 페다고지, 앤드라고지, 제라고지 비교

구성개념	페다고지	앤드라고지	제라고지
자기개념	교사중심	학습자중심	자기주도성 내지는 노화에 따른 종교적 타자 의존성 증대
경험의 역할	학습의 자원	학습–직업(생활) 상호환류	전문적 경험의 축적, 교육적 · 문화적 계승 혹은 경험의 퇴화(치매)
학습과제	교과중심	경험중심, 과제중심	생활, 교양중심(생활, 삶의 보람, 취미 등 고령화에 대응하는 과제)
교육과정	공교육의 내용, 계획	과제에 기초한 프로그램 (과정, 설계)	과제에 기초한 프로그램 (과정, 설계)
학습결과	학력형성, 직업에 대한 예기적 사회화	즉각적 응용, 경력 재구성	인생의 평온, 내세적 이해에 응용
학습조직 및 방법	공교육기관/단위제 혹은 학년제 누적방식	평생학습기관/재교육방식	평생학습기관/평생학습방식
학습동기	학문적 성과, 장래의 기대	사회적 역할 기대	인생의 적응과 통합

출처: 성낙돈, 가영희, 조현구(2013). 재인용.

2. 구성주의

1)구성주의 학습이론의 성격

구성주의(Constructivism)란 교육에 있어서의 포스트모더니즘이라고도 불리며 객관주의에 상대되는 의미로 사용되기도 한다. 여기서 구성은 활동의 결과가 아니라 학습자가 스스로 설계해 나가는 구성과정을 의미한다(김영환, 1998). 따라서 구성주의 학습(Constructive Learning)이란 학습자가 자신의 경험, 흥미에 따라 정한 학습내용을 자신이 스스로 구성해 나가는 과정이다.

구성주의에서의 학습은 학습자에 의해서 구성된다는 것이 핵심 아이디어이다. 즉, 학습자가 기존의 학습을 바탕으로 새로운 지식을 창출해 간다는 것이다. 구성주의는 지식(앎)의 형성과 습득을 개인의 인지작용과 사회적 상호작용에 비추어 설명하는 상대주의 인식론에 기반을 두고 있다. 따라서 학습의 본질과 학습이 이루어지는 과정에 대한 근본적인 변화를 요구하고 있다. 이는 곧 교사중심에서 학생중심, 쓸모없는 지식에서 맥락적 지식 중심, 획일적 환경에서 풍부하고 다양한 학습환경으로의 변화를 의미한다.

구성주의 학습관은 이전의 객관주의적 관점에서 지식을 객관적, 보편적, 초월적으로 보는 것과는 달리 지식을 상대적, 주관적, 사회문화적으로 구성되는 것으로 본다.

구성주의에서 교육목적은 맥락에 적합한 의미를 구성하고 실재를 구성하는 방법을 학습하도록 도와서 자신이 살고 있는 세상에 보다 잘 적응하고, 필요에 따라 세상을 변화시킬 수 있도록 하는 데 있다. 주어진 상황에서 개인의 주관적 경험과 사회적 상호작용을 통한 의미 구성이 곧 학습이다. 구성주의는 학습자가 외부 세계에 대한 의미를 직접 구성한다는 점에서 적극적이고 능동적인 학습자관을 택하고 있다.

정보화 사회의 교육적 패러다임은 학습자중심이다. 즉, 교육이 가르치는 교사중심에서 배우는 학생중심으로 전환되고 있다. 구성주의는 그러한 패러다임과 맥을 같이 함으로써 현재는 컴퓨터 이용학습, 웹 기반 학습 등의 이론적 배경을 대변해주고 그 실천적 방안을 제시해 주는 학습이론으로서 각광을 받고 있다.

구성주의의 기본 가정은 다음과 같다. ① 지식은 주체에 의해 구성된다. ② 지식은 구체적인 상황을 중심으로 한 맥락적인 것이다. ③ 지식은 협동적인 과정을 통해 형성된다. ④ 개인은 문화적 배경과 상호작용한다.

2) 구성주의 학습의 유형

(1) 인지적 구성주의

인지적 구성주의(endogenous constructivism)는 지식구조가 인지활동을 통하여 구성된다는 관점이다. 인지적 구성주의에서는 지식은 외부 세계를 반영하는 것이 아니라 인지활동을 통해서 발달된다고 보았다. 지식이란 외부 환경에 존재하는 정보와는 직접적인 관련성이 없으며, 인지구조를 기반으로 구성된다. 따라서 지식은 선행된 내용에 대한 추상화 과정을 통하여 발달하며 보편적인 발달계열을 따른다. 이러한 인지적 구성주의는 피아제(Piaget)의 인지발달이론에 기초하며, 급진적 구성주의라고도 한다.

① 인지적 도제학습

인지적 도제학습(cognitive apprenticeship Learning)은 학습이 처음에는 문제해결의 주변적 참여로 시작하지만 결국에는 완전한 참여와 주도로 이루어지게 된다는 이론으로 콜린스(Collins, 1991) 등에 의해 구체화된 이론이다.

도제라는 용어에는 '학습이나 지식의 습득은 반드시 체험을 통해서 이루어져야 한다'는 특성이 포함된다. 전통적인 도제제도에서는 어떤 사람이 특정 전문분야의 전문가가 되고 싶다면 그 분야에서 능력과 경험을 갖춘 전문가의 도제로 들어갔다. 여기서 전문가의 모든 행동과 사고를 살펴서 모방하고 직접 체험하면서 그 분야의 지식이나 기능, 태도 등을 익혀 나갔다.

인지적 도제학습의 근거는 다음과 같다.

첫째, 학습은 특정한 사회집단으로의 문화적 동화를 의미하며, 특정한 사회 집단에 참여하여 지속적으로 실제적 과제를 해결해나가는 과정을 중시한다.

둘째, 실제 생활에서의 현장학습, 체험학습을 중시한다.

셋째, 학습자의 탐구(탐색) → 반성(숙고) 및 명료화 → 자기주도적 학습을 중시한다.

넷째, 비고츠키(Vygotsky)의 인지발달이론에 근거를 두고 실제적 과제에 대한 자기주도적 학습 및 협동학습을 강조한다.

도제학습의 절차는 다음과 같다.

첫째, 시연단계(Modeling): 특정 사회집단에서 필요한 실제 과제의 문제해결 전 과정을 전문가가 시범을 보이는 단계이다.

둘째, 교수적 도움의 단계(Scaffolding): 문제해결을 위한 인지적 틀을 제시하는 단계이다.

셋째, 교수적 도움의 중지단계(Fading): 학습자 스스로 문제를 해결하는 단계이다.

인지적 도제이론에 의한 수업은 학생들로 하여금 주어진 자료를 이해하는데 도움을 줄 뿐만 아니라 학생들이 직면한 새로운 상황에서 그들의 갖고 비활성화된 지식(inert knowledge)과 기능을 적용할 수 있도록 해준다(Collins, Brown, & Holum, 1991).

② 인지적 유연성 학습

인지적 유연성 학습(recognizable suppleness learning)의 기본 전제는 '지식의

재현과 그 과정'에 관심을 둔다. 지식은 단순한 일차원적 개념으로 표현될 수 있는 것이 아니고 복잡한 다차원적 개념으로 형성되어 있으며, 이 복잡하고 다원적 개념의 지식을 제대로 재현할 수 있도록 하기 위해서는 상황의존적인 스키마(Schema)의 연합체를 형성해야 한다.

인지적 유연성 학습의 교수원칙은 ① 주제중심의 학습을 한다. ② 학생들이 충분히 다룰 수 있는 정도의 복잡성을 지닌 과제로 작게 세분화한다. ③ 다양한 소규모의 예들을 제시한다.

인지적 유연성이라 함은 즉흥적으로 자신의 지식을 재구성할 수 있는 능력을 의미한다. 급진적으로 변화하는 상황의 요구에 따라 여러 가지 방법으로 적절하게 대처하는 것을 말한다. 인지적 유연성 이론은 주로 학습 이전의 상황에 있는 지식과 기능의 전환에 관련되어 있다. 다양한 관점에서 주어진 정보의 제공과 주어진 여러 가지 예에서 관련된 다양한 연구들을 활용하는 것을 중시한다. 또한 효율적인 학습이 일어나기 위해서는 실생활과 관련되어야 하고, 수업 역시 매우 구체적일 것을 주장한다. 더 나아가 인지적 유연성 이론은 이미 구성된 지식의 중요성을 강조하고, 좋은 교육이 일어나기 위해서는 학습자가 주어진 정보를 가지고 자기 자신이 새롭게 개발할 수 있는 기회를 갖도록 해야 한다고 주장한다.

인지적 유연성 이론의 원리는 네 가지로 요약할 수 있다.

첫째, 학습활동은 다양한 내용의 제시가 있어야 한다.

둘째, 학습자료는 너무 단순한 내용은 피하는 것이 좋고 정황에 따른 지식을 얻을 수 있는 것이어야 한다.

셋째, 수업은 반드시 사례에 근거를 두어야 하며, 정보의 전달보다는 지식의 구성을 강조하여야 한다.

넷째, 지식 요소들은 단편적이지 않고 고도로 통합적이어야 한다.

(2) 사회적 구성주의

사회적 구성주의(social constructivism)는 지식이 개체와 환경의 상호작용을 통해 만들어진다고 보는 관점이다. 사회적 구성주의에서 지식은 전적으로 외부 세계에 구속되어 있는 것도 아니고 그렇다고 해서 전적으로 정신활동의 산물도 아니라, 환경과 상호작용하는 과정에서 경험하는 정신적인 활동의 반영이라고 보았다. 따라서 지식이란 개체가 다른 사람들과 상호작용 하는 과정에서 경험하는 곳을 통합한 것이다. 브루너(Bruner)와 비고츠키(Vygotsky)의 발달이론은 이처럼 사회적 환경의 영향을 강조하는 부분에서 본다면 사회적 구성주의에 해당된다.

① 상황학습

상황학습(situated learning)은 학습에 있어서 구체적 맥락의 중요성을 강조하는 것으로 학습한 지식을 문제상황에 적용하는 학생주도의 문제형성 및 문제해결 학습이다. 상황학습은 개인과 상황 간의 관계를 수반하는데, 인지적 과정이 개인의 머릿속에만 일어나는 것은 아니라고 본다, 상황학습이론에서 볼 때 지식이라는 것은 상황적이고 그 지식이 사용될 행동과 문화 안에서 생성되는 것이지 결코 독립되어 존재하는 것이 아니며, 지식을 개발하고 전개하는 행동은 학습과 인지의 필수적인 부분이다. 상황적 학습모델에서는 한 상황 혹은 일련의 사건들이 있을 때 그것에 대한 학생들의 각기 다양한 해석과 접근방법을 협동적 노력을 통해 접하게 되면서 그들의 개인적 견해와 사고의 틀을 넓히는 결과를 가져오도록 하는 전략으로 본다. 또한 실제적 성격과제에 대해 스스로 그 의미를 찾아가는 학생 주도적 성격을 강조한다.

상황학습의 이론에 근거하여 학습을 설계할 때는 학습자가 의미 있는 지식을 구축해 나갈 수 있도록 문제를 제기하거나 의문을 가질 수 있도록 학습자를 유도하는 방향으로 상황이 설계되고 제공되어야 한다.

상황학습 이론의 원리는 다음과 같다.

첫째, 교수-학습활동은 사례나 문제상황과 같은 상황을 중심으로 설계되어야 한다.

둘째, 교육과정 자료는 학습자에 의해 탐구될 수 있어야 한다.

상황학습은 참여학습과 밀접한 관련이 있고, 공학에 기초한 학습방법이라는 점에서 인지적 유연성 이론(cognitive flexibility theory)과 유사하다고 할 수 있다.

상황학습은 ① 다양한 사례를 제공하여 실제적이고 구체적인 상황(맥락)을 통한 학습을 중시한다. ② 실제적 과제와 다양한 사례를 제공하며, 주로 인문과학이나 사회과학 분야에 적용된다. ③ 실제적 과제에 대한 자기주도적 학습 및 협동학습을 강조한다.

② 정황교수

정황교수(anchored instruction)는 교사 자신이 자신의 수업을 이해시키기 위해 수업과 관련이 있는 내용을 끌어들여 수업에 활용하는 구성주의 수업이다. 즉, 교수-학습활동이 학생들에게 관심의 대상이 되는 문제나 쟁점 등이 들어있는 이야기, 모험담, 상황 등과 같은 정황을 중심으로 이루어진다.

정황교수의 이론은 다음과 같은 원리에 기초한다.

첫째, 교수-학습활동은 이야기, 사례, 학생들의 관심사와 관련된 주제 또는 문제 등과 같은 정황을 중심으로 설계된다.

둘째, 교육과정 자료는 학습자에 의해 그들의 문제를 탐구할 수 있어야 한다.

셋째, 비디오 자료들이 이어지는 모든 교수-학습을 위한 하나의 거대한 정황으로 주어진다.

넷째, 비디오 자료들은 일반적인 비디오와는 달리 학생들로 하여금 새로운 지식을 구성할 수 있도록 고안된다.

다섯째, 단순한 어떤 강의 형식이 아니라 하나의 이야기로 주어진다. 그리고 그 이야기를 학생들이 비디오를 통해 탐험할 수 있도록 하는 것이다

정황교수는 상황학습과 밀접한 관련이 있고, 공학에 기초한 학습방법이라는 점에서 인지적 유연성 이론과 유사하다고 할 수 있다. 주로 초등 읽기, 쓰기, 수학 수업에 많이 활용되고 있다.

3. 전환학습

전환학습(transformative learning)의 등장은 기존의 앤드라고지나 자기주도학습과 같은 이론들이 성인학습자의 특성에만 관심이 있으며, 학습을 도구화하고, 너무나 실천적 측면이 있어서 학습을 통해 어떤 사실을 더 알게 되었을지라도 인간의 근본적인 변화는 일어나지 않는다고 비판하였다. 따라서 전환학습은 학습의 인지적 과정에 초점을 두고 있다. 메지로우(Mezirow)는 이처럼 기존의 객관적이고 실증적인 접근에 대해 비판하면서 1978년에 전환학습을 제시하였는데, 우리가 살고 있는 세계와 우리 자신들에 관한 근본적인 변화와 관련하여 학습을 설명하였다. 이러한 전환학습은 학습활동에 의해 학습자 자신은 물론 타인이 인식할 수 있는 방법으로 학습 이전과는 확연히 구분되도록 인간을 새롭게 만든다는 것이다.

메지로우(Mezirow, 1978)에 의해 주창된 전환학습은 학습을 통해 학습자의 역사적·사회적 관점의 전환을 추구해야 한다고 강조한다. 메지로우는 '학습'이란 경험의 의미를 재해석하고 새로운 의미를 만들어가는 과정이며, 아울러 '전환' 은 기존에 가지고 있던 의미구조의 '근본적인 변화'를 의미한다. 메지로우는 인간에게 있어서 경험의 의미를 이해하는 것만큼 기본적인 욕구는 없다고 보았기 때문에 학습의 전체 개념은 학습자들이 그들의 일상생활에 참여하고 그것에 대한 이해의 방식을 넓혀가는 것을 의미한다. '인식의 전환'이란 학습자 자신이 처해 있는 상황 속에서 관점이나 생활에 대한 인식이 변화하는 것을 의미한다. 따라서 전환학습은 관습이나 인식에 의해 무비판적으로 받아들여졌던 사실들에 대해 '근본적인 변화'를 시도하기 위한 학습이라고 정의할 수 있다.

전환학습의 목적은 관습이나 인식에 의해 무비판적으로 받아들여졌던 사실들에 대해 '근본적인 변화'를 시도하는 데 있으며, 전환학습의 방법은 논쟁과 대화를 통하여 자신을 스스로 알아가는 과정을 취한다. 가르침을 주는 자와 받는 자가 구분되는 것이 아니라 상호 간의 구분 없이 서로에 대한 상호교류를 통해서 전환이 이루어진다고 보는 것이다.

전환학습에 있어서 내용은 개인과 인간관계, 사회를 비판적으로 보고 그들의 인식 및 행동을 변화해나갈 수 있게 하는 일상적이고도 비판적인 지식으로 구성되고 이와 관련하여 전환학습에서 인간은 변화를 창출하는 주체적이고 능동적인 존재로 본다.

예를 들면, 여성의 경우 다음과 같은 문제가 전환학습의 주제가 될 수 있다. "당신은 어린 시절 남자친구나 형제로부터 부당한 취급을 받거나 차별을 받아 본 적이 있었는가?" 이러한 질문을 받은 많은 여성들은 어린 시절을 회상하게 되고 그들의 경험을 서로 이야기하게 된다. 그들에게 주어진 성역할의 문제, 좌절감, 포기, 아버지나 남자형제로부터의 차별대우 등 이러한 주제들은 그들의 존재에 대한 인식을 새롭게 해주고 비판의 여지를 열어 준다. 이들은 그들의 주관적 경험에 대해 서로에게 이야기하고, 상호 간에 자기반성의 과정을 통하여 경험에 대한 새로운 의미를 창출하게 된다.

전환학습은 다음의 세 단계로 이루어진다. 첫 번째 단계는 대화를 통한 현실비판 및 인식의 단계이다. 비판과 인식의 단계에서 학습자들은 서로의 경험을 중심으로 하는 대화를 통하여 현실을 알아간다. 이때 서로의 경험은 하나의 지식으로 각기 다른 사람들의 비판과 인식에 도움이 된다. 두 번째 단계는 인식 이후 필요한 행동은 무엇이며, 어떻게 해야 하는가를 생각하는 단계이다. 이때 학습자들은 일상생활에 대한 그들의 행동과 사회모순을 극복하고 변화시키기 위해 그들이 가져야 할 입장에 대해 생각하게 된다. 세 번째 단계는 실천하고 행동하는 단계로 이때 실제생활에서의 변화를 꾀하기 위한 행동이 이루어진다. 이러한 특성 때문에 전환학습은 사회변화를 지향하는 사회운동의 성향을 강하게 띠고 있으며, 초기의 전환학습들은 대부분이 사회운동 형태로 나타났다. 따라서 전환학습은 소외인, 주변인의 비판적 인식을 위한 학습으로 이루어지고 있다.

전환학습에 있어서 핵심개념을 살펴보면 성인기는 자신의 왜곡된 관점을 수정하는 데 필요한 시기라는 전제하에 세 가지 핵심개념, 즉 경험, 비판적 반추, 발달을 제시하고 있다.

첫째, 경험이다. 메지로우는 학습자의 경험을 전환학습의 핵심주제라고 보았다. 그러나 모든 종류의 경험이 중요한 것은 아니다. 단순한 감각에 의한 경험보다는 사회적으로 구성된 경험일 때 그 경험이 해체되고 재구성될 수 있어 실천적으로 적용해 볼 수 있는 전환학습의 주제가 되는 경험인 것이다.

둘째, 비판적 반추는 전환학습에 있어 가장 중요한 과정이다. 듀이(Dewey, 1933)는 반추를 '어떠한 신념 혹은 가정된 지식의 형태를 그것을 뒷받침하는 배경과 지향하는 결론에 바탕을 두고 꾸준히 깊게 생각하는 것'이라고 정의하였다. 따라서 효율적인 학습을 위하여 긍정적인 경험과 함께 비판적 반추가 이루어져야 한다.

셋째, 발달이다. 메지로우는 전환학습의 과정이 성인발달의 중심이며, 경험의 비판적 반추를 통해 개인의 관점이 전환되어서 과거보다 폭넓은 경험을 하고, 더 차별화되고, 더 개방적이며 자신의 경험을 보다 잘 통합할 수 있는 한 차원 더 높은 의미관점을 획득할 수 있다고 하였다.

메지로우는 학습을 "미래의 행동을 안내하기 위해 개인 경험의 의미를 새롭게 재해석하는 것에 이전 경험을 사용하는 과정"이라고 정의한다. 그는 전환(transformation)을 의미구조의 근본적인 변화로 보고 있다. 전환학습은 우리의 신념과 의미구조에 전환이 있을 때 또는 전체적인 관점에 전환이 있을 때 발생한다.

4. 의식화 이론

의식화 이론(Conscientization Theory)은 프레이리(Freire, 1971)에 의해 주창되었고, 가난, 문맹, 억압이라고 하는 맥락에서 출발했으며, 급진적인 사회변화의 큰 틀에 있었다. 프레이리는 교육의 궁극적인 목적이 해방이라고 주장하였으며, 교육은 세상을 변화시키기 위하여 세상에 대한 남녀의 활동과 반추라고 설명하였다. 그는 학습자들을 수동적인 존재가 아닌 자신의 인생을 형성하는 사회문화적 실체와 그러한 실체를 변화시킬 수 있는 능력에 대한 깊은 통찰력이 있는 사람으로 보고, 이러한 의식을 고양시키기 위하여 대화법을 사용하였다. 프레이리의 철학적 요소는 메지로우와 같이 비판적 반추임을 알 수 있다. 비판적 반추는 학습을 하는 데 있어 다른 학습자들과의 대화를 통해서 발생하기 때문이다. 이와 같은 방법은 교사와 학생이 상호협조하는 참여교육을 지향하는 것이라고 할 수 있다.

의식화의 기본 개념 구조는 소박한(naive) 의식에서 비판적(critical) 의식으로의 변화 또는 과정이다. 프레이리에 의하면 의식화란 현실을 발견하고 또 우리를 속이고 억압함으로써 비인간화시키는 사회구조의 유지수단인 신화들을 발견하기 위하여 현실에 부단히 비판적으로 접근하는 것이라고 하였다(Freire, 1976).

프레이리에 있어 교육이란 근본적으로 비판적 의식을 가지게 되는 과정, 즉 의식화라고 보았다. 비판적 의식이란 단지 주어진 현실을 그대로 수용하는 것이 아니라 그 객관적 상황이 어떠하며 자신과의 관계가 어떠한지 파악하려는 태도를 의미하는 것이다. 따라서 프레이리의 의식화 교육은 비판적 의식의 각성을 통하여 허위의식을 극복하고 조작된 사회의 신화를 벗겨 현실 속으로 이끌어내는 인간해방을 목적으로 하는 교육이다.

1) 의식화 이론의 교육목적

의식화 교육목적은 인간의 해방, 인간과 세계의 인간화를 목적으로 한다. 프레이리는 의식화 교육론에서 교사와 학생들이 함께 비인간화 현실을 분석함으로써 비인간화 현실에 결별을 고하고, 인간 해방을 통한 민주주의 추구를 주장하였다. 브라질의 교육자였던 프레이리는 모국의 국민들이 착취당하고 있음을 깨닫고 이러한 하층계급 사람들이 비판적 의식을 바탕으로 사회적, 시민적, 정치적 규율을 통하여 자본주의의 무책임과 부당함을 극복하여 새로운 민주주의를 만들어야 한다고 주장하였다.

2) 의식화 이론의 교육관점

프레이리는 역사를 통하여 오직 억압자와 피억압자 두 계급의 사람이 존재한다고 하였으며, 피억압자의 입장에서 그들에게 필요한 것이 무엇이고, 실제로 무엇을 원하는지에 대한 고민을 시작으로 그들의 인간화 추구를 위한 교육을 펼쳐야 한다고 하였다. 교육은 사람들을 길들이거나 그들의 압제에서 해방시킬 수 있다. 교육은 단순히 글을 읽고 쓰고 하는 기능적인 것뿐만 아니라, 세상을 읽을 줄 아는 비판의식을 개발하는 것이라 보고, 문해기능을 벗어나 세상을 읽을 줄 아는 시각을 키워야 한다고 하였다. 또한 피억압자의 인간화를 위하여 교육이 그 역할을 해야 한다고 주장하였다.

3) 의식화 교육방법

프레이리는 과거의 전통적 교육방법인 은행 저축식 교육(bank concept of education)은 학생이라는 텅 빈 저금통장에 교사가 지식이라는 돈을 넣는다는 교육으로 교사와 학습자의 관계는 주체와 객체의 관계로 왜곡되었고, 교사는 학습자에게 지식이나 신념 등을 합리화시키고 강압적인 태도로 학습자들을 예속화한다고 보고, 은행저축식 교육을 극복하기 위하여 문제제기식 교육(problem posing education)을 주장하였다. 문제제기식 교육은 교사와 학습자가 수평적이며, 동반자적 관계이다. 교사는 학습자에게 일방적으로 가르치는 것이 아니고 그들로부터 배울 수 있다고 보았다.

그리고 프레이리의 두 번째 의식화 교육방법은 대화이다. 인간 삶의 현장으로서 대화를 분석하는 데서 대화의 본질로 '말'에 관하여 말하고 있다. 진정한 말이란 실현해야 하기 때문에 행동하지 않을 수 없고 동시에 사고하지 않을 수 없다. 따라서 참된 말을 한다는 것은 세계를 변혁하는 것이다. 행동을 수반하지 않는 말은 허튼소리에 불과하여 언어주의에 빠지게 되고 성찰을 포기하는 행동을 강조하는 말은 행동주의에 빠지게 되는 경우가 생긴다. 따라서 참된 말은 행동과 반성(Action-Reflection) 속에서 실존한다고 볼 수 있다.

5. 자기주도 학습

1) 자기주도 학습의 개념

자기주도 학습(self-directed learning)이란 학습자가 스스로 학습의 주체가 되어 학습목표를 설정하고 학습계획, 과정, 실행 및 자원을 실행하며 학습성과를 평가하는 것이다. 즉, 자기주도 학습은 학습자가 스스로 학습을 주도적으로 이끌어 가는 것을 의미하며, 학습이 자율적인 조절과 통제 하에 이루어질 때 그 효과도 긍정적이고 극대화된다. 자기주도 학습이란 '타인의 도움을 받지 않고 개개인이 스스로의 학습요구를 진단하여 목표를 설정하고, 목표를 달성하기 위하여 필요한 인적·물적 자원을 선택하며, 끝으로 학습의 성과를 평가하는 과정'으로 정의할 수 있다.

노울즈(Knowles, 1970)는 성인이 성숙함에 따라 자기주도성이 강화된다는 가정하에 성인의 자기주도성에 맞는 교육활동을 구조화하려는 성인학습자의 노력이 필요하다고 주장하였다. 이처럼 자기주도 학습은 성인학습을 효과적으로 실천하기 위하여 적용할 수 있는 중요한 이론이자 교육방법이다. 자기주도 학습은 앤드라고지에 대한 근본적인 가정으로 성인교육에 있어 널리 행해지는 철학이며, 하나의 목표로 보고 있다. 성인학습은 아동학습과는 달리 자기주도가 가능하다는 견해가 있다. 성숙한 성인은 학습활동을 수행하고 계획하는 데 개인적인 책임을 질 수 있다고 보며, 한 명의 성인이 사회적 역할을 이행하고 자기주도적인 능력과 믿음을 가진 사람이라고 믿는다(Mezirow, 1985).

학습방법으로써 자기주도 학습은 개개인이 인간으로서 그들이 가질 수 있는 가장 위대한 잠재가능성을 충분히 인식할 수 있는 방법이나 전달 수단으로 사용될 수 있다. 자기주도 학습은 타인의 도움을 받지 않고 고립적인 상황에서도 학습자 스스로 학습하는 것을 의미하는 것만은 아니다. 일반적으로 자기주도 학습에 대한 정의는 학습의 과정, 학습자 특성 가운데 어떤 측면에 초점을 맞추느냐에 따라 달라진다.

노울즈(Knowles, 1975)는 자기주도 학습을 '학습자가 스스로 학습요구를 진단하고, 학습목표를 설정하고, 관련 학습자원을 선택하고, 학습전략을 수립하고, 학습을 실행한 후 평가하는 과정에서 타인의 도움을 받거나 혹은 자신이 전적으로 학습을 진행시켜 나가는 것'으로 정의하였다. 펜랜드(Penland, 1979)는 자기주도 학습을 학습자, 계획자, 관계 집단, 학습평가의 요소를 고려하면서 정의한다. 그는 자기주도 학습이란 학습자가 학습요구 결정, 학습 정보 수집, 학습자원 활용, 학습방법 구안 등에 대한 책임을 지고, 계획자는 학습자가 기대하는 수준에 도달하도록 도와주는 역할을 수행하며, 관계 집단은 학습자가 무엇을 학습하고 어떻게 행동해야 하는 것인가에 대한 방향을 제시하고, 학습평가는 학습자와 계획자가 협력적으로 실시하게 되는 학습을 의미한다고 보았다.

롱(Long, 1996)은 자기주도 학습에 대하여 넓은 의미에서는 교육내용, 교사, 학생 사이의 관계에 형성되는 교수과정, 교수방법, 심리적 과정을 포괄하는 것으로, 좁은 의미에서는 그중 하나에 초점을 맞추는 것으로 구분하면서 자기주도 학습과 타인주도 학습에 대한 차이를 〈표 2-2〉에서와 같이 설명하였다.

〈표 2-2〉 자기주도 학습과 타인주도 학습의 차이

자기주도 학습	타인주도 학습
상대적으로 독립적임	상대적으로 의존적임
솔선수범에 가치를 둠	지시에 따르는 것에 가치를 둠
긍정적인 자아효능감	제한된 자아효능감
초인지적 인식	초인지적 인식이 제한됨
내적으로 동기화됨	외적으로 동기화됨
깊이 있는 참여	표면적인 참여
정신적 초점에 우선권을 둠	정신적 초점이 산만함

출처: long(1996). 성낙돈, 가영희, 조현구(2013). 재인용.

2) 자기주도 학습강화를 위한 전략

학습에 있어 자기주도 학습은 개인 내부에서 발생하는 성장과정이라고 말할 수 있다. 성인교육자는 학습과정을 통해 성장과정을 촉진할 수 있는 것이다. 따라서 교수자는 성인학습자가 그들의 잠재가능성을 확장하고 자신의 내적 성장을 할 수 있도록 도울 수 있어야 할 것이다. 자기주도 학습을 통하여 성인학습자의 내적 성장을 위한 다음 세 가지로 설명할 수 있다.

(1) 비판적 반추의 촉진

자기주도 학습강화를 위한 전략으로 성인학습자가 가지고 있는 경험들을 비판적으로 반추하는 능력을 개발하도록 돕는 것이다. 이 비판적 반추를 사용하여 얻고자 하는 학습결과를 얻을 수 있다. 이러한 비판적 반추는 어떤 특정한 정보나 행동 또는 기존의 생각들에 대한 비판적 사고를 의미한다. 브룩필드(Brookfield, 1987)는 비판적 사고를 촉진할 수 있는 방법을 다음과 같이 제시하였다.

- 비판적 사고자의 자기 가치를 확인하기
- 비판적 사고자의 말을 주의하여 듣기
- 비판적 사고자의 노력을 지지하고 있다는 믿음 주기
- 비판적 사고자의 생각과 행동을 반추하고 반영하기
- 비판적으로 생각하도록 동기 부여하기
- 비판적 사고 과정들을 정기적으로 평가하기
- 비판적 사고자들의 네트워크 형성에 도움 주기
- 비판적 교사가 되기
- 비판적 사고를 어떻게 하는지 알려 주기
- 비판적 사고의 모델 되기

(2) 합리적 사고의 증진

성인학습자들이 자기주도 학습에 대해 가지는 생각들 중 가장 큰 장벽 중의 하나는 우리가 도달하고자 하는 학습결과가 세상에서는 도달하기 어렵고, 그런 원인에 대하여 외적 의미를 계속 찾으려고 하는 것이다. 예를 들어 자신이 바라는 것보다 표현에 인색한 남편으로 인해 불행하다고 생각하는 아내, 자신의 읽기 능력이 부족한 것이 2학년 때 담임선생님 때문이라고 불평하는 남자와 같이 일반적으로 우리는 자신의 책임보다는 남에 의해 결정된다는 사고를 가지고 있다.

(3) 자기주도 학습촉진을 위한 기술

브로켓(Brockett, 1983)은 자기주도 학습을 최대화하기 위하여 교수자가 밀접한 관계를 통하여 성인학습자를 도와야 한다고 제안하였다. 자기주도 학습을 위한 교수자는 카운슬러, 성직자 등과 같은 사람들과 마찬가지로 성인 학습자들을 도울 수 있는 협조자로서의 역할을 가져야 하는 것이다. 따라서 교수자는 성인학습자들과의 관계 강화를 위하여 사용할 수 있는 기술(Skill)을 가지고 있어야 한다.

3) 효과적인 학습을 위한 자기주도 학습

자기주도 학습이 자기 스스로 학습을 선택하고 실행하는 것이라는 포괄적 의미에서 자기주도 학습을 지칭하는 용어는 다양하며 학자들마다 여러 가지 견해를 가지고 있다. 자기주도 학습의 핵심은 타인의 조력여부와 관계없이 개별학습자가 주도권을 가지는 학습과정으로서 학습자가 스스로 학습목표를 설정하고 학습자원을 확인하며 중요한 학습전략을 선택하고 학습결과 를 평가하는 과정이다. 즉, 학습자 스스로 자신에 맞는 개별학습을 발견하고 스스로 수행하는 '자기학습'이다. 이러한 자기주도 학습의 목적은 자기조절을 통한 학습자의 학업성취도 향상이다.

자기주도 학습과 관련된 선행연구 결과를 종합해 보면, 자기주도적으로 학습하는 학습자는 자아효능감을 가지고 있으며, 내재적으로 동기화되어 학습에 자율적이고 적극적으로 흥미를 가지고 참여한다. 자기주도 학습의 네 개 하위요인의 개념을 밝히면 다음과 같다(양애경, 2010).

〈표 2-3〉 자기주도 학습의 네 개 하위요인

하위요인	설명
주체성(초인지)	주체성은 주어진 학습상황에서 학습자원을 활용하여 자발적으로 학습을 계획하고 실행 및 조절하며 학습을 스스로 평가하는 정도이다.
성취지향성	성취지향성은 주어진 학습상황에서 호기심과 성취감으로 문제해결을 하고 성공감에 대한 확신과 성취감에 대한 자부심, 독립성, 신념의 정도이다.
내재적 동기	주어진 학습상황에서 탐구심, 흥미, 요구 등이 내재화되어 긍정적으로 노력을 투입하고자 하는 신념과 의욕의 정도이다.
과제해결력	주어진 학습상황에서 목표를 정하고 학습의지를 갖고 적극적이고 새로운 방식으로 과제해결을 잘 수행하려는 능력의 정도이다.

출처: 양애경(2010).

학교학습에서 학업성취도와 관련하여 가장 큰 설명력을 갖는 변인은 인지적·정의적 특성이다. 학습자의 인지적 특성은 교수-학습차원에서 학습효과를 향상시키는 데 중요하다.

학습자 개인의 지적 능력과 특성에 적절한 교수-학습이 투입될 때 학습 효과가 극대화될 수 있다. 또한 교수-학습과정에서 자신의 학습과정을 자신이 스스로 통제함으로써 학습에 대한 관찰, 점검이 이루어지고 자기의 학습진도에 맞는 목표를 설정하며 이를 달성하려는 노력이 스스로에 의해 이루어지며, 자기 보상을 통한 동기화가 이루어진다. 이러한 자기주도 학습 능력의 향상을 통해 학습자는 스스로 자신의 학습에 주도권을 갖고 자신의 학습요구를 진단하고 자신의 학습목표를 결정하며, 학습에 필요한 인적·물적 자원을 확보하고 적합한 학습전략을 선택하고 실행하여 성취한 학습결과를 스스로 평가하는 과정과 활동을 통하여 학습의 극대화를 가져오게 한다(황정규 외, 2003).

여러 선행연구들에서 자기주도 학습이 학업성취도에 효과적이라는 연구(박선미, 2006), 초등학교 6학년 학생들에게 자기주도 학습 훈련을 실시한 결과 통제집단에 비해 학업성취도가 높았으며(정종진, 1995), 자기주도 학습이 교사주도 학습에 비해 학업성취도에 효과적이었다(양명희 외, 2002).

➔ 자기주도 학습 체크리스트

1. 나는 공부목표를 스스로 설정한다.
2. 나는 스스로 동기부여할 수 있는 목표가 있고, 그것을 구체적으로 설명할 수 있다.
3. 나는 설정한 목표가 잘 실행되고 있는지 정기적으로 검토한다.
4. 나는 현재 학습하고 있는 내용을 잘 설명할 수 있다.
5. 나는 공부하다가 궁금한 것이 있으면 직접 찾아서 확인하고 이해한다.
6. 나는 과목별로 중요한 부분의 개념을 정의할 수 있다.
7. 나는 효과적인 교육방법을 알고 있다.
8. 나는 다음 중에 어떤 내용을 학습하게 되는지 설명할 수 있다.
9. 지난주 내가 학습한 내용과 이번 주에 학습하고 있는 내용이 어떤 연관성이 있는지 설명할 수 있다.
10. 나는 취약한 부분의 경우, 이를 해결할 수 있는 방법을 찾아 실행한다.
11. 나는 공부가 잘되는 나만의 필기방법이 있다.
12. 시험보기 전 교과서와 문제집의 문제를 충분히 풀어서 시험에 자신이 있다.
13. 시험에서 찍어서 맞힌 내용은 반드시 학습한다.
14. 오늘 하루 공부해야 할 것들을 머릿속에 의지적으로 떠올린다.
15. 공부를 하면서 나의 실력이 쌓여 간다는 사실이 너무 좋다.
16. 공부하는 것은 힘들지만 젊은 날의 고생을 통해 스스로 싸우는 법을 배우고 있다고 생각한다.
17. 감당하기 어려운 과제가 주어져도 일단 시작하고 본다.
18. 나는 시간을 잘 활용해서 좋은 성과를 얻은 성공사례를 가지고 있다.
19. 나는 나만의 스트레스 해소법을 가지고 있다.
20. 컴퓨터를 사용할 때 사용시간을 정해놓고 사용하는 편이다.

출처 : long(1996). 성낙돈, 가영희, 조현구(2013).

해석
문항들 중 해당하는 항목이 여섯 개 이하이면 스스로 공부하는 습관이 부족하다. 구체적인 학습목표가 없을 수 있기 때문에 학습방향에 대한 조언자가 필요하며, 지속적인 학습멘토링을 통하여 학습목표를 설정하고 좋은 학습습관을 기르도록 노력한다.
문항들 중 해당하는 항목이 7~14개이면 효과적으로 학습하는 방법이 다소 부족하기 때문에 학습방법을 점검해줄 조언자가 필요하다. 구체적인 계획을 수립하고 목표를 관리하는 방법을 배우도록 한다.
문항들 중 해당하는 항목이 15개 이상이면 자기주도 학습자로서 구체적인 장 · 단기목표를 수립하고 명확한 학습방법을 설정한다면 학습의욕도 더 높아지게 된다.

4) 자기주도 학습 실천

(1) 마인드맵 학습법

마인드맵(mind map)은 왼쪽 뇌와 오른쪽 뇌의 기능을 합치도록 고안된 필기방법이다. 공부를 할 때 양 뇌가 서로 도와가며 우뇌에서는 시각적 이미지를, 좌뇌에서는 언어적인 것을 기억하면 더 기억이 잘된다.

좌뇌	우뇌
논리, 연산, 단어, 직선, 분석, 숫자, 배열, 목록	곡선, 공상, 색깔, 음악, 입체, 공간, 상상력

능률적이지 못한 노트필기 형태는 집중력을 떨어뜨리고, 시간을 낭비하게 하여 지루함과 좌절감을 준다. 따라서 왼쪽 뇌와 오른쪽 뇌의 기능을 통합하고 활성화할 수 있는 필기방법을 고안한 것이 '마인드맵'이다.

(2) 마인드맵 그리는 방법

① 준비하기 : 종이에 할 것인지 또는 프로그램을 사용할 것인지를 정한 후 사용할 도구준비
② 중심주제 생각하기 : 무엇을 중심에 놓을지를 생각한다.
③ 가지치기 : 각 가지사이의 공간을 넉넉히 잡고 주 가지를 그린 다음 부 가지를 그린 후 글과 이미지로 엮어나간다.
④ 검토하기 : 중심주제와 각 가지들이 적절하게 연결되었는지 검토하고 수정한다.

<table>
<tr><th>마인드맵을 그리는 과정</th><th>마인드맵을 그릴 때 유의점</th></tr>
<tr><td>1. 흰 종이와 색연필(5색 이상) 준비</td><td>1. 흰 종이의 전체공간을 자유롭게 사용</td></tr>
<tr><td rowspan="3">2. 흰 종이의 가운데에 쓰려고 하거나 생각하려고 하는 주제에 대한 '중심이미지'나 '중심생각'을 쓰거나 그린다.</td><td>2. 흰 종이의 가운데에 그리도록 한다.</td></tr>
<tr><td>3. 주제에서 부 주제로 뻗어나간다.</td></tr>
<tr><td>4. 주제에서 부 주제로 연결된 부분과 부 주제에서 세부적인 내용을 차별화하여 그린다.</td></tr>
<tr><td>3. 이미지의 중심에서 가지를 하나씩 그려가면서 이 가지 위에 단어나 그림, 상징기호를 섞어서 그려 넣는다.</td><td>5. 될 수 있는 대로 단어를 쓰기보다는 그림 이나 기호를 그려서 창의적인 사고를 기르도록 한다.</td></tr>
</table>

3장
평생교육의 학문적 기초

이 장에서는 평생교육의 철학적 기초, 사회학적 기초, 심리적 기초에 대해서 살펴보고자 한다.

1. 평생교육의 철학적 기초

1) 인문주의 평생교육

(1) 개요

인문주의 평생교육은 고대 그리스의 철학자 소크라테스, 플라톤, 아리스토텔레스의 철학이론에서 비롯되었다. 이러한 인문주의 교육의 전통은 중세를 거쳐 현대에 이르기까지 기독교 학파의 전통으로 이어져 왔다. 인문주의 교육은 유럽에서 교육이론으로 확립된 지 오래이며, 오늘날에도 여전히 교육사상에 중대한 영향을 미치고 있다. 이 전통은 자유로운 학습, 지식의 조직화, 지적 능력의 개발 등을 강조한다. 오늘날 이러한 입장을 지지하는 학자들로 아들러(Adler), 허친스(Hutchins), 마르탱(Maritian), 도렌(Doren), 등을 들 수 있다(Elias & Merriam, 1994; 기영화 역, 2002).

인문주의 교육의 목적은 지성을 갖추게 하고 도덕적인 문화시민을 양성하는 것이다. 이러한 교육목적을 달성하기 위해 학습자의 자율성보다는 교사의 역할을 강조하고 있다. 인문주의 교육원리에 대해 허친스는 다음과 같은 내용을 제시하였다.

① 진리는 보편적이며 시간, 장소, 사람 등과 같은 환경에 의존하지 않는다.
② 훌륭한 교육은 진리를 탐구하고 이해하는 것이다.
③ 진리는 위대한 고전들 속에서 찾을 수 있다.
④ 교육은 이성적인 능력을 개발하는 것이며, 이를 위해서는 교양교육이 강조되어야 한다.

이러한 인문주의 교육의 본질은 바로 교육을 통해서 인간의 이성을 개발하고 진리를 알게 하며 그것을 따르게 하는 것이다. 따라서 인문주의 교육에서는 오랜 시간에 걸쳐서 인류의 진리가 축적되어 있는 문화적 유산인 고전을 통해 영원한 진리를 깨닫도록 하기 위해서 교양교육을 강조한다. 이러한 교양과목으로는 언어학, 역사, 수학, 자연과학, 예술, 철학 등이 있다(권대봉, 2002).

(2) 인문주의와 평생교육

인문주의 교육은 초등교육, 중등교육, 대학교육과 그 이후에 이루어지는 평생교육에서도 그대로 적용되는 교육으로서 평생교육의 전 분야에서 걸쳐서 폭넓게 활용되는 기본적인 교육이다. 특히 인문주의 교육관이 인간의 이성을 개발하고 진리에 대한 깨달음을 강조하고 있다는 점에서 인간의 삶과 관련하여 큰 의미를 가지고 있다고 할 수 있다.

프리덴버그(Friedenberg)는 인문주의가 평생교육에 기여한 점을 다음과 같이 네 가지로 정리하여 제시하였다.

① 인문주의는 인간에게 자유의 가치를 가르치고 그 가치를 활용할 수 있는 능력을 갖춘 사람이 되도록 도와준다.
② 인문주의는 성인들이 직접 경험한 사실과 그에 대한 감정 간의 차이가 발생할 때 그 차이에 대해 적절하게 이해하고 반응하도록 도와준다.
③ 인문주의는 인간이 경험하는 범위를 확대시킴으로써 인간이 반응할 수 있는 영역을 넓혀준다.
④ 인문주의는 시민의 자질 향상, 여가 선용, 자아의식 개선, 인간 존엄성 지각 등의 목적에서도 기여한다(Elias & Merriam, 1944; 기영화 역, 2002).

이러한 인문주의의 평생교육에 대한 기여를 볼 때, 인문주의는 인간은 지속적으로 성장하고 자아의식을 개발할 수 있다는 믿음을 기반으로 하고 있다. 그러나 인간의 자율성을 경시하고 교사의 절대적인 지위와 영향력을 강조하는 입장을 가지고 있음으로써 평생교육의 이념과는 상반되는 점이 있다. 그럼에도 불구하고 인문주의에서 중요시하는 진리, 이성, 교양, 예술 등은 평생교육의 목적과 과정 등에 지대한 영향을 미치고 있다.

2) 진보주의 평생교육

(1) 개요

진보주의 평생교육은 역사적으로 볼 때 정치, 사회, 교육 분야에서 일어난 진보주의 운동에서 시작되었다. 교육철학에 대한 접근은 교육과 사회의 관계, 경험중심 교육, 직업교육, 민주주의 교육 등과 같은 개념을 강조하는 측면으로 이루어졌다. 주요한 진보주의 교육자로는 제임스(James), 듀이(Dewey), 킬패트릭(kilpatrick) 등을 들 수 있다. 진보주의 성향을 갖고 있는 성인교육 철학자들로는 린드만(Lindeman), 벌거빈(Bergevin), 벤(Benne), 그리고 블랙클리(Blakely)등이 있다(Elias & Merriam, 1994; 기영화 역, 2002).

진보주의는 인문주의와 대비되는 이론을 제시한다. 진보주의 학자들은 인문주의가 교사 중심적이고 수동적인 학습자의 모습을 제시한다고 비판하면서 아동중심의 교육, 경험중심의 교육을 강조하였다. 아동중심 교육은 학습자중심 교육이라는 측면을 강조한 이념이다. 이는 인문주의 교육이 교수자 중심의 교육이었기 때문에 학습자의 요구와 흥미를 반영하지 못하고 있다는 반성에서 비롯된 것이다(권대봉, 2002).

이러한 진보주의의 교육원리를 반영한 것이 진보주의교육협회에서 제시한 일곱 가지 강령인데 그 내용을 살펴보면 다음과 같다.

① 아동은 외적인 권위에 의하지 않고 자신의 사회적 필요에 따라 자연스럽게

성장할 자유를 누려야 한다.

② 학습자의 흥미와 욕구의 충족이 모든 학습과 활동의 동기가 되어야 한다.

③ 교사는 아동의 활동을 격려하고 적절한 정보를 제공하는 안내자가 되어야 한다.

④ 아동에 대한 평가는 아동의 신체적·정신적·도덕적·사회적 특징에 대한 평가를 포함해야 하고 아동의 발달과 지도에 도움이 되어야 한다.

⑤ 가장 중요하게 간주되어야 할 것은 아동의 건강이며, 이를 위해 학교의 시설·환경·인적 조건은 적절해야 한다.

⑥ 학교는 학부모와 긴밀하게 협조하면서 아동의 교육에 노력해야 한다.

⑦ 진보주의 학교는 좋은 전통을 기반으로 새로운 것을 담아내는 실험학교로써 교육개혁운동의 중추가 되어야 한다.

이상과 같은 강령을 바탕으로 진보주의 교육운동은 1920년대와 1930년대에 널리 확산되었으나 1940년대에 이르러 그 영향력이 약화되기 시작하였다(강선보 외, 1993).

(2) 진보주의와 평생교육

진보주의 교육철학은 아동교육뿐만 아니라 평생교육에도 많은 영향을 미치게 되었다. 즉 직업능력 향상을 위한 실용적 훈련, 경험에 의한 학습, 과학적 연구, 지역사회 참여와 사회문제에의 대응 등 진보주의에서 강조하는 점들은 평생교육의 발전과정에서 잘 나타나고 있다. 크레민(Cremin)과 노울즈(Knowles)는 직업교육, 대학확장교육, 이민자 정착교육, 미국화교육 등을 진보주의 교육형태로 간주하였다. 특히 노울즈는 성인교육 운동의 변혁 동인 중 하나로서 진보주의 운동의 유입을 지적하였는데, 그는 "새로운 사상이 확장교육 사상에 주입되었는데, 이는 학문적 교과에 대한 강조에서 모든 인생문제, 즉 농업적·정치적·사회적·도덕적 문제와 관련을 갖는 모든 사람들을 위해 봉사하는 새로운 대학의 역할 개념을 포괄하려는 방향으로 변하였다."라고 하였다(Elias & Merriam, 1994; 기영화 역,

2002).

직업능력 향상교육, 학력보완교육, 시민참여교육, 가족교육 등 여러 형태의 평생교육이 진보주의 교육철학을 바탕으로 시작된 교육들이다. 특히, 교육과정 개발 시 학습자의 요구와 흥미를 적극적으로 반영하고, 학습자의 경험을 중시하며, 실생활에 활용할 수 있는 교육을 강조하는 것과 실험적 교육방법, 문제해결적 교육방법을 선호하는 것들은 진보주의 교육철학을 기반으로 하고 있다.

이처럼 진보주의에서 주장하는 주요 교육원리들은 평생교육의 이론과 실제에서 많이 활용되고 있다. 그러나 진보주의가 지나치게 학습자의 경험을 중시한 나머지 기초 교양과목에 대해 가볍게 보는 태도를 가지고 있을 뿐만 아니라 교사의 역할을 너무 경시한다는 비판을 받고 있다.

3) 행동주의 평생교육

(1) 개요

행동주의 평생교육은 20세기 초부터 발전하기 시작한 심리학 이론에 근거를 두고 있다. 1920년대에 왓슨(Watson)은 실험실을 이용하여 자극에 대한 인간의 정서 반응에 대한 연구를 통해 인간의 정서와 행동은 외부의 자극에 의해 영향을 받고 결정된다는 주장을 제기하였다. 또한 1930년대에 스키너(Skinner)는 인간의 성격과 행동은 외부의 자극에 의해 결정되거나 수정될 수 있다는 이론을 주장하였다. 이것은 적절한 자극을 이용하면 인간을 원하는 방향으로 개발할 수 있고 변화시킬 수 있다는 것을 의미한다.

이러한 행동주의 교육철학은 교육에 큰 영향을 미쳤다. 즉 학습자에게 자극과 강화를 계획적이고 적절하게 배치 또는 제공함으로써 교육목적을 달성할 수 있다는 주장이 교육에 큰 반향을 불러일으킨 것이다. 이러한 행동주의의 영향은 교육목표의 사용, 교육의 책무성 강조, 능력위주 교육 등의 현상을 나타나게 하였다

(Elias & Merriam, 1994; 기영화 역, 2002).

①교육목표의 사용

교육목표의 사용은 자극을 제공하여 발생되는 학습자의 반응을 교육목표로 설정하는 것이다. 이를 통해서 교육이 어떻게 구성되고 진행되어야 하는가를 명확하게 설정할 수 있기 때문에 교육의 효과성을 제고시킬 수 있다.

②교육의 책무성

교육의 책무성이란 교육목표를 달성함으로써 교육의 역할을 다해야 한다는 것이다. 특히 행동주의에서 교육의 책무성은 교육실시 결과에 대한 평가를 강조한다. 교육목표를 설정하고 이에 맞는 교육과정과 방법을 개발하여 실시하고 그 결과를 평가해서 평가결과를 다시 교육에 반영하는 피드백 과정까지 모두 교육의 책무성 제고를 위한 방법으로 제시하고 있다.

③능력위주의 교육

능력위주 교육은 교육목표 수준을 정해놓고 그 수준에 도달하도록 하는 교육을 실시하는 것이다. 능력위주의 교육은 일정수준까지 도달해야 한다는 기준을 적용하고 그 기준에 도달한 개인들의 능력에 초점을 둔다. 따라서 능력위주의 교육은 학습자 간의 상대평가보다는 일정기준 이상의 교육목표가 달성되었는지를 기준으로 하는 절대평가의 방식을 채택한다.

(2) 행동주의와 평생교육

행동주의의 영향으로 능력위주의 교육, 교수학습체제의 정립, 강화 및 조건화 등의 방법들이 평생교육에서도 다양하게 활용되고 있다. 능력위주의 교육은 수업을 시작할 때 개인차를 인정하고 학습자가 능력을 습득하는 데 소요되는 시간을 융통성 있게 조정한다. 또한 정식 수업에서부터 인생경험이나 직업경험에 이르기까지 다양한 방법에 의해 이루어진다. 능력위주의 교육은 직업능력 향상교육, 계속교육, 문해교육 등에 널리 활용되었다. 또한 행동주의는 다양한 교수방법의 개발에도 영향을 미쳤다. 강화 및 조건화를 활용한 효과적인 교수방법, 프로그램 학습(Programmed Instruction: PI), 컴퓨터 보조수업(Computer-Based Instrudtion: CBI), 개별화수업(individualized instruction), 개인별 처방수업(Individually Prescribed Instruction: IPI) 등이 바로 그것들이다.

4) 인본주의 평생교육

(1) 개요

인본주의 평생교육은 실존주의 철학 및 인본주의 심리학의 발달과 관계가 있다. 인본주의 교육이 강조하는 개념들은 자유와, 자율 능동적인 협동과 참여, 자기주도적 학습 등이다. 그 철학적 뿌리는 하이데거(Heidegger)나 사르트르(Sartre), 카뮈(Camus), 마르셀(Marcel), 부버(Buber) 등의 실존주의에서 찾을 수 있다. 또한 제3세력의 심리학자라고 할 수 있는 매슬로(Maslow), 로저스(Roges), 메이(May), 알포트(Allport)와 프롬(Fromm) 등은 교육에 대한 인본주의 접근방식이 발전하는데 실존주의 철학자들 못지않은 공헌을 하였다. 한편 성인교육자들 가운데 노울즈(Knowles)같은 학자는 이러한 입장을 지지하여 성인을 학습시킬 때 그들의 욕구를 충족시키면서 학습자 중심의 접근을 시도해야 한다고 주장하였다(Elias & Merriam, 1994; 기영화 역, 2002).

인본주의에서는 인간은 본래 선한 존재이고 각자가 자율성을 가지고 있다고 간주한다. 또한 인간은 자유롭게 자신의 태도를 선택할 권리를 가지고 있고 그 자체에 개인차와 무한한 잠재력을 가지고 있다. 이러한 개인차를 인정하고 잠재력을 키워주기 위한 지적인 활동으로서 교육이 강조되며, 그 바탕에 인간존중의 철학이 있다. 따라서 인본주의 관점에서 교육은 인간이 자신의 잠재력을 발견하고 이를 개발하여 자아실현에 도달할 수 있도록 하는 것이다.

(2) 인본주의와 평생교육

패터슨(Patterson, 1973)은 인본주의 교육과 관련하여 두 가지 측면을 강조하였다. 첫째, 인본주의 교육방법은 인간을 존중하는 방법으로 교과목을 가르치는 것이다. 즉, 학습자들의 요구에 의해서 교과목이 결정되고 학습이 조장되는 것이다. 둘째, 인본주의 교육은 학습자들이 자신들의 감성적인 측면을 개발하도록 유도한다는 것이다. 즉, 학습자들은 단지 지적인 능력을 개발하는 것을 넘어서 타인과의 관계에서 타인을 이해하고 동시에 자신을 이해하는 교육이 이루어져야 한다는 것이다. 이러한 관점에서 볼 때, 인본주의 교육은 학습자중심의 교육이고 학습활동은 감성의 발견을 통해서 이루어진다.

인본주의 교육에서 학습자중심의 교육을 강조하는 것은 평생교육과 매우 밀접한 관계를 갖는다. 따라서 인본주의 평생교육은 교수자에 의해서 이루어지기보다는 학습자 활동을 통해서 이루어지고 교수자는 촉진자 또는 조력자로서의 역할을 주로 수행하게 된다. 또한 인본주의 평생교육은 학습자가 자신을 발견하면서 수행하는 학습을 최고의 학습으로 간주한다. 따라서 학습자들이 가지고 있는 흥미, 요구, 동기, 가치관, 신념, 목표들이 학습활동에서 매우 중요한 역할을 담당한다.

5) 급진주의 평생교육

(1) 개요

급진주의 평생교육은 18세기 이후 일어났던 급진주의 운동들, 즉 무정부주의 마르크스주의, 사회주의, 좌파 프로이트주의 등에 그 역사적 근거를 두고 있다. 급진주의 교육자들은 교육을 급진적인 사회 변화를 성취하기 위한 하나의 수단으로 전제하였다.(Elias & Merriam, 1994; 기영화 역, 2002). 급진주의 교육학자로는 프리레이(Freire), 일리치(Illich), 굿맨(Goodman) 등이 있다.

대표적인 급진주의 교육자인 프리이리는 마르크스의 사상을 바탕으로 의식화

(conscientization)라는 개념을 제시하였다. 그는 인간을 하나의 객체로서의 존재가 아니라 주체로서의 존재로 인식하고 인간의 주체성을 중시하였다. 인간은 동물과는 달리 자신의 역사와 문화를 창조하고 자신의 의식수준을 스스로 높일 수 있는 주체적인 존재인 것이다. 특히 그는 제3세계에서의 억압적이고 모순된 상황을 해결하는 것이 교육의 과제라고 하면서 해방적 교육학을 주장하였다(Elias & Merriam, 1994; 기영화 역, 2002).

(2) 급진주의와 평생교육

급진주의에서 제기한 비판과 제안들은 평생교육 측면에서도 적용이 가능하다. 급진주의에서 학교를 벗어나고자 하는 입장, 시민의식교육에 대한 제안, 학교교육에 대한 비판적 시각 등은 평생교육과 많은 관계가 있다. 또한 억압받는 계층을 대상으로 하는 프레이리의 문해교육은 제3세계의 교육에 지대한 영향을 미쳤을 뿐만 아니라 미국의 여성, 흑인, 인디언에 대한 교육까지 영향을 미쳤다.

그럼에도 불구하고 급진주의 교육은 평생교육을 실천하는 측면에서 큰 영향을 미치지는 못하였다. 미국 평생교육의 경우 그러한 경향은 더욱 강하게 나타났다. 특히 성인교육자들은 사회의 변화와 개혁보다는 학습자 개인 차원의 변화와 개발에 관심을 갖기 때문에 급진주의 교육사상은 성인교육학자들에 의해서 수용되는데 한계가 있었다. 그러나 급진주의의 사회 전반에 걸친 거시적인 개혁사상과 장기적인 안목은 성인교육학자들이 갖기 쉬운 단기적 시각과 사회병리에 대한 비판적 태도에 대한 대안을 제시한다(Merriam & Brockett, 1997)

6) 분석철학 평생교육

(1) 개요

분석철학 평생교육은 그 기원을 논리실증주의나 과학적실증주의 그리고 영국의 분석철학에서 찾을 수 있다. 분석철학적 접근방법은 평생교육 분야에서 사용되고 있는 개념이나 주장, 정책 또는 설명 등을 명확히 해야 할 필요성을 강조한다. 이러한 전통을 따르는 교육철학자들로는 쉐플러(Scheffler), 피터스(Peters), 그린(Green) 등이 있다. 또한 로우슨(Iawson)과 패터슨(Paterson)은 영국의 성인교육 철학자들로서 분석철학적 입장에서 성인교육철학에 접근해 간 선구자들이다(Elias & Merriam, 1994; 기영화 역, 2002).

분석철학은 철학을 탐구하는 방법 또는 태도라고 할 수 있다. 형이상학적인 전제를 배제하고 논리적 분석을 통해 문제를 명확하게 하고 그 해결책을 찾으려 한다. 특히 분석철학에서 추구하는 분석은 사상을 전달하는 수단인 언어분석을 가장 중요시한다. 분석철학에는 다음과 같이 크게 두 가지의 입장이 있다. 그 하나는 논리실증주의(Iogical positivism)이고 다른 하나는 일상언어(ordinal language) 철학이다(강선보 외, 1993).

① 논리실증주의

논리실증주의는 경험적 실증주의(empirical positivism)또는 과학적 경험론(scientific empiricism)이라고도 하는데, 경험적으로 관찰 가능한 사실에 대한 명제를 분석명제 (analytic proosition)로 정의하고 수학적 논리와 같이 논리적 증명이 가능한 명제를 종합명제(synthetic propdsition)라고 한다. 따라서 형이상학 명제와 같이 경험적 관찰이나 논리적 사고에 의해서 명제의 진위가 판명되지 않는 명제는 분석의 대상에서 제외된다.

② 일상언어철학

일상언어철학은 논리실증주의가 분석 과정에서 실제언어의 의미를 경시하는 점을 극복하기 위해 제안되었다. 예를 들어, 논리실증주의자들은 '국가'라는 말은 '국민'으로 구성되었다고 생각할 것이다. 그리하여 만일 '영국은 1939년에 선전을 포고하였다.'라는 명제 분석을 통해서 '각 영국인은 1939년에 선전포고를 하였다.' 고 한다면 그 의미는 달라지지 않을 수 없다. 이처럼 '국가'라는 언어가 '국민'이라는 언어로 분석되는 것은 일상언어체계에 있어서는 합당하지 않은 것이다.

(2) 분석철학과 평생교육

패터슨과 로우슨은 성인교육에서 언어적 분석에 초점을 맞추고 있다. 패터슨에 의하면 성인은 아동보다 더 나이가 많으므로 인해서 정신적·감정적인 측면에서 발전하는 규범적 존재로 분석한다. 따라서 그는 성인교육을 인문주의 성인교육으로만 제한하고 이외의 교육은 성인교육이 아니라고 분석함으로써 직업교육, 여가교육과 같은 교육들은 성인교육에서 배제하였다. 또한 로우슨은 성인들을 위한 교육이 성인들이 참여하는 모든 형태의 교육을 의미하며 패터슨과 마찬가지로 성인교육을 인문주의 성인교육을 제한하였다(Elias & Merriam, 1994; 기영화 역, 2002).

패터슨과 로우슨의 평생교육에 대한 관점은 평생교육을 인문주의 교육으로 한정함으로써 직업교육이나 기타 다양한 성인교육을 평생교육의 범주에서 제외하는 한계점을 지니고 있다. 그러나 분석철학에서 교육의 과학화를 주장하는 관점을 평생교육 방법에 적용한다면 평생교육 분야에서 사용되고 있는 개념이나 주장, 정책 또는 설명 등을 보다 명확하게 하여 평생교육의 효과성을 높이는 데 기여할 것이다.

2. 평생교육의 심리학적 기초

평생교육의 주체인 학습자와 평생교육 학습이론은 다양한 심리학적 이론에 기초하고 있다. 그러므로 심리학적 이해는 성인 학습자의 특성과 학습능력을 이해하고 학습을 설명하는 데 도움이 된다. 특히 성인 학습능력은 곧 평생교육의 가능성과 한계 그리고 성인학습 방법과 관련되어 있으므로 성인학습자에 대한 심리학적 이해는 중요하다.

학습자를 심리학적으로 이해하기 위한 학문 영역에는 교육심리학과 학습심리학이 있다. 이 학문 모두 학습자의 학습요구 및 동기 상태, 학습내용 조직, 학습환경 조성, 교사와 학습자 간의 상호작용 등 제반 학습활동 과정을 심리학적으로 연구한다. 그러나 성인학습의 경우 전 생애 발달 중 성인기 이후의 발달에 초점을 맞추므로 성인기까지의 상승적, 진화적 과정을 변화로 보고 있는 교육심리학은 평생교육에 많은 시사점을 주고 있지만 성인의 변화와 발달을 충분히 설명하기 어렵다.

발달심리학은 수태에서부터 사망에 이르기까지의 전 생애를 변화로 보고 있다. 즉, 청년기까지의 상승적 혹은 긍정적 의미의 변화뿐 아니라 청년기 이후의 지속적인 변화과정까지도 포함하므로 계속적인 발달과정에 있는 성인 학습자의 특성을 이해할 수 있다. 따라서 평생교육의 심리학적 배경이론으로 볼 수 있다(권이종, 2001).

이 장에서는 발달심리학을 이론적 기반으로 하여 성인 학습자의 발달단계별 특성을 이해하고 나아가 발달과업에 따라 학습자의 발달과제가 무엇인지 살펴볼 것이다.

1) 성인학습자에 대한 발달심리학적 접근

인간은 태어나면서부터 외부 환경과의 상호작용하면서 양적·질적으로 끊임없이 변화하고 발달한다. 즉, 심신의 형태, 구조, 기능이 시간이 흐름에 따라 양적으로 질적으로 변한다. 이현림과 김지혜(2006)는 인간은 전 생애에 걸쳐 유전과 환경의 상호작용에 의해 변화되어 가는데 이와 같이 변화의 과정에서 점차 자기의 모습을 찾아가는 과정을 발달이라고 하였다.

일반적으로 협의의 발달은 청년기에 이르기까지 상승적으로 진화하고 진보하는 변화를 말하며, 광의의 발달은 상승적 변화와 함께 청년기 이후 하강적 변화인 쇠퇴, 감소 등 부정적 변화까지도 포함된다. 그러나 긍정적 변화는 청년기뿐 아니라 노년기에도 지속적으로 나타난다. 그러므로 인간발달을 상승 혹은 하강, 긍정 혹은 부정으로 단정하기는 어렵다.(권이종,2001).

발달심리학에서는 변화의 대상에 대하여 수태에서부터 사망에 이르기까지 전 생애를 변화로 보고 있다. 발달심리학이 주로 아동과 청소년을 대상으로 하는 학문(림영철, 림광명, 2002)이라는 지적도 있지만 인생의 주기로 볼 때 성인의 전기, 중기, 후기에 따른 신체적, 인지적, 정서적 측면의 특성을 규명한 발달심리학의 연구들은 성인 학습자에 대한 심리적 이해를 도울 수 있다. 또한 성인이 발달단계마다 수행해야 할 발달과업을 이해하는 것은 평생교육의 학습내용 선정에 있어서 유용한 지침이 될 수 있다.

2) 성인학습자의 발달단계별 특성

인간이 태어나서 죽음에 이르기까지 계속적으로 심신의 발달이 이루어지는 과정에서 몇 가지 구분되는 특징이 있다. 예를 들면, 신생아기, 영유아기, 아동기, 청소년기, 성인기, 장년기, 노년기에 이르게 된다. 이처럼 일정한 연령에 도달하면 그 전후 시기와는 구별되는 특징을 지니게 되는데 이러한 특징에 따라 인간의 발달과정을 단계로 구분한 것이 '발단단계'다. 발달단계는 이론적 타당성과 실증적 증거 제시가 필요하고 개인차가 있으므로 각 단계 간의 분명한 구분은 한계가 있다. 그러나 각 시기에서의 인간의 특징과 달성해야 할 과업을 알 수 있으며 변화 단계를 예상할 수 있다는 점에서 유용하다.

발달단계와 발달과업은 학자들 마다 구분 기준의 관심이 각기 다르지만 일반적으로 인간의 발달에는 일정한 방향성이 있으며 보편성과 법칙성, 즉 발달원리가 존재한다. 인간이 어떻게 성장하고 발달하는가를 설명하기 위한 보편적 발달원리는 다음과 같은 특징이 있다. 첫째, 발달은 유전요인과 환경요인(학습)이 상호작용하며 이루어진다. 둘째, 발달에는 단계적으로 일정한 방향과 순서가 있다. 그러므로 이전단계의 발달은 다음 단계의 발달을 위한 기초가 되며, 다음 단계는 보다 높은 차원의 발달이 이루어진다. 셋째, 발달의 각 요소 즉, 신체, 언어, 인지, 정서 등은 상호 영향을 주고받으며 발달한다. 넷째, 발달은 연속적이지만 그 속도는 일정하지 않다. 즉, 신체 각 부위와 영역에 따라 발달 속도는 각기 다르게 나타날 수 있다. 다섯째, 발달에는 학습하기에 좋은 결정적인 시기가 있으며 대부분 초기 발달이 중요하며 발달 시기를 이후에 해당 특성을 발달시키려면 더 많은 시간과 노력이 필요하다. 마지막으로 발달에는 성, 연령, 성장배경 등 개인 차이가 있다.

성인의 발달은 연속성이 있어 계속적으로 이루어지며 여기에는 몇 가지 구분되는 특징이 있다. 이러한 특징에 따른 발달단계의 구분은 학자들의 관심 영역과 기준이 각기 다르지만 발달시기를 구분함으로써 각 단계에서 인간의 전체적인 모습이나 특징을 직관적으로 파악할 수 있다는 점 그리고 각 발달단계별 달성해야 할 과업이나 척도를 알 수 있다는 점에서 유용하다. 각 발달단계별 성인학습에 영향을 미치는 개인적 변수인 신체적 영역, 지적 영역, 정서적 영역, 성격적 영역을 중심으로 성인의 특성의 살펴보면 다음과 같다.

(1) 성인전기(25~35세)의 특성

성인전기는 일반적으로 청장년기를 말한다. 이 시기는 신체적 변화가 점차 안정되는 상태이며 복잡한 사회관계 속에서 타인과 자신의 존재에 깊이 자각하는 시기다.

신체적으로는 신체발달과 조화가 이루어지는 시기이며 여러 기관이 생리적 균형을 이룬다. 30대에 들어서 생리적 균형이 부조화로 체중의 증가와 신진대사 기능의 저하를 가져온다. 또한 규범에 억압되었던 성적욕구가 강하게 나타난다.

인지적 변화는 성인기 이후에도 계속 일어나는데 청소년기의 이분법적 사고가 아닌 다양성을 수용하는 다면적사고와 현실에 대한 실용적 전략을 탐색하는 문제해결 사고로의 변화가 두드러진다. 또한 변인을 체계적으로 찾아내고 분석하는 비판적 사고와 독창적인 사고를 이끌어 내는 발산적 사고를 발달한다. 특히 카텔(Cattell, 1963) 유전적 요인에 의해 결정되는 유동적 지능은 30대 이후에 감퇴되는데 반하여, 후천적 경험, 학습, 문화적 영향에 의해 학습되는 지능인 결정지능은 서서히 증가한다고 주장한다.

성격적으로는 타인과 접촉하며 경험을 공유하는 능력이 발달하는 시기로서 전환기를 잘 극복하면 안정기로서 직장, 가정, 기타 사회 활동에서 열성적으로 일하며 자신의 삶의 양식을 확립하고 인생의 뿌리를 내리게 된다.

(2) 성인중기(35~60)의 특성

성인 중기에 대한 구분은 학자마다 다르지만 대부분의 연구자들은 40~50세를 인생에서 전환의 시기 혹은 변동의 시기로 보고 있다. 40대는 기존의 가치와 목표에 대한 재정의와 자아성찰이 증가한다. 여성은 자녀의 독립과 폐경 등으로 상실감, 과업완수에 대한 안도감 및 두려움이 수반된다(Rubin, 1979). 남성은 신체적 노화에 따른 긴장감, 직업적 승진의 제한, 가족생활의 변화를 겪게 된다(Weller, 1983).

신체적으로 남성의 경우 호르몬분비의 점진적 감소로 체력과 성생활에 영향을 받으며 머리와 치아가 빠지거나 근육이 약화되어 감각 능력과 반응 속도가 저하된다. 여성의 경우는 50세 전후 폐경을 맞이한다.

인지적으로는 45세 이후 지능에서 완만한 하락세를 보이지만 적절한 교육을 통하여 유동지능의 감소를 막을 수 있으며 증가시킬 수도 있다(Schaie, 1994). 이는 곧 성인의 학습능력이 교육을 통하여 발달할 수 있다는 긍정적 가능성을 제시하는 지적 기반을 제공한다.

성격적으로는 자신의 신체적 변화에 따른 체력 감소에 민감하게 반응하여 건강에 대한 관심과 노력이 증가한다. 또한 시간의 변화에 따른 질병, 죽음 등을 현실적으로 인식하게 되며 준비하게 된다. 또한 기존의 가치와 신념에 대한 의문을 제기하며 정서적 혼란을 수반하게 된다. 이 시기는 직업적으로 전문가로서의 자신감이 넘치는 시기이지만 퇴직이 강요당하는 사회환경에서는 심리적 박탈감과 상실감을 겪게 된다.

(3) 성인후기(60세 이후)의 특성

일반적으로 성인 후기는 노년기로 설명되고 있다. 이 시기의 신체적, 지적, 정의적 변화는 성인 중기의 변화가 지속되는 경향이 있다.

신체적으로 노화과정이 전개되어 시각적, 청각적 능력이 급격히 쇠퇴하게 된다. 이러한 신체적 특징의 변화는 행동과 성격특징에도 부정적 영향을 미칠 수 있다.

인지적으로는 지능은 별다른 쇠퇴가 일어나지 않는다. 지능이 연령에 영향을 받는 영향보다는 교육 수준, 생활 경험, 불안 수준, 신체적 건강 수준, 동료집단 등의 요인에 영향을 받는다. 기억은 노년기에 서서히 감퇴하며 과거의 기억보다는 최근의 기억 상실이 더 많이 일어나게 된다. 학습능력은 저하될 수 있으나 학습기간과 반응기간이 충분한 경우에는 청년층보다 학습증진이 더 많이 일어나며 학습이 의미 있고 동기가 충분할수록 청년과의 차이는 줄어든다. 최근의 연구결과 창의성은 연령과 관계없는 것으로 나타났으며 여가, 철학, 문학 분야는 노인도 높은 창의력을 보인다고 하였다(김태현, 1994).

성격적으로 노인기는 사고의 경직성과 변화에의 저항감 등 성격변화를 보인다. 내향성과 수동성이 증가하고, 감각 능력이 상실되면서 조심성의 증가를 보여 옛것을 유지하려는 보수적인 경향을 띠게 된다. 노령화에 대한 스트레스 우울증이 증가하게 되고 이로써 불면증, 체중 감소, 강박감 등 구체적 증상이 유발된다. 타인에의 의존성과 사물에 대한 애착 및 과거에 대한 집착이 증가하게 된다.

앞서 성인기를 전기, 중기, 후기의 세 단계로 나누어 이해했으나 인간의 수명이 연장되면서 최근 유럽에서는 우리의 생애를 네 단계로 나누는 것에 대한 논의가 활발하게 진행되고 있다.

퍼스트 에이지(First Age)는 제1연령기로 '배움'을 위한 단계다. 태어나서 학창 시절까지의 시기를 포함한다. 이때 학습을 통해 기본적인 1차 성장을 이루는데 주로 10대에서 20대 초반까지의 시기를 포함한다. 이때 학습을 통해 기본적인 1차 성장을 바탕으로 자신만의 생산성을 발휘하고 사회적으로 정착 생활을 하는 시기로 규정된다. 20~30대의 시기가 이 연령대에 해당한다. 네 단계 중 가장 긴 기간을 차지하는 서드 에이지(Third Age), 즉 제3연령기는 '생활'을 위한 단계로 청년기인 제1연령기의 학습을 통한 '1차 성장'과 달리 '2차 성장'을 통한 일종의 자아실현을 추구해 나가는 시기다. 장수혁명으로 새롭게 생겨난 우리 생애 중간쯤의 시기로서40대에서 70대 중후반의 시기가 이 단계에 해당된다. 이전의 세대는 제3의 연령기라는 것이 없었으나 중기와 후기를 통합하여 중년의 2차 성장을 강조하는 서드에이지(Third Age)라는 개념이 등장한 것이다(Sadler, 2001). 마지막으로 제4 연령기는 '노화'의 단계다. 그러나 노화는 성공적 노화의 의미로 나이 들수록 젊게 사는 것, 최대한 오해 살다가 젊게 죽는 만족스러운 인생과정으로 보는 가능성을 열어둘 필요가 있다.

3) 성인학습자의 발달과업

발달과업은 자기가 속한 발달단계에서 각 개인의 학습하지 않으면 안 되는 여러 가지 과제이며 개인의 건전한 성장과 발달을 위해 반드시 필요한 사항이다. 버나드(Bernard)는 발달과업이 평생단계의 특정시기에 나타나며 개인이 문화적 압력을 감당하기 위해 성취해야 할 학습과제하고 하였으며, 해비거스트(Havighurst)는 정상적인 성장과 발달을 위한 자기가 위치한 발달단계에서 이루어 내야만 하는 과업이자 정해진 시기에 반드시 풀어야하는 숙제라고 정의하였다(권이종, 2001). 발달과업은 각 발달단계에서 개인이 건전한 성장 발달을 위해 반드시 필요하다는 점에서 평생교육의 단계별 과제가 될 수 있다.

인간발달에 대해서는 관점에 따라 여러 이론이 있다. 피아제(Piaget)는 인지발달과 언어발달에 초점을 두었으며, 프로이트(Freud)와 에릭슨(Erickson)은 사회문화적 정서발달에 초점을 두었다. 여기서는 발달과업을 처음 제안한 해비거스트와 여러 연령층의 남자들의 자서전과 전기를 심층 분석한 조사결과에 의해 정립한 레빈슨(Levinson)의 발달과업을 먼저 살펴보고, 심리사회적 발달이론을 주장한 에릭슨의 이론을 대표적으로 소개한다. 마지막으로 권이종이 제시한 발달과제를 정리하여 한국 성인의 발달과제가 무엇인지 살펴보기로 한다.

(1) 해비거스트의 발달과업

해비거스트(1972)는 개안의 일생에서 일정한 시기에 발달과업을 훌륭하게 성취하면 행복하게 되고 이후 과업도 성공하지만, 실패하게 되면 불행하게 되며 사회적 인정 또한 받을 수 없고 이후의 과업성취에도 곤란을 초래하게 된다고 주장한다. 또한 학습자가 어떤 과업을 성취할 준비가 되어 있을 때가 학습의 적정 시기가 되며, 이 시기에 노력하면 짧은 기간에 최대의 효과를 얻을 수 있다고 보았다. 성인학습자와 관련한 발달단계별 과업을 요약하자만 〈표 3-1〉과 같다.

〈표 3-1〉 해비거스트의 단계별 발달과업

단계	발달과업
성인초기	• 배우자를 선택하고, 결혼 후 배우자와 함께 생활하는 방법을 배운다. • 가정생활을 준비하고 가정관리를 학습하며 자녀를 양육한다. • 직업생활을 하며 적절한 사회집단에 참여 및 공민적 책임의 부담을 가진다.
중년기	• 성인으로서 사회적 책임을 수행하며 경제적 수준의 확립을 유지한다. • 부모로서 자녀에게 지원하며 여가생활에 적극 참여한다. • 인격자로서 배우자와 관계를 맺으며 생리적 변화를 인정하고 적응한다.
노년기	• 체력과 건강의 쇠퇴 및 퇴직과 수입의 감소에 적응한다. • 배우자의 사망에 적응하며 동년배 노인들과 친밀한 관계를 맺는다. • 만족할만한 생활조건을 구비하고 사회적 책임을 이행한다.

출처: Havighurst(1972).

이상의 해비거스트의 발달과업은 첫째, 학습자의 당면한 문제가 무엇인지 확인하고 조력할 수 있다는 관점을 성인학습에 시사하며, 두 번째로 교육적 노력이 투입되어야 할 최적의 시기를 결정하는 기초 자료를 제시한다.

(2) 레빈슨의 발달과업

레빈슨(1978)은 자아나 능력의 부분적인 발달이 아닌 생활구조 전체로서의 발달을 의미하는 '라이프사이클론'을 제기하였다. 그는 생애구조의 변화에 따라 20년 기간의 네 단계로 구분하였다.

성인의 라이프사이클은 과도기와 안정기로 구분하여 과도기는 생활구조의 변화가 현저하게 나타나는 시기이며 일부는 전 단계가 끝나기 전에 다음 단계로 접어들어 가면서 중복되는 부분이 해당된다. 안정기는 생활구조가 구축되는 시기로 대게 6~7년 정도 계속된다. 이 시기는 인생에서 중요한 선택이 이루어지며 자신의 목표와 가치관이 정립되는 시기다. 성인학습자와 관련한 레빈슨의 발달과업을 요약하면 〈표 3-2〉와 같다.

〈표 3-2〉 레빈슨의 단계별 발달과업

구분	발달과업
성인전기 (17~39세)	• 17~22세: 성인을 향한 과도기, 자아개념을 확립, 성인의 가능성 모색 • 23~28세: 성인 라이프사이클을 만들기 위해 노력 • 29~33세: 자신의 한계를 해결하고 만족할만한 생활 토대를 마련 • 34~39세: 인생을 확립하고 자신의 목표성취에 전력
중년기 (40~59세)	• 40~44세: 중년의 과도기, 지난 시간을 돌아보고 변화를 모색함 • 45~49세: 새로운 선택을 통해 생활구조를 만드는 과제 • 50~54세: 중년 안정기, 인생 절반의 과도기 과제를 실행함 • 55~59세: 중년기 제2의 생활구조를 구축하는 시기
노년기 (60세~)	• 60~65세: 노년에의 과도기 • 66~: 생활주기에서 중요한 전환기로 작용

출처: Levinson(1978).

이상의 발달과업은 아동 청소년기에서 종결되는 것이 아니라 인생의 각 단계마다 해결해야 하는 과제로 연속적으로 제기된다. 즉, 인간은 완성된 인격체가 아니라 발달과정에서 계속 변화하는 존재라고 본다. 레빈슨의 이론은 성인학습자에게 계속적인 학습 가능성과 평생교육의 필요성을 뒷받침하고 있다. 또한 학습자가 처한 발달단계에서의 발달과업을 규명함에 따라 성인학습의 기본적 자료를 얻는데 중요한 지침을 제공해 주고 있다.

(3) 에릭슨의 심리학적 발달과업

프로이트는 주로 청소년기까지의 성적욕구 충족이 성격발달에 미치는 과정을 설명하였다. 에릭슨은 프로이트의 이론을 바탕으로 하고 있지만 프로이트와 달리 인간의 문화적 환경적 요인을 강조하여 발달에는 부모뿐만 아니라 가족, 친구, 사회, 문화적 배경이 중요하게 작용함을 주장하였다. 그는 인간이 심리 사회적 위기의 극복을 통하는 과정에서 발달되는 것으로 보았으며 인간의 발달단계를 총 8단계로 구분하였다. 그중 6단계부터 8단계까지의 세 단계를 〈표 3-3〉과 같이 각각 성인초기, 성인중기, 노인기로 구분하였다.

〈표 3-3〉 에릭슨의 단계별 발달과업

단계	발달과업
6단계 성인초기 (20~25세)	친밀감 대 고립감 - 배우자의 선택기 - 획득된 친밀감은 성공적 결혼생활 수행 - 친밀감을 형성하지 못하면 직장, 친구, 사회적 고립감의 위기를 맞이함
7단계 중년기 (26~65세)	생산성 대 침체감 - 결혼 후 자녀를 성장시키는 시기 - 다음 세대를 교육하고 전통과 가치관 전달하는 과정에서 생산성 획득 - 직장에서 후 세대를 지도하고 교육하며 생산성 발휘
노년기 (65세~)	자아 통합감 대 절망감 - 생애를 뒤돌아보는 시기 - 자신의 삶에 가치를 느끼고 지혜를 획득하면 자아통합감을 얻음

출처: Erickson(1963).

6단계인 성인초기 단계는 20~25세로 이 시기에는 이성과의 친밀감을 획득하여야 결혼생활을 성공적으로 수행하는데 결정적으로 보았다. 친밀감은 이 성적 친밀감뿐만 아니라 친구나 직장에서 얻어지는 사회적 친밀감도 포함하였다. 7단계는 26~65세까지의 성인중기로 다음 세대를 교육시켜 사회적 전통과 가치관을 전달하는 과정에서 자신의 역할에 대한 생산성을 획득하며 창의적 학문적 성취와 예술적 업적을 통해서도 생산성을 발휘한다. 마지막으로 8단계인 노년기로는 65

세 이후로서 생애를 뒤돌아보고 보람과 가치를 느끼며 노련한 지혜를 획득하게 되면 자아통합감을 얻게 되지만 그렇지 않은 경우 지나온 삶이 무의미했다고 느끼면 무력감, 절망감으로 인생을 마감하게 된다.

(4) 새들러의 발달과업

하버드대 성인발달연구소에서 중년에 관한 연구를 진행한 새들러는 유럽에서의 생애주기별 분석을 도입하여 중년기 성인의 발달과업에 대하여 새로운 시각과 함께 발달과제를 제시하고 있다. 특히 서드 에이지에서 낡은 인습을 버리고 새로운 생활양식을 찾기를 강조한다.

〈표 3-4〉 새들러의 발달과업

First Age (20~30)	청년기, 배움의 단계, 학습을 통한 1차 성장
Second Age (30~40)	생산성과 정착기, 일과 가정을 위한 정착단계
Third Age (40~70)	마흔 이후 인생의 새로운 성장기, 학습을 통해 깊이 있는 2차 성장을 통해 삶을 재편성하는 시기, 개인의 잠재능력 실형, 자신의 낡은 시각을 바꾸고 쇄신을 즐기기(쇠퇴, 질병, 의존, 우울을 당연하게 받아들이지 않고 갱신, 재탄생, 쇄신, 원기회복의 새로운 생활양식 찾기, 일과 여가, 진지한 성찰과 실행, 자신과 타인에 대한 배려 등 대립되는 요소들에 균형을 맞추고 통합하며 실생활에 접목시키기
Fourth Age (80 이후)	성공적인 노화를 추구하는 시기

출처: sadler(2001).

(5) 한국 성인의 발달과업

앞서 버나드는 발달과업에 대하여 개인이 문화적 압력을 감당하기 위해 성취해야 할 학습과제라고 정의하였듯이 한국의 성인학습자는 한국의 문화적 사회적 환경에 따른 발달과업을 살펴볼 필요가 있다. 권이종(2001)은 한국성인의 발단단계를 성인전기(25~35세), 성인후기(35~60세) 그리고 노년기(60세 이후)로 나누고 각 단계별 발달과업은 지적영역, 정의적 및 사회적 영역, 신체적 영역으로 구분하여 제시하였다.

〈표 3-5〉 한국 성인의 발달과업

영역		발달과업
성인전기 (25~35세)	신체적 영역	• 신체기능 유지를 위한 운동하기 • 과로, 과음, 흡연 삼가기 • 규칙적으로 생활하기 • 가정과 주위의 청결한 환경 유지하기
	지적 영역	• 수입에 맞는 합리적인 가정관리 지식 갖기 • 직업적으로 발전할 수 있는 지식, 정보, 기능 발전하기 • 원만한 사회생활을 위한 상식과 식견 넓히기 • 원만한 가족, 부부 생활을 위한 성지식 획득
	정의적 영역	• 배우자와의 원만한 관계 가지기 • 자녀를 성공적으로 출산하고 양육, 부모 역할 다하기 • 보람있고 만족한 직장업무 수행하기 • 원만한 인간관계 맺기와 풍부한 사회생활 영위하기
성인후기 (35~60세)	신체적 영역	• 중년의 생리적 변화를 받아들이기 • 적당한 섭생과 휴식으로 신체적 기능을 보전하기 • 규적 운동으로 체력을 유지하기 • 질병에 대한 지식을 갖고 가족의 건강을 유지하기
	지적 영역	• 경제적으로 일정한 수준을 유지하기 • 직업적 지식과 능력의 지속적 추구 • 자녀의 건전한 양육과 교육 • 사회변화에 따른 지식과 기능 갖기 • 사회제도, 규범 등에 대한 지식과 활용능력 갖기
	정의적 영역	• 배우자 및 자녀와 인격적 관계유지하기 • 새로운 가족을 맞아들이고 융화하기 • 취미를 살려 여가를 유용하게 보내기 • 젊은 층을 이해하고 함께 어울리기

영역		발달과업
노년기 (60세~)	신체적 영역	• 체력과 건강에 적응하기 • 노년기에 맞는 간단한 운동을 규칙적으로 하기
	지적 영역	• 세대 차와 사회적 변화를 이해하기 • 은퇴 생활에 필요한 지식과 생활 배우기 • 건강 증진을 위한 폭넓은 지식 갖기
	정의적 영역	• 적극적으로 일하고 생활하려는 태도 유지하기 • 취미를 살리고 여가를 즐겁게 보내기 • 수입감소에 적응하기 • 동료 또는 자신의 죽음에 대하여 심리적으로 준비하기

출처: 권이종(2001).

한국도 중년과 노인이 연장됨에 따라 중년기를 40대부터 70대 후반으로 보는 관점을 받아들일 때가 되었다. 중요한 것은 중년과 노년기를 삶의 하향곡선을 그리는 시기라는 인습적 사고부터 버릴 때가 되었다. 이 시기에 중년기의 정체성을 다시 한번 확립하여 나이 들고 퇴보한다는 부정적 통념에서 벗어나 가장 멋진 시기가 될 수 있다는 관점을 가질 필요가 있다. 삶의 방식을 어떻게 선택하느냐에 따라 재탄생과 재성장의 시기가 되는 것이다. 한국의 중년은 그동안 성장의 걸림돌이었던 사회적 기대와 역할규범에서 벗어나 숨겨져 있던 자신의 특성을 발견하며 정체성을 진화시키는 과제를 수행할 필요가 있다. 한국에서 중년의 정체성을 재확립하는 것은 제3의 연령기에 도전 과제다.

3. 평생교육의 사회학적 기초

1) 평생교육의 사회학적 이해

인간은 태어나는 순간부터 사회적 관계를 형성하게 된다. 인간은 사회적 동물(Homo socius)이라고 하였듯이 사회와의 상호작용에 영향을 받으며 성숙한 인격체와 사회인으로 성장·발달하는 것이다. 즉, 인간은 존재(being)한다기보다 사회에 의해 점차적으로 인간으로 되어가는(becoming) 존재인 것이다. 기딩스(Giddings)는 이처럼 인간의 사회적 성격이 형성되는 과정을 사회화(socialization)라고 하였다(Giddings, 2001). 학자에 따라 사회화를 다양하게 정의하고 있으나 일반적으로 사회화란 인간이 사회집단의 특정한 관습이나 가치·규범·행동양식·문화를 학습하여 사회인으로 성장·발달해 가는 과정이라고 이해할 수 있다. 즉, 사회화란 사회적으로 성숙해 가는 사회적 학습과정이라고 할 수 있으며 이는 생애과정에서 계속적인 변화과정이다. 듀크하임(Durkheim)은 교육을 사회화 과정이며 사회적 성숙과정이라고 주장하였듯이 교육은 인간의 사회화 기능을 수행하고 있다(Durkheim, 1984).

평생교육은 사회구조와 밀접한 관계를 맺고 있다. 그러므로 평생교육의 실재와 관계를 밝히고 설명하고자 접근하는 데는 사회학적 이해가 필요하다. 사회학의 다양한 이론들은 평생교육을 바라볼 수 있는 몇 가지 패러다임을 제공한다. 교육에 대한 사회학적 이론은 크게 거시적 이론과 미시적 이론으로 구분되는데 거시적 이론들은 교육현상의 사실을 다루고자 접근하였으며 구조기능주의 이론과 갈등이론이 대표적이다. 구조기능주의 이론의 패러다임은 1960년대 이전까지의 주류 이론으로서 보수적 관점에서 사회현상을 질서와 안정과 통합으로 보는 패러다임이며, 갈등이론의 패러다임은 기능론에 대한 대안이론 또는 비판이론으로 사회현상을 진보적 관점에서 변동과 갈등 및 불일치로 이해하며 1960년대 이후 관심을 끌게 된 이론이다. 이 장에서는 우리의 평생교육을 거시적 관점의 이론의 기능주의와 갈등주의가 바라보는 인간관, 평등관, 사회관, 그리고 교육관은 무엇인지 객관적으로 살펴볼 것이다.

2) 기능론적 패러다임과 평생교육

기능주의는 일명 구조기능주의 또는 사회통합이론, 질서모형, 합의이론이라고도 한다. 이들 이론과 모형은 콩트(Comte), 스펜서(Spencer), 듀크하임

(Durkheim)의 실증주의와 유기체론에서 근원들 두고 있어 사회질서·균형과 조화·안정을 추구하며 사회체제의 유지의 가치를 둔다. 이 이론들은 현존의 정치경제체제를 정당화하고 자본주의와 산업사회를 합리화하는 보수적인 이론이며 자유민주주의 체제의 발달과 함께 발달한 과학적이고 체계적인 체제긍정의 이론이다. 실증주의의 영향을 받아 인간의 의식보다는 사회적 사실에 입각한 객관적 교육현상에 관심을 집중한다.

(1) 기능주의 인간관

기능주의는 인간을 인격체와 자유의지의 주체로 이해하려는 시도보다는 사회체제와 구조인 외분 환경에 자극을 받아 행동하는 관찰 가능한 객체로 이해한다. 인간의 사회와의 관계에서 사회는 실재하는 주체이며 인간은 사회의 객체가 된다. 따라서 인간을 사회와 문화의 거대한 구조의 틀에 갇혀 길들여지고 사회화되는 타율적 존재로 인식한다. 사회에는 적자생존의 냉엄한 현실이 존재하며 능력을 갖춘 개인이 사회 발전에 더 기여하며 능력을 갖춘 사람이 사회적 지위, 경제적 지위를 성취할 수 있다는 것이다. 인간은 그 과정에서 개인의 자아실현이 가능하다고 인식한다. 교육받은 사람이 교육받지 못한 사람보다 사회발전에 기여고 사회체제를 유지하는 데 기여하므로 사회는 전문적 지식과 기술을 지닌 사람을 요구한다. 결론적으로 기능주의는 생산성 높은 인간, 능률적으로 일하고 성취하는 인간을 존중한다.

(2) 기능주의 사회관

기능주의는 사회를 유기체로 본다. 인간의 신체가 각각의 호흡기관, 순환기관, 소화기관 등이 있고 신체를 유지하기 위하여 각각의 기관이 맡은 바 기능을 수행하여야 생존활동이 가능하듯 사회도 사회체제를 유지하기 위하여 각각의 부분들은 전체 사회의 유지·발전을 위하여 질서가 유지되고 자기가 맡은 기능을 수행하여야 한다고 본다. 또한 유기체와 같이 사회도 생성하고 성장·발달하며 쇠퇴하는 과정을 겪는다고 인식한다.

더불어서 현존하는 자유민주주의 사회에 대하여 개인의 자아를 실현할 수 있고 다양성이 존중되는 평등한 민주사회이자 개방된 자유경쟁사회로 인식한다. 세습적 신분보다 개인들에게 균등한 기화가 제공되는 개인의 능력을 존중하는 학력주의 사회로서 교육받은 인구가 사회 전체의 경제발전에 기여한다고 인식한다. 사회발전의 원동력은 개인의 성취동기이므로 능력에 따른 성취와 계급 불평등이 사회적으로 기능적이고 긍정적이라고 본다. 사회 구성원은 이러한 사회구조에 합의하고 긍정적으로 수용하고 있으며 교육적 투자와 지출이 노동력의 질과 생산성 향상에 정적 상관관계를 가짐으로 교육을 통하여 사회발전, 경제발전, 개인의 발전이 이루어진다고 본다.

(3) 기능주의 평등관

기능주의 관점에서 인간은 생물적 존재이며, 사회적 존재다. 생물적 유기체적 존재인 인간의 능력의 차이는 당연하며 이러한 차이에 따른 사회적 차별적 보상은 당연하다는 관점이다. 이러한 관점에서 사회적 불평등체제는 인간으로 하여금 능력과 사회적 지위를 획득하고자 하는 동기를 부여하며, 이는 사회발전에 기능적이라고 본다. 철학자 흄(hume)은 천부적 불평등은 불가피하며, 기능주의 사회학자 파슨스는 사회 불평등도 필연적인 것으로 보고 있다. 기능주의 사회학자들은 사회적 조건을 균등하게 하여도 각자의 노력과 능력이 상이하여 절대적 평등은 불가능하게 되므로 사회적 불평등의 도입은 사회적 효용과 공익의 목적에 의해 허용되어야 한다고 보고 있다. 사회적 상층과 하층의 차이는 사회를 움직이는데 기능적 기여도가 높고 낮은 차이이며 그러므로 사회적 불평등은 사회 제도적 결함이 아니라 개인적 결함에 있는 것이다. 성취동기가 약하거나 능력이 부족하거나 남보다 성취가 낮은 사람은 사회적 보상이 낮아 가난하고 피지배를 받는 다는 것을 지지하는 관점으로 이들의 평등관은 절대적 평등이 아닌 능력에 따른 상대적 평등관이다.

(4) 기능주의 교육

사회체제를 유지하기 위하여 각각의 부분들이 고유의 기능을 수행하며 상호작용한다는 기능주의 사회관은 교육관 생활, 학교와 사회집단 간의 관계를 순기능적 관계로 파악한다. 이러한 인식에 따라 교육과 생활, 학교와 사회, 부분과 전체와의 유기적 상관관계를 존중한다. 따라서 교육의 목적은 사회가 요구하는 능력을 갖춘 전문인의 육성하는 것이며, 산업사회가 요구하는 지식인과 기능인 및 자유롭고 통합된 인격을 갖춘 인간육성을 교육목표로 한다. 학교는 인간이 사회 적응에 필요한 지식과 기술을 전수하여 사회의 직업 구조에 배치하고 사회이동을 촉진하고 교육 평등의 이념을 실현하는 도구적 기능을 수행한다. 학교는 직업적 역할 수행에 필요한 지식과 기술을 제공하는 사회기관이며 사회관계의 유지·존속에 필요한 인지적 능력과 정의적 특성을 습득하게 하는 장소인 것이다. 듀크하임은 도덕성 함양을, 파슨스(Parsons)는 적응력, 사회통합, 목적성취, 잠재성 개발을 기능주의 교육의 목표로 두고 있다. 교육적 가치로는 복종, 권위, 통제, 질서, 안정, 사회적응에 가치를 둔다. 따라서 교사의 권위를 존중하며 교사는 사회적 가치를 전수하고 사회적 역할을 수행하는 표본적 인물로 간주하는 것이 기능주의적 입장이다(최정웅, 2006).

기능주의 관점에서 교육은 사회성의 실현과 성적 평등과 계층 간의 평등화에 긍정적으로 기여하는 장치다. 따라서 교육과정에는 산업사회가 요구하는 전문인, 성취인, 기술인, 지식인이 되기 위한 객관화 되고 과학적이며 직업적 가치를 가진 상품으로서의 지식과 기술이 중시된다. 아울러 그 가치를 측정할 수 있는 학습결과의 측정에 큰 비중을 두며 표준화 검사와 자격증이 보편적으로 사회가치로 널리 활용된다.

(5) 기능주의 관점에서의 평생교육

기능론적 관점에서 평생교육의 기능은 지식정보와 사회, 기술혁신과 직업구조의 변화, 사회구조의 변화, 세계화 및 개방화와 같은 사회적인 변화에 따른 문제를 해결하기 위한 제도적 장치로 작용함으로써 현존 사회체제의 질서 유지와 통합을 위한 시민 양성 기능을 담당하며 개인적 측면에서의 평생교육은 개인의 삶을 향상시키는 데 초점을 두고 개인적 욕구 충족과 개인의 성장 발달을 위해 지속적이고 조직적으로 교육기회를 제공하여 사회생활에 적응하도록 돕는 기능이 있다.

사회적 측면에서 평생교육은 사회공동체 의식과 책임의식 윤리의식을 함양하여 체제의 안정과 유지에 및 사회통합 그리고 국가발전에 기여할 수 있는 기능을 담당한다. 따라서 교육과정은 기존 사회의 안정에 위해하지 않는 내용으로 제한되며 직업훈련과 같은 사회 구성원의 재사회화 및 지역사회 발전과 특정 집단의 유지 발전에 기여하는데 필요한 기술 및 가치를 중심으로 구성된다. 평생교육은 학교교육의 보완적 역할로서 교육기회의 균등이념을 수행하여 살회정의 실현에 기여한다. 또한 인적자원의 개발을 통하여 경제적 효율성에 기여하며 나아가 경제성장을 통한 국가발전에 기여한다. 기초교육을 통하여 질서확보 및 사회통합에 기여하는 특성을 갖는다(권두승, 2000).

개인적 측면에서 평생교육은 개인의 삶의 질 향상 및 자아실현 그리고 환경변화에 대처할 수 있는 개인의 적응능력 함양에 초점을 둔다. 따라서 교육과정은 개인적 욕구충족을 위하여 건강증진, 개인의 문화, 여가활용, 문맹퇴치 등 사회변화에 적응하고 자아실현을 중시하는 내용으로 준비되며 사회적 요구를 적절히 반영하여 개인의 삶을 향상 시키는 데 기여한다. 결과적으로 현재의 평생교육은 기능론자인 파슨스가 주장하는 적응력, 사회통합, 목적성취, 잠재성 개발을 목적으로 학교교육의 보완적 기능을 수행하고 있다고 볼 수 있다.

3) 갈등론적 패러다임과 평생교육

갈등(葛藤)은 칡나무와 등나무와 같이 뒤얽히고 불화하며 경쟁 또는 투쟁의 의미로 사용되는데 갈등의 원인에 따라 사회적 갈등, 심리적 갈등, 정치 이념적 갈등, 종교 및 문화적 갈등이 있다. 갈등이론은 이처럼 다양한 갈등의 원인과 결과를 분석하고, 종속변수로서의 다른 힘에 의하여 갈등이 일어나는 현상이나 독립

변인으로서의 갈등이 다른 과정에 변화를 일으키는 문제를 체계적·이론적으로 규명하는 이론이다. 갈등이론은 기능론이 인간을 객체로 이해하며 사회적 불평등을 불가피한 것으로 보면서 학교에서는 복종과 경쟁으로 인간성이 상실되고 사회 불평등을 재생산하며 비인간화 된다는 점에 문제의식을 갖고 제도교육을 비판한다. 이 이론은 주체정신으로 무장하고 인간주의와 인도주의 가치를 근본으로 하여 체제 비판적이고 현실 비판적인 이론으로서, 기능론에 대한 대안이론 또는 비판이론이며 1960년대부터 관심을 끌게 된 이론이다.

(1) 갈등론적 인간관

갈등론은 인간은 객체로서 사회화와 타율적 존재로 인식하는 기능주의적 인간관을 비판한다. 갈등론은 인간의 생물학적 결정론을 거부하며, 인간은 환경에 지배받는 수동적 존재가 아니라 사회를 창조하는 존재이며 자신의 잠재력을 주체적으로 발전시키는 존재로 인식한다. 갈등론은 인간주의 정신을 기치로 비인간적인 것과 인간적인 이원적 대립구도에서 비인간적인 것을 비판하고 인간적인 것을 존중한다. 갈등론은 기능론적 인간관이 인간을 사회와 문화의 거대한 감옥에 갇힌 힘없는 존재로 보는 때문에 인간성이 상실되고 인간의 비인간화와 소외가 생긴다고 지적하며, 기능론에 입각한 자본주의 시장경제는 인간을 교환 가치로 평가하고 도구화하므로 인간이 인격이 목적적 가치에서 수단적 가치로 전락했다고 비판한다. 따라서 갈등이론의 목표는 인간성의 회복이다.

(2) 갈등주의 사회관

기능주의가 사회를 유기체로 보고 조화와 균형이 유지된 질서와 통합된 사회로 보는 반면 갈등주의는 사회의 실체를 경쟁하고 투쟁하면서 상호 대립하고 분열하는 것으로 해석한다. 사회의 본질은 갈등과 대립 그리고 투쟁하는 것이며 지배계급과 피지배계급의 이분된 계급사회로서 한 계급이 이익은 다른 계급의 불이익을 가져옴으로 계급 간 갈등은 필연적이라고 본다.

갈등주의는 현존하는 사회를 모순과 불합리한 사회로서 극복해야 하는 대상으로 인식한다. 특히 현존 자본주의 시장경쟁 사회는 자본가가 지배계급이 되어 피지배계급인 노동자를 억압하고 지배하는 불평등한 사회이기 때문에 평등한 사회를 실현하고 자유롭고 정의로운 사회를 건설하기 위하여 타도하고 극복해야 하며 자본주의 사회의 붕괴가 불가피하다고 주장한다. 현존하는 사회는 자본주의 경제구조를 재생산하는 계급사회이므로 지배계급이 자신의 이익을 유지하기 위하여 기회균등의 가치와 업적주의, 성취 지향의 가치를 내세워 지배계급의 높은 사회경제적 지위를 정당화하고 엘리트 중심의 사회를 지향하여 불평등 구조는 더욱 심화되고 계속될 것으로 본다. 갈등이론은 사회 집단과 제도가 서로 다른 목적으로 기능하므로 갈등은 불가피하다고 본다. 그리하여 사회는 각 집단 간 갈등의 장이 되어 권력투쟁과 대립이 일어나며, 사회변동과정에서 양극화 현상이 일어나 사회적 불평등, 경제자본의 불평등 분배 그리고 문화자본의 불평등한 분배가 갈등을 촉발하는 근원으로 작용한다. 즉, 갈등의 근본적인 원인은 사회적 불평등이라고 인식하며 기능이론은 친 자본주의 이론이며 자본가 옹호이론이로서 피지배집단을 억압하고 통제하며 복종을 정당화 하는 전체주의 사회를 지향한다는 위기의식과 비판의식을 갖고 있다.

(3) 갈등주의 평등관

기능주의 관점에서 인간은 생물적 존재이므로 인간의 능력의 차이에 따른 사회적 불평등은 당연하다는 관점이다. 반면 갈등론은 인간의 생물학적 결정론을 거부한다. 사회불평등은 자연적 현상 혹은 개인적인 문제가 아니라 사회조직, 경제조직, 정치체제에 의한 산물로 본다. 즉, 개인 간의 불평등을 만들어 낸 것은 집단적이고 전체적인 사회구조의 모순이며 자본주의 경제체제에서의 필연적인 산물이 불평등이라고 인식한다.

정통 마르크스주의자들은 불평등은 자본주의 계급구조의 모순으로 인하여 근본적으로 존재하므로 점진적 개혁으로 극복이 불가능하기 때문에 혁명에 의한 체제변혁이 불가피하다고 주장한다. 베버(Weber)는 사회불평등의 원인을 경제만으로 설명하기 어려우며 정치적, 경제적, 사회적인 다요인에 의하여 불평등이 발전하게 된다고 주장한다.

갈등주의 평등관은 기회의 평등, 상대적 평등이 아니라 절대적 평등을 가치로 삼는다. 즉, 절대적 가치로서 평등이 실현되지 않는 사회는 모순과 착취와 억압이 지배하는 사회로 간주하며 사회정치적 혁명에 의해서 평등사회와 정의사회가 구현될 수 있다는 관점이다.

(4) 갈등주의 교육관

갈등론은 교육과 학교를 구분한다. 학교는 제도교육 형식교육으로서 자본주의 체제의 정당화, 합법화하는 교육적 기능을 수행하는 도구이며 인간을 억압하고 인간의 자유 의지를 구속하고 소외시키고 비인간화하는 사회 통제적 기능을 수행한다고 규정한다. 즉, 학교는 자본주의 사회의 거울로서 사회의 불평등과 계급 갈등, 모순과 부조리를 그대로 반영하고 있다, 그러므로 학교교육은 현존 사회질서를 유지하고 산업사회 요구를 지원하는 사회화 역할을 수행한다. 학교는 노동력의 재생산과 계급의 재생산 기능을 통해 사회 통합을 유지 시키는 통제장치이며 억압적 국가기구이기도 하다. 학교는 계열 간의 이동이 거의 불가능한 폐쇄체제다. 가령 인문계 및 실업계와 같은 계열화되고 차별화된 장치에 따라 교육과정을 마련하고 가정환경의 위계구조에 따라 학생을 배치하여 장래 그들이 상승 지향적 사회이동의 기회를 제한하고 중상계층의 자녀들은 현재의 계층을 계속 유지하도록 하는 불평등 교육체제라는 것이다. 나아가 위계화된 사회관계를 정당화한 것으로 내면화한다. 따라서 교육기회의 균등은 본질을 외면한 허구이며 객관적인 표준화 검사 또한 기만적이라고 기능론을 비판한다. 학생선발의 내용에는 업적요인보다 가정배경과 같은 귀속요인이 작용하고 문화적 계층 간의 배타성이 함축되어 있다고 본다. 민주주의 이념인 교육기회 균등도 계급적 차별화를 정당화하는 이념이요 불평등을 재생산하는 통로 구실을 한다고 비판한다. 학교는 학생을 상벌체계로 통제하면서 복종심과 유순한 성격을 기르고 자본주의 경쟁구조는 창의성과 비판적 사고를 억압하며 성공 지향적, 출세 지향적, 현실 지향적 인간이 형성된다. 학교는 민주적 인본주의를 가르치고 인격을 도야하는 곳이 아니다 단지 조직인으로서 기능하는 생존전략을 학습한다.

(5) 갈등론적 관점에서의 평생교육

갈등론적 관점에서 평생교육의 기능은 학습자가 그들이 처란 억압적 비인간적 상황을 깨닫고 극복하게 하는 데 초점을 두고 있다. 아델만(Adelman, 1981)은 평생교육이 기존의 학교교육에서의 한계를 극복하고 인간성 해방을 위한 비판의식 함양과 사회적 종속성의 극복을 위한 노력을 강조해야 한다고 주장한다. 이처럼 갈등론은 교육을 사회발전과 개인의 계층이동에 기여하는 관점을 부정하고 인간해방의 관점에서 교육을 바라봄으로써 평생교육을 학교교육의 대안으로 이해한다. 이처럼 교육기회의 불평등을 조장한다는 학교교육의 대안으로서 평생교육에서 기회균등의 의미는 특히 중요하다. 따라서 평생교육은 교육기회 확대를 통한 모든 국민이 언제 어디서나 교육을 받을 수 있는 교육기회를 제공하는 체제로서 평생교육은 기능을 수행할 수 있다. 학교교육을 완료한 사람들에게는 계속교육의 역할을 수행하고학교교육을 누리지 못한 사람들에게는 계속적인 자기성장과 사회생활의 적응을 도와 학교교육의 교육기회 불균형을 해소할 수 있는 대안으로서 평생교육은 기능할 수 있다.

사회적 측면에서 평생교육은 사회변화와 사회적 갈등해소를 목표로 하고 있으며 이를 위한 교육과정으로는 환경운동, 여성운동, 노인운동 등 사회구조적 모순 극복을 통하여 정의로운 사회를 구현하려는데 초점을 두고 있다. 그러나 현실적으로 평생교육기관은 국가나 지배집단의 통제로부터 벗어나기 힘들고 정치적·개인적 선전을 위한 방편으로 이용되어서는 안 된다는 「평생교육법」의 중립성 원리에 따라 자비스(Jarvis, 1985)가 제시한 급진적 성인교육의 형태를 실현하기에는 한계가 있다.

갈등론은 사람들로 하여금 그들 자신의 문제 상황을 인식하게 하고 그러한 문제 상황을 극복하게 이끌어 주는 데 초점을 둔다. 개인적 측면에서 평생교육은 문제 상황 극복을 위한 개별적 인간의 개인의 해방, 비판의식 및 개인의 의식변화를 중시한다. 이는 현재의 심리적 속박에서 자유롭도록 도와주어 그들의 잠재력을 실현하는데 초점을 둔다. 대표적 학자인 프레이리(Freire, 1973)는 인간해방을 위해서는 의식화 교육이 필요하다고 주장하면서 기계적 주입식 교육을 거부하고 의식개발과 관련된 독서법을 가르치는 동시에 비판적인 의식을 갖는 데 초점을 둔 문맹퇴치교육을 주도하였다. 매지로우(MeziroW, 1990)는 해방적 학습을 성인학습의 고유한 특성으로 제시하면서 전환학습을 개인의 의식전환을 목적으로 하는 학습이론 및 방법으로 제시하였다. 갈등론적 관점에서 전환학습은 개인의 의식전환과 의식의 해방을 위한 프로그램으로 평생교육에 사용될 수 있다. 결과적으로 갈등론의 관점에서 평생교육은 민주주의 교육의 가치인 교육기회의 균등을 실현할 수 있는 대안으로서 또한 개인이 도구가 아닌 주체로서 자발적 참여와 자기주도적 학습을 보장하고 비판의식과 의식전환을 도울 수 있는 학교교육의 대안으로서 의미가 있다.

4장
평생교육법

평생교육법은 제1조(목적)에서 표현하고 있는 것처럼, 「헌법」과 「교육기본법」에 규정된 평생교육의 진흥에 대한 국가 및 지방자치단체의 책임과 평생교육제도와 그 운영에 관한 기본적인 사항을 정하고, 모든 국민이 평생에 걸쳐 학습하고 교육받을 수 있는 권리를 보장함으로써 모든 국민의 삶의 질 향상 및 행복 추구에 이바지함을 목적으로 만들어졌다. 이 법은 평생교육에 관한 일반법으로서의 지위를 갖는다.

1. 평생교육법의 발달과정

1) 평생교육법 제정과정 및 기본방향

누구나 언제 어디서든지 원하는 교육을 받고 원하는 학습을 계속할 수 있는 평생학습체제를 구축하는 것이 1990년대 추진되었던 교육개혁의 중요한 이념 중 하나였다(김종서 외, 2009). 이에 따라 평생교육법은 5.31 교육개혁안(교육개혁위원회, 1995)에서 제의한 대로 교육법을 폐지하고 교육3법인 교육기본법, 초·중등교육법, 고등교육법의 제정과 궤를 같이하여 종래의 사회교육법을 전면 개정하여 국회의 가결을 거쳐 1999년 8월 30일 제정되어 2000년 3월 1일부터 시행되었다. 이후 평생교육법시행령이 2000년 3월 13일, 연이어 평생교육법시행규칙이 2000년 3월 31일 공포되어 평생교육법규의 체제가 갖추어지게 되었다.

① 사회교육법 제정(82. 12. 31)

우리나라에서 사회교육법을 제정하려는 시도는 1952년부터 있었고 무려 15차례에 걸쳐 수정안이 작성되고 국회에 상정되었지만, 그 실현은 30년이 지난 1982년에서야 가능했다.

사회교육법 제1조에서는 "이 법은 모든 국민에게 평생을 통한 사회교육의 기회를 부여하여 국민의 자질을 향상하게 함으로써 국가사회의 발전에 기여함을 목적으로 한다."고 하여 국민의 평생에 걸친 사회교육의 기회 제공이 목적이었다. 사회교육법 제정을 통하여 학교교육 외에 국민의 평생교육을 위한 조직적인 교육활동을 사회교육으로 정의하여 체계적으로 진행되었으며, 국가와 지방자치단체가 사회교육시설을 설치하고, 전문요원을 양성하여 사회교육활동을 장려하였다. 이러한 사회교육에 관한 정책을 심의·조정하기 위하여 문교부에 사회교육정책 조정위원회를 두도록 하였다(성낙돈 외, 2015).

② 평생교육법으로 법명 개정(99. 8. 31)

사회교육법은 학교중심 교육법의 하위법의 형태로 법의 적용범위가 극도로 제한된 문제점을 가지고 있었다. 1995년 교육개혁위원회는 5.31 교육개혁안에서 문제가 많은 사회교육법을 폐지하고 평생교육법을 새로 입법할 것을 제안하였고, 1998년에 이르러 교육법 구조의 전반적 변화와 함께 이듬해 1999년 평생교육법으로 명칭을 바꾸게 되었다.

2000년 평생교육법 제1조에서는 "이 법은 평생교육에 관한 사항을 정함을 목적으로 한다."고 하고 동법 제2조 제1호에서는 "평생교육"을 "학교교육을 제외한 모든 형태의 조직적인 교육활동을 말한다."고 정의하고 있다. 평생교육의 이수를 학교교육의 이수로 인정될 수 있도록 한 「교육기본법」의 취지에 따라 사내대학·원격대학 형태의 평생교육시설 등 학교교육과 동일한 학력이 인정되는 새로운 형태의 평생교육시설을 설치·운영할 수 있도록 하였다.

③ 평생교육법 전면 개정(07. 12. 14)

1999년 사회교육법이 평생교육법으로 개정된 이후, 정치 변화와 시대 변화, 법체제 등의 이유로 2007년 12월 14일 평생교육법이 전면 개정되었고, 2008년 2월 15일 시행되었다. 평생교육의 활성화를 위하여 국가와 광역·기초 자치단체 단위의 추진 체제를 정비하고, 평생교육의 총괄적인 집행기구로서 한국교육개발원의 평생교육센터, 학점은행센터, 한국방송통신대학교의 독학학위 검정원 등 3개의 기관을 통합하여 「평생교육진흥원」을 설립하는 등 국가 평생교육추진체제를 재정비하였다.

〈표 4-1〉「사회교육법」과 「평생교육법」의 특징 및 한계

구분	특징	한계
「사회교육법」(1982)	• 평생교육의 개념을 제도적으로 처음 규정 • 국가의 평생교육진흥 전략 제시 • 한국평생교육제도의 기본골격 구축 • 평생교육 전문가 자격인정을 위한 국가제도 신설	• 국가 및 지방자치단체가 사회교육진흥을 위하여 수행하여야 할 임무는 단지 선언적인 수준에 머무름 • 평생교육 추진체제에 대한 내용이 구체화되지 않음
「평생교육법」(1999)	• 「교육기본법」 하에 「초 · 중등교육법」, 「고등교육법」, 「평생교육법」 체제 정비 • 학습 휴가 및 학습비 지원에 관한 사항 신설 • 평생교육 사업을 추진할 수 있는 조직 체제 구축 • 평생교육시설 세분화 • 국민의 학습관리를 위한 제도적 기반 마련	• 평생교육에 대한 정의와 국가와 지방자치단체의 책무 등의 개념에 관한 사항은 구 「사회교육법」 내용을 그대로 유지 • 여전히 선언적 의미의 평생교육 진흥 조항으로 남음
「평생교육법」(2007)	• 평생교육 기회균등을 보장하기 위한 수단 및 제도 체계화 • 평생교육의 총괄적인 추진기구인 '평생교육진흥원' 설립 • 국가와 광역 기초자치단체 단위의 평생교육 추진 체제 정비 • 문해교육 및 성인문해 학력 인정제도와 평생학습계좌제 신설	• 일반자치행정과 교육자치행정간 평생교육 추진체제 혼선 발생 • 평생교육사 자격제도, 평생교육시설 관리 등 시행상의 문제점 발생 • 평생교육 개념 정의에 대한 모호함과 영역 제한에 대한 문제 제기

출처: 변종임 외(2014).

④ 평생교육법 일부 개정(09 ~ 현재)

평생교육법은 2009년 이후 개정을 지속해 오고 있는데, 2009년 평생학습계좌제 기반 마련, 2013년 평생교육사 자격제도 운영 일원화, 2014년 문해교육 개념의 확장과 지원 근거 및 읍면동 평생학습센터 운영 지원 근거 마련, 2015년 지자체의 학교형태 평생교육시설 보조금 지원 근거 마련, 2016년 문해교육 지원체계 및 문해교육센터 설치 근거와 장애인 평생교육지원 및 국가 장애인 평생교육진흥센터 설립 근거 마련, 2019년 장애인 평생교육 종사자에 대한 인권교육 및 시·도평생교육진흥원 장애인대상 평생교육 프로그램 운영을 위한 근거를 마련하였다.

이상과 같은 평생교육법(안)은 급변하는 세계화·정보화사회에서 누구나, 언제,

어디서나 원하는 교육을 받을 수 있는 '열린교육사회 · 평생학습사회'를 구축하여 교육복지국가(Edutopia)를 건설함으로써 국민의 삶의 질 향상과 사회발전에 기여하는 데 기본목표를 두고 있다. 이와 같은 목표를 위한 기본방향은 다음과 같다(배석영 외, 2013).

첫째, 국민의 학습권과 학습자의 선택권을 최대한 보장하여 평생학습 분위기를 조성하는 데 있다. 즉 평생교육기관의 상호 유기적인 수평적 · 수직적 통합과 정보통신매체를 통한 원격교육 확대, 평생교육정보센터 및 상담실 운영 등 다양한 평생교육제도 마련과 뷔페식 교육과정 운영으로 학습자 중심의 학습기회를 확대하고, 평생학습 분위기를 조성하는 데 근본 목적을 두고 있다.

둘째, 평생교육과정 이수자의 사회적 대우를 통하여 평생학습 의욕을 고취시키는 데 있다. 평생교육과정 이수자에게 학점 및 학력 인정, 각종 자격시험 및 승진 · 승급 기회 부여, 유급 및 무급 학습휴가, 학습비 지원 등 금전적 · 비금전적 보상을 통해 국민의 평생학습 의욕을 고취시켜 삶의 질을 향상시키는 데 있다.

셋째, 형식적 학력위주 사회를 실질적 능력위주 사회로 변화를 유도하는 데 있다. 성인의 직장경험 학습인정, 사내검정인정, 직업능력인정, 문하생 학력인정, 기술자격 학점인정 등을 통해 우리 사회를 형식적 학력위주사회에서 실질적 능력위주사회로 변화시키기 위한 새로운 제도를 마련하는 데 있다.

넷째, 성인교육기회 확대와 고등 수준으로 국민의 자질향상에 중점을 두고 있다. 지역사회학교, 평생교육원, 사업장 및 대중매체기관 부설 평생교육기관 등 다양한 평생교육기관을 통해 성인교육기회를 대폭 확대하고, 학점은행제, 사내대학 양성화, 사이버대학 및 원격대학 등 다양한 학력 · 학위인정제도를 통해 우리 국민을 전문대학 이상의 고등교육 수준으로 능력을 향상시키는 데 중점을 두고 있다.

다섯째, 국가 및 지방자치단체의 평생교육정책 지원을 강화하고 있다. 국가 및 지방자치단체는 평생교육기관의 네트워크 구축, 평생교육정보센터 및 상담실 운영, 학습비 지원 등 행 · 재정 지원을 강화하여 국민에게 학습기회와 정보제공 등 평생교육서비스를 대폭 확대할 계획이다.

마지막으로, 지식 · 인력사업개발과 교육훈련산업을 육성하는 데 있다. 민간자본을 통해 교육훈련, 연구용역, 프로그램 개발, 교육기관 경영진단 및 평가, 교육위탁 및 서비스 사업 등 지식 · 인력개발사업을 육성하고, 국가, 산업체 및 경제단체는 산업인력양성 및 재교육 등 교육훈련산업을 육성하여 21세기 인적자본시대에 신지식사회를 구축하여 국제경쟁력을 높이는 데 있다(교육부, 1998).

〈표 4-2〉 평생교육법의 변천

<table>
<tr><th rowspan="4">평생교육법</th><th colspan="2">1980년~1999년</th><th colspan="2">2000년~2007년</th></tr>
<tr><td colspan="2">• 1980년 헌법에 '국가의 평생교육진흥 의무'명문화
• 1982년 「사회교육법」제정 공포
• 1990년 정부조직법개편, 교육부 장관에게 평생교육 관련업무 수행 의무 명시
• 1990년 「독학에 의한 학위 취득에 관한 법률」제정
• 1997년 「학점인정 등에 관한 법률」제정
• 1999년 「사회교육법」에서 「평생교육법」으로 전부개정</td><td colspan="2">• 2007년 「평생교육법」전부개정</td></tr>
<tr><th>2008년~2012년</th><th colspan="2">2013년~2017년</th><th>2018년~2021년</th></tr>
<tr><td>• 2009년 「평생교육법」 일부개정
–2009년 평생학습계좌제 기반 마련</td><td colspan="2">2012~2017년 「평생교육법」 일부개정
• (2013년) 평생교육사 자격제도 운영 일원화
• (2014년) 문해교육 개념 확장 · 지원근거 마련
• (2015년) 지자체의 학교형태 평생교육시설 보조금 지원근거 마련
• (2016년) 문해교육 지원체계 및 국가 문해교육센터 설치 근거 마련
• (2017년) 장애인 평생교육 지원 및 국가장애인 평생교육진흥센터 설립근거 마련</td><td>2018년~2021년 「평생교육법」 일부개정
• (2019년) 장애인 평생교육 체계적 추진을 위한 국가–지방자치단체 협조체계 구축 등 현행 제도 보완
• (2020년) 평생교육사 자격증 대여 · 알선 방지 관련 조항 마련, 학점은행기관의 평생교육 실시근거 마련
• (2021년) 평생교육바우처 발급 및 사용등에 관한 제도적 기반 마련, 평생교육 통계조사 기반 마련, 장애인 평생학습도시 관련 사항 규정</td></tr>
</table>

출처: 교육부 · 국가평생교육진흥원(2021).

2) 평생교육법 개정 및 과제

평생교육법은 21세기의 세계화·정보화 사회에서 누구나, 언제, 어디서나 배울 수 있는 평생학습기회를 확대하여 국민의 삶의 질 향상과 사회발전에 기여토록 한다는 기본 취지에서 제정되었다. 그러나 전문 개정 이후 8년의 시간이 경과함에 따라 평생교육법에서 다루고 있는 범위와 체계가 제한적이어서 지식기반사회, 창조사회, 고령사회로 대변되는 시대상황을 포괄하여 구현하기에는 한계가 있다는 지적이 수차례 제기되어 왔다(김용현, 김종표, 2017).

〈표 4-3〉 평생교육법 전부개정 법률안 추진 경과

- 2006년 2월 21일 평생교육법 전부개정 법률안 이인영 의원 대표발의
- 2007년 4월 9일 평생교육법 전부개정 법률안 임해규 의원 대표발의
- 2006년 12월 8일 2007년 4월 12일 평생교육법 전부개정 법률안 국회 교육위원회 상정
- 2007년 4월 18일 국회 교육위원회 주관 공청회 개최
- 2007년 6~9월 국회 교육위원회 법안 심사간담회(2007.6.20., 6.22, 6.27) 및 법안심사소위원회 토론(2007.9.13., 9.14)
- 2007년 9월 19일 국회 교육위원회 법안심사소위원회 통과
- 2007년 11월 16일 국회 교육위원회 통과
- 2007년 11월 21일 국회 법제사법위원회 통과
- 2007년 11월 22일 국회 본회의 통과
- 2007년 12월 14일 평생교육법 전부개정법률(법률 제8676호) 공포

출처: 교육인적자원부·한국교육개발원(2007).

이런 문제의식에 따라 사회변화에 맞춘 국가 차원의 평생교육 진흥체제 마련, 평생교육의 효율화를 위한 중앙·광역·기초 자치단체 단위의 종합적·체계적 추진체제 정비, 새로운 평생교육 영역에 대한 법 규정 마련, 일부 법적 근거가 불명확한 조문 정리 등을 위한 목적으로 평생교육법 전부개정이 추진되어 필요한 절차를 거쳐 2007년 12월 14일 공포되었다. 2007 평생교육법 전면 개정의 취지와 특징을 요약하면 다음과 같다(교육과학기술부, 2008).

① 평생교육법의 법적 체계개편 및 평생교육 개념의 명확화

평생교육법의 법적 체계를 헌법 제31조 제1항 및 제5항, 교육기본법 제10조 등에 근거하여 학습자의 학습권과 평생학습의 원리에 맞춘 학습자 중심의 새로운 법적 체계로 정비하였다. 또한 평생교육의 개념을 "학교의 정규교육과정을 제외한 학력보완교육, 성인 기초·문자해득교육, 직업능력 향상교육, 인문교양교육, 문화예술교육, 시민참여교육 등을 포함하는 모든 형태의 조직적인 교육활동"으로 정의하였다.

② 지식기반사회, 창조경제사회에 있어서 '인재 대국' 건설을 위한 평생학습기반의 조성

평생교육법은 급변하는 세계화·정보화·창조경제 사회에서 누구나, 언제, 어디서나 배울 수 있는 평생학습 기회 확대에 이바지할 수 있도록 제정되었다. 평생학습은 학령기에 놓친 교육기회를 보상하는 소극적 차원을 넘어 산업사회에서 지식사회로 변화하는 과정에서 총체적인 평생학습 지원체제 구축의 필요성이 증대되었고, 평생교육의 효율적 추진을 통한 '학습강국, 인재대국'의 건설을 위하여 평생교육 추진체제의 개편 및 평가인정체제의 구축을 필요로 하였다.

③ 국가 및 지방자치단체의 평생학습 정책지원 강화

국가 및 지방자치단체는 평생교육기관의 학습비 지원, 평생교육기관 상호 간의 네트워크 구축, 평생학습도시 사업, 중앙단위 평생교육진흥위원회 및 지역단위 평생교육협의회의 설치·운영으로 지역주민을 위한 평생교육 관련 사업조정 및 협력증진을 도모하기 위하여 평생학습법을 개정하였다. 또한 한국교육개발원의 평생교육센터, 학점은행센터, 한국방송통신대학교의 독학학위 검정원 등 3개의 독립된 기관에서 분산·운영 중이던 여러 기관을 평생교육진흥원으로 통합함으로써 평생교육의 활성화를 위한 책무성과 효율성을 강화할 수 있는 제도로 마련하였다.

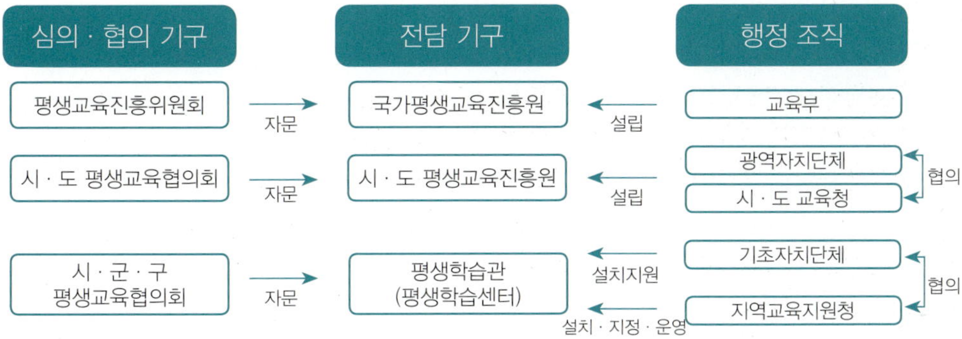

[그림 4-1] 현행 평생교육 추진 체계

출처: 김대욱, 손화정(2020).

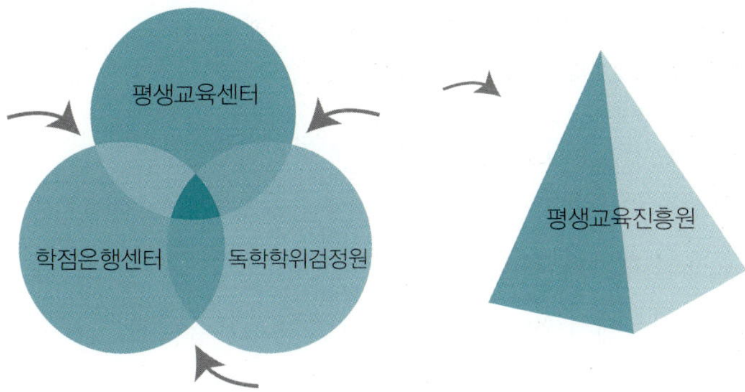

[그림 4-2] 국가단위 평생교육 추진기구 개편

출처: 교육인적자원부·한국교육개발원(2007).

〈표 4-4〉 국가평생교육진흥원 주요 업무

1. 평생교육진흥을 위한 지원 및 조사 업무 2. 진흥위원회가 심의하는 기본계획 수립의 지원 3. 평생교육 프로그램 개발의 지원 4. 제24조에 따른 평생교육사를 포함한 평생교육 종사자의 양성 · 연수 5. 평생교육기관 간 연계체제의 구축 6. 제20조에 따른 시 · 도 평생교육진흥원에 대한 지원 7. 평생교육 종합정보시스템 구축 · 운영 8. 「학점인정 등에 관한 법률」 및 「독학에 의한 학위취득에 관한 법률」에 따른 학점 또는 학력인정에 관한 사항 9. 제23조에 따른 학습계좌의 통합 관리 · 운영 등 9의 2. 이 법 또는 다른 법령에 따라 위탁받은 업무 10. 그 밖에 진흥원의 목적 수행을 위하여 필요한 사업

출처: 교육인적자원부·한국교육개발원(2007).

④ 평생학습과정 이수자의 사회적 대우 확대와 학습의욕 고취

학력인정 평생교육시설의 공공성과 책무성을 강화하고 지방자치단체의 예산지원을 체계적으로 수행하기 위한 근거조항도 신설되었다. 기존 초·중등 학력인정 중심의 평생교육시설에서 전문대학 학력인정 평생교육시설을 새로 도입하면서 학교법인만이 가능하도록 제한하고 있으며, 시설 폐쇄 시에도 설치자의 임의적인 폐쇄를 제한하여 시·도교육감의 인가를 통해 재학 중인 학생 이동 대책 등을 수립한 후에 폐쇄할 수 있도록 하였다, 아울러 지방자치단체가 학력 인정 평생교육시설에 대한 보조금 지원을 할 수 있는 근거조항도 마련되었다. 또한 초·중등학력인정 문자해득 교육프로그램의 지정·운영을 통한 성인기초교육 대상자의 평생학습의욕을 고취하였다.

⑤ 기초교육 기회확대와 고등교육 수준의 평생학습 기회촉진

대학의 평생교육원 등 다양한 평생교육기관을 통해 성인교육의 기회를 확대할 수 있는 방안을 만들었고, 학점은행제, 전공대학, 사내대학 및 원격대학 형태의 평생교육시설 등 다양한 학력인정제도를 통해 고등교육수준까지 국민의 능력향

상에 중점을 두었다고 볼 수 있다.

2007년 평생교육법이 전면 개정됨으로써 보다 포괄적이고 적극적인 평생교육 진흥의 기초를 놓게 되었다. 평생교육 추진기구 설치, 원격대학과 사내대학 설립, 평생교육진흥원 등을 설립해 온 것이 그 실례이다. 이 외에도 시설이용자에게 발생한 생명·신체상의 손해배상과 관련한 보험가입 또는 보험공제가입 등의 안전조치 의무화, 수강료 반환제도, 학교교육과 연계된 학교 평생교육 활성화를 위한 근거조항 등이 신설되었으며, 학점은행제, 독학에 의한 학위취득제, 문해교육, 평생학습 축제, 평생학습계좌제, 평생교육사 양성, 평생학습 도시사업 실시 등의 다양한 평생교육 정책을 지속적으로 펼쳐 왔다(강마리아 외, 2021).

이와 같은 평생교육법은 평생교육제도의 정착과 다양한 국민들의 교육, 문화적 욕구를 충족시키고 발전시키는 데 기여해 온 것으로 평가할 수 있다. 이외에 평생교육제도를 정착시키고 국민들이 원하는 다양한 학습욕구를 충족시키는 평생교육과정이 운영되는 점을 고려할 때 질적인 성장이 이루어졌다고 평가할 수 있다(강마리아 외, 2021). 그러나 이렇게 발전해 온 평생교육법도 부분 개정의 시도가 끊이지 않는 가운데 전면 개정해야 할 때가 도래했다는 요구가 커지고 있는데, 향후 과제를 제시하면 다음과 같다(교육부·국가평생교육진흥원, 2020).

첫째, 그동안의 법 개정 정책연구, 각종의원 발의, 평생교육 관련 학회 및 단체들의 의견을 종합하고 국회, 정부, 평생교육계가 연합하여 제3차「평생교육법」전부 개정을 할 때가 도래하였다. 그동안「평생교육법」전부 개정 10년 주기설이 있을 정도로 10년이 지나면「평생교육법」과 평생교육 현장 간에는 괴리가 발생한다. 잦은 부분 개정, 문해교육과 장애인 평생교육 관련 대폭 보강으로「평생교육법」체계가 다소 어긋나고, 평생교육 6대 영역 간에도 불균형이 감지된다. 차체에 전부 개정을 준비해야 할 필요가 있다.

둘째, 현행「평생교육법」은「유아교육법」,「초·중등교육법」,「고등교육법」과 같은 형태의 일반법이다. UNESCO는 평생교육을 제안한 초기부터 형식교육, 비형식교육, 무형식교육을 아우르는 '상위개념(master concept)'으로 평생교육을 정립하였다. 평생교육은 인간의 삶의 질 향상을 위하여 태교에서 무덤까지 이루어지는 교육의 수직적 통합과 형식교육에서부터 무형식교육에 이르기까지의 수평적 통합을 원리로 하는 교육이다. 이 모든 것을 담아내려면 「평생교육법」은 「교육기본법」에 상응하는 기본법 형태를 취해야 할 것이다. 또한 위에서 살펴보았듯이 「사회교육법」이 「평생교육법」으로 대체되었는데도 여전히 「교육기본법」 제10조(사회교육)에서는 사회교육이라는 용어가 남아 있다. 차제에 「교육기본법」도 평생교육 관점에서 수정해야 할 것이다.

셋째, 광역자치단체와 기초자치단체의 조례 제정에서 보이는 분화 발전 현상을 「평생교육법」이 뒷받침하지 못하는 현상이 일고 있다. 오늘날에는 초창기 추진체제(시 · 도 평생교육진흥원, 시 · 도 평생교육협의회, 시 · 군 · 구 평생학습관, 시 · 군 · 구 평생교육협의회)중심의 평생교육조례 외에도 별도 조례로 문해교육, 시민교육, 장애인 평생교육진흥 조례로 분화 발전하는 추세이다. 현장에서는 문해교육, 시민교육, 장애인 평생교육을 별도로 입법하여 「평생교육법」에서 분리해 나가려는 움직임도 일고 있다. 광역자치단체의 조례 외에 교육청의 평생교육 조례도 검토해야 할 것이다. 이러한 법 제정 움직임과 조례 제정 동향을 감안하여 「평생교육법」 체계를 포함한 개정을 준비해야 할 것이다

넷째, 우리나라의 평생교육 추진체계는 지나치게 중앙정부(교육부) 중심으로 편성되어 있어 지방자치단체가 지역의 특성에 따른 차별적인 평생교육정책의 추진이 어려운 실정이다. 평생교육 선진국의 사례에서도 광역중심의 지방자치단체에 상당한 권한이 부여되어 지역실정에 맞는 평생교육 정책을 추진하고 있다. 따라서 평생교육사무의 전국적 통일을 위한 정책을 제외하고는 지방자치단체가 조례를 통해 지역의 실정에 맞는 정책을 추진할 수 있도록 법령을 개정하여 권한을 이양할 필요가 있다(김대욱 · 손화정, 2020).

2. 평생교육법의 법적 제도

1) 평생교육법의 기본 체제

각종 평생교육 관계 법령들을 지원·육성하는 모법으로서의 지위를 가지는 평생교육법은 헌법 제31조와 교육기본법을 상위법으로 하고 유아교육법, 초·중등교육법, 고등교육법, 평생교육법을 병렬관계에 두는 4법 체제를 이루고 있다. 이러한 구조는 학교교육과 학교 외 교육을 대등한 위치에 둔다는 것을 의미한다.

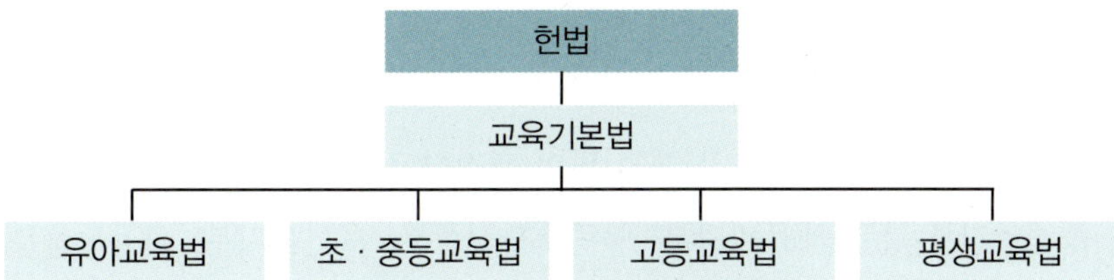

[그림 4-3] 교육에 관한 법규 구조

출처: 변종임 외(2014).

법규의 적용은 국가수준의 법규가 지방자치단체 수준의 법규보다 우선하여 적용하며, 동일한 사안에 대하여 관련 법규를 적용할 때에는 다음과 같은 원칙에 의하여 적용한다(남정걸, 2008).

① 상위법 우선의 법칙: 교육기본법과 초·중등교육법의 관계는 상위법과 하위법의 관계에 있다. 하위법이 상위법에 위배되는 경우 동 규정은 무효이며 상위법이 적용된다. 예컨대 상위법이 바뀌었는데도 관련 하위법이 그에 맞게 변경되지 않은 경우에 흔히 볼 수 있다.

② 신법 우선의 원칙: 신법과 구법이 상충되는 경우 신법이 우선 적용된다. 실제에는 신법의 부칙에 구법과의 관계를 규정하는 규정을 두어 상충되지 않

도록 하고 있다.

③ 특별법 우선의 원칙: 국가공무원법과 교육공무원법, 초·중등교육법과 특수교육진흥법, 지방자치법과 지방교육자치에 관한 법률에서 적용범위가 보다 큰 전자를 일반법이라 하고 적용범위가 보다 한정된 후자를 특별법이라 하는데, 양자 간에 다른 규정이 있는 경우, 특별법이 우선 적용되고, 그 외의 경우는 일반법이 적용된다.

2) 평생교육법의 법적 근거

평생교육의 법적 근거로서는 그 기본을 이루는 헌법과 교육기본법 그리고 평생교육법이 있으며, 여타 이와 관련된 법령들이 교육부뿐만 아니라 관계부처에서 시행되고 있다.

평생교육관계법령은 교육부가 제일 많이 관장하고 있으며, 국무총리실, 기획재정부, 행정안전부, 문화체육관광부, 농림축산식품부, 보건복지부, 고용노동부, 법무부, 국토교통부, 환경부, 산업통상자원부 등으로 분산되어 관리·운영되고 있다.

여기에서는 헌법과 교육기본법 그리고 평생교육법의 주요내용에 한정해서 살펴보기로 한다.

(1) 헌법

우리나라의 평생교육은 「헌법」을 토대로 교육기본법을 비롯한 교육과 관련한 법령에 기초하여 규정되어 있으며, 교육 및 평생교육에 관한 행정도 모두 법령에서 규정한 원칙과 방법에 따르도록 되어 있다.

「헌법」 제31조는 교육에 관한 6개 항을 담고 있다. 이 중 ⑤항은 국가의 평생교육 진흥 의무에 대한 내용을 명시하였으며, ⑥항에서는 평생교육과 관련된 제도, 운영, 재정 등에 관한 사항을 입법자가 정하도록 위임하고 있다.

제31조
① 모든 국민은 능력에 따라 균등하게 교육을 받을 권리를 가진다.
② 모든 국민은 그 보호하는 자녀에게 적어도 초등교육과 법률이 정하는 교육을 받게 할 의무를 진다.
③ 의무교육은 무상으로 한다.
④ 교육의 자주성 · 전문성 · 정치적 중립성 및 대학의 자율성은 법률이 정하는 바에 의하여 보장된다.
⑤ 국가는 평생교육을 진흥하여야 한다.
⑥ 학교교육 및 평생교육을 포함한 교육제도와 그 운영, 교육재정 및 교원의 지위에 관한 기본적인 사항은 법률로 정한다

헌법상 평생교육 규정의 의미와 내용을 정리해보면 다음과 같다(김대욱·손화정, 2020).

첫째, 헌법 제31조 제5항은 "국가는 평생교육을 진흥하여야 한다."고 규정하고 있는데, "평생교육"의 연령별 및 콘텐츠별 대상을 어디까지로 하여야 할지, 그리고 평생교육을 "진흥"한다고 할 때 그 개념은 무엇이며, 어느 깊이로 어느 수준까지를 의미하는지 등이 명료하지 않은 추상적인 용어를 사용하고 있는바, 이는 평생교육과 관련한 문제가 헌법 자체의 특징과 같이 포괄적이라는 것을 알 수 있다.

둘째, 헌법 제31조 제5항은 "국가"를 평생교육의 의무자로 명시하고 있는 바, 여기에는 중앙정부, 광역지방자치단체, 기초지방자치단체, 그리고 이들의 위임 내지 위탁을 받은 수임자 및 수탁자가 의무자가 될 수 있으며 구체적으로 누가 의무를 지는 주체인지는 헌법 제31조 제5항, 제6항을 실현하기 위해 제정되는 「평생교육법」상 규정 내용에 따라 그 의무자는 다양하게 나타난다.

셋째, 헌법 제31조 제1항 내지 제4항까지는 초등학교, 중학교, 고등학교 그리고 대학교라고 하는 정규 교육기관에 의한 교육을 의미하는 반면에, 동조 제5항의 평생교육은 앞의 규정과 구별하여 초등학교부터 대학까지의 정규 교육기관을 통한 교육에서 제외된 사람에 대한 국가의 교육진흥의무를 의미한다고 볼 수 있다. 따

라서 정규 교육기관에 의한 교육을 받기 이전인 출생부터 초등학교 입학 전까지와 대학 졸업 후부터 무덤에 이르기까지의 교육을 의미하는바, 그 대상이 연령별로 다양함을 알 수 있다.

넷째, 헌법 제31조 제5항의 "진흥"의 의미는 헌법과 법률이 정하는 의무교육 연한을 마치지 않았거나, 학력연령을 넘겨 정규교육을 받지 못했거나, 정규교육 외에 의무교육에 대한 보완 내지 보충적인 교육이 추가로 필요하다고 스스로 인식하는 자를 위해 국가가 보완 및 보충적 교육을 통한 자기실현을 최대한 후원, 지원 및 권장하고 나아가 미진했던 교육기회를 제공하고 지지하는 의무를 국가에게 부여한다는 의미로 새길 수 있다.

다섯째, 헌법 제31조 제6항은 "학교교육 및 평생교육을 포함한 교육제도와 그 운영, 교육재정 및 교원의 지위에 관한 기본적인 사항은 법률로 정한다."고 하여 평생교육에 관한 제도 및 관련된 운영·재정 등에 관한 사항을 학교교육과 동등한 수준에서 법률로써 규정하도록 명하고 있다.

(2) 교육기본법

「헌법」 제31조 ⑥항에는 "학교교육 및 평생교육을 포함한 교육제도와 그 운영, 교육재정 및 교원의 지위에 관한 기본적인 사항은 법률로 정한다"고 규정되어 있다. 교육기본법은 1997년 12월 13일 헌법 제31조의 제1항과 제5항에 근거하여 교육을 받을 권리, 평생교육의 진흥정신을 이어받아 교육제도 법률주의의 원칙에 근거하여 제정된 우리나라 최초의 교육에 관한 기본법률로 제정되었다. 이 법은 모든 국민의 학습권을 보장하기 위하여 학교교육 및 평생교육을 포함한 교육제도와 그 운영에 관한 기본적인 방향을 설정하고, 모든 교육당사자의 권리와 의무를 규정한 교육의 헌법과 같은 한국 교육의 기본적인 틀을 정하고 있다(배석영 외, 2013).

「교육기본법」의 체제는 총칙, 교육당사자, 교육의 진흥에 대하여 3장 29조와 부칙으로 구성되어 있다. 교육기본법에서 평생교육에 관한 내용은 제1조 목적, 제2조 교육이념, 제3조 학습권, 제4조 교육의 기회균등, 제9조 학교교육, 제10조 사회교육, 제12조 학습자, 제17조 국가 및 지방자치단체 제21조 직업교육, 제23조 교육의 정보화, 제29조 국제교육 등에서 규정하고 있다. 「사회교육법」은 「평생교육법」으로 대체되었는데 「교육기본법」에는 여전히 사회교육이라는 용어가 남아 있다.

〈교육기본법〉

제1조(목적) 이 법은 교육에 관한 국민의 권리 의무와 국가 및 지방자치단체의 책임을 정하고 교육제도와 그 운영에 관한 기본적 사항을 규정함을 목적으로 한다.

제2조(교육이념) 교육은 홍익인간의 이념 아래 모든 국민으로 하여금 인격을 도야하고 자주적 생활능력과 민주시민으로서의 필요한 자질을 갖추게 하여 인간다운 삶을 여위하게 하고 민주국가의 발전과 인류공영의 이념을 실현하는 데 이바지하게 함을 목적으로 한다.

제3조(학습권) 모든 국민은 평생에 걸쳐 학습하고, 능력과 적성에 따라 교육받을 권리를 가진다.

제4조(교육의 기회균등) 모든 국민은 성별, 종교, 신념, 사회적 신분, 경제적 지위 또는 신체적 조건 등을 이유로 교육에 있어 차별을 받지 아니한다.

제9조(학교교육)

① 유아교육, 초등교육, 중등교육 및 고등교육을 실시하기 위하여 학교를 둔다.

② 학교는 공공성을 가지며, 학생의 교육 외에 학술과 문화적 전통을 유지 발전시키고, 주민의 평생교육을 위하여 노력해야 한다.

제10조(사회교육)

① 국민의 평생교육을 위한 모든 형태의 사회교육은 장려되어야 한다.

② 사회교육의 이수는 법령이 정하는 바에 의하여 그에 상응하는 학교교육의 이수로 인정할 수 있다.

제12조(학습자)

① 학생을 포함한 학습자의 기본적인 인권은 학교교육 또는 사회교육의 과정에서 존중되고 보호된다.

제21조(직업교육) 국가 및 지방자치단체는 모든 국민이 학교교육과 사회교육을 통하여 직업에 대한 소양과 능력의 개발을 위한 교육을 받을 수 있도록 하기 위하여 필요한 시책을 수립 실시해야 한다.

제29조(국제교육)

② 국가는 외국에 거주하는 동포에게 필요한 학교교육 또는 사회교육을 실시하기 위하여 필요한 시책을 강구해야 한다.

③ 국가는 학문연구의 진흥을 위하여 국외유학에 관한 시책을 강구해야 하며, 외국에서 우리나라에 대한 이해와 우리국민의 정체성 확립을 위한 교육 연구활동을 지원해야 한다.

(3) 평생교육법

2007년 평생교육법 전면 개정 이후 평생교육법은 현행 총 8장 46조와 부칙으로 구성되어 있으며, 제1장 총칙, 제2장 평생교육진흥기본계획 등, 제3장 국가평생교육진흥원 등, 제4장 평생교육사, 제5장 평생교육기관, 제6장 문해교육, 제7장 평생학습 결과의 관리 · 인정, 제8장 보칙을 규정하고 있다.

〈표 4-5〉 평생교육법의 구조

제1장 총칙 제2장 평생교육진흥기본계획 등 제3장 국가평생교육진흥원 등 제4장 평생교육사	제5장 평생교육기관 제6장 문해교육 제7장 평생학습 결과의 관리 · 인정 제8장 보칙

평생교육의 개념을 어떻게 파악하느냐에 따라 평생교육법의 내용을 집행하는 관계자의 대상과 역할, 나아가 권한 등이 획정되기 때문에 평생교육법 상의 개념 정의는 중요한 의의를 지닌다. 평생교육법 제2조의 주요 개념에 대한 정의와 내용을 살펴보면 다음과 같다(김대욱· 손화정, 2020).

〈표 4-6〉 평생교육법 제2조의 주요 개념

1. "평생교육"이란 학교의 정규교육과정을 제외한 학력보완교육, 성인 문자해득교육, 직업능력 향상교육, 인문교양교육, 문화예술교육, 시민참여교육 등을 포함하는 모든 형태의 조직적인 교육활동을 말한다.
2. "평생교육기관"이란 다음 각 목의 어느 하나에 해당하는 시설 · 법인 또는 단체를 말한다.

가. 이 법에 따라 인가 · 등록 · 신고된 시설 · 법인 또는 단체

나. 「학원의 설립 · 운영 및 과외교습에 관한 법률」에 따른 학원 중 학교교과교습학원을 제외한 평생직업교육을 실시하는 학원

다. 그 밖에 다른 법령에 따라 평생교육을 주된 목적으로 하는 시설 · 법인 또는 단체

3. "문자해득교육"(이하 "문해교육"이라 한다)이란 일상생활을 영위하는 데 필요한 문자해득(文字解得)능력을 포함한 사회적 · 문화적으로 요청되는 기초생활능력 등을 갖출 수 있도록 하는 조직화된 교육프로그램을 말한다.

첫째, 평생교육법 제2조 제1호에서 평생교육의 대상은 "학교의 정규교육과정을 제외한" 영역임을 규정함으로써 평생교육의 범위를 설정하고 있는데, 학력보완교육, 성인 문자해득교육, 직업능력 향상교육, 인문교양교육, 문화예술교육, 시민참여교육 등이 평생교육에 속한다.

둘째, 학력보완교육은 동 법률에서 별도로 규정하지 않고 있는바, 학력보완교육이란 정규학교에 다니는 학생의 학력을 보완하는 교육은 포함되지 않으므로 '비정규교육과정'에 있어 학력을 보완하는 교육은 매우 광범위할 수 있어 이는 궁극적으로 일반행정과의 중복을 야기한다.

셋째, 평생교육법 제2조 제3호에서 문자해득교육은 국민의 기초생활능력을 증진시키는 것이 목적인데, 문해능력의 저조는 "노동시장 출발점에서 불리하여 결과적으로 역량 개발 기회가 낮아져 향후 직업 전망"이 어두울 수 있기 때문이다. 노년층뿐만 아니라 청년층에서도 비문해자가 증가한다는 주장이 있으나 검증이 요구되며, 성인을 상대로 하는 문해교육은 일정한 전문성이 담보되는 사항으로 차제에 평생교육법 중 핵심사항만을 남기고 일반행정과의 유사중복을 야기하는 부분을 전면 일반행정 및 개별행정으로 이양할 시, 문해교육 자체에 관한 사항은 교육전문기관에서 담당하게 하는 것이 바람직할 것이다.

〈표 4-7〉 평생교육법, 시행령, 시행규칙의 구성 및 주요 내용

구분	평생교육법	평생교육법 시행령	평생교육법 시행규칙
구성	8장 46조, 부칙	6장 78조 부칙	25조, 부칙
	총칙 평생교육진흥기본계획 등 국가평생교육진흥원 등 평생교육사 평생교육기관 문해교육 평생교육결과의 관리 · 인정	총칙 평생교육진흥기본계획 등 국가평생교육진흥원 등 평생교육사 평생교육기관 문자해득교육	평생교육실무조정위원회 평생교육자격증 교부 평생교육시설 등록(변경) 문해교육이수자 학력인정
주요 내용	평생교육전담 · 지원기구 운영 • 국가평생교육진흥원 • 국가장애인평생교육진흥센터 • 시 · 도평생교육진흥원 • 시군구 평생학습관 • 읍면동 평생학습센터	• 출연금 요구, 지급, 관리 • 결산서 제출 등 • 전담기구 및 평생학습 지원제도의 운영방법 등	• 평생교육실무조정위원회
	학력 · 학위취득 기회확대 • 초중고 학력인정시설 • 전문대학 학력인정시설 • 사내대학 및 원격대학형태	• 시설의 지정 또는 인가 기준 및 절차 • 폐쇄인가 또는 신고절차	• 문해교육이수자 학력 인정절차
	다양한 평생교육기관 운영 • 학교(학교부설)의 평생교육 • 원격형태 평생교육시설 • 사업장 부설 평생교육시설 • 시민단체 부설 평생교육시설 • 언론기관 부설 평생교육시설 • 지식 · 인력개발 평생교육시설	• 시설의 설치 신고 · 등록 • 시설의 변경 신고	• 평생교육시설의 등록 · 변경 신고절차
	다양한 평생학습지원제도 • 유급 또는 무급학습휴가제 • 전문인력정보은행제 • 평생학습계좌제 • 평생교육사 • 문해교육프로그램 지원 • 국가문해교육센터 및 시 · 도 문해교육센터	• 평생교육사 자격요건, 등급, 배치 기준 등 • 학습계좌제 운영, 평가인정 • 문해교육 프로그램 설치 운영, 지정 및 지원기준 • 국가문해교육센터 및 시 · 도 문해교육센터 수행 업무 명시	• 전문인력정보은행 운영 • 학습계좌제 운영 • 평생교육사 자격증 교부 • 문해교육이수자의 학력인정 또는 학습과정의 인정절차

출처: 교육부 · 국가평생교육진흥원(2020).

[참고] 평생교육법의 주요내용

제1장 총칙

제1조(목적)

이 법은 「헌법」과 「교육기본법」에 규정된 평생교육의 진흥에 대한 국가 및 지방자치단체의 책임과 평생교육제도와 그 운영에 관한 기본적인 사항을 정하고, 모든 국민이 평생에 걸쳐 학습하고 교육받을 수 있는 권리를 보장함으로써 모든 국민의 삶의 질 향상 및 행복 추구에 이바지함을 목적으로 한다. [개정 2021.6.8] [[시행일 2021.12.9]]

제2조(정의)

이 법에서 사용하는 용어의 정의는 다음과 같다. [개정 2014.1.28, 2021.6.8] [[시행일 2021.12.9]]

1. "평생교육"이란 학교의 정규교육과정을 제외한 학력보완교육, 성인 문자해득교육, 직업능력 향상교육, 인문교양교육, 문화예술교육, 시민참여교육 등을 포함하는 모든 형태의 조직적인 교육활동을 말한다.

2. "평생교육기관"이란 다음 각 목의 어느 하나에 해당하는 시설 · 법인 또는 단체를 말한다.

가. 이 법에 따라 인가 · 등록 · 신고된 시설 · 법인 또는 단체

나. 「학원의 설립 · 운영 및 과외교습에 관한 법률」에 따른 학원 중 학교교과교습학원을 제외한 평생직업교육을 실시하는 학원

다. 그 밖에 다른 법령에 따라 평생교육을 주된 목적으로 하는 시설 · 법인 또는 단체

3. "문자해득교육"(이하 "문해교육"이라 한다)이란 일상생활을 영위하는데 필요한 문자해득(文字解得)능력을 포함한 사회적 · 문화적으로 요청되는 기초생활능력 등을 갖출 수 있도록 하는 조직화된 교육프로그램을 말한다.

제4조(평생교육의 이념)

①모든 국민은 평생교육의 기회를 균등하게 보장받는다.

②평생교육은 학습자의 자유로운 참여와 자발적인 학습을 기초로 이루어져야 한다.

③평생교육은 정치적 · 개인적 편견의 선전을 위한 방편으로 이용되어서는 아니 된다.

④일정한 평생교육과정을 이수한 자에게는 그에 상응하는 자격 및 학력인정 등 사회적 대우를 부여하여야 한다.

제3장 국가평생교육진흥원 등 [개정 2013.12.30] [[시행일 2014.7.1]]

제19조(국가평생교육진흥원)

①국가는 평생교육진흥과 관련된 업무를 지원하기 위하여 국가평생교육진흥원(이하 "진흥원"이라 한다)을 설립한다. [개정 2013.12.30] [[시행일 2014.7.1]]

②진흥원은 법인으로 한다.

③진흥원은 주된 사무소의 소재지에서 설립등기를 함으로써 성립한다.

④진흥원은 다음 각 호의 업무를 수행한다. [개정 2013.5.22, 2016.2.3, 2021.6.8] [[시행일 2021.12.9]]

1. 평생교육진흥을 위한 지원 및 조사 업무

2. 진흥위원회가 심의하는 기본계획 수립의 지원
3. 평생교육프로그램 개발의 지원
4. 제24조에 따른 평생교육사를 포함한 평생교육 종사자의 양성 · 연수
5. 평생교육기관간 연계체제의 구축
6. 제20조에 따른 시 · 도평생교육진흥원에 대한 지원
8. 「학점인정 등에 관한 법률」 및 「독학에 의한 학위취득에 관한 법률」에 따른 학점 또는 학력인정에 관한 사항
9. 제23조에 따른 학습계좌의 통합 관리 · 운영
9의2. 문해교육의 관리 · 운영에 관한 사항
9의3. 이 법 또는 다른 법령에 따라 위탁받은 업무
10. 그 밖에 진흥원의 목적수행을 위하여 필요한 사업

제19조의2(국가장애인평생교육진흥센터)
① 국가는 장애인의 평생교육진흥과 관련된 업무를 지원하기 위하여 국가장애인평생교육진흥센터(이하 "장애인평생교육진흥센터"라 한다)를 둔다.
② 장애인평생교육진흥센터는 다음 각 호의 업무를 수행한다. [개정 2019.4.23] [[시행일 2019.10.24]]
1. 장애인 평생교육진흥을 위한 지원 및 조사 업무
2. 진흥위원회가 심의하는 기본계획에 관한 사항 중 장애인 평생교육진흥에 관한 사항
3. 장애 유형별 평생교육프로그램 개발의 지원
4. 장애인 평생교육 종사자의 양성 · 교육 및 연수와 공무원의 장애인 의사소통 교육
5. 장애인 평생교육기관 간의 연계체제 구축
6. 발달장애인의 평생교육과정의 개발
7. 발달장애인의 의사소통 도구의 개발과 보급
8. 장애인 평생교육프로그램을 운영하는 각급학교와 평생교육기관 양성을 위한 지원
9. 장애 유형별 평생교육 교재 · 교구의 개발과 보급
10. 그 밖에 장애인평생교육진흥센터의 목적수행을 위하여 필요한 사업
③ 장애인평생교육진흥센터의 설립 · 운영에 필요한 사항은 대통령령으로 정한다.[본조신설 2016.5.29] [[시행일 2017.5.30]]

제20조(시 · 도평생교육진흥원의 운영)
①시 · 도지사는 대통령령으로 정하는 바에 따라 시 · 도평생교육진흥원을 설치 또는 지정 · 운영할 수 있다.
②시 · 도평생교육진흥원은 다음 각 호의 업무를 수행한다. [개정 2019.4.23, 2021.6.8] [[시행일 2021.12.9]]
1. 해당 지역의 평생교육기회 및 정보의 제공

2. 평생교육 상담
3. 평생교육프로그램 운영
3의2. 장애인 대상 평생교육프로그램 운영
4. 해당 지역의 평생교육기관간 연계체제 구축
5. 국가 및 시 · 군 · 구 간 협력 · 연계
6. 그 밖에 평생교육진흥을 위하여 시 · 도지사가 필요하다고 인정하는 사항

제21조(시 · 군 · 구 평생학습관 등의 설치 · 운영 등)

①시 · 도교육감은 관할 구역 안의 주민을 대상으로 평생교육프로그램 운영과 평생교육 기회를 제공하기 위하여 평생학습관을 설치 또는 지정 · 운영하여야 한다.

②시장 · 군수 · 자치구의 구청장은 평생학습관의 설치 또는 재정적 지원 등 해당 지방자치단체의 평생교육을 진흥하기 위하여 필요한 사업을 실시할 수 있다.

③ 평생학습관은 다음 각 호의 사업을 수행한다. [신설 2014.1.28, 2016.5.29] [[시행일 2017.5.30]]

1. 평생교육프로그램의 개발 · 운영
1의2. 장애인 대상 평생교육프로그램의 개발 · 운영
2. 평생교육 상담
3. 평생교육 종사자에 대한 교육 · 훈련
4. 평생교육 관련 정보의 수집 · 제공
5. 제21조의3에 따른 읍 · 면 · 동 평생학습센터에 대한 운영 지원 및 관리
6. 그 밖에 평생교육 진흥을 위하여 필요하다고 인정되는 사업

④제1항 및 제2항에 따른 평생학습관의 설치 · 운영 등에 필요한 사항은 해당 지방자치단체의 조례로 정한다. [개정 2014.1.28]

제21조의3(읍 · 면 · 동 평생학습센터의 운영)

① 시장 · 군수 · 자치구의 구청장은 읍 · 면 · 동별로 주민을 대상으로 하여 평생교육프로그램을 운영하고 상담을 제공하는 평생학습센터를 설치하거나 지정하여 운영할 수 있다.

② 제1항에 따른 읍 · 면 · 동 평생학습센터의 설치 또는 지정 및 운영에 관한 사항은 해당 지방자치단체의 조례로 정한다.[본조신설 2014.1.28.] [본조개정 2016.5.29 제21조의2에서 이동] [[시행일 2017.5.30]]

제4장 평생교육사

제24조(평생교육사)

① 교육부장관은 평생교육 전문인력을 양성하기 위하여 다음 각 호의 어느 하나에 해당하는 사람에게 평생교육사의 자격을 부여하며, 자격을 부여받은 사람에게는 자격증을 발급하여야 한다. [개정 2008.2.29. 제8852호(정부조직법), 2009.5.8, 2013.3.23 제11690호(정부조직법), 2019.12.3., 2021.3.23 제17954호(법률용어 정비를 위한 교육위원회 소관 34개 법률 일부개정을 위한 법률)]

1. 「고등교육법」 제2조에 따른 학교(이하 "대학"이라 한다) 또는 이와 같은 수준 이상의 학력이 있다고 인정되는 기관에서 교육부령으로 정하는 평생교육 관련 교과목을 일정 학점 이상 이수하고 학위를 취득한 사람
2. 「학점인정 등에 관한 법률」 제3조제1항에 따라 평가인정을 받은 학습과정을 운영하는 교육훈련기관(이하 "학점은행기관"이라 한다)에서 교육부령으로 정하는 평생교육 관련 교과목을 일정 학점 이상 이수하고 학위를 취득한 사람
3. 대학을 졸업한 사람 또는 이와 같은 수준 이상의 학력이 있다고 인정되는 사람으로서 대학 또는 이와 같은 수준 이상의 학력이 있다고 인정되는 기관, 제25조에 따른 평생교육사 양성기관, 학점은행기관에서 교육부령으로 정하는 평생교육 관련 교과목을 일정 학점 이상 이수한 사람
4. 그 밖에 대통령령으로 정하는 자격요건을 갖춘 사람

② 평생교육사는 평생교육의 기획 · 진행 · 분석 · 평가 및 교수업무를 수행한다.

제26조(평생교육사의 배치 및 채용) ①평생교육기관에는 제24조제1항에 따른 평생교육사를 배치하여야 한다.

② 「유아교육법」, 「초 · 중등교육법」 및 「고등교육법」에 따른 유치원 및 학교의 장은 평생교육프로그램 운영에 필요할 때에는 평생교육사를 채용할 수 있다. [개정 2021.3.23. 제17954호(법률용어 정비를 위한 교육위원회 소관 34개 법률 일부개정을 위한 법률)]

③제20조에 따른 시 · 도평생교육진흥원, 제20조의2에 따른 장애인평생교육시설 및 제21조에 따른 시 · 군 · 구평생학습관에 평생교육사를 배치하여야 한다. [개정 2016.5.29] [[시행일 2017.5.30]]

④제1항부터 제3항까지의 규정에 따른 평생교육사의 배치대상기관 및 배치기준은 대통령령으로 정한다.

제5장 평생교육기관

제28조(평생교육기관의 설치자)

①평생교육기관의 설치자는 다양한 평생교육프로그램을 실시하여 지역사회 주민을 위한 평생교육에 기여하여야 한다.

제29조(학교의 평생교육)

① 「초 · 중등교육법」 및 「고등교육법」에 따른 각급학교의 장은 평생교육을 실시하는 경우 평생교육의 이념에 따라 교육과정과 방법을 수요자 관점으로 개발 · 시행하도록 하며, 학교를 중심으로 공동체 및 지역문화 개발에 노력하여야 한다. [개정 2021.3.23. 제17954호(법률용어 정비를 위한 교육위원회 소관 34개 법률 일부개정을 위한 법률)]

②각급학교의 장은 해당 학교의 교육여건을 고려하여 학생 · 학부모와 지역 주민의 요구에 부합하는 평생교육을 직접 실시하거나 지방자치단체 또는 민간에 위탁하여 실시할 수 있다. 다만, 영리를 목적으로 하는 법인 및 단체는 제외한다.

③제2항에 따른 학교의 평생교육을 실시하기 위하여 각급학교의 교실 · 도서관 · 체육관, 그 밖의 시설을 활용하여야 한다.

④제2항 및 제3항에 따라 학교의 장이 학교를 개방할 경우 개방시간 동안의 해당 시설의 관리 · 운영에 필요한 사항은 해당 지방자치단체의 조례로 정한다.

제29조의2(학점은행기관의 평생교육)

① 학점은행기관의 장은 교육부장관의 평가인정을 받은 학습과정 운영을 통하여 평생교육을 실시한다.

② 학점은행기관의 장은 제1항에 따른 학습과정을 운영함에 있어 그 질을 유지하거나 개선하기 위하여 노력하여야 한다.[본조신설 2019.12.3]

제30조(학교 부설 평생교육시설)

①각급학교의 장은 학생 · 학부모와 지역 주민을 대상으로 교양의 증진 또는 직업교육을 위한 평생교육시설을 설치 · 운영할 수 있다. 평생교육시설을 설치하는 경우 각급학교의 장은 관할청에 보고하여야 한다.

②대학의 장은 대학생 또는 대학생 외의 사람을 대상으로 자격취득을 위한 직업교육과정 등 다양한 평생교육과정을 운영할 수 있다. [개정 2021.3.23 제17954호(법률용어 정비를 위한 교육위원회 소관 34개 법률 일부개정을 위한 법률)]

③각급학교의 시설은 다양한 평생교육을 실시하기에 편리한 형태의 구조와 설비를 갖추어야 한다.

제31조(학교형태의 평생교육시설)

①학교형태의 평생교육시설을 설치 · 운영하고자 하는 자는 대통령령으로 정하는 시설 · 설비를 갖추어 교육감에게 등록하여야 한다.

②교육감은 제1항에 따른 학교형태의 평생교육시설 중 일정 기준 이상의 요건을 갖춘 평생교육시설에 대하여는 이를 고등학교졸업 이하의 학력이 인정되는 시설로 지정할 수 있다. 다만, 제6항에 따라 지방자치단체로부터 지원받은 보조금을 목적 외 사용, 부당집행하였을 경우에는 그 지정을 취소할 수 있다. [개정 2015.3.27] [[시행일 2016.3.28]]

③제2항에 따른 학력인정 평생교육시설에는 「초 · 중등교육법」 제19조제1항의 교원을 둘 수 있다. 이 경우 교원의 복무 · 국내연수와 재교육에 관하여는 국 · 공립학교의 교원에 관한 규정을 준용한다.

④「초 · 중등교육법」 제54조제4항에 따라 전공과를 설치 · 운영하는 고등기술학교는 교육부장관의 인가를 받아 전문대학졸업자와 동등한 학력 · 학위가 인정되는 평생교육시설로 전환 · 운영할 수 있다. 이 경우 전공대학의 명칭을 사용할 수 있다.[개정 2013.3.23. 제11690호(정부조직법)]

⑤제2항에 따른 학력인정 평생교육시설의 지정 및 지정취소 기준 · 절차, 입학자격, 교원자격 등과 제4항에 따른 평생교육시설의 인가 기준 · 절차, 학사관리 등의 운영 방법 등에 필요한 사항은 대통령령으로 정한다. [개정 2015.3.27] [[시행일 2016.3.28]]

⑥지방자치단체는 해당 지방자치단체의 조례로 정하는 바에 따라 예산의 범위 내에서 「초 · 중등교육법」 제2조의 학교에 준하여 제2항에 따른 학력인정 평생교육시설에 필요한 보조금을 교부하거나 그 밖의 지원을 할 수 있다. [개정 2015.3.27] [[시행일 2016.3.28]]

⑦제2항에 따른 학력인정 평생교육시설로 지정을 받은 자가 그 시설을 폐쇄하고자 하는 때에는 재학생 처리방안 등 대통령령으로 정하는 사항을 갖추어 관할 교육감의 인가를 받아야 한다.

⑧ 제2항에 따른 학력인정 평생교육시설의 재산관리, 회계 및 교원 등의 신규채용에 관한 사항은 각각 「사립학교법」 제28조, 제29조 및 제53조의2제9항을 준용하고, 장학지도 및 학생의 학교생활기록 관리는 각각 「초 · 중등교육법」 제7조 및 제25조제1항을 준용한다. 다만, 교비회계에 속하는 예산 · 결산 및 회계 업무는 교육부령으로 정하는 방식으로 처리하여야 한다. [신설 2015.3.27] [[시행일 2016.3.28]]

제32조(사내대학형태의 평생교육시설)

① 대통령령으로 정하는 규모 이상의 사업장(공동으로 참여하는 사업장도 포함한다)의 경영자는 교육부장관의 인가를 받아 전문대학 또는 대학졸업자와 동등한 학력 · 학위가 인정되는 평생교육시설을 설치 · 운영할 수 있다. [개정 2008.2.29 제8852호(정부조직법), 2009.5.8., 2013.3.23 제11690호(정부조직법)]

② 제1항에 따른 사내대학형태의 평생교육시설은 다음 각 호의 어느 하나에 해당하는 사람을 대상으로 한다. [개정 2013.12.30] [[시행일 2014.7.1]]

1. 해당 사업장에 고용된 종업원
2. 해당 사업장에서 일하는 다른 업체의 종업원
3. 해당 사업장과 하도급 관계에 있는 업체 또는 부품 · 재료 공급 등을 통하여 해당 사업장과 협력관계에 있는 업체의 종업원

③ 제1항에 따른 사내대학형태의 평생교육시설에서의 교육에 필요한 비용은 제2항 각 호에 해당하는 사람을 고용한 고용주가 부담하는 것을 원칙으로 한다. [신설 2013.12.30] [[시행일 2014.7.1]]

④ 제1항에 따른 사내대학형태의 평생교육시설의 설치기준 · 학점제등 운영에 필요한 사항은 대통령령으로 정한다. [개정 2013.12.30] [[시행일 2014.7.1]]

⑤ 제1항에 따른 사내대학형태의 평생교육시설을 폐쇄하고자 하는 경우에는 교육부장관에게 신고하여야 한다. [개정 2008.2.29.제8852호(정부조직법), 2013.3.23 제11690호(정부조직법), 2013.12.30] [[시행일 2014.7.1]]

제33조(원격대학형태의 평생교육시설)

①누구든지 정보통신매체를 이용하여 특정 또는 불특정 다수인에게 원격교육을 실시하거나 다양한 정보를 제공하는 등의 평생교육을 실시할 수 있다.

②제1항에 따라 불특정 다수인을 대상으로 학습비를 받고 교육을 실시하고자 하는 경우(「학원의 설립 · 운영 및 과외교습에 관한 법률」 제2조의2제1항제1호의 학교교과교습학원에 해당하는 경우는 제외한다)에는 대통령령으로 정하는 바에 따라 교육감에게 신고하여야 한다. 이를 폐쇄하고자 하는 경우에는 그 사실을 교육감에게 통보하여야 한다. [개정 2008.2.29, 2011.7.25., 2013.3.23 제11690호(정부조직법), 2013.12.30] [[시행일 2014.7.1]]

③제1항에 따라 전문대학 또는 대학졸업자와 동등한 학력·학위가 인정되는 원격대학형태의 평생교육시설을 설치하고자 하는 경우에는 대통령령으로 정하는 바에 따라 교육부장관의 인가를 받아야 한다. 이를 폐쇄하고자 하는 경우에는 교육부장관에게 신고하여야 한다. [개정 2008.2.29 제8852호(정부조직법), 2013.3.23. 제11690호(정부조직법)]

④교육부장관은 제3항에 따라 인가한 원격대학형태의 평생교육시설에 대하여는 평가를 실시하고 그 결과를 공개하여야 한다. [개정 2008.2.29 제8852호(정부조직법), 2013.3.23 제11690호(정부조직법)]

⑤제3항에 따른 원격대학형태의 평생교육시설의 설치기준, 학사관리 등 운영방법과 제4항에 따른 평가에 필요한 사항은 대통령령으로 정한다.

⑥제28조제2항 각 호의 어느 하나에 해당하는 자는 원격대학형태의 평생교육시설의 설치자가 될 수 없다.

제34조(준용 규정)

제33조제3항에 따른 원격대학형태의 평생교육시설을 설치·운영하는 자와 그 시설에 대하여는 「사립학교법」 제28조·제29조·제31조·제70조를 준용한다.[[시행일 2008.4.18]]

제35조(사업장 부설 평생교육시설)

①대통령령으로 정하는 규모 이상 사업장의 경영자는 해당 사업장의 고객 등을 대상으로 하는 평생교육시설을 설치·운영할 수 있다.

②제1항에 따른 사업장 부설 평생교육시설을 설치하고자 하는 자는 대통령령으로 정하는 바에 따라 교육감에게 신고하여야 한다. 이를 폐쇄하고자 하는 경우에는 그 사실을 교육감에게 통보하여야 한다.

제36조(시민사회단체 부설 평생교육시설)

①시민사회단체는 상호 유기적인 협조체제를 구축하고 공공시설 및 민간시설 등 유휴시설을 활용하여 해당 시민사회단체의 목적에 부합하는 평생교육과정을 운영하도록 노력하여야 한다.

②대통령령으로 정하는 시민사회단체는 일반 시민을 대상으로 하는 평생교육시설을 설치·운영할 수 있다.

③제2항에 따른 시민사회단체 부설 평생교육시설을 설치하고자 하는 자는 대통령령으로 정하는 바에 따라 교육감에게 신고하여야 한다. 이를 폐쇄하고자 하는 경우에는 그 사실을 교육감에게 통보하여야 한다.

제37조(언론기관 부설 평생교육시설)

①신문·방송 등 언론기관을 경영하는 자는 해당 언론매체를 통하여 다양한 평생교육프로그램을 방영하는 등 국민의 평생교육진흥에 기여하여야 한다.

②대통령령으로 정하는 언론기관을 경영하는 자는 일반 국민을 대상으로 교양의 증진과 능력향상을 위한 평생교육시설을 설치·운영할 수 있다.

③제2항에 따른 언론기관 부설 평생교육시설을 설치하고자 하는 자는 대통령령으로 정하는 바에 따라 교육감에게 신고하여야 한다. 이를 폐쇄하고자 하는 경우에는 그 사실을 교육감에게 통보하여야 한다.

제38조(지식·인력개발 관련 평생교육시설)

제38조(지식 · 인력개발 관련 평생교육시설)

①국가 및 지방자치단체는 지식정보의 제공과 교육훈련을 통한 인력개발을 주된 내용으로 하는 지식 · 인력개발사업을 진흥 · 육성하여야 한다.

②제1항에 따른 지식 · 인력개발사업을 경영하는 자 중 대통령령으로 정하는 자는 평생교육시설을 설치 · 운영할 수 있다.

③제2항에 따른 지식 · 인력개발사업과 관련하여 평생교육시설을 설치하고자 하는 자는 대통령령으로 정하는 바에 따라 교육감에게 신고하여야 한다. 이를 폐쇄하고자 하는 경우에는 그 사실을 교육감에게 통보하여야 한다.

제6장 문해교육 [개정 2014.1.28]

제39조(문해교육의 실시 등)

①국가 및 지방자치단체는 성인의 사회생활에 필요한 문자해득능력 등 기초능력을 높이기 위하여 노력하여야 한다.

②교육감은 대통령령으로 정하는 바에 따라 관할 구역 안에 있는 초 · 중학교에 성인을 위한 문해교육 프로그램을 설치 · 운영하거나 지방자치단체 · 법인 등이 운영하는 문해교육 프로그램을 지정할 수 있다. [개정 2014.1.28]

③국가 및 지방자치단체는 문해교육 프로그램을 위하여 대통령령으로 정하는 바에 따라 우선하여 재정적 지원을 할 수 있다. [개정 2014.1.28][본조제목개정 2014.1.28]

제39조의2(문해교육센터 설치 등)

① 국가는 문해교육의 활성화를 위하여 진흥원에 국가문해교육센터를 둔다.

② 시 · 도교육감 및 시 · 도지사는 시 · 도문해교육센터를 설치하거나 지정 · 운영할 수 있다.

③ 국가문해교육센터 및 시 · 도문해교육센터의 구성, 기능 및 운영, 그 밖에 필요한 사항은 대통령령으로 정한다.[본조신설 2016.2.3] [[시행일 2016.8.4]]

제40조(문해교육 프로그램의 교육과정 등)

제39조에 따라 설치 또는 지정된 문해교육 프로그램을 이수한 자에 대하여는 그에 상응하는 학력을 인정하되, 교육과정 편성 및 학력인정 절차 등에 필요한 사항은 대통령령으로 정한다. [개정 2014.1.28][본조제목개정 2014.1.28]

제40조의2(문해교육종합정보시스템 구축 · 운영 등)

① 교육부장관은 문해교육의 효율적 지원을 위하여 문해교육종합정보시스템을 구축 · 운영할 수 있다.

② 교육부장관은 문해교육종합정보시스템 운영업무를 국가문해교육센터에 위탁할 수 있다.

③ 제1항에 따른 문해교육정보시스템의 구축 · 운영과 제2항에 따른 문해교육정보시스템 운영업무의 위탁 등에 필요한 사항은 대통령령으로 정한다.[본조신설 2016.2.3] [[시행일 2016.8.4]]

제7장 평생학습 결과의 관리 · 인정

제41조(학점, 학력 등의 인정)

①이 법에 따라 학력이 인정되는 평생교육과정 외에 이 법 또는 다른 법령의 규정에 따른 평생교육과정을 이수한 사람은 「학점인정 등에 관한 법률」로 정하는 바에 따라 학점 또는 학력을 인정받을 수 있다. [개정 2021.3.23. 제17954호(법률용어 정비를 위한 교육위원회 소관 34개 법률 일부개정을 위한 법률)]

②다음 각 호의 어느 하나에 해당하는 사람은 「학점인정 등에 관한 법률」로 정하는 바에 따라 그에 상응하는 학점 또는 학력을 인정받을 수 있다. [개정 2015.3.27. 제13248호(무형문화재 보전 및 진흥에 관한 법률), 2021.3.23 제17954호(법률용어 정비를 위한 교육위원회 소관 34개 법률 일부개정을 위한 법률)]

1. 각급학교 또는 평생교육시설에서 각종 교양과정 또는 자격취득에 필요한 과정을 이수한 사람
2. 산업체 등에서 일정한 교육을 받은 후 사내인정자격을 취득한 사람
3. 국가 · 지방자치단체 · 각급학교 · 산업체 또는 민간단체 등이 실시하는 능력측정검사를 통하여 자격을 인정받은 사람
4. 「무형문화재 보전 및 진흥에 관한 법률」에 따라 인정된 국가무형문화재의 보유자와 그 전수교육을 받은 사람
5. 대통령령으로 정하는 시험에 합격한 사람

③각급학교 및 평생교육시설의 장은 학습자가 제31조에 따라 국내외의 각급학교 · 평생교육시설 및 평생교육기관으로부터 취득한 학점 · 학력 및 학위를 상호 인정할 수 있다.

5장
평생교육사

이 장에서는 평생교육사의 정의, 역할과 자질, 양성 및 자격, 직무, 배치 현황에 대해서 살펴보고자 한다.

1. 평생교육사의 정의

평생교육사란 「평생교육법」 24조에 따라 평생교육의 기획, 진행, 분석, 평가 및 교수 업무 등을 수행하는 평생교육 현장전문가로 평생교육의 목적을 달성하기 위해 전문적 지식을 가지고 평생교육현장에서 평생교육을 실현하고자 노력하는 사람이다. 평생교육사라는 명칭은 과거에 사회교육자, 사회교육지도자, 사회교육종사자 등으로 불려 왔는데, 사회교육법(1982)이 제정되기 전까지 평생교육은 그 영역이 광범위하고 종사하는 사람들의 역할과 기능이 매우 다양했기 때문에 평생교육에 종사하는 사람들을 통칭하는 전문적인 용어가 제대로 확립되지 않았다. 이후 평생교육에 대한 관심이 높아지면서 전문성에 대한 국가적 인증도 필요해졌다. 그에 따라 평생교육 종사자 중 일정한 자격을 부여받은 사람들은 사회교육전문요원이라는 이름으로 불리게 되었다.

1982년 사회교육법이 제정·공포되고, 1983년 사회교육법 시행령이 제정되면서 대학을 중심으로 사회교육전문요원을 양성하기 시작했다. 또한, 평생교육법이 1999년 제정되고, 2000년 시행령이 공포되어 시행되면서 사회교육전문요원은 평생교육사로 그 명칭이 변경되었다. 평생교육법 공포에 의한 가장 큰 변화는 종전의 교육자 중심의 사회교육보다는 학습자 중심의 평생학습으로 평생학습 시행전략이 바뀌었다는 것이다(장원동, 윤영란, 2015).

2. 평생교육자의 역할과 자질

1) 평생교육자의 역할과 자질

평생교육자의 역할과 자질은 다양하게 요구된다. 특히 평생교육자의 개인적 특성은 건강, 정력, 적응력, 주도력, 성실감, 낙관적 기질, 협동심이 타인보다 우수

해야 한다. 그리고 평생교육자는 학습자들이 자신들의 필요와 목표를 만족시켜 나가기 위해서는 학습이 중요하다는 자각과 이러한 자각을 갖도록 학습자들을 자극할 필요가 있으며, 자기가 활동하고 있는 그 기관이나 단체의 소속 구성원으로서 그 기관이나 단체의 필요와 목표에 헌신할 소명감이 있어야 한다. 평생교육자의 역할은 학습자가 요구하는 지식과 기능 및 정보를 수집하여 체계적으로 정리하여 적시에 제공해주는 역할을 담당하는 학습촉진자, 정보제공자, 학습격려자, 상담 및 조언자로서의 역할을 통합적으로 수행하여야 한다.

평생교육자의 역할은 성인들의 학습전개과정에 있어서 교사중심 보다는 학습자중심의 교육활동이 이루어질 수 있도록 학습환경 및 분위기를 조성하여 그들의 학습목표에 도달할 수 있도록 도와주어야 한다. 또한 문제해결과정에 있어서는 여러 가지 대안이나 유익한 정보 및 자료들을 제고해 줄 수 있어야 하며, 학습자들의 욕구나 필요를 충족시켜 주면서 그들에게 흥미유발이나 지속적인 학습참여 및 동기유발을 위하여 학습상황에 따른 의미 있는 적절한 경험들을 제공해주는 역할을 수행해야 할 것이다(성낙돈 외, 2013).

다음은 각 학자들의 견해를 중심으로 평생교육자의 역할과 자질에 대해 살펴보고자 한다.

(1) Brookfield의 견해

브룩필드(Brookfield, 1988)는 성인교육자의 역할을 교수역할, 프로그램 개발역할, 교수 및 인적 자원개발 역할, 지역사회 활동역할 등 네 가지 범주로 구분하였다.

첫째, 교수역할

성인학습에서는 학습자의 자기주도적 학습을 강조하기 때문에 교수자가 아닌 안내자나 촉진자로만 생각하는 경향이 있다. 그러나 실제로 성인교육에서도 교수자의 역할이 필요하다. 브룩필드(1987)는 교사의 포괄적인 역할에서 교수활동에 대한 몇 가지 대안적인 개념들로 구분하는데, 즉 예술가로서의 교사, 촉진자로서의 교사, 비판적 분석가로서의 교사의 역할이다. 예술가로서의 교사는 사람들과 특정상황에 대해 창조적·즉흥적인 반응을 유도해낸다. 예술가로서의 개념에 있어서는 창의성, 혁신, 민감성 등의 특성이 중요하다(Lenz, 1982). 촉진자로서의 교사는 학습자를 존중하며, 학습자와의 관계에서 공감하고 지지하는 역할이다. 비판적 분석가로서의 교사는 학습자들의 잘못된 신념이나 사고, 행동 등에 대해 대안을 제시하고 합리적인 사고, 신념 및 행동을 할 수 있도록 안내하고 깨닫게 한다.

둘째, 프로그램 개발역할

성인학습지도자는 프로그램 개발자로서 프로그램의 기획, 요구분석, 목표설정, 교육내용 선정, 인적·물적 자원 배분, 홍보 전략, 평가 등의 일련의 활동을 수행한다.

셋째, 인적자원 개발역할

인적자원 개발자의 역할은 세 가지로 구분된다. ① 수업/커리큘럼 개발, 자료개발, 방법설계, ② 개인연수 관리, 지역사회 관계개선, 예산배정에 참여한 행정가, ③ 조직형태를 변화시키고 다른 사람들이 학습하도록 자극하며, 유행되지 않거나 알려지지 않은 관점을 지지하는 데 참여한 자문가(consultant)가 되는 것이다.

넷째, 지역사회 교육의 역할

성인교육자들은 지역사회 교육의 역할에 대해 강조한다. 지역사회를 학습의 공간으로 간주하고 지역에 위치하고 있는 성인학습 기관들이 지역주민의 학습욕구를 만족시키며, 학습에서 소외되었던 학습자들에 대한 문제를 지역사회에서 해결하고자 한다. 그리고 지역사회 발전을 위한 정책수립과 지역문제를 해결하는데 지역주민들의 합의된 의견이 도출될 수 있도록 성인학습자의 역할이 중요하다.

(2) Knowles의 견해

노울즈(Knowles, 1980)는 성인교육자의 역할을 학습의 촉진자, 프로그램 개발자, 행정가로 보았다.

첫째, 학습촉진자로서의 자질

가. 성인학습의 개념 및 이론 틀에 관한 능력

학습자로서 성인의 욕구, 흥미, 동기, 능력, 발달상의 특성에 관한 현대적 개념 및 연구결과를 기술하고 적용할 수 있는 능력, 다양한 학습이론을 이해하고 그것이 특정한 성인학습 상황에 관련성이 있는지를 평가하는 능력, 그리고 자기주도적 학습자들을 위해 촉진자나 자원인사로서 교사의 역할을 하는 것이다.

나. 학습경험의 설계 및 집행에 관한 능력

학습내용의 선정, 학습자들 간의 개인차를 고려한 다양한 목표를 달성하기 위한 학습경험의 설계, 학습자와의 상호존중과 신뢰, 친밀감 형성, 학습활동을 계획·실행·평가하는데 학습자를 적절히 참여시키는 능력 등이다.

다. 학습자들이 자기주도적이 되는데 도움을 주는 것과 관련된 능력

학습자들의 자기주도적 학습이 이루어질 수 있도록 특정한 교육목적을 달성하기 위해서나 학습내용에 따라서 학습방법이나 기법 및 학습자료를 적절하게 선택하여 활용할 수 있는 능력이다. 그리고 학습자의 다양한 경험을 활용하고 학습에 효과적으로 참여하도록 하는 능력이다.

둘째, 프로그램 개발자로서의 자질

프로그램을 기획하고 프로그램의 전 과정을 설계할 수 있는 능력이다. 고객이

나 학습자를 기획과정에 적절히 참여시키고 다양한 상황(직업교육, 문해교육, 기초기술교육, 연수교육 등)에서 학습자들의 욕구를 충족시키기 위한 다양한 프로그램을 개발할 수 있으며, 기관의 책무성 요건을 충족시키고 프로그램 평가를 분석하여 프로그램 개선을 할 수 있는 능력을 갖추는 것이다.

셋째, 행정가로서의 자질

조직의 발전 및 유지를 시키기 위해 조직형태나 운영 및 개선에 관한 이론과 연구결과를 기술하고 적용하는 능력, 조직의 사명에 맞도록 정책을 입안하고 조직의 효율성을 평가하며 지속적인 발전을 유지시키는 능력, 직원에 대한 업무수행을 평가하고 격려하는 능력, 프로그램의 실행자로서 예산된 범위 내에서 재정적인 계획을 세우고 홍보전략을 적절하게 설계하여 활용하는 능력 등을 갖추고 있다.

성인학습이 효과적으로 이루어지려면 성인학습지도자의 자질이 중요하다. 성인학습지도자는 학습의 문제에 관심을 가지고 지원해 주며, 유연성, 혁신성, 새로운 것을 시도해 보는 것, 가르치는 주제에 대한 열정과 철학, 성인교수의 철학에 대한 분명한 이해가 있어야 한다. 효과적인 교수자는 기획, 의사소통, 돌봄과 안내, 평가, 주제, 개방적 학습공간의 형성 등의 기술을 가지고 있어야 한다(Cross, 1996). 박노열(1987)은 첫째, 인간적 자비심, 둘째, 지역사회 필요와 주민의 학습욕구에 대한 민감성, 셋째, 누구와도 조화를 이룰 수 있는 융통성, 넷째, 사회교육에 대한 관심과 협조를 이끌어낼 수 있는 정치력, 다섯째, 사회교육의 프로그램의 가치를 판단할 수 있는 철학, 여섯째, 당면 문제를 조직적으로 해결할 수 있는 문제능력해결, 일곱째, 사회교육에 대한 전문지식 등을 그 자질로 보았다.

성인학습 지도자의 자질은 첫째, 건강하고 정력적이며, 적응력과 주도성을 갖추어야 하고 낙관적 성격과 협동심이 필요하다. 둘째, 학습자의 욕구를 빨리 파악해야 한다. 셋째, 집단과정을 민주적인 지도력을 갖고 잘 이끌어갈 수 있어야 한다. 넷째, 변화와 혁신을 촉진하는 발전지향적인 선도적 지도자이어야 한다.

다섯째, 교육에서나 기관 운영에서 인간관계를 원만하게 할 수 있는 자라야 한다. 여섯째, 성인학습에 대한 전문적 지식을 갖고 있어야 한다.

2) 평생교육자의 리더십

평생학습을 지도할 때는 학습자의 특성에 적합한 학습지도가 이루어져야 하고, 성인학습을 지도하는 지도자는 그들의 특성을 고려해서 지도할 수 있는 능력, 즉 지도력(leadership)이 중요하다. 지난 50여 년간에 이루어진 교육 리더십 관련 연구를 종합해보면 행정적 기능으로서의 리더십에 집중되어 있다. 이는 곧 일반적으로 리더십이 가장 핵심적인 행정적 기능으로 간주되고 있다는 점을 시사한다.

지도력에 대한 연구는 각 분야에서 많이 이루어졌으나 여기서는 평생학습을 고려하여 지도할 수 있는 로저스(1969)의 촉진자론, 노울즈(1989)의 창조적 지도자론, Michigan 대학의 리더십 연구, 가영희 외(2006) 등이 제안한 리더십에 대해서 살펴보고자 한다.

(1) Rogers의 촉진자론

인본주의 학습에서는 교육자는 조력자(helper), 촉진자(facilitator), 동반자(partner) 등의 역할을 수행하는 것으로 본다. 교사는 학습자를 자유롭게 해주고 의미 있는 자기탐색을 할 수 있도록 도와줄 때 자신의 길을 발견할 수 있을 것이다. 자신에 대해 가장 잘 아는 학습자가 성장하는 자기 인식의 증진에 바탕을 두고, 자신의 잠재력을 실현하게 하는 성장을 촉진할 수 있을 것이다. 로저스(Rogers, 1969)가 제시한 상담 및 교육상황에서 촉진자의 특성은 다음과 같다.

- 촉진자는 수업을 시작하기 전에 먼저 분위기를 정돈한다.
- 자신에게 의미가 있는 목표를 실천하고자 하는 각 학습자의 갈망을 고려한다.
- 학습자의 학습목표에 대한 목표의 다양성을 인정한다.
- 가능한 다양한 학습자원을 쉽게 조직하여 이용하고자 노력한다.

- 자기 자신을 학급집단이 이용할 수 있는 융통성 있는 자원으로 간주한다.
- 수업집단의 표현에 따라 지적인 내용과 정서적인 태도를 모두 수용한다.
- 수용적인 교실 분위기가 확립되도록 함으로써 학습참여자, 집단성원, 한 개인으로서 자신의 관점 표현이 가능하도록 한다.
- 사고나 감정에 있어서 자기 자신과 집단의 그것을 공유하는 데 주도권을 가진다.
- 학습 촉진자로서의 역할을 수행함에 있어서 지도자는 자신의 한계를 인정하고 학습자의 의견을 수용하도록 노력한다.

(2) Knowles의 창조적 지도자론

노울즈(Knowles, 1989)는 지도자의 가장 높은 능력은 조직을 구성하고 있는 사람들의 에너지를 방출하도록 하여 상호이익이 되는 목표를 향해 나가도록 하는 능력을 창조적 지도력(creative leadership)이라고 하고 그 특징을 다음과 같이 제시하였다.

- 창조적 지도자는 통제적 지도자가 만든 부정적인 가정을 배격하고 인간성에 대한 일련의 긍정적인 가정을 창조한다. 창조적 지도자는 사람들을 신뢰하고 그들에게 도전할 기회를 부여함과 동시에 그들에게 책임을 위임한다.
- 사람들은 자신이 의사결정을 하는 데 참여하고 있다고 생각하는 정도에 비례하여 자신의 결정에 책임감을 느낀다. 따라서 창조적 지도자는 프로그램 기획과정, 욕구분석, 목표설정, 학습과정 설계, 결과평가 등 일련의 단계에 사람들을 참여시킨다.
- 창조적 지도자는 자기충족예언의 위력을 믿고 그것을 활용한다. 그들은 사람들이 다른 사람들의 기대에 부응하는 경향이 있다고 믿기 때문에 학습과정에서 긍정적인 자기충족예언을 활용한다.
- 창조적 지도자는 개별성을 매우 가치롭게 여긴다. 그들은 개인의 독특한 개성, 관심, 재능, 목표에 기초하여 노력할 때 일에 대한 능률이 높다고 생각

한다.

- 창조적 지도자는 창의성을 자극하고 보상한다. 그들은 급변하는 세계에서 창의성은 개인이나 조직, 사회의 생존을 위한 기본적인 요소로 생각한다.
- 창조적 지도자는 지속적인 변화과정에 동참하며 의미 있는 변화에 익숙하다.
- 창조적 지도자는 외적 동기보다 내적 동기를 중요시한다.
- 창조적 지도자는 사람들이 자기주도적이 되는 것을 격려한다.

(3) Michigan대학의 리더십 연구

1947년에 시작된 미시건대학교의 조사연구소(Survey Research Center)의 리더십(leadership) 연구는 상호관계가 있는 리더십 특성군을 찾아내어 그 효과성을 검토하는 방법으로 접근하였다. 연구결과, 첫째, 지도자의 지원적 태도(leader support), 상호작용의 촉진(interaction faciliation), 목표 강조(goal emphasis), 과업촉진(work faciliation)의 네 가지 요인의 리더형태가 효과적인 집단성과와 관련이 있음을 알아냈다(Bowers & Seashore, 1966).

지도자의 지원적 태도는 리더가 부하들에게 관심을 나타내는 행위이며, 상호 작용의 촉진은 리더와 부하들 간, 그리고 부하들 상호 간에 상호작용을 통해서 갈등을 최소화하기 위해 나타내는 지도자의 형태이다. 지도자의 지원적 태도와 상호작용의 촉진은 갈등을 최소화하기 위해 나타내는 지도자의 형태이다. 목표 강조는 지도자가 부하들에게 과업을 달성하도록 동기를 부여할 때의 지도자의 행동이고 업무촉진은 지도자가 부하들이 과업수행을 잘 하도록 역할을 명료하게 하며 자원을 획득·배분하고 조직갈등을 완화하는 지도자의 형태이다. Michigan대학의 연구에서는 과업지향적 행동(task-oriented behavior), 관계지향적 행동(relations-oriented behavior), 그리고 참여적 리더십(participative leadership)을 효과성과 관계 해서 연구했다.

● 과업지향적 행동

효과적인 지도자는 부하들과 인간관계를 손상시키지 않으면서도 업무를 계획하며 부하들의 활동을 조정하고 부하들에게 필요한 물자 및 기술적 협조를 하는 등 과업지향적 행동에 충실하다. 그들은 부하들에게 높지만 현실적으로 수행가능한 목표를 설정하도록 도와준다.

● 관계지향적 행동

효과적인 지도자는 부하들에게 보다 배려적이고 지원적이며 협조적이다. 효과적인 리더십과 관계되는 관계지향적 행동에는 부하들에게 신뢰감과 자신감을 보여주고, 우호적이고 배려적으로 행동하며, 부하들의 문제를 이해하려 하고, 부하에게 필요한 정보를 제공해주며, 부하의 아이디어를 존중해 준다.

● 참여적 리더십

집단회의를 잘 활용하면 부하들의 의사결정 참여를 촉진하고 의사소통의 원활을 기하며 상호간의 협조를 증진시킬 수 있다. 그리고 회의에서 지도자의 역할은 토의를 이끌어 그 토론이 건설적·지원적이며 문제해결 지향적이 되도록 유도한다.

집단회의를 강조하는 것은 의사결정 과정에 부하들이 참여함으로써 그들의 만족과 성과를 높여준다는 Michigan대학 연구자들의 현장실험 연구들을 반영한 것이다(김창걸, 2003).

3) 바람직한 성인학습지도자의 리더십

가영희 외(2006)는 바람직한 성인학습지도자의 리더십을 다음과 같이 제시하였다.

(1) 관계지향적 리더십

성인학습지도자는 학습자와의 상호관계와 학습자들 간의 상호관계를 중요시한다. 이 유형의 지도자는 학습자에게 친근하고 배려적이며, 지원적으로 상호관계를 맺기 때문에 학습자의 학습에 대한 참여 동기와 자신감을 높여줄 수 있으며,

학습자들 상호 간에 존중하고 협조적이므로 효과적인 학습활동을 통해서 학업성취도를 높이는 데 도움이 된다.

(2) 민주적 리더십

이 유형의 지도자는 학습자를 존중하고 학습계획과 학습활동, 평가에서 학습자를 참여시키고 그들의 의견을 최대한 수용한다. 즉, 목표설정과 의사결정에서 학습자들의 집단의 역할을 강조하고 이들의 합의에 의해 의사결정을 할 수 있는 환경조성을 하며, 지도자는 협력자이며 지원자의 역할을 강조한다.

(3) 공유비전적 리더십

이 유형의 지도자는 학습조직에서 미래에 대한 비전을 제시하고 학습자들을 공동목표 설정과 달성에 동참시킴으로써 목표달성에 전념하도록 한다. 지도자는 학습자와 공감적이고 학습자들의 협조와 협력을 촉진시켜서 비전의 실행에 동참하게 만들며, 권한과 정보를 공유함으로써 학습자의 능력을 최대로 발휘하도록 격려한다. 또한 지도자는 학습자들에게 제시한 자신의 비전과 일관되게 행동함으로써 비전을 지지하는 가치관을 학습자들에게 주입시킨다. 따라서 효과적인 지도자는 학습자들에게 높은 기대감을 보여주고 다양한 방법을 활용하여 성과와 보상을 연계시켜야 하며 학습자의 성취에 대해 인정과 격려를 해주어야 한다.

(4) 과업지향적 리더십

이 유형의 지도자는 학습자의 체계적인 의사소통, 평가, 정보와 아이디어의 분석을 촉진해주고 문제해결과 의사결정을 도와준다. 효과적인 지도자는 학습자들의 의견을 경청하고 구체적인 정보를 제공해주며, 학습자들의 아이디어를 창출하도록 촉진한다. 그리고 학습자들의 의견을 명료화시키고 요약해 주는 과정을 통해서 목표, 정보해석, 대안들의 평가, 결정에 대한 준비 등에 있어서 학습자들 간에 의견일치를 검토하도록 도와준다.

(5) 셀프 리더십

셀프 리더십은 '스스로에게 영향을 미치는 과정이다.' 외부의 영향이 아니라 스스로에게 영향력을 행사하는 과정을 말한다. 진정으로 원하는 행복을 얻기 위해서는 자신을 스스로 리드(lead)할 수 있어야 한다. 셀프 리더십의 이론적 원천은 사회적 인지이론과 내재적 동기부여이론이다. 사회적 인지이론 측면에서는 행동의 실천과 변화는 자신이 살고 있는 세상으로부터 영향을 받고 반대로 그것에 영향을 주기도 한다. 다른 사람과 상황을 관찰하고 상상력을 이용하여 학습하는 능력을 통해서 직면하는 과제를 경험하고 배울 수 있다. 내재적 동기이론의 측면에서는 좋아하는 활동을 하거나 과제를 수행하게 되면 '즐거움'이라는 내재적 보상을 받는다. 셀프 리더십의 전략으로는 성공적으로 일, 과제, 학습을 완수할 수 있도록 자신을 효과적으로 관리할 수 있고, 일, 과제, 학습 자체의 잠재적 내재적 보상(자아실현, 만족감, 성취감 등)을 높이기 위해 과제, 과업, 환경, 여건을 재설계해야 한다.

셀프 리더십을 통해서 다른 사람과 상황을 관찰하고 상상력을 이용하여 학습하는 능력을 통해 직면하는 과제를 경험하고 배울 수 있으며, 좋아하는 것을 하고 싶어 하는 동기를 스스로 부여하는 것이 중요하게 된다. 따라서 셀프 리더십의 지도자는 학습자들 스스로가 셀프 리더십으로 스스로 학습 목표를 설정하고 행동전략을 세워서 실천하며 자기보상과 자기처벌 등을 통해서 스스로 평가할 수 있도록 도와주고 격려해야 한다.

3. 평생교육사의 양성 및 자격

1) 평생교육사 양성

평생교육사 양성과정은 평생교육법 제24조(평생교육사)에 보면 교육과학기술부장관은 고등교육법 제2조의 규정에 의하여 학교(대학)에서 평생교육관련 과목을 일정학점 이상 이수한 자 또는 제25조의 규정에 의한 일정한 자격과 기준을 갖춘 평생교육사 양성기관에서 소정의 과정을 이수한 자에게 평생교육사 자격을 부여하는 제도이다. 따라서 평생교육사 자격을 취득하는 방법은 대학, 대학원 혹은 전문대학에서의 신규 인력의 양성과 현장 재직자를 위한 양성과정의 두 가지 방식으로 양성이 추진되고 있다.

평생교육의 양적 확대와 함께 평생교육을 담당하는 실무자들이 평생교육에 대한 아무런 인식이나 자격 없이 근무함으로써 발생하는 전문성의 문제와 양성기관의 부재로 인한 현직 종사자들을 위한 자격취득 통로문제를 제기하였다. 이러한 문제를 해결하기 위하여 대학의 평생교육과정과 함께 교육과학기술부장관이 평생교육사의 양성 및 연수를 위하여 대통령령이 정하 는 바에 따라 평생교육단체 또는 평생교육시설을 평생교육사 양성기관으로 지정할 수 있다고 규정하고 있다.

평생교육법시행령 제21조(평생교육사 양성기관의 지정)에서 이를 구체화하여 ① 법 제25조에 따른 평생교육사 양성기관으로 기능을 대행하는 법인 또는 단체 ② 법 제30조 제2항에 따른 부설 평생교육원 ③ 공무원교육훈련법에 따른 공무원 교육훈련기관 ④ 교육공무원법에 따른 연수기관 ⑤ 특별법 또는 정부출현으로 설립된 연수 및 교육훈련기관 등으로 그 대상을 다양화하고 있다.

교육과학기술부령이 정하는 평생교육 관련 과목들은 크게 필수과목과 선택과목으로 분류된다. 평생교육사 필수과목은 평생교육실습 과목을 포함한 5과목이며, 선택과목은 평생교육 실천영역의 8과목, 평생교육 방법영역의 13과목으로 총 21과목이다.

〈표 5-1〉 평생교육사 양성과목

<table>
<tr><th colspan="2">구분</th><th>과목명</th></tr>
<tr><td colspan="2" rowspan="2">필수</td><td>평생교육론, 평생교육방법론, 평생교육경영론, 평생교육프로그램개발론</td></tr>
<tr><td>평생교육실습(4주, 160시간 이상 현장실습 포함)</td></tr>
<tr><td colspan="3">※ 평생교육사 자격취득을 위하여 필수과목 5과목은 반드시 이수하여야 함</td></tr>
<tr><td rowspan="2">선택</td><td>실천
영역</td><td>노인교육론, 문자해득교육론, 성인학습 및 상담, 시민교육론, 아동교육론, 여성교육론, 청소년교육론, 특수교육론</td></tr>
<tr><td>방법
영역</td><td>교수설계, 교육공학, 교육복지론, 교육사회학, 교육조사방법론, 기업교육론, 문화예술교육론, 상담심리학, 원격(이러닝, 사이버)교육론, 인적자원개발론, 지역사회교육론, 직업 · 진로설계, 환경교육론</td></tr>
<tr><td colspan="3">※ 평생교육사 2급은 선택과목 5과목, 3급은 2과목을 이수하여야 함
※ 선택과목은 실천영역과 방법영역에서 각각 1과목 이상을 반드시 포함하여 이수하여야 함</td></tr>
<tr><td colspan="3">유의사항</td></tr>
<tr><td colspan="3">• 과목당 학점은 3학점으로 이수하여야 함
• 이수과목의 백분위 성적은 100점을 만점으로 하여, 전체 이수과목 성적 총합의 평균이 80점 이상이어야 함
• 필수과목은 평생교육실습을 포함하여 15학점을 이수하여야 함
• 평생교육 관련과목과 과목명이 동일하지 않은 과목은 국가평생교육진흥원장의 승인을 받은 경우에 한해 동일과목으로 인정됨
• 대학의 시간제 등록 또는 학점은행기관을 통해 이수한 과목은 「국가평생교육진흥원 학점은행제」에 학점인정신청 및 등록이 완료되어야만 자격증 취득을 위한 학점으로 활용할 수 있음</td></tr>
</table>

〈표 5-2〉 평생교육실습

<table>
<tr><th colspan="2">평생교육실습</th></tr>
<tr><td>선수과목 이수</td><td>대학/학점은행기관 : 평생교육실습 과목을 제외한 필수과목 4과목 이수
대학원 : 평생교육실습 과목을 제외한 필수과목 3과목 이상 이수</td></tr>
<tr><td>이수(양성)기관</td><td>평생교육실습 교과목으로 편성된 실습오리엔테이션을 이수한 학생에 한하여 현장실습 실시
현장실습 시행계획 수립, 실습기관 선정, 평가 등 현장실습 전반에 대한 관리 수행</td></tr>
<tr><td>실습시간</td><td>4주간(20일, 160시간 이상)</td></tr>
<tr><td>실습기관</td><td>실습기관은 평생교육을 주된 목적으로 하는 기관 및 시설이어야 하며, 자격요건을 갖춘 실습지도자가 학생관리 및 실습지도 등을 실시</td></tr>
</table>

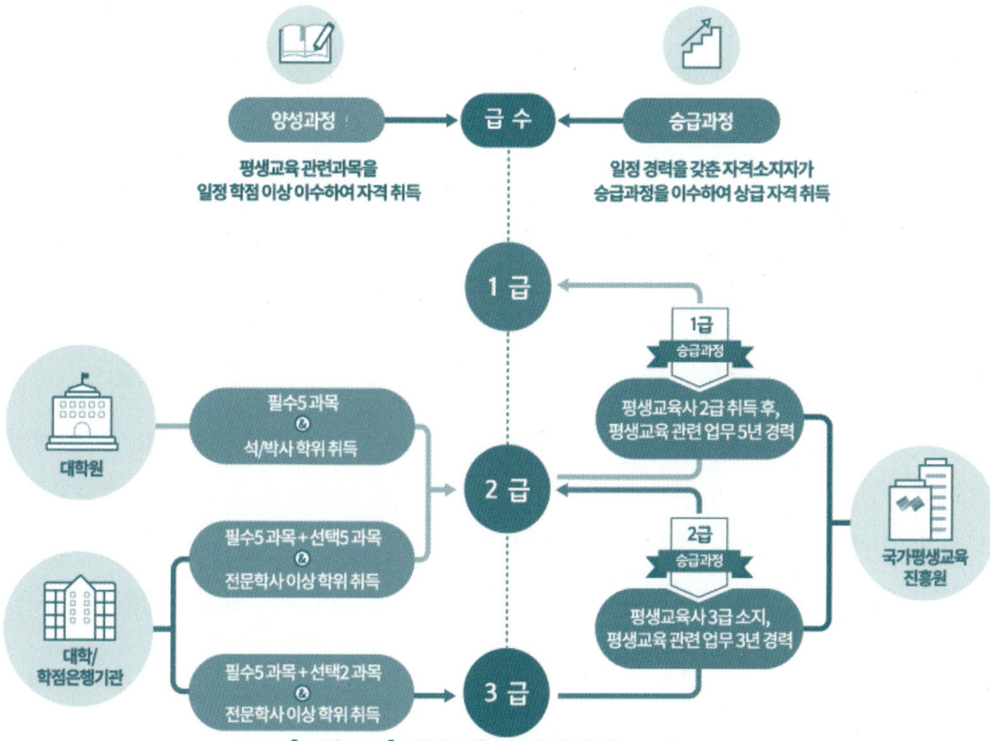

[그림 5-1] 평생교육사 양성과정

출처: 국가평생교육진흥원(2022).

2) 평생교육사 자격

평생교육법에 의하면 평생교육 현장의 효율성과 전문성을 강화하기 위하여 평생교육사 자격제도가 규정되어 있다. 이는 실제 현장의 평생교육의 기획, 운영, 평가 등을 담당하는 전문인력의 양성과 배치, 연수체제를 기반으로 한 국가 자격이다. 즉, 평생교육 직업현장에서 평생교육 담당자라는 특정 직무 수행능력을 보장해주고 있는 제도이다.

대학(원), 학점은행기관, 시간제등록대학 등의 양성기관에서 운영하는 관련과목을 이수하고 일정 학점 이상을 취득하면 2급·3급 자격이 주어지고, 일정 경력을 갖춘 자가 국가평생교육진흥원(NILE)에서 운영하는 승급과정을 이수하고, 일정 평가절차 통과 후 승급할 수 있다.

국가자격증인 평생교육사는 1·2·3급으로 구분되며, 이수방법에 따라 승급과정과 양성과정으로 구분된다.

승급과정: 일정 자격요건을 갖춘 평생교육사 자격증 소지자가 상위 급수로 승급하기 위해 이수하는 연수과정(1급 승급과정, 2급 승급과정)
양성과정: 대학, 학점은행기관 등 평생교육사 양성기관에서 운영하는 관련과목을 이수하여 일정 학점 이상 취득하는 과정(2급, 3급 진입 가능)

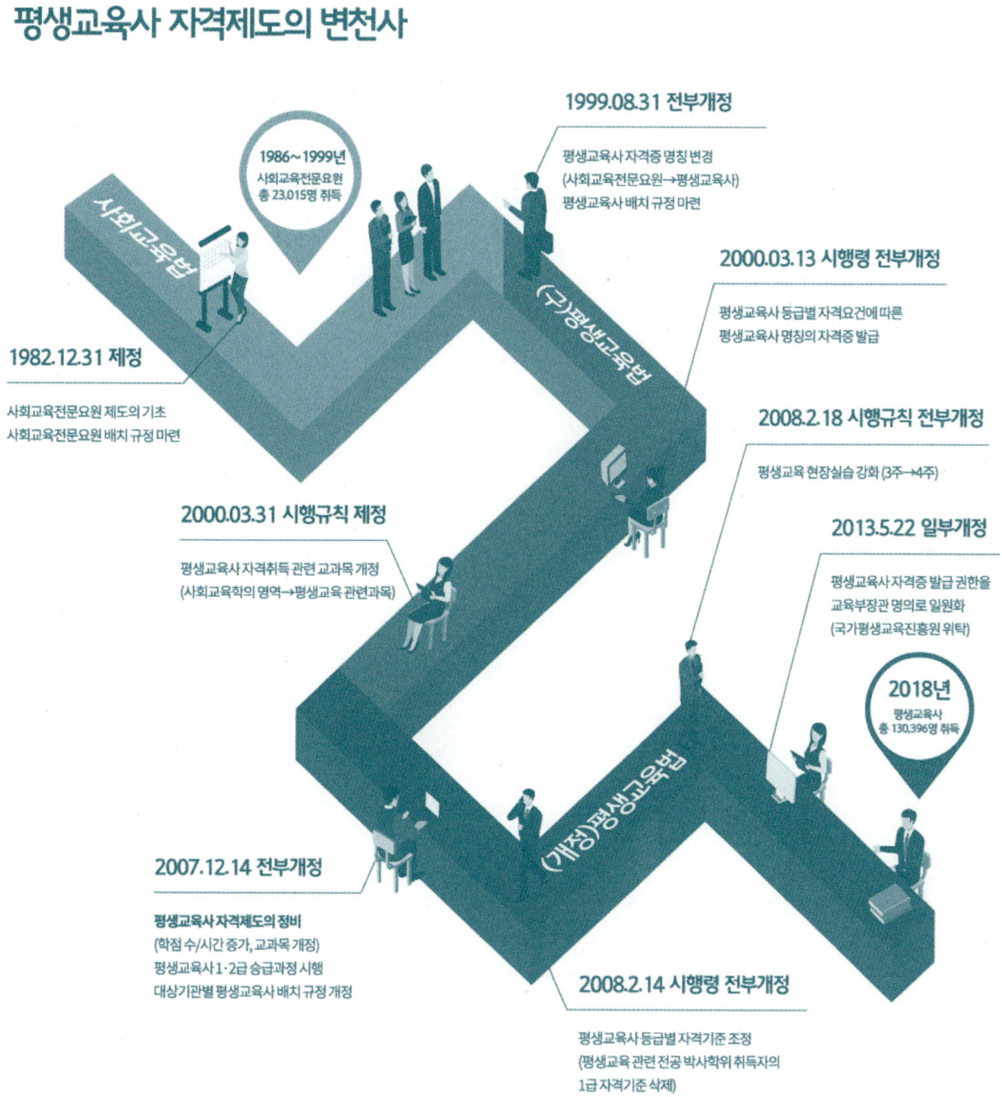

[그림 5-2] 평생교육사 자격제도의 변천사

출처: 국가평생교육진흥원(2022).

평생교육사 자격요건

1급		
평생교육사 2급 자격증을 취득한 후 평생교육 관련업무 5년 이상 종사한 경력이 있는 자로서 국가평생교육진흥원이 운영하는 1급 승급과정을 이수한 자(2급 자격취득 이후 경력만 인정)		
2급		
대학원	1호 대학원 재학생 필수5과목(총 15학점) ※대학원 개설 교과목에 한함 & 석/박사 학위 취득	
대학*/학점은행기관	2호 대학 재학생 /학점은행제 학위과정 수강생 필수5과목+선택5과목(총 30학점) & 전문학사 이상 학위 취득	3호 대학(원)졸업생 /동등이상의 학력이 인정되는 자 필수5과목+선택5과목(총 30학점)
3급		
대학*/학점은행기관	1호 대학 재학생 /학점은행제 학위과정 수강생 필수5과목+선택2과목(총 21학점) & 전문학사 이상 학위 취득	2호 대학(원)졸업생 /동등이상의 학력이 인정되는 자 필수5과목+선택2과목(총 21학점)

* 대학은 전문대학을 포함합니다.

[그림 5-3] 평생교육사 자격요건

출처: 국가평생교육진흥원(2022).

〈표 5-3〉 평생교육사 자격취득 현황(2020.12기준)

구분	인원
1급 자격증 소지자	894명
2급 자격증 소지자	135,270명
3급 자격증 소지자	7,644명
합계	143,808명

출처: 국가평생교육진흥원(2022).

4. 평생교육사의 직무

평생교육사의 직무는 다음의 [그림 5-4]와 같다.

[그림 5-4] 평생교육사의 직무

출처: 국가평생교육진흥원(2022).

평생교육사는「평생교육법」에 따른 공공 및 민간영역 평생교육기관에서 평생교육 관련 정책/사업 및 평생교육 프로그램 등을 기획·운영하고 있으며, 주민자치센터·도서관 등 다른 법령에 따라 평생교육을 주된 목적으로 설립된 기관에서도 지역주민의 평생학습 참여를 위한 다양한 활동을 하고 있다.

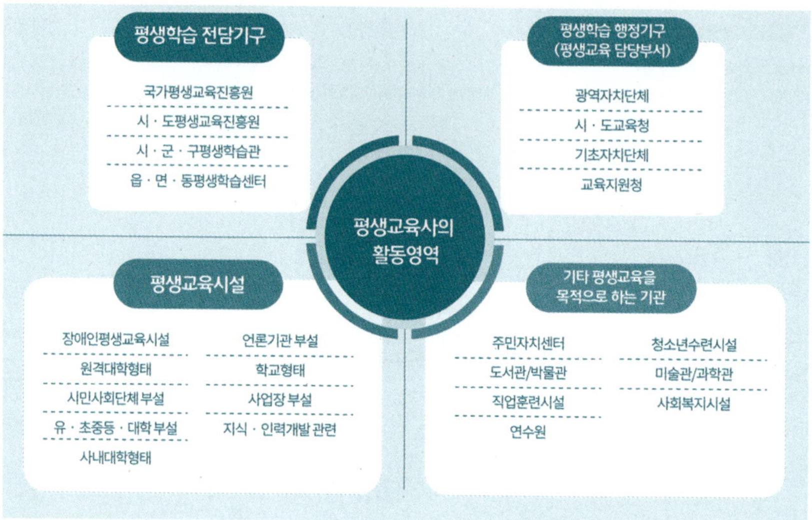

[그림 5-5] 기관유형별 평생교육사 활동영역

출처: 국가평생교육원(2022).

5. 평생교육사의 배치

「평생교육법」 시행령 별표 2에 따른 평생교육사의 배치대상 및 배치기준은 다음과 같다.

〈표 5-4〉 평생교육사 배치대상기관 및 배치기준

배치대상	배치기준
• 국가평생교육진흥원 • 시 · 도 평생교육진흥원	• 1급 평생교육사 1명 이상을 포함한 5명 이상
• 장애인평생교육시설	• 평생교육사 1명이상
• 시 · 군 · 구 평생학습관	• 정규직원 20명 이상: 1급 또는 2급 평생교육사 1명을 포함한 2명 이상 • 정규직원 20명 미만: 1급 또는 2급 평생교육사 1명 이상
• 법 제30조 ~ 제38조의 평생교육시설 (학력인정 평생교육 시설 제외) • 학점은행기관 • 타 법령에 따라 평생교육을 주된 목적으로 하는 시설 · 법인 또는 단체	• 평생교육사 1명 이상

출처: 국가평생교육원(2022).

〈표 5-5〉 기관유형별 평생교육사 배치기관 현황(2020.5 기준)

기관유형	총 기관수(개)	평생교육사 배치기관수(개)	배치비율(%)
학교부설	422	339	80.3
사업장부설	413	401	97.1
언론기관부설	1,098	816	74.3
지식 · 인력개발형태	594	456	76.8
시민사회단체부설	474	351	74.1
원격형태	1,048	805	76.8
평생학습관	475	397	83.6
시 · 도평생교육진흥원	17	17	100.0
총계	4,541	3,582	78.9

출처: 교육부 · 한국교육개발원(2020).

평생교육지도자가 수행하는 역할은 다중적이다. 따라서 평생교육 지도자는 학교의 역할수행자인 교원이나 특수 직종에 종사하는 전문가 이상으로 실천을 겸비한 전문지식을 갖추어야 한다. 평생교육이 21세기의 새로운 교육패러다임, 새로운 교육대안으로 인식되고 있는 현시점에서 평생교육은 학교교육과 더불어 평생교육체제를 구축하는 양대 축으로 받아들여지고 있다. 따라서 다중 역할수행자로서 그 역할을 다할 수 있는 평생교육자 양성은 시대적 교육과제라 하지 않을 수 없다.

시대적으로 개인이나 국가에게 새로운 지식과 정보를 전달하고 전수받고 하여 급변하는 국제화·세계화 사회로 발돋움하기 위해서는 계속적인 평생교육활동이 절실히 요청되고 있고, 학교교육만으로는 역부족인 현대인들의 삶의 질적 개선을 위하여 국가는 날로 늘어가는 평생교육 시설과 기관들이 영리추구에 몰두하지 않고 학습자의 교육욕구를 충족시켜 줄 수 있는 교육기관으로 자리잡아갈 수 있도록, 평생교육사의 배치를 의무화하도록 하는 법적·제도적 장치를 보완해야 할 것이다. 또한 기존 배치되어 있는 평생교육사들에게도 정규학교 교사와 같은 신분보장과 사회·경제적 대우를 받을 수 있도록 해주어야 한다. 그리고 평생교육사들은 스스로의 전문성을 높이기 위한 계속적인 연수나 집회 및 학술활동에 참여하여 학습사회건설을 주도하는 인물이 되어야 할 것이다. 많은 대기업들은 요즘 사내대학, 연수원, 수련원, 교육원 등을 자체 건립·운영하면서 사원들의 정신교육 및 기술교육, 정기교육을 실시하고 있다. 그러나 이러한 각 기업들의 설립목적은 교육이 아니었으나 시대적 요청에 의하여 외적인 교육기관을 건립·운영하면서 평생교육 활동도 전개하고 있지만 정작 배치되어야 할 평생교육사를 제대로 고용하지 않고 사내 자체 고용자 가운데 일부를 선발·배치하여 교육을 전개하고 있기 때문에 실제로 사회교육활동의 결과상 효과를 극대화 시키고 있지 못하다. 이러한 점들을 개선·보완하여, 기업체는 기업체의 목표를 성취하기 위한 방법으로 개인은 개인의 교육욕구를 성취하는 수단으로 기업체의 사회교육활동을 개선시키려면 평생교육을 위한 전문적 자격을 갖춘 평생교육사의 배치가 우선 이루어져야 하며, 전문요원이 배치되어 그들이 정당한 대우와 신분보장을 받게 될 때 기업도 사회교육의 목표를 달성하고 평생교육의 이념을 충실히 실천하면서 학습사회건설에 이바지하게 될 것이다(성낙돈 외 2015).

6장
평생교육기관

이 장에서는 개념적 · 사전적 · 법률적 접근 등으로 학자에 따라 다양하게 정의되고 있는 평생교육기관의 개념, 성격, 유형, 현황 및 과제를 살펴보고자 한다.

1. 평생교육기관의 개념

평생교육기관이라는 용어가 처음 등장한 시기는 2007년 평생교육법이 개정된 이후부터이며 개정 이전의 평생교육법에서는 '기관'이라는 용어 대신 '시설'이라는 용어를 사용하였다(교육과학기술부, 2008). 평생교육기관에 대한 정의는 학자에 따라 평생교육의 개념적 차원에서 접근하기도 하고, 사전적인 접근방법을 사용하기도 하고, 법률적인 근거를 들어 설명하는 등 다양하게 정의되고 있다(나항진 외, 2015).

평생교육기관에 대한 학자들의 정의를 살펴보면, 권인탁(2009)은 평생교육기관은 '개인이나 집단으로 잠재학습자의 요구를 충족시키기 위하여 설치된 건물이나 장소·공간으로 그곳에 배치된 평생교육사 기능을 갖춘 전문가들의 전문적 지도·교육과 함께 평생교육프로그램을 운영하는 시설이나 시스템'이라고 정의하였으며, 남정걸(2008)은 평생교육기관을 협의와 광의로 정의내리고 있는데, 협의적 정의는 '평생교육법과 다른 법령에 의해 평생교육을 주된 목적으로 설립된 단체와 시설'로 보았으며, 광의적 정의는 평생교육을 '조직적, 계속적으로 실시하는 단체와 시설 및 기관'으로 정의하였다. 또한 안병환 외(2020)는 평생교육기관은 '정규학교과정을 제외한 모든 형태의 조직적인 교육활동을 영위하는 기관이며, 잠재학습자들의 교육적 욕구충족을 위하여 학력보완교육, 성인기초·문자해독교육, 직업능력 향상교육, 인문교양교육, 문화예술교육, 시민참여교육 등의 학습활동이 이루어질 수 있도록 건물을 포함한 각종 장비 등을 구비하여 학습환경이 만들어진 장소 또는 공간을 갖춘 시설 및 시스템'으로 정의하였다.

우리나라 평생교육법에서는 '평생교육기관이란 평생교육법에 따라 인가·등록·신고된 시설·법인 또는 단체, 「학원의 설립·운영 및 과외교습에 관한 법률」에 따른 학원 중 학교교과교습학원을 제외한 평생직업교육을 실시하는 학원, 그 밖에 다른 법령에 따라 평생교육을 주된 목적으로 하는 시설·법인 또는 단체 등을 말한다'(평생교육법제2조제1항)고 규정하고 있다. 그리고 "평생교육기관"이란 다음 각 목의 어느 하나에 해당하는 시설·법인 또는 단체를 말한다고 규정하고 있다(평생교육법제2조제2항).

가. 이 법에 따라 인가·등록·신고된 시설·법인 또는 단체

나.「학원의 설립·운영 및 과외교습에 관한 법률」에 따른 학원 중 학교교과교습학원을 제외한 평생직업교육을 실시하는 학원

다. 그 밖에 다른 법령에 따라 평생교육을 주된 목적으로 하는 시설·법인 또는 단체

이상과 같이 평생교육기관에 대한 정의는 평생교육의 개념, 프로그램, 설립과 운영주체, 그리고 소관부처까지도 고려해야 할 복합적인 개념으로서 합의된 정의를 내리는 것이 어렵다. 따라서 여기서는 위의 정의들을 종합하여 평생교육기관이란 평생교육을 목적으로 설립된 법인 또는 단체로서 이러한 목적을 수행하는 시설이나 단체로 정의하고자 한다.

2. 평생교육기관의 성격

일반적으로 교육이 의미하는 것은 학교교육을 지칭한다. 이러한 학교교육을 실행하는 교육기관은 초·중등교육법과 고등교육법의 적용을 받는다. 그러나 평생교육을 목적으로 하는 평생교육기관은 평생교육법의 적용을 받는다. 학교교육이 일정한 학령기의 아동과 청소년을 대상으로 하고 있는 것에 반해 평생교육기관은 모든 국민의 전 연령층을 대상으로 실시한다. 따라서 평생교육기관은 학생들을 대상으로 하는 하는 학교교육기관과는 그 성격에서 많은 차이를 나타낸다. 평생교육기관이 갖고 있는 성격을 서술하면 다음과 같다(최은수·배석영, 2009).

첫째, 교육이 모든 연령층에 개방되어 있다. 평생교육기관은 생애에 걸친 교육기관이므로 그 대상자를 어느 한 연령층에 국한하고 있지 않다. 따라서 모든 국민을 교육의 대상자로 개방되어 있다.

둘째, 교육과정이나 교육기간이 학교교육에 비해 비교적 탄력적이다. 평생교육기관은 교육과정과 교육시간 및 기간에 있어서는 국가의 철저한 통제로부터 자유

롭다. 즉, 평생교육기관의 교육과정과 내용, 방법, 시간 등은 평생교육실시자의 재량에 달려 있다.

셋째, 교육내용이 국민 개개인의 실생활과 밀접하다. 학교교육은 학습자들의 인성, 특기, 적성, 원리, 이념 등을 가르치는 것에 비해 평생교육은 학습자들의 실생활에서 즉시 활용할 수 있는 내용들이 주류를 이루고 있다. 즉 평생학습자들은 자신의 삶에 필요한 부분을 체득하고 보충하기 위하여 학습에 임하는 경우가 대부분이다.

넷째, 교육기간은 학교교육에 비해 단기적이다. 학교교육은 입학에서 졸업까지 짧게는 2년에서 길게는 6년까지 비교적 장기간이며, 이들의 과정을 두루 거쳐야 하는 것이 현실이다. 그러나 평생교육은 실생활에 바로 적용할 수 있는 시급한 것들이 대부분을 이루고 있기 때문에 교육기간은 1개월에서 길게는 1년까지 비교적 짧게 설정되어 있다.

다섯째, 평생교육기관의 경영은 탄력적이고 융통성이 많은 것이 특징이다. 교육의 대상, 내용, 방법, 기간 등이 다양하고 융통성이 있을 뿐만 아니라 입학과 퇴학이 매우 자유롭고 탄력적이어서 피교육자의 필요에 의해 교육을 받을 수 있기도 하고, 받지 않을 수도 있는 열린 교육의 형태를 갖고 있다(남정걸, 2007).

여섯째, 평생교육기관이 다루는 교육내용은 매우 광범위하고 다양하다. 교육내용은 실제 생활에 바탕을 두고 개설되기 때문에 교육내용의 범위는 매우 광범위하고 다양하게 구성되어 있다.

일곱째, 많은 평생교육기관들이 재정적으로 매우 열악하다. 평생교육기관은 대부분 비영리를 추구하고 공공성을 우선으로 하기 때문에 재정적으로 매우 열악한 환경에 놓여 있는 것이 현실이다. 공공성을 추구하다 보니 수강료를 높게 책정할 수 없어 기관의 수익을 올릴 수 있는 현실적 대안이 전무한 상태이다. 따라서 재정적으로 국가의 보조를 받거나 후원단체의 기금에 의존하는 경향이 짙다.

오늘날 평생교육기관은 다양한 학습자의 요구에 적극적으로 대처하고 효과적인 교육서비스를 제공해야 하는 책무성과 평생교육기관을 합리적으로 경영해야 하는 역할을 요구받고 있다.따라서 평생교육기관이 효과적인 교육서비스를 통하여 긍정적인 영향을 미치기 위해서는 다음과 같은 역할을 해야 한다(강혜정 외, 2021).

첫째, 평생교육기관은 기존의 학교교육이 지니고 있는 비효율성과 비능률성을 극복하고, 학교교육의 보완적·보충적 기능을 수행하여 모든 사람들이 연령과 장소의 제한을 받지 않으며 개개인의 삶의 질을 향상시키고 개개인의 교육권과 학습권을 보장함으로써 교육기회의 균등화와 확대를 위하여 노력해야 한다.

둘째, 평생교육기관은 사회변화에 따라 필요한 가치·지식·기술 등을 필요로 하는 많은 사람들에게 교육의 기회를 제공하여 사회를 유지하고 발전하게 한다.

셋째, 평생교육기관의 양적인 증대만으로는 교육의 불평등을 해소하기는 힘들다. 실제로 평생교육에 참여하는 사람들은 평생교육의 원래 취지와는 달리 사회·경제적 지위가 비교적 높은 사람들도 많기 때문이다. 따라서 오히려 평생교육이 또 다른 교육의 불평등구조를 심화시킬 수도 있기 때문에 이러한 양면성을 고려하여 평생교육기관의 역할을 정립하는 것이 필요하다.

3. 평생교육기관의 유형

1) 평생교육법 및 다른 법령에 의한 평생교육기관 분류

평생교육기관은 여러 가지 기준에 따라 유형화할 수 있다. 설립취지, 조직의 체계성과 교육적인 전문성 정도, 기관의 규모, 프로그램 실시 주체, 재정적인 안정, 영리성의 추구 여부 등 다양하다. 이러한 기준들은 나름대로 평생교육기관의 성격을 파악하는 데 의미가 있다.

평생교육법에 의하면, 평생교육기관은 「평생교육법」에 따라 인가·등록·신고된 시설, 법인 또는 단체, 「학원의 설립·운영 및 과외교습에 관한 법률」에 따른 학원 중 학교교과교습학원을 제외한 평생직업교육을 실시하는 학원, 그 밖에 다른 법령에 따라 평생교육을 주된 목적으로 하는 시설, 법인 또는 단체(「평생교육법」 제2조 2항)를 말한다. 「평생교육법」 외에도 다양한 법률에 근거하여 평생교육을 실시하고 있는데, 평생교육법 및 다른 법령에 의한 평생교육기관의 유형은 다음과 같다(교육부·국가평생교육진흥원, 2021).

〈표 6-1〉 평생교육기관의 분류

<table>
<tr><th colspan="2">법적 근거</th><th>평생교육기관</th><th>기관 유형</th></tr>
<tr><td rowspan="15">평생교육법</td><td>제15조</td><td>평생학습도시</td><td>비형식</td></tr>
<tr><td>제20조</td><td>시 · 도 평생교육진흥원</td><td>비형식</td></tr>
<tr><td>제20조의2</td><td>장애인 평생교육시설</td><td>비형식</td></tr>
<tr><td>제21조</td><td>시 · 군 · 구 평생학습관</td><td>비형식</td></tr>
<tr><td>제21조의2</td><td>장애인 평생교육과정을 운영하는 학교
(유치원, 초 · 중등학교)</td><td>비형식</td></tr>
<tr><td>제21조의3</td><td>읍 · 면 · 동 평생학습센터</td><td>비형식</td></tr>
<tr><td>제29조</td><td>학교(초 · 중등학교, 대학교)</td><td>비형식</td></tr>
<tr><td>제30조</td><td>학교 부설 평생교육시설</td><td>비형식</td></tr>
<tr><td>제31조</td><td>학교 형태의 평생교육시설</td><td>비형식/준형식</td></tr>
<tr><td>제32조</td><td>시내대학 형태의 평생교육시설</td><td>준형식</td></tr>
<tr><td>제33조</td><td>원격대학 형태의 평생교육시설</td><td>비형식/준형식</td></tr>
<tr><td>제35조</td><td>사업장 부설 평생교육시설</td><td>준형식</td></tr>
<tr><td>제36조</td><td>시민사회단체 부설 평생교육시설</td><td>비형식</td></tr>
<tr><td>제37조</td><td>언론기관 부설 평생교육시설</td><td>비형식</td></tr>
<tr><td>제38조</td><td>지식 · 인력개발 관련 평생교육시설</td><td>비형식</td></tr>
<tr><td>학원설립운영 및
과외교습에 관한 법률</td><td>제2조</td><td>학원(입시 · 검정 및 보충학습, 교습소 제외)</td><td>비형식</td></tr>
<tr><td>학점인정 등에 관한 법률</td><td>제3조 등</td><td>평가인정운영기관</td><td>비형식</td></tr>
<tr><td>지방자치법</td><td>제13조 제2항</td><td rowspan="2">시 · 군 · 자치구의 주민자치센터</td><td rowspan="12">비형식/준형식
미구분</td></tr>
<tr><td>동법 시행령</td><td>제10조</td></tr>
<tr><td>도서관법</td><td>제2조</td><td>도서관</td></tr>
<tr><td>문화예술진흥법</td><td>제12조</td><td rowspan="3">문화시설</td></tr>
<tr><td>동법 시행령</td><td>제19조</td></tr>
<tr><td>문화예술교육지원법</td><td>제2조</td></tr>
<tr><td>지방문화원진흥법</td><td>제8조</td><td rowspan="2">지방문화원</td></tr>
<tr><td>문화예술교육지원법</td><td>제2조</td></tr>
<tr><td>박물관 및 미술관 진흥법</td><td>제4조</td><td>박물관, 미술관</td></tr>
<tr><td>사회복지사업법</td><td>제34조</td><td>사회복지관</td></tr>
<tr><td>노인복지법</td><td>제36조</td><td>노인복지관</td></tr>
</table>

출처: 교육부 · 국가평생교육진흥원(2021).

교육부와 한국교육개발원이 공표하는 평생교육통계는 평생교육기관을 비형식 평생교육기관과 준형식 평생교육기관으로 구분하고 있다.

비형식 평생교육기관은 국가평생교육진흥원, 시·도 평생교육진흥원, 시·군·구 평생학습관, 학교부설 평생교육시설, 사내대학형태의 평생교육시설, 원격대학형태의 평생교육시설, 사업장부설 평생교육시설, 시민사회단체부설 평생교육시설, 언론기관부설 평생교육시설, 지식·인력개발관련 평생교육시설, 학원 등을 포함한다(김동일, 2020). 준형식 평생교육기관으로는 학교, 학교 형태의 평생교육시설(공민학교, 고등 공민학교, 고등 기술학교, 각종학교, 방송통신 중·고등학교, 방송통신대학, 산업대학, 기술대학, 원격대학, 사내대학 등)과 평가인정 운영기관이 해당된다(김동일, 2020).

이 두 유형은 모두 「평생교육법」에 따라 인가·등록·신고된 시설, 법인 또는 단체로 정의되나, 준형식 평생교육기관은 초·중·고등교육 형태의 평생교육기관으로 직접 해당 학력을 인정하고 학위를 부여할 수 있다는 점에서 비형식 평생교육기관과 구분된다(교육부·국가평생교육진흥원, 2021).

평생교육법 및 다른 법령에 의한 평생교육기관의 종류와 특징을 구체적으로 살펴보면 다음과 같다(교육부·한국교육개발원, 2017).

(1) 비형식 평생교육기관

① 부설형 평생교육기관

- 초·중등 및 대학부설 평생교육기관: 초·중등학교, 대학 및 전문대학에서 운영하는 평생교육기관
- 사업장부설 평생교육기관: 산업체, 백화점, 문화센터 등의 부대시설에서 운영하는 평생교육기관
- 시민단체부설 평생교육기관: 법인으로 행정관청에 등록하여 회원이 300인 이상인 시민 단체가 소속회원 외에 일반시민을 대상으로 운영하는 평생교육기관
- 언론기관부설 평생교육기관: 신문, 방송 등의 언론기관이 운영하는 평생교육기관

② 독립형 평생교육기관

- 원격형태: 정보통신매체를 활용하여 특정·불특정 다수인에게 원격교육을 실시하거나 다양한 정보를 제공하는 등의 교육을 실시하는 평생교육기관
- 지식·인력개발형태: 기업 또는 고용노동부와 연계하여 운영되는 시설로서 지식 정보제공과 교육훈련을 통하여 인력개발을 주된 목적으로 운영되는 평생교육기관

③ 전담형 평생교육기관

- 국가평생교육진흥원: 평생교육진흥을 위한 지원, 조사, 연수, 프로그램 개발 등을 목적으로 국가가 설립한 교육부 산하의 평생교육전담 집행기관
- 시·도 평생교육진흥원: 시·도별 평생교육기회 및 정보를 제공, 평생교육상담, 평생교육 프로그램 운영 및 평생교육기관 간 연계체제 구축 업무를 위하여 시·도지사가 대통령령으로 정하는 바에 따라 법인으로 설립 또는 지정, 운영되는 기관
- 평생학습관: 지역주민을 대상으로 평생교육 프로그램을 운영하는 등 지역 평생교육센터로서의 기존 역할과 평생교육에 관한 연구 및 정보제공을 목적으로 교육감이 설치 및 지정한 평생교육기관 또는 지자체에서 설치한 기관

④ 복합형 평생교육기관

- 학원: 개인이 대통령령으로 정하는 수 이상의 학습자 또는 불특정 다수의 학습자에게 30일 이상의 교습 과정에 따라 지식·기술·예능을 교습하거나 30일 이상 학습장소로 제공되는 시설

(2) 준형식 평생교육기관

① 초·중등교육형태 평생교육기관

- 공민학교: 초등교육을 받지 못하고 학령을 초과한 자에 대한 3년간의 초등교육기관
- 고등공민학교: 초등학교, 공민학교 졸업자에 대한 1~3년간의 사회직업 교육기관
- 고등기술학교: 중학교 이상의 학력 인정자에 대한 1~3년간의 전문기술 교육기관
- 각종학교: 초·중·고·특수학교와 유사한 교육기관으로 수업연한, 입학자격, 학력인정 등을 달리하는 교육기관
- 산업체부설고등학교: 산업체에 근무하는 청소년의 교육을 위하여 산업체가 설치·운영하는 고등학교
- 근로청소년을 위한 특별학급: 산업체에 근무하는 청소년의 교육을 위하여 산업체에 인접한 중학교 및 고등학교가 두는 야간제 특별학급
- 방송통신중·고등학교: 방송통신을 통하여 중·고등학교 과정의 교육을 실시하는 교육기관
- 학교형태의 학력인정 평생교육기관: 평생교육법 제31조제2항에 의거 고등학교 졸업이하의 학력이 인정되는 학교형태의 평생교육시설

② 고등교육형태 평생교육기관

- 방송통신대학: 정보·통신매체를 통한 원격교육으로 고등교육의 기회를 부여하여 국가와 사회가 필요로 하는 인재를 양성하고 열린학습사회 구현을 통하여 평생교육의 발전 기여를 위한 학교
- 산업대학: 산업사회에서 필요로 하는 학술 또는 전문적 지식·기술·연구와 연마를 위한 교육을 받고자 하는 자에게 고등교육의 기회를 제공하여 국가와 사회의 발전에 기여할 수 있는 산업 인력을 양성함을 목적으로 하는 학교

- 기술대학(대학, 전문대학): 산업체 근로자가 산업현장에서 전문적인 지식·기술의 연구·연마를 위한 교육을 제공함으로써 이론과 실무능력을 고루 갖춘 전문인력 양성을 목적으로 하는 학교
- 각종학교(대학, 전문대학): 대학 수준의 신학교·예술학교·승가학교 등의 학교
- 원격·사이버대학(대학, 전문대학): 정보·통신매체를 통해 교육서비스를 제공하여 학습자가 시간과 공간의 제약없이 학습하고 학점을 이수하는 경우 전문대학 또는 대학졸업자와 동등한 학력이나 학위를 인정하는 학교
- 사내대학(대학, 전문대학): 시간적·경제적 여유가 없어 대학을 가지 못한 근로자들에게 학교법인 설립 없이 일정 기간 사내교육을 이수하면 학력과 학위를 인정해주는 평생교육 차원의 고등교육기관
- 기능대학: 고등교육법에 따른 전문대학으로서 학위과정인 다기능기술자과정과 직업훈련과정 등을 병설 운영하는 교육·훈련기관
- 전공대학: 초·중등교육법에 따라 전공과를 설치·운영하는 고등기술학교로서 교육부장관의 인가를 받아 전문대학졸업자와 동등한 학력·학위가 인정되는 평생교육시설로 전환·운영하는 기관
- 특수대학원: 직업인 또는 일반 성인을 위한 계속 교육을 주된 목적으로 운영되는 대학원

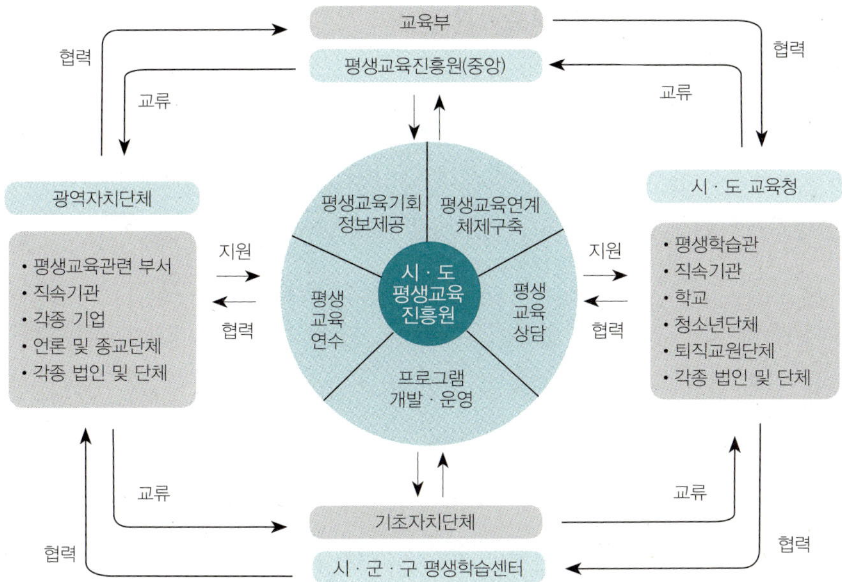

[그림 6-1] 우리나라 평생교육 체제

출처: 안병환 외(2020).

한편, 「학점인정 등에 관한 법률」에 의해 학점인정 평생교육 프로그램을 운영하는 평가인정 운영기관은 학점은행제 교육훈련기관이 대표적이다. 학점은행제는 학교 안팎에서 이루어지는 다양한 형태의 학습과 자격을 학점으로 인정하고, 학점이 누적되어 일정 기준을 충족하면 학위취득을 가능하게 하는 제도로서, 이를 운영하는 교육기관으로는 대학(교) 부설 평생교육원, 직업훈련기관, 정부관련기관, 학원, 원격교육시설, 기타 평생교육시설 등이 있다(교육부 · 국가평생교육진흥원, 2021).

2) 분류 체계에 의한 평생교육기관 분류

평생교육을 받는 일반 학습자에게는 법률이나 행정기관에 의한 분류보다는 평생교육시설을 손쉽게 이해하고 찾는 데 관심이 많다. 그래서 분류체계를 설정하여 평생교육시설을 분류할 필요가 있다(권인탁, 2009).

① 분류체계는 대분류, 중분류, 소분류 등 3단계의 분류 체계를 따른다. 대·중분류에 의해 평생교육시설을 모두 포괄할 수 있을 경우는 대·중분류 체계만 사용하고 소분류는 적용하지 않는다.

② 교육대상은 평생교육법에서 규정하고 있는 평생교육의 범위를 따른다. 초·중등학생을 대상으로 학교교육을 가르치는 보습학원은 제외하고 성인을 교육하는 학원에 국한한다.

③ 학습자가 쉽게 검색할 수 있도록 분류한다. 평생교육법 제30조 학교부설 평생교육시설과 평생교육법 제31조 학교형태의 평생교육시설을 통합하여 학교평생교육시설로 대분류하고, 중분류로 학교부설 평생교육시설인 초·중등학교, 대학부설 평생교육시설과 학교형태의 평생교육시설로 학력 인정 평생교육시설, 학력 미인정 평생교육시설로 구분한다.

④ 교육활동 시설의 주기능이 아닌 각종 단체·시설인 경우, 정기적인 교육활동을 실시하는 경우에 국한하여 평생교육시설로 분류한다. 시민사회단체 부설 평생교육시설, 언론기관 부설 평생교육시설, 지식·인력개발 관련 평생교육시설 등이 해당된다.

⑤ 특정계층을 대상으로 하는 평생교육시설은 대상별 분류체계를 따른다. 청소년평생교육시설 및 단체, 여성평생교육시설 및 단체, 노인 평생교육시설 및 단체가 이에 해당된다.

이상과 같은 기준에 따라 평생교육시설을 분류하면 〈표 6-2〉와 같다.

〈표 6-2〉 평생교육시설 분류체계

구분	대분류	중분류	소분류	비고
1	학교평생 교육시설	초 · 중등 부설 평생교육시설		
		대학부설 평생교육시설		
		학력인정 평생교육시설		
		학력미인정 평생교육시설		
2	직업훈련기관	공공직업훈련기관		
		인정직업훈련기관		
		사업내직업훈련기관	직업훈련원	
			사내대학	
3	학원	기술계학원		성인을 주 교습 대상으로 하는 경우에 한함
		어학계학원		
		문리계학원		
4	원격 평생교육시설	일반원격 교육기관	초 · 중등	
			대학	
			대학원	
		사이버대학		
5	연수기관	공무원연수기관	일반행정연수기관	
			교육공무원연수기관	
			특수직무연수기관	
		일반연수기관	공공연수기관	
			종합연수기관	
			특수직무연수기관	
6	청소년 평생교육기관 및 단체	청소년 평생교육기관		
		청소년단체		
7	여성 평생교육 기관 및 단체	여성 평생교육기관		
		여성단체		
8	노인 평생교육 기관 및 단체	노인 평생교육기관		
		노인단체		
9	사회복지기관 및 시설	사회복지기관		정기적인 교육활동이 있는 경우에 한함
		장애인복지기관		
		시 · 군 · 구민회관		
10	문화시설중심 평생교육기관	도서관		
		박물관		
		문화원		
		기타		

11	시민사회단체 및 시설	시민단체 및 시설(NGO포함)		정기적인 교육활동이 있는 경우에 한함
		사회단체 및 시설		
12	언론사부설 평생교육시설	신문사		
		방송국		
13	연구 · 상담기관	연구기관		
		상담기관		

출처: 권인탁(2009).

3) 일반적 차원에서의 평생교육기관 분류

평생교육기관은 평생교육법 및 다른 법령에 의한 분류와 분류체계에 따른 분류 이외에도 평생교육을 주된 목적으로 설치된 기관인지 아닌지에 따라서 평생교육기관을 분류한다. 평생교육법이 시행되기 전까지는 일반적으로 다음과 같은 기준에 따라 분류하였다(이양교, 2002).

첫째, 운영주체와 성격에 따른 분류로서 국가주도형, 학교주도형, 민간단체주도형, 종교 및 문화기관주도형, 기업주도형으로 구분한 후 이를 다시 교육 프로그램의 특성이나 실시기관의 특성에 따라 하위유형으로 재분류하였다. 이와 함께 목적 및 주된 기능에 따른 분류로서 ① 사회교육전담기관, ② 일반교육기관(정규학교), ③ 준교육기관, ④ 기타 교육기관(비교육기관)으로 분류하기도 한다.

둘째, 제공되는 교육내용을 중심으로 한 분류로서 ① 국민생활에 필요한 기초교육과 교양교육, ② 직업 · 기술 및 전문교육, ③ 건강 및 보건교육, ④ 가족생활교육, ⑤ 지역사회교육과 새마을교육, ⑥ 여가교육, ⑦ 국제이해교육, ⑧ 국민독서교육, ⑨ 전통문화 이해교육, ⑩ 기타 학교교육 이외의 조직활동 등으로 분류된다. 이러한 분류는 과거의 사회교육법에서 적용된 분류 방법들이다. 이와 비슷한 분류방법으로 공무원교육, 농민교육, 여성교육, 노인교육, 근로자교육, 청소년교육 등이 있다.

메리암과 브로켓(S. B. Merriam & R. G. Brockett, 1977)은 평생교육전담기관,

일반교육기관, 준교육기관, 비교육기관 등으로 구분하고, 최운실(1986)은 평생교육기관을 행정부 주도형, 대학 주도형, 민간비영리 주도형, 영리업체 주도형 그리고 비조직적인 교육기관 등으로 구분하였다. 이들 가운데 정부 주도형으로 운영되는 평생교육기관은 대체로 국민의 세금에 의해 운영되는 것으로서 사회지향적인 성격을 강하게 띠고 있는 반면에, 민간비영리 차원에서 운영되는 것은 대부분이 여가지향적이고 개인적이고 전문적인 프로그램 중심으로 운영되는 것으로 나타나고 있다(권두승·최운심, 2009).

〈그림 6-2〉 평생교육기관의 유형 구분

출처: 권두승 외(2009).

4. 평생교육기관의 현황 및 과제

평생교육법 제2조에 의하면, 평생교육기관의 유형과 제공되는 프로그램은 매우 다양하다. 즉, 성인학습자는 내·외부적 환경변화와 실생활에 근거한 학습의 필요성 등 다양한 목적을 가지고 평생학습에 참여하므로 개인차가 발생되기 때문이다(Merriam, Caffarella & Baumgartner, 2006). 교육부와 한국교육개발원은 평생교육기관을 비형식, 준형식으로 나누어 구분하였는데, 연도별·유형별 현황을 보면 다음과 같다.

〈표 6-3〉 비형식·준형식 평생교육기관 현황

비형식 평생교육기관

1. 연도별 · 유형별 현황

(단위: 개)

구분		2015년	2016년	2017년	2018년	2019년	2020년[2]	2020년[3]
전체		4,144	4,153	4,032	4,169	4,295	4,541	4,493
학교 부설	초·중등학교 부설	9	6	5	6	7	8	10
	대학(원) 부설	403	406	412	412	415	414	416
	소계	412	412	417	418	422	422	426
원격형태		903	927	949	1,012	1,041	1,048	1,042
사업장 부설	유통업체 부설	369	378	383	381	379	376	357
	산업체 부설	45	48	41	39	36	37	36
	소계	414	426	424	420	415	413	393
시민사회단체 부설		549	544	515	500	492	474	439
언론기관 부설		882	792	707	741	842	1,098	1,134
지식·인력개발 형태		626	408	579	586	595	594	561
시·도 평생교육진흥원[1]		–	–	17	17	17	17	17
평생학습관		358	444	424	475	471	475	481

2. 연도별 · 지역별 현황

(단위: 개)

구분	2015년	2016년	2017년	2018년	2019년	2020년[1]	2020년[2]
전체	4,144	4,153	4,032	4,169	4,295	4,541	4,493
수도권	2,502	2,510	2,429	2,593	2,757	2,979	2,962
비수도권	1,642	1,643	1,603	1,576	1,538	1,562	1,531

비형식교육기관

3. 연도별 현황

(단위: 개, 명)

연도	기관 수	프로그램 수	학습자 수	교강사 수	사무직원 수
2007년	2,221	100,989	10,124,305	68,221	7,214
2008년	2,620	107,349	11,403,373	56,292	10,046
2009년	2,807	136,123	22,454,539	57,177	12,873
2010년	3,213	160,249	27,026,042	64,606	15,491
2011년	3,591	182,844	28,920,780	69,016	16,746
2012년	3,768	178,971	17,618,496	71,676	17,888
2013년	3,965	180,843	18,260,301	72,954	18,376
2014년	4,342	205,546	12,919,836	72,477	19,586
2015년	4,144	211,193	11,982,654	70,835	18,833
2016년	4,153	212,339	11,336,564	73,204	19,842
2017년[2]	4,032	214,413	11,897,236	71,723	19,778
2018년	4,169	216,980	16,344,658	72,783	20,228
2019년	4,295	244,421	16,348,842	75,492	19,772
2020년[3]	4,541	281,420	24,397,282	73,829	20,688
2020년[4]	4,493	225,000	20,677,768	64,460	19,795

준형식평생교육기관

1. 연도별 · 유형별 현황

1) 초 · 중등교육형태 준형식 평생교육기관의 연도별 · 유형별 현황

(단위: 개)

구분		2015년	2016년	2017년	2018년	2019년	2020년[1]	2020년[2]
전체		175	170	179	189	191	190	191
고등공민학교		3	3	3	3	3	3	3
고등기술학교		7	7	7	7	7	7	7
각종학교(초 · 중 · 고)		42	43	51	60	62	67	72
근로청소년을 위한 특별학급		6	3	4	4	4	–	–
방송통신중학교		12	20	20	23	24	24	24
방송통신고등학교		42	42	42	42	42	42	42
학교 형태의 학력인정 평생교육 시설	초	5	3	3	4	3	3	2
	중	12	5	5	5	5	5	4
	고	37	28	27	25	25	22	20
	통합	9	16	17	16	16	17	17
	소계	63	52	52	50	49	47	43

준형식 평생교육기관

2) 고등교육형태 준형식 평생교육기관의 연도별 · 유형별 현황

(단위: 개)

구분	2015년	2016년	2017년	2018년	2019년	2020년[1]	2020년[2]
전체	860	852	861	867	855	842	852
방송통신대학	1	1	1	1	1	1	1
산업대학	2	2	2	2	2	2	2
기술대학	1	1	1	1	1	1	1
각종학교	2	2	2	2	2	2	2
원격대학	2	2	2	2	2	2	2
사이버대학	19	19	19	19	19	19	19
시내대학	8	8	8	8	8	8	8
기능대학	10	9	9	9	9	9	9
전공대학	3	3	3	3	3	3	3
특수대학원	813	805	814	820	808	795	805

2. 연도별 · 지역별 현황

1) 초 · 중등교육형태 준형식 평생교육기관의 연도별 · 지역별 현황

(단위: 개)

구분	2015년	2016년	2017년	2018년	2019년	2020년[1]	2020년[2]
전체	175	170	179	189	191	190	191
수도권	72	76	76	77	75	73	73
비수도권	103	94	103	112	116	117	118

2) 고등교육형태 준형식 평생교육기관의 연도별 · 지역별 현황

(단위: 개)

구분	2015년	2016년	2017년	2018년	2019년	2020년[1]	2020년[2]
전체	860	852	861	867	855	842	852
수도권	415	415	421	428	425	418	426
비수도권	445	437	440	439	430	424	426

준형식평생교육기관

3. 연도별 현황

(단위: 개, 명)

연도	기관 수	학습자 수	교원 수	연도	기관 수	학습자 수	교원 수
2007년	940	730,387	6,541	2015년	1,035	609,489	6,908
2008년	947	730,016	6,243	2016년	1,022	567,528	7,076
2009년	960	725,870	6,411	2017년	1,040	545,869	7,204
2010년	979	723,069	6,710	2018년	1,056	526,655	7,367
2011년	1,005	754,472	8,141	2019년	1,046	518,155	7,384
2012년	1,007	710,240	6,622	2020년[1]	1,032	506,391	7,456
2013년	1,024	677,620	6,545	2020년[2]	1,043	512,479	7,486
2014년	1,031	637,130	6,597				

출처: 교육부·한국교육개발원(각 연도), 평생교육통계 자료집.
교육부·한국교육개발원(각 연도), 교육통계 분석자료집: 평생교육통계편.

주1) 2020년 5월1일 기준.

주2) 2020년 12월 31일 기준.

비형식 평생교육기관의 2015년 이후 연도별·유형별 현황을 살펴보면, 비형식 평생교육기관의 수는 2017년부터 매년 증가 추세를 보이고 있으며, 2020년 12월 4,493개 기관이 있다. 전년보다 198개 기관이 증가하였으나, 2020년 5월보다는 48개 기관이 감소하였다. 기관 유형 중 언론기관 부설은 2017년 이후 지속적인 증가 추세를 보이고 있으며, 코로나19의 확산에도 불구하고 2020년 12월 1,134개 기관으로 증가하여 전체 평생교육기관 중 가장 많은 25.2%를 차지하였다. 초·중등학교 부설은 2017년 이후 매년 적으나마 꾸준히 증가하여 2020년 12월 10개 기관이 있으며, 비형식 교육기관 중 가장 적은 비중을 차지하고 있다. 대학(원) 부설은 2015년 이후 소폭 증가 추세를 보이고 있으며 2020년 12월 416개 기관으로 나타났다. 원격형태는 2015년 이후 매년 꾸준히 증가하여 2020년 12월 1,042개로 전체 평생교육기관의 23.2%를 차지하여 언론기관 부설 다음으로 많은 비중을 차지하고 있다. 사업장 부설 중 유통업체 부설은 2017년까지 꾸준히 증가하다가 2018년부터 감소하여 2020년 12월 376개 기관이 있고, 산업체 부설은 2016년까지 증가하다가 2017년부터 감소하여 2020년 12월 36개 기관이 있다. 시민단체부설은

2015년부터 꾸준히 감소하여 2020년 12월 439개 기관이, 지식·인력개발 형태는 2017년부터 증가하다가 코로나19 확산 이후 일부 감소하여 2020년 12월 561개 기관이 있다. 2017년 처음 조사된 시·도 평생교육진흥원은 시·도별로 1개씩 운영되어 총 17개이며, 평생학습관은 2015년부터 증감을 반복하다가 코로나19가 확산되던 기간에는 점차 증가하여 2020년 12월 481개 기관이 있다.

다음으로 2015년 이후 준형식 평생교육기관의 현황을 초·중등교육 형태와 고등교육 형태로 구분하여 보면 다음과 같다. 초·중등교육 형태의 준형식 평생교육기관 수는 2015년 175개에서 2020년 12월 191개로 증가하였다. 기관 유형별로 차지하는 비중을 살펴보면, 각종학교(초·중·고)가 2015년 이후 매년 증가하여 2020년 12월 72개 기관으로 37.7%로 가장 많은 비중을 차지하고 있다. 그다음으로는 학교 형태의 학력인정 평생교육시설이 2020년 12월 43개 기관으로 높은 비중을 차지하고 있으나, 2015년 이후 꾸준히 감소하고 있다. 방송통신고등학교는 2015년 이후 42개를 유지하였으며, 방송통신중학교는 2015년 12개에서 2019년 24개로 증가한 이후 계속 유지하고 있다. 그 밖에 고등공민학교와 고등기술학교는 각각 3개, 7개로 기관 수를 유지하였으며, 근로청소년을 위한 특별학급은 2019년까지 운영되었으나, 2020년부터는 운영되지 않고 있다. 고등교육 형태 준형식 평생교육기관 수는 전년 대비 13개 기관이 감소하여 2020년 기준 842개로 나타났다. 가장 많은 비중을 차지하고 있는 기관 유형은 특수대학원으로서, 2020년 795개이며 전체 고등교육 형태 준형식 평생교육기관의 94.4%의 비중을 차지하고 있다. 그다음으로는 사이버대학이 높은 비중을 보이며, 지난 6년간 19개 기관 수를 유지하였다.

한편, 「학점인정 등에 관한 법률」에 근거를 둔 학점은행제는 학교뿐만 아니라 학교 밖에서 이루어지는 다양한 형태의 학습과 자격을 학점으로 인정하고, 학점이 누적되어 일정 기준을 충족하면 학위 취득이 가능하도록 하는 제도이다. 1998년 3월부터 시행된 학점은행제의 최근 5년간 학점은행제 교육훈련기관 유형별 현황은 다음과 같다(교육부·국가평생교육진흥원, 2021).

〈표 6-4〉 학점은행제 교육훈련 기관의 연도별·유형별 현황

(단위 : 개)

구분		2015년	2016년	2017년	2018년	2019년	2020년
전체		535	501	460	437	430	431
대학(교) 부설	대학	141	142	131	133	125	123
	전문대학	81	75	72	67	73	77
	소계	222	217	203	200	198	200
전공심화/특별과정		8	7	6	5	4	4
학원		43	31	26	18	18	16
직업훈련기관		95	91	80	77	71	66
정부관련기관[1]		4	39	39	37	37	35
지자체교육시설		11	–	–	–	–	–
군교육훈련시설		28	–	–	–	–	–
고등기술학교		1	1	1	1	1	1
특수학교		4	6	6	6	6	6
기타평생교육시설		26	25	21	18	19	20
국가무형문화재시설		7	5	2	–	–	–
원격교육시설		86	79	76	75	76	77
K-MOOC		–	–	–	–	–	6

출처: 국가평생교육진흥원 내부 자료.

교육부·한국교육개발원(각 연도). 교육통계 분석자료집: 평생교육통계편. 재인용.

주1) 2016년 이후 정부관련기관에 군교육훈련시설과 지자체훈련시설이 통합됨.

학점은행제 교육훈련기관은 2015년 535개 기관이었으나 2020년에는 431개 기관으로서, 매년 감소 추세를 보이고 있다. 교육훈련기관의 다양한 유형 중 가장 많은 비중을 차지하는 기관은 대학(교) 부설 교육훈련기관으로서, 2020년 전체 431개 교육훈련기관 중 46.4%에 해당하는 200개 기관이 이에 포함된다. 대학(교) 부설 교육훈련기관 수 역시 매년 감소하는 경향을 보이고 있다. 그다음으로 높은 비중을 차지하는 기관은 원격교육시설과 직업훈련기관이다. 그러나 원격교육시설은 2015년 86개에서 2020년 77개로, 직업훈련기관은 2015년 95개에서 2020년 66개로 기관 수가 감소하는 추세이다. 학원은 2015년 43개에서 2020년 16개로 감소하였고, 정부관련기관은 군교육훈련시설과 지자체훈련시설이 통합된 2016년

39개 기관에서 2020년 35개 기관으로 감소하였다. 한편, 2020년에는 K-MOOC 기관이 추가되었으며, 기관 수는 6개인 것으로 조사되었다. 그 외의 다른 유형들도 대부분 매해 기관 수가 감소하는 경향을 보이고 있다. 2020년 학점은행제 교육훈련기관(431개) 중 275개(63.8%) 기관은 수도권에, 156개(36.2%) 기관은 비수도권에 위치해 있으며, 특히 서울에만 191개(44.3%) 기관이 있는 것으로 나타났다.

지금까지 「평생교육법」에 근거하여 운영되고 있는 평생교육기관의 연도별 변화 추이와 현황을 살펴보았다. 이러한 추이와 현황에 기초하여 향후 과제를 제시하면 다음과 같다.

첫째, 현재 「평생교육법」 제18조(평생교육 통계조사 등)에 의거하여 국가 수준에서 수집·공표되고 있는 평생교육 통계조사는 조사 범위가 「평생교육법」에 근거한 평생교육기관으로 제한되어 있다. 즉, 국가 평생교육 통계조사는 기타 법령상의 평생교육기관에 대한 조사가 제외되어 평생교육기관 전반을 포함하지 못하는 한계가 있다. 따라서 기타 법령에 근거하여 운영되고 있는 평생교육기관까지 포괄하는 확대된 조사가 필요하다.

둘째, 비형식 평생교육기관의 수는 2017년 이후 다시 증가 추세를 보이고 있다. 그러나 평생교육기관의 유형에 따라 다양한 경향을 나타내고 있으므로 이에 대한 원인 분석이 필요하다. 비형식평생교육기관 수의 증가는 원격 형태, 언론기관 부설, 지식·인력개발 형태, 학교 부설 평생교육기관 등의 증가에 기인한 것이다. 반면, 전통적인 평생교육기관 유형인 시민사회단체 부설 평생교육기관은 점차 규모가 축소되고 있다. 그러나 평생학습관과 같이 규모가 작은 평생교육기관은 빠르게 성장하여 기초지방자치단체의 평생교육 기능이 확대되고 있는 것으로 보인다. 다만 이는 비수도권 민간 평생교육의 기능이 활성화되지 못하여 나타나는 현상일 수 있으므로 이에 대한 실태 분석이 필요하다.

셋째, 비형식 평생교육기관 수가 증가하면서 수도권과 비수도권 간 지역격차가 심화되고 있는데, 이에 따라 발생할 수 있는 문제점에 대한 분석과 방안 마련이 필요하다. 비형식 평생교육기관 중 많은 비중을 차지하고 있는 원격 형태 평생교육기관은 최근 매년 확대되어 왔다. 지역적으로 볼 때, 수도권 지역의 평생교육기관은 2017년 이후 매년 증가 추세를 보이는 반면, 비수도권 지역의 평생교육기관은 매년 감소하고 있다. 무엇보다도 수도권과 비수도권의 지역 간 격차는 매년 확대되고 있는 바, 비수도권의 평생교육 기능을 활성화하여 지역 간 평생교육 격차를 완화하기 위한 방안이 마련되어야 할 것이다. 한편, 학점은행제 교육훈련기관 유형 중에서도 원격교육시설이 대학(교) 부설 교육훈련기관 다음으로 높은 비중을 차지하고 있다. 원격 형태 평생교육기관은 시간과 공간의 제약을 받지 않는다는 장점도 있지만, 수업의 현장성, 교·강사와 학습자 간의 상호작용, 수업의 질 등의 측면에서 단점도 가지고 있으므로, 평생교육의 질 개선을 위해서는 이에 대한 보완 방안을 고민해 볼 필요가 있다.

넷째, 2020년 기준으로 기관, 프로그램, 학습자, 교·강사, 사무직원 등의 규모를 보면 코로나19 확산의 영향을 받고 있는 것으로 보인다. 감염병 확산이 평생교육의 규모뿐만 아니라, 평생교육의 질, 내용, 방식, 참여자 등에 어떤 영향을 미치고 있는지에 대한 면밀한 검토가 필요하다.

7장
주요국의 평생교육

외국의 평생교육을 이해하기 위해서는 국제기구의 평생교육과 주요국의 평생교육 체제를 살펴보는 것이 중요하다. 따라서 이 장에서는 국제기구의 평생교육 발달 배경, 주요국의 평생교육 체제에 대해서 살펴보고자 한다.

1. 국제기구의 평생교육 발달배경

OECD, 유네스코, 유럽회의는 평생교육 개념이 본격적으로 등장한 1970년대 평생교육의 주요한 제창자이자 지지자 역할을 담당해왔다. 1970년대 국제기구의 평생교육은 OECD의 순환교육, 유네스코의 평생교육, 유럽회의의 영속교육이 영향력을 주고받으면서 성장한 개념이라 할 수 있다. 각각 순환교육, 평생교육, 영속교육으로 그 이름은 달랐지만 1960-70년대 학교교육의 위기에 대처하고, 미래 교육 요구에 대응하는 것을 목적으로 각 기구만의 독특한 평생교육 개념과 관련 정책의 가이드라인을 제시하였다.

순환교육, 평생교육, 영속교육의 공통분모를 찾아본다면 첫째, 사회 경제적 지위, 성별과 연령에 관계없이 모든 시민들이 일생동안 접근 가능한 초기교육(initial education)과 훈련 기회를 제공해야 한다는 인식과 둘째, 평생교육은 과거 전통적인 교육프로그램에서보다 직업과 문화-여가 부분에 더 많은 강조점이 두어져야 하며, 교육에 대한 표준화의 추진과 규제를 강화하려는 움직임은 줄어들어야 한다는 논지를 가지고 있다. 개념 간 차이점을 살펴보면 유네스코의 평생교육은 모든 국가들에게 일반적으로 통용될 수 있는 반면, 명확하게 나타나지 않는 모호한 개념이라면, OECD의 순환교육은 회원국들의 경제적, 사회적 위기에 대응하는 정책 수단으로의 성격이, 유럽회의의 영속교육은 사회문화적 정책으로의 성격이 부각되었다는 점이다.

1) OECD

(1) 기구의 성격

OECD는 1961년 9월 30일 상호 정책조정 및 협력을 통해 회원국의 경제사회발전을 모색하고 나아가 세계경제문제에 공동으로 대처하기 위하여 수립된 정부 간

기구이다. OECD 설립 협약의 제1조는 '회원국의 경제성장과 금융안정을 촉진하고 세계경제발전에 기여'를 목적으로 제시하고 있다. OECD의 특징은 '가치관의 동질성(like-mindedness)'이라는 한 단어로 표현할 수 있다. OECD가 추구하는 가치관은 '개방된 시장경제', '다원적 민주주의' 및 '인권존중'이며, 이를 공유하는 국가에게만 회원국 가입을 허용하고 있다. 경제적으로 부유하고, 경제발전 및 협력에 초점이 맞추어져 있고, 서구적이거나 서구 국가들이 다수라는 점에서 유네스코와 차이가 있다.

(2) OECD의 순환교육

OECD는 순환교육(Recurrent Education)이라는 독자적 개념을 가지고 성인교육의 구조적 개선을 주창하였다. 순환교육은 1970년대 유네스코의 평생교육과 함께 교육위기에 대응하기 위해 수립된 대표 전략으로 정의된다. 순환교육은 급격한 과학기술의 변화를 체험하고 있는 현대사회에 있어서 직업생활에 종사하는 성인들이 직업에 관계되는 새로운 지식과 기술을 습득하기 위하여 또는 새로운 사회문화적 환경에 적응할 수 있기 위하여 단기간 또는 장기간의 조직적 교육을 받는 것을 말한다.

1960년대 스웨덴의 교육개혁에서 출발한 순환교육의 역사를 조순옥(2008)은 다음과 같이 정리하였다.

1970년대는 1973년 「순환교육: 평생학습을 위한 전략」이라는 보고서 발간을 계기로 OECD만의 순환교육을 정립하려고 했던 시기이다. 따라서 '순환교육의 형성기'로 명명할 수 있다. 이 시기에는 1960년대까지 이루어졌던 취학률 상승과 교육 재정 투자 확대 위주의 교육 정책에서 벗어나 새로운 교육개혁 정책에 대한 요구가 점차 증가함에 따라 OECD는 '평생학습실현을 위한 전략'으로서 '순환교육'을 OECD 교육연구혁신센터의 핵심 연구과제로 도입하였다. 1970년대는 순환교육의 전성기라 할 수 있을 정도로 순환교육과 관련된 국가보고서, 「순환교육: 동향과 이슈」 등의 발간과 국가별 순환교육 세미나 개최가 활발하게 이루어졌다. 이러한 활동을 통하여 스웨덴이라는 한 국가의 교육개혁 전략이었던 순환교육은 OECD 회원국으로 점차 확산되어 나가기 시작했다. 1970년대는 순환교육 논의의 장이 스웨덴을 벗어나 OECD라는 국제적인 장으로 옮겨졌다는데서 첫 번째 의미를 지닌다. 또한 OECD 교육연구혁신센터를 통하여 「순환교육: 평생학습을 위한 전략」이 발간되었고, 평생학습 실현을 위한 전략으로서 순환교육의 정의를 논의할 때 가장 대표적으로 언급되는 '의무교육 이후 교육 또는 기초교육 이후 교육을 대상으로 하는 포괄적인 교육 전략으로 교육은 개인의 전 생애동안 순환적인 방법으로 배분될 수 있다는 순환과 교대를 기본 원리로 삼고 있는 교육방식'이라는 순환교육의 정의가 내려졌다는데서 두 번째 의미를 지닌다.

1980년대는 순환교육의 목적부터 근본적으로 재검토할 것을 요구받았다는 의미에서 '순환교육의 재평가기'로 볼 수 있다. 순환교육에 대한 재평가 결과는 1987년에 발간된 「순환교육의 재검토: 참여 및 재정지원의 유형」을 통하여 볼 수 있다. 1980년대 OECD 회원국은 교육기관 및 교육체제의 개혁에 대한 저항, 순환교육 개념 자체가 노동시장, 기업, 사회 보장, 임금 정책을 포괄하는 너무나 광범위한 사회 변화를 요구한다는 한계, 경제 불황으로 인한 공공 부분, 특히 교육 부분에 대한 투자 감소라는 어려움을 겪었으며, 이는 순환교육의 이념을 정책화시키는데 장애로 작용했다. 이로 인해 회원국 내에서는 순환교육을 확대, 증가시키려는 움직임이 신중, 자제하는 쪽으로 변화되었다. 이후 순환교육이 추구하는 목표에 사회적 평등 실현 이외에도 경제 성장에 기여할 인적자원의 양성이라는 목표가 함께 포함되게 되었다. 순환교육의 개념에 대해서는 OECD 스스로 어떤 특정한 공통적 개념을 두는 것이 아니라 성인을 위한 교육 또는 훈련을 위한 경험적 연구 또는 교육 실행을 위한 자료 수집에 적용하는 조작적 정의를 내리게 되었다.

1990년대는 글로벌화, 인구 변화, 정보통신 기술의 광범위한 확산, 산업, 직업, 자격 구조의 변화, 실업문제와 근로 환경의 변화, 문화, 공동체, 가족의 중요성이 강조되는 방향으로의 가치관의 변화 등으로 사회 변화의 범주가 다양해지고 그 변화 속도가 점점 빨라지게 되었다. 이를 배경으로 OECD는 1996년 OECD 교육부 장관 회의에서의 '모든 이를 위한 평생학습 선언'을 함으로써 순환교육을 평생학습으로 변화시켰다. 평생학습으로 개념이 변화함에 따라 가정, 일터, 지역사회 등 다양한 교육의 장에서 이루어지는 비형식 교육이 강조되며, 정부가 수행하는 정책이 아닌 현직 훈련을 통한 인력개발의 중요성이 대두되었다. 그리고 이전 순환교육에서 사회 차원의 교육적 요구를 강조했다면 평생학습에 와서는 개인 차원의 교육의 요구를 강조하는 등의 변화가 일어났다.

OECD 순환교육의 아이디어는 유네스코의 「존재를 위한 학습」에 반영되어 1973년에 평생학습의 전략으로서 모습을 드러내었고, 「순환교육」은 별 저항 없이 급속하게 확산되었다. 스웨덴의 영향을 강하게 받은 OECD는 의무교육(학교교육) 이후의 교육은 일의 단계와 여타 교육 및 여가 등 사회활동과 교대 형태로 조직되어야 한다고 제안함으로써 순환교육 개념을 더욱 발전시켰다. 즉, 순환교육은 유네스코의 평생교육과 전혀 다른 것이 아니라 평생교육을 실현하기 위한 전략으로 간주되었다. OECD의 순환교육의 구성요소로서 중요하게 논의되어야 할 부분이 ILO의 평생학습과 유급교육 휴가의 제도화이다. 유급 휴가는 직업을 가진 성인들이 그들의 일자리와 수입을 보존하면서 일터 밖의 학습활동에 참여할 수 있도록 허용해주는 메커니즘이다. 일하는 기간 동안에 그러한 순환교육 단계가 일어날 수 있도록 하기 위하여 유급교육 휴가 개념이 추진되었다.

(3) OECD의 평생교육

순환교육을 평생학습 전략이라고 하지만 의무교육 이후의 교육에 한정된 후기교육이며(late education), 평생교육과 본질적으로 반대되거나 구분되는 개념을 발전시키지 않았지만 평생교육과 비교했을 때 몇 가지 점에서 차이가 나타난다. ① 순환교육은 그 범위가 제한되어 있으며, 좀 더 실용주의적 관점을 추구하고 있으며, ② 교육과 일의 조화, 교육정책과 노동시장정책, 사회정책, 경제정책의 상호작용을 강조하고, ③ 교육과 다른 활동들이 주기적으로 교차되는 교육의 중단(interruption) 단계를 포함하며 평생교육은, ④ 전체주의적, 인본주의적 이상을 추구하는 반면에 순환교육은 실제적인 실행 영역을 포함하는 것으로 보고 있으며, ⑤ 순환교육은 후기 중등교육을 주요 대상으로 하는 반면에 평생교육은 초등 이전교육부터 성인교육까지 전 교육 시스템을 대상으로 한다. ⑥ 이와 함께 평생교육의 모델은 교육을 '인간의 기본권'으로서 성인기까지 확대시키고자 하였다면, 순환교육은 교육과 직업 세계의 목적과 기능을 조화시키는데 관심을 두었다. 따라서 순환교육의 관점은 교육과 직업 간의 교류를 통해서 생애 초기단계의 학교교육의 기간을 확장시켜, 교육기회가 인간의 전 생애에 걸쳐 배분될 수 있게 한다는 견해를 기초로 하고 있다. 반면에 평생교육은 초기교육의 일정부분을 연장시키거나 줄이거나, 교류한다는 원칙을 적용하지 않았다. 프로그램의 실제에 있어서는 타인의 결정에 의한 인간성장을 지향하며, 질적으로 전문화되고 수준이 높은 인력의 수급을 위한 경제적 필연성에 따라서 평생의 학습이 기능화될 우려가 있다.

이러한 우려는 1973년의 「순환교육」에서 1996년 「만인을 위한 평생학습」으로의 전환을 가져온다. 1990년대에 들어서면서 인터넷으로 대표되는 ICTs의 폭넓은 확산과 활용, 세계 무역의 자유화, 지식이 중요한 경제요소라는 인식, 평생학습이 현대 조직과 사회 전체의 상표이자 필수요건이라는 이러한 요소들은 지식과 기술에 대한 근본적 논쟁의 새로운 맥락을 창출하였으며, 그것들을 어떻게 전달하고 학습할 것인가에 대한 새로운 논쟁의 터전을 마련하였다. 이러한 맥락을 배경으로 평생학습은 1990년대 중반부터 본격화되기 시작했다. 초기 순환교육(Recurrent Education)을 강조하던 OECD는 평생학습이 모든 사람들에게 필수적이라고 간주하기 시작했고, 이는 지식정보화산업이 새롭게 고부가가치를 생산해낸다는 인식과 그 때를 같이하고 있다. 결국 OCED는 정규교육 시스템의 유연화로서 순환교육이라는 용어를 폐기하고 본격적으로 평생학습(Lifelong Learning)이라는 용어를 전면에 내세우게 된다. 이러한 논의로 인하여 교육에 대한 사회적 수요의 꾸준한 증가와 학교 밖의 학습기회에 대한 수요 증가에 의해 새롭게 촉발되고 심화된 '새로운 교육 질서'를 나타내기에 편리한 우산 개념으로서

'평생학습'을 국제기구들은 너나 할 것 없이 경쟁적으로 펴들게 되었다. OECD는 모든 사회구성원이 평생학습에 접근할 수 있어야 한다는 주장 아래 1996년 '모든 이를 위한 평생학습(Lifelong Learning for All)'을 선언했다. 이후 교육부 장관들은 이 보고서와 만인을 위한 평생학습을 지향하는 목적을 채택하였다. 특징적인 것은 평생학습의 논적 근거로서 경제적 필요와 광의의 사회적 목표와 결합시킨 데 있다. 장관들은 평생학습을 사회적 이동, 삶의 기회균등, 사회적 결속, 적극적 시민정신을 위한 중요한 수단으로 간주하였다. 또한 장관들은 남녀노소를 불문하고 모든 사람들이 변화하는 직업과 노동시장에 적응하는 데 필요한 기술, 노하우와 기질을 습득하고 유지하는 것을 보장하기 위한 중요한 수단으로서 평생학습을 보았다.

> "평생학습은 심화되는 글로벌 지식기반경제와 사회 시스템에 의해 제기된 도전에 대한 응전, 민주적 전통 증진, 사회적 결속을 저해하는 위협에 대한 대응, 개인의 인성적 발달을 조성함으로써 OECD 사회의 미래를 형성하는 수단이다."
> (OECD, 1996).

OECD가 주창한 '모든 이를 위한 평생학습'은 개인의 발달, 사회적 결속, 경제 성장을 목적으로 하고 있다. 이를 성취하기 위해서는 평생학습의 기초강화 학습과 일간의 유기적인 연계 증진, 평생학습과 관련한 모든 파트너의 책임과 역할 제고, 평생학습에 대한 투자 증대, 교육훈련을 제공하는 사람들에 대한 인센티브 제공 등이 전략적으로 강조되었다. 이러한 맥락에서 2001년 4월에는 파리에서 "모든 이를 위한 능력개발에의 투자(Investing Competencies For All)"를 주제로 OECD 교육부장관 각료회담이 열렸다. 이 회의의 핵심의제는 지식사회에서 필요한 능력함양을 통해 지식사회 조성의 핵심도구인 평생학습전략을 강조하는 것이었다, 즉, 일터와 학습간의 경계가 희미해지고 있는 오늘의 상황에서 지속적 경제발전과 사회적 성장을 위해서는 인적 자본과 사회적 자본의 중요성이 강화되어야 한다는 점, 또한 전 생애에 걸친 직업능력개발을 통해 사회공동체의 질의 제고를 강조하였다. 이를 위해 학교에서 일터로의 원활한 전환을 위한 인력개발모델(School-to-Work)과 일터에서 학교로의 모델 (Work-to-School), 그리고 일터에서 일터로의 자체적 모델(Work-to-Work)을 하나로 연계하는 평생학습 전략 모델을 제시하였다.

2) 유네스코

세계 대전 이후 군사적 측면에서 서구권은 1949년 북대서양조약 체결을 통해 북대서양조약기구를 설립하여 공동방위군을 만들고 1955년 서독의 군비 정비로 방위군에 힘을 더하였다. 같은 해 동구권은 바르샤바조약 체결을 통해, 바르샤바조약군을 창설하여 서구권에 맞섰다. 결국 두 진영의 경쟁은 어느 정도 진용을 갖추게 되고 팽팽한 긴장상태로부터 안정적인 상태로 전환되었다. 따라서 국제사회는 군사적 측면보다는 경제적인 측면에보다 관심을 두고 아울러 사회분야로의 관심을 확대하기 시작하였다(조현, 2017). 강대국들은 혼란스러웠던 분위기를 바로잡고 교육, 과학, 문화 등 다양한 분야에서 협력과 평화를 구현하기 위해 1942년부터 1944년까지 연합국 교육 장관들이 영국 런던에 모여 교육 재건과 세계 평화를 위한 국제기구를 창설하기로 뜻을 모아 1945년 11월 16일 영국 런던에 모인 37개국 대표가 〈유네스코 헌장〉을 채택하여 교육, 과학, 문화, 정보 커뮤니케이션 분야에서 국제협력을 촉진하여 세계 평화와 지속가능한발전에 기여하는 것을 사명으로 하는 유엔의 전문기구인 유네스코를 창설하였다(유네스코 공식 홈페이지 https://www.unesco.or.kr/unesco/introduction). 유네스코(UNESCO)는 유엔교육·과학·문화기구(United Nations Educational, Scientific and Cultural Organization)의 약어다(윤여각, 2015).

유네스코의 사업 중 교육 부문의 주요 목표에 회원국이 모두를 위한 양질의 포용적 평생학습 기회를 증진하는 교육시스템 개발 지원이 첫 번째로 언급되는 만큼 유네스코 기구 차원에서 평생학습의 중요성은 더욱 높아질 것으로 보인다.

(1) 유네스코의 평생교육

세계 2차 대전 이후 유네스코는 국제사회의 교육 발전을 이끄는 리더로서 독보적인 자리를 차지해왔다. 유네스코가 회원국에 제안한 교육 정책 가운데에서 평생 교육은 가장 성공적인 사례로 손꼽힌다(이무성, 2007; 조순옥, 2014).

지금처럼 '평생교육'이라는 용어가 전 세계적으로 보편화되고 국가교육정책의 기조로 활용되는 데에는 유네스코의 역할이 컸다. 유네스코가 제시한 평생교육의 이념과 개념화의 특성은 여러 가지 모습으로 나타나기 시작했다(교육부 1999). 첫째, 유네스코는 기초교육에서 계속교육으로의 확장을 강조했다. 평생교육은 초기 기초교육이라는 횡적 기회의 확대에서 출발하여 종적으로 중등교육, 고등교육에 이어 비형식적 계속교육으로의 교육기회 확장의 형태로 이어져야 한다는 것이다. 둘째로 유네스코가 의미하는 평생교육은 교육자 공급중심에서 학습자 선택 중심으로의 확장이었다. 평생교육의 흐름은 그 내용과 주도권을 교육 공급자의 입장으로부터 학습 수요자의 입장으로 전환하자는 것이다. 이런 전환은 초기 '교육권'에 대한 강조를 벗어나 '학습권'에 대한 선언으로 바꾼 것으로부터 시작된다. 셋째로, 유네스코의 평생교육은 형식교육에서 비형식·무형식교육으로의 확장을 의미했다. 기존의 학교라는 형식적 교육기제를 통해 실시되던 교수·학습과정을 무형식이라는 맥락의 교수·학습으로 전환해야 한다는 것이었다. UNESCO는 이런 교육활동들을 '존재를 위한 학습'의 기본 토대로 파악하고, 평생교육의 가능성을 여기서부터 찾고자 노력했다(김성길, 2004; Delors et al, 1996).

우리나라는 1950년 6월 14일 이탈리아 피렌체에서 열린 제5차 유네스코 총회에서 유네스코에 가입했고, 유네스코 헌장이 권고하는 대로 한국위원회 설치령(1953년 7월 6일. 대통령 제801호)에 따라 1954년 1월 30일 유네스코한국위원회를 설립하였다(이다현, 2014; 한국교육개발원, 2005).

유네스코 평생교육 관련 주요 국제회의를 정리하면 다음과 같다.

〈표 7-1〉 유네스코 평생교육 관련 주요 국제회의

년도	내용
1949년	제1차 세계성인교육회의 개최(덴마크 엘시노어).
1960년	제2차 세계성인교육회의 개최(캐나다 몬트리올).
1962년	성인교육국제위원회 개최(함부르크 유네스코 교육연구소)
1965년	성인교육추진 국제위원회 개최(프랑스 파리). –랑그랑의 '평생교육으로서의 입문' 보고서 제출
1968년	제15차 유네스코총회(세계 교육의 해의 과제로 평생교육 채택).
1971년	교육발전국제위원회조직.(포르 위원회)
1972년	제3차 세계성인교육회의 개최(일본 동경) –포르(Faure) 보고서 「존재를 위한 학습(Learning to Be)」제출.
1974년	평생교육에서 고등교육의 역할에 대한 심포지엄 개최(모스크바)
1976년	제18차 유네스코총회(나이로비 권고안)채택
1983년	평생교육 원리의 적용에 관한 전문가 국제회의 개최(프랑스 파리).
1985년	제4차 세계성인교육회의 개최(프랑스 파리).
1990년	모든 이를 위한 교육세계회의 개최(UNICEF, UNDP 공동주최), (태국 좀티엔).
1996년	모든 이를 위한 교육 포럼(요르단, 암만) –들로어(Delor) 보고서「배움, 그 안에 감추어진 보물(Learning:The Treasure Whthin)」발간.
1997년	제5차 세계성인교육회의 개최(독일 함부르크)
1999년	유엔문해 10개년: 모든 이를 위한 교육'(Eudcation for All) 제안(제54차 유엔총회)
2000년	세계교육포럼(World Education Forum)(세네갈 다커)
2001년	모든 이를 UN 문해 교육 10개년 계획(United Nations Literacy Decade, 2003~2012) 채택(제 56차 유엔총회)
2003년	제6차 세계성인교육대회 개최 (브라질 벨렘)
2022년	제7차 세계성인교육대회 개최 (모로코 마라케시)

성인교육을 주요 의제로 다룬 엘시노어와 몬트리올의 제1, 2차 세계성인교육회의에서는 평생교육이라는 용어를 직접적으로 사용하지는 않았지만 성인교육의 범위를 확장시키고 이에 대한 국제적 동의를 끌어내었다(이영호, 2005).

동경에서 이뤄진 제3차 회의는 1960년대에 전 식민지들의 독립으로 유네스코

회원국 수가 급속하게 증가하였으며, 이에 따라 개발도상국들의 정치적 영향력도 증가하였다. 이와 함께 학습사회 건설을 위한 평생학습을 모든 교육 조직의 원리로 선포하고 포르 위원회의 「존재를 위한 학습」이 반포되어 평생학습에 대한 논의가 전 세계적으로 확대되었다(이희수, 조순옥, 2005). 이 문헌에 따르면 모든 개인은 생애에 걸쳐서 학습할 수 있어야 하며, 평생교육은 학습사회의 주춧돌이며, 평생이란 개념은 교육의 모든 국면과 교육안의 모든 것을 포괄하는 상위의 개념이며, 평생교육은 교육 시스템이 아니라 시스템의 전반적인 조직을 세우는 원리로 정의될 수 있다(조순옥, 2008). 「존재를 위한 학습」은 1970년대의 성인교육과 관련하여 다음과 같은 긍정적 평가를 받는다. 첫째, 그 시대의 어떤 작품보다도 교육에 대해 훨씬 더 총체적(holistic) 접근을 취했다. 그것은 그 시대의 가장 최신의 교육학적, 성인교육학적 문헌의 정점이었다. 둘째, Freire와 Knowles와 같은 그 시대의 중요한 저자들과 업적에 대하여 인정하였다. 셋째, 「존재를 위한 학습」은 모든 종류의 교육이 국제적으로 앞으로 나아가도록 구체적인 전략을 제공하였다(이희수, 2009).

1985년 파리에서 개최된 제4차 회의에서는 '학습권 선언'이 채택되면서 소수 엘리트를 위한학교교육 특권 시대에서 만인을 위한 학습권으로 패러다임이 변환되었다. 제5차 회의는 '미래를 위한 의제'로 중요한 시대적 관심사로서 세계화 문제가 집중적으로 논의되었다. 그러면서도 세계화와 지방화 간의 긴장 속에서 성인교육이 가야 할 방향으로 인간 중심적 성인학습을 제시하였다. 세계화의 지속적인 과정과 주변화의 긴장과 위협 가운데서 새로운 성인 학습에 대한 비전과 관점 변화를 요구하였다. 제5차 세계성인교육회의의 함부르크 선언은 교육권과 평생학습권에 대한 인정의 필요성을 강조하였다. 제6차 회의인 2009년 벨렘 실행계획(Belém Framework for Action, BFA)에서전 세계적 경제 위기의 배경 속에서 지속 가능한 발전을 강조하며 현대의 문화, 경제, 정치, 사회적 문제 해결을 위한 성인 학습의 필요성을 강조였다. 성인학습과 교육 영역을 총체적인 교육권(right to education)의 필수적인 일부분으로 인식하는 한편, 그 발전과정을 오늘날에도 여전히 유효한 방식으로서의 다섯 영역, 즉 정책, 거버넌스, 재정, 참여/포용성/형평성, 그리고 교육의 질 등으로 포착할 수 있다고 보았다. 2022년 6월 15일부터 17일까지 모로코 왕국의 마라케시에서 대면 및 비대면으로 개최된 제7차 세계성인교육회의에서는 2009년의 제6차 세계성인교육회의 이후 성인학습·교육에서 나타난 중요한 문제점과 진척 상황을 검토하고, 앞으로 12년–2030년과 그 이후– 동안 성인학습·교육의 발전을 위한 로드맵을 수립하였다. 코로나19 팬데믹의 장기적이고 구조적인 영향에 주목하여 녹색 전환과 디지털 전환이 불러일으킨 사회 및 직업 세계의 변화된 요구를 충족하기 위해 필요한 새로운 기술 습득(reskilling)과 직무 숙련도 향상(upskilling)에 대한 전략 수립에 초점을 맞추었다(유네스코, 2022).

성인학습·교육의 변혁적 힘을 활용하기 위한 제7차 세계성인교육회의 마라케시 실행계획에 서는 ① 변혁적 성인학습·교육을 위한 권고: 프레임워크 및 거버넌스 체계 수립, 성인학습·교육 시스템 재설계, 학습의 질 보장, ② 재원확대: 포용성 증진, 학습 영역 확대, ③ 법 제정 및 모니터링을 위한 국제 협력의 평생교육 방향을 제시하고 있다.

3) EU의 유럽회의

제2차 세계대전 이후 동·서냉전 시기를 거쳐 오는 과정에서 유럽사회가 갖고 있는 다양한 사회문제들을 해소하고 새로운 대안적 사회를 지향하려는 노력의 일환으로 Council of Europe 산하의 Council for Cultural Co-operation(CCC)은 1960년대 중반부터 1970년대 초까지 다양한 영속교육 프로젝트를 추진했다. '변화의 주체(an agent for change)'로서 영속교육은 당시 유럽 사회의 경제적·문화적 패러다임을 반영하는 것이다. 1960년대부터 유럽지역을 중심으로 형성되어 정착되기 시작해 온 '영속교육(permanent education)'이란 개념 또한 당시 사회경제적 요구와 개인의 요구를 교육에 적합하게 반영시키기 위한 해법으로 등장하였다

(이희수, 2009).

유럽회의에서는 1960년대 초까지 교육의 양적 확대를 주장했고, 회원국들의 교육에 있어서 양적 성장의 성과를 성취했다. 유럽회의는 현 교육체제가 ① 기존의 교육과 똑같은 모습으로 더 많이 제공(more of the same)하려고만 하고 있으며, ② 한 번 받은 교육으로 일생을 살아가게 하는 과정(once-for-all process)이기 때문에 한계를 보일 수밖에 없다는 문제에 주목하였다. 유럽회의는 교육이란 그들의 배경과 교육수준과 관계없이 적합한 교육기회를 제공하고, 변화하는 사회, 정치 환경에 적응할 수 있도록 하는 것이어야만 하며, 이를 위하여 교육은 지식을 획득하는 것과 관련된 '모든활동', 즉, 가정에서의 텔레비전 시청에서 전문 연구 활동까지, 청소년 센터조직에서 교사연수 개선 활동까지를 모두 포함하는 것이 되어야 한다고 주장하였다. 이를 바탕으로 '모든 사람의 능력과 연관되어 교육적 문화적 열망을 충족시키기 위해 설계된 종합적이고 일관되며 통합적인 교육체제'라는 의미의 '영속교육'을 제안하였다. 1966년 영속교육을 공식 정책 의제로 채택하고, 이를 정책으로 구체화할 실무 그룹을 구성하기 시작하였다. 그 결과 1970년에 영속교육과 관련된 그들의 최초의 보고서 「영속교육(Permanent Education)」)을 발간하였다. 최초의 보고서인 만큼 이후 유럽회의에서 영속교육과 관련된 프로젝트를 주관한 Bertrand Schwartz를 비롯한 유럽회의 교육정책 전문가들이 모여 영속교육의 개념에서 출발, 심리-사회학적 부분, 방법론적 부분에 대한 검토, 각 회원국들의 진행상황 등의 내용을 포괄적으로 담고 있다(조순옥, 2008). 영속교육의 설계사이자 프로젝트 디렉터인 Bertrand Schwartz(1974)는 'Permanent Education' 보고서에서 1960-70년대 유럽사회의 최근 사회적 경향을 ① 생산수단의 집중화, ② 의사결정과정의 집중화, ③ 노동분화의 증가, ④ 여가시간의 증가, ⑤ 재화 및 서비스 소비의 증가, ⑥ 정보의 폭증, ⑦ 교육 요구의 증가 등으로 정리하고 있다. 이 경향들은 21세기 유럽사회를 예측하고 준비하는데 고려해야 하는 사회 현상이다. 특히 그는 앞에 기술된 사회경제적 변화와 교육의 요구를 고려할 때 직업기술의 전문화와 ① 견실한 일반 직업교육훈련에 대한 사회적 요구,

② 삶의 질 향상에 따른 교육 요구의 증가, ③ (무상교육을 포함하는) 개인의 교육 요구에 대한 충족에 대한 사회적 책임 증대 등이 영속교육의 3대 주요 관심사라고 언급하고 있다.

Council of Europe(1970)은 영속교육을 모든 교육 형태 및 운영의 원칙이자 개념이며, 순환교육은 이를 실현하기 위한 전략으로 보고 있다. 영속교육을 "모든 사람의 능력과 연관되어 교육적 문화적 열망을 충족시키기 위해 설계된 종합적이고 일관되며 통합적인 교육체제"라고 정의하고 있다. Council of Europe(1975)은 영속교육의 기본 원칙으로 '순환성(recurrency)'을 들면서 직업과 교육 사이의 변경(alteration)이 가능한 유연한 제도로 의무교육과정 이후의 모든 교육과정에 적용해야 할 새로운 전략으로 삼았다. 이런 영속교육은 일 또는 여가활동과 연관되어 일생 동안에 걸쳐 모든 사람의 개별적 역량(personality)을 개발시키도록 돕는 역할을 하며, 각 개인이 지니고 있는 사회에 대한 책무로부터 영향을 받는다(Council of Europe, 1970, 1975).

1990년대 초반 이후로 EU에서는 평생학습을 주요 정책으로 채택하여 지식사회의 도래에 대응한 경쟁력 있는 유럽 만들기에 관심을 집중하고 있다. EU는 글로벌 지식기반경제 체제에서 유럽 경제의 경쟁력을 제고시킬 수 있는 수단으로서 평생학습을 활용하고 있다. 이러한 접근은 노동력의 유연화, 고용가능성, 교육·훈련에 대한 개인의 책임을 강조한다. EU는 1995년에 백서인 「교수·학습: 학습사회를 향하여」를 발표하면서 글로벌 지식기반경제 체제에서 유럽의 경쟁력 제고를 위하여 노동력의 유연화, 고용가능성, 교육·훈련에 대한 개인의 책임을 강조하였다. 이를 위하여 EU는 주로 실업 극복을 위한 인적자원개발과 적극적 시민정신 증진 차원에서 1996년을 '유럽 평생학습의 해'로 지정하였다. 이어서 '평생학습 메모랜덤'을 실현할 수 있는 EU 국가들의 실천 전략을 담은 실태 조사 보고서인 「유럽 평생학습실행 국가계획」(National Actions to Implement Lifelong Learning in Europe)을 2001년에 발표하여 추진하였다.

2. 주요국의 평생교육 체제

1) 스웨덴

1960년대 스웨덴에서 순환교육이 나타나게 된 가장 중요한 배경 요인 중의 하나는 '사회적안정'이라고 할 수 있다. 이러한 안정은 경제와 정치, 사회문화적 요인에서 찾을 수 있다. 첫 번째는 경제적 요인으로 세계대전 이후부터 1960년대까지의 경제 성장이었다. 이 시기는 역사상 전례를 찾아볼 수 없을 정도의 급격한 경제 팽창과 경제 호황의 시기였다. 1960년대 스웨덴은 이미 총 GDP 2백억 달러를 상회할 수준의 경제 성장을 이루었으며, GDP 경제 성장률 역시 1961년에 5.7%를 시작으로 1970년에는 6.5%의 성장을 보였다. 두 번째는 정치적 요인이다. 1932년 스웨덴 사회민주당이 집권한 이후 약 30년째 장기집권 중이었고, 이를 바탕으로 한 강력한 정치력은 스웨덴 정부가 각종 개혁정책을 큰 위기 없이 추진할 수 있게 하는 정치적 기반으로 작용하였다. 스웨덴 정부는 노동 분야와의 갈등 없는 수평적 관계를 유지하고 있었다는 점에서 더욱 강력한 정치력을 유지할 수 있었다. 세 번째 요인은 사회 문화적 안정이다. 스웨덴은 인종, 종교, 언어가 통일된 단일 국가를 유지해 오고 있었다. 따라서 사회 속에 잠재된 갈등 요소가 거의 없는 국가이었다. 이러한 요소들은 스웨덴 정부로 하여금 사회 전반의 개혁 정책을 적극적으로 추진할 수 있게 하는 원동력으로 작용하였다. 인종이나 종교 갈등과 같은 사회 문제가 나타나지 않은 것 역시 스웨덴 정부의 관심이 공공 서비스의 확충 정책에 관심을 기울일 수 있게 하였고, 이를 실현하기 위한 재정 투입이 가능할 수 있게 한 요인 중 하나라고 볼 수 있다. 위와 같은 경제, 정치, 사회적 안정을 바탕으로 스웨덴 정부는 전후 개혁 프로그램을 추진하기 시작했고, 이 프로그램은 1944년 스웨덴 의회에서 공식적으로 채택되었다. 전후 개혁 프로그램을 통하여 스웨덴 정부는 모든 개인들이 사회 복지의 혜택을 공유할 수 있도록 하는데 목표를 두고 실업보험, 연금, 공공 의료 서비스, 아동 수당, 주택 수당 등 중요한 복지제도를 실시하였다. 이 개혁 프로그램의 핵심은 바로 '교육'개혁이 높은 우선 순위를 차지하고 있다는 것이다(조순옥, 2008).

스웨덴의 교육개혁은 복지국가 건설이라는 국가 목표 아래 이루어졌다. 스웨덴 정부는 교육개혁을 서비스 정책이 아닌 분배 정책 차원에서 접근하였다. 이는 교육을 이에 참여하고자 하는 사람들에게 제공하는 서비스가 아니라 모든 사람들에게 고르게 분배하는 자원으로 규정하였음을 의미한다. 1957년 교육개혁준비위원회를 구성, 1962년부터 새로운 9년제 기초학교(grundskola)를 설립하여 젊은 세대들의 취학률이 급격하게 상승했다. 그럼에도 불구하고 이 시기까지의 교육 개혁은 먼저 젊은 세대의 학력 상승에 따른 세대 간 교육 격차 심화에 대응하지 못한다는 한계를 노출하였다. 이러한 한계에 대응하기 위하여 1968년 지방자치 정부마다 성인고등학교(Komvux)를 설치, 학교교육 기회를 가지지 못한 성인들을 대상으로 기초 문해교육 및 후기 중등교육 기회를 확대하는데 주력하였다. 이러한 활동을 통하여 중등교육까지의 교육 확대에 이은 고등교육 수준까지의 교육의 확대를 이루게 되었다. 특히, 과거에는 서로 무관한 관계였던 학교교육, 사회교육, 기업교육의 영역이 서로 통합하여 제도로서 확립될 필요성이 증가하였고, 이러한 요구가 고등교육의 개혁으로 이어져 1968년의 개혁안에 근거하여 1977년에 완성되었다. 이 개혁에서 '순환교육'은 개혁을 지탱하는 기본원리로 제시되고 있다. 스웨덴의 교육개혁 활동은 1960년대와 70년대 국제적 관심을 끌었다(조순옥, 2008).

〈표 7-2〉 스웨덴 교육개혁 활동

교육단계	개혁목표	실시 기간	새롭게 직면한 상황
초등, 초기 중등교육	모든 유형의 학교를 9년제 종합학교로 통합	1950 ~ 1970	9년제 Grundskda sole 학교모형 등장
후기 중등교육	인문학교와 직업학교의 합병	1960년대 ~ 1970년대 초	합병된 Gymnasieskola
eogkrrydbr	합리성, 직업화, 재구조화	1960년대 초 ~ 1970년대 말	

출처: World Bank, Major Reforms of the Swedish Education System 1950-1975 (Staffing Working Paper No. 229) (Washington D.C: The World Bank, 1978), 4.

2) 독일

독일에서 평생교육 개념은 다양하게 정의되고 있는데 일반적으로 평생교육은 초·중고등학교로 구성된 정규교육 이수 후 전 생애에 걸쳐 이어지는 조직적인 학습이라고 정의된다. 평생교육은 내용 측면에서 다양한 영역을 포함하고 있는데 크게 직업과 관련된 내용을 다루는 직업평생교육(berufliche Weiterbildung)을 비롯해 일반 언어, 교양 관련 내용을 다루는 일반평생교육(allgemeine Weiterbildung), 성인계층 대상 정치교육 내용을 다루는 정치평생교육(politische Weiterbildung), 문화평생교육(kulturelle Weiterbildung)의 영역으로 세분화 된다. 이 외에 대학원생이나 특정집단을 대상으로 고등교육 기관이 제공하는 학문적 평생교육(wissenschaftliche Weiterbildung) 역시 평생교육의 주요 분야로 인식되고 있다(Weinberg, 2000). 독일은 국가와 국민을 위해서라는 명확한 목표로 평생교육체제를 1950년대부터 구축해왔으며 초등교육, 중등교육, 고등교육과 더불어 평생교육을 정규교육의 한 부분으로 중요하게 다루고 있다. 독일 연방 및 주 정부의 강력한 지원으로 효율적인 평생교육시스템을 구축하여 초등학교(Grundschule), 중고등학교 등 일반 교육시설과 종합대학교(Università), 시민대학(Volkshochschule), 기업, 지역 민간단체 등에서 평생교육이 광범위하게 이루어지고 있다. 또한 평생교육에 대한 전문연구기관인 독일 성인교육 연구소(Das Deutsche Institut für Erwachsenenbildung)를 설립해 평생교육과 관련된 수많은 연구프로젝트를 수행해 오고 있으며, 평생교육의 발전을 위한 다양한 정책방안도 제시하고 있다. 최근에는 평생교육의 범주에 속하는 독일의 직업(재)교육 체계는 청년일자리 창출과 실업 문제 해결에 가장 훌륭한 모범사례로 꼽히고 있다(김춘식, 2017).

제도적인 의미에서 독일의 평생교육은 1919년에 제정된 '바이마르 제국헌법'(Weimarer Reichsverfassung)에 규정된 성인교육으로부터 시작되었다. 오늘날까지 지속되고 있는 시민대학은 19세기 중후반 노동자 교육연맹에서 기원한 공공강좌단체와 19세기 말에 일어난 대학 확산운동의 영향으로 설립되었고, 교육제도로써 시민교육을 후원한다는 바이마르 제국헌법 18조를 통해 법적인 정당성을 확보하였다. 1947년 12월 브란덴부르크 지방의회(Landtag in Brandenburg)에서 '평생교육의 국가화와 공교육화'를 목표로 독일 최초의 '시민대학법(Volkshochschulgesetz)'이 의결되었다. 이 법은 또한 독일의 민주사회에 이성적인 참여자로서의 성인을 교육하고 학령에 무관하게 직업교육과 전문교육, 그리고 예술교육을 계속 받을 수 있도록 규정하였다. 반면, 1950-60년대에 들어서면서 독일 교육계에 평생교육의 의미와 정당성에 대한 논쟁이 촉발되기도 했으며, '독일 평생교육의 상황과 과제'라는 전문의견서가 도출되기도 하였다. 이 의견서에서는 독일의 평생교육이 '교육을 통한 자아실현이라는 인문적 전통과 현대 직업사회의 요구와의 연관성' 아래 이루어져야 한다는 점과 '피교육대상은 머리(지능)가 아니라 인간'이라는 점이 강조되었다. 또한 이 의견서는 그 이전까지는 개인의 문제였던 평생교육을 국가 주도의 장기적인 프로젝트로 전환하는 데에 큰 기여를 하여 독일 평생교육의 전환점이 되었으며, 이때부터 평생교육은 보수적인 독일 공교육의 범위 안에 광범위하게 수용되었으며, 반드시 직업과 삶에 현실적인 도움이 되어야 한다는 인식이 생겨나게 되었다.

1960-70년대 이후 사회적 변화 과정에서 평생교육은 독일 교육체제를 구성하는 주요한 요소로서 뿌리내리기 시작하였다. 급속하게 변화하는 사회 환경 속에서 초·고등학교 학령기 교육을 기반으로 다양한 영역에서 요구되는 역할을 수행하는 것이 불가능하게 되면서 새로운 프레임과 접근법을 필요로 하는 교육의 필요성이 강조되었다. 이에 학령기 교육 이후 개인의 삶의 상황에서 직면하는 다양한 문제를 해결하기 위해 상시적인 학습이 필요하였다. 결과적으로, 변화하는 상황에서 상시적으로 파생되는 문제를 해결하고 보다 나은 삶을 영위하기 위해 전 생애 차원의 지속적이고 체계적인 학습의 필요성이 적극적으로 제기되었다(강구섭, 김진희, 2019). 1970년대에 들어와 독일 정부의 독일교육심의회는 이 의견서를 기조로 구체적인 교육구조개혁안을 제시하였다. 이 개혁안은 평생교육을 초중등 일반교육, 직업교육, 대학교육과 함께 '네 번째 공교육의 중추'로 세우는 것을 주요한 정책의 목표로 설정하였으며, 직업교육과 연계된 계속교육(Weiterbildung)이라는 용어를 공식적으로 제시하였다. 나아가 평생교육과 사회의 긴밀한 연계를 강조한 이 계획안은 교육 휴가제(Bildungsurlaub)와 학점은행제의 확대, 평생교육의 학교교육에 대한 보상기능 강조 등의 혁신적인 정책을 제안하였다. 1970년대 중반까지 독일의 평생교육은 시민대학을 중심으로 이루어졌으며, 시민대학은 독일의 각 지역에서 성인교육센터의 역할을 수행하였다. 1980년대에 와서는 사회경제적 요구와 사회의 다원화 및 개별화로 인해 직업교육 분야에서는 비약적인 발전이 있었다. 반면 1960년대 이래 꾸준히 주장되었던 인문교양교육과 정치교육은 다소 약화되기도 하였다. 하지만 1990년 독일이 재통일을 이룬 이후에 동독과 서독의 사회통합과 동독인의 사회적응을 목표로 평생교육은 다시 활성화되었다. 이러한 독일의 평생교육 정책방안은 평생교육 수혜의 영역과 경로를 다양화했으며, 국민들의 직업능력을 향상시켜 독일의 국가 경쟁력을 제고하는 데에 크게 기여했다(김춘식, 2017).

일반적으로 독일의 평생교육은 경제적 역동성과 개인의 삶의 질 향상을 위한 기회 제공이라는 목적 하에 첫째, 교육활동에 대한 동기강화, 둘째, 직업교육과

인문교육의 동등한 가치 인정을 위한 연계성 강화, 셋째, 평생교육 관련 수업 강화, 넷째, 교육단계 및 교육범위의 이동성 증진, 다섯째, 교육과 삶의 지원을 통한 시민의 결속력 강화 및 시민사회 구축, 여섯째, 평생교육의 절차와 영향에 대한 지식전달과 인식, 정보 향상을 주된 기능으로 하고 있다(유진영, 박성희, 2017). 평생교육의 유형은 제공자, 참여자, 예산 형태 등에 따라 다양한 유형으로 구분되는데, 평생교육을 제공하는 제공자가 참여자를 어떻게 규정하는가에 따라 폐쇄형 평생교육과 개방형 평생교육의 양대 축으로 구분된다. 폐쇄형 평생교육은 해당 평생교육 영역에서 종사하거나 소속된, 제한된 대상자를 대상으로 평생교육을 실시하는 분야를 의미하고, 개방형 평생교육은 특정한 집단에 속한 제한된 대상자가 아닌 성인을 비롯한 전체 평생교육 대상자를 대상으로 하는 것을 의미한다. 폐쇄형 평생교육은 다시 공무원 대상 등의 공공평생교육, 기업·산업 평생교육, 협회·연합체 평생교육, 기타 평생교육으로 구분된다(Lenzen, 2001). 반면, 개방형 평생교육은 공공단체(연방, 주, 지자체 등)에 의해 운영되는 공공 평생교육과 공공이외의 분야에서 추진하는 비공공 평생교육으로 구분된다. 공공 평생교육은 연방, 지방, 지자체 등의 공공에 의해 운영되는 평생교육과 공중파 방송(라디오, TV)에 의해 추진되는 평생교육으로 구분된다. 비공공 평생교육은 영리목적이 아닌 비영리 목적을 가지고 있는 자유 단체(교회, 노조, 정당)에 의해 추진되는 평생교육, 영리를 목적으로 하는 상업 단체 평생교육, 기타 임의단체에 의해 운영되는 평생교육(노년교육)으로 구분된다. 기타 재정 측면, 직업인 혹은 비직업인 등에 따라 평생교육의 영역을 분류하기도 한다. 내용 측면에서는 크게 직업 평생교육과 일반평생교육으로 구분할 수 있다. 직업 평생교육은 기존의 직업수행자의 역량계발을 위한 계속교육, 이직을 위한 전직교육, 새로운 직업역량 습득을위한 직업현장 교육으로 구성되어 있다. 일반 평생교육은 인문, 교양, 언어 등의 내용영역을 다루는 일반평생교육과 시민의식 관련 내용을 다루는 정치평생교육으로 구분된다.

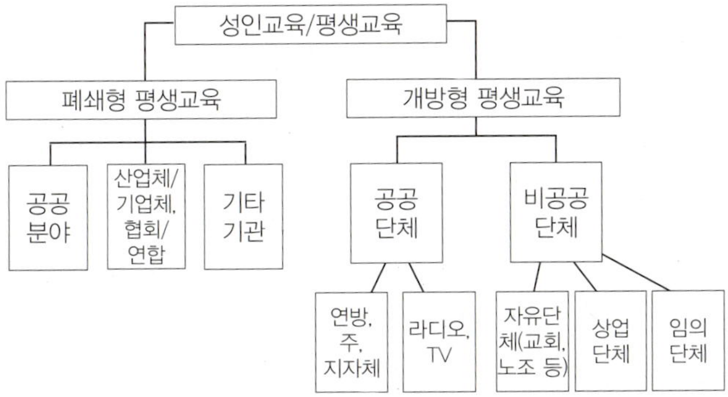

[그림 7-1] 독일의 평생교육 체제

출처: Lenzen(2001) p. 417.

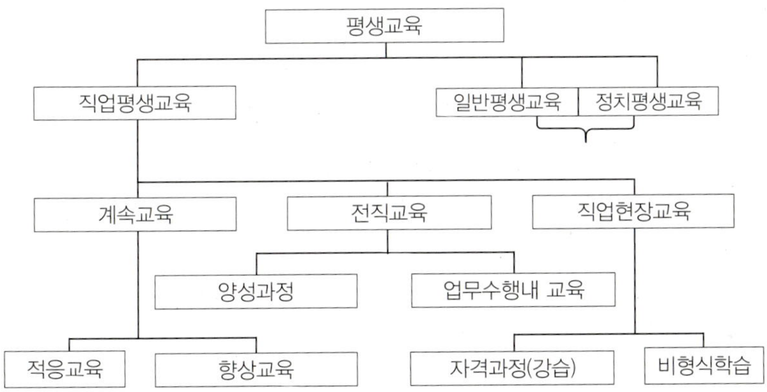

[그림 7-2] 독일 평생교육의 내용 체계

출처: Bathge, M. 외(2002), p. 88.

독일의 평생교육체제는 전체 평생교육 체제를 대표하거나 포괄하는 체제가 있는 것이 아니라 다양한 집단, 단체에 의해 구성되어 있다. 즉, 초중등 교육, 고등교육이 공공재원을 바탕으로 연방과 지방이 주도적 역할을 수행하는 방식으로 운영되는 것과 달리 평생교육은 특정한 주체가 아닌 상이한 단체, 사회 조직, 기업 등 다양한 행위자에 의해 전체 제체가 구성·운영되고 있다(Arnold et al., 2001). 국가는 법적 기반을 확보하고, 그에 따라 일정한 재정지원(일반 평생교육은 주 단위, 직업평생교육은 연방 단위)을 담당하는 역할을 하는 가운데 하나의 단일 체제가 아닌 다양한 사회 집단, 조직이 각자 기관의 이해를 적극적으로 대변하는 과정에서 형성된 체제를 기반으로 평생교육이 실행되고 있다(강구섭, 김진희, 2019). 독일의 교육은 직업교육체제가 잘 구축되어있으며, 독일식 이원직업교육제도는 평생교육에도 그대로 적용되고 있다. 독일 정부가 시행하고 있는 '직업계속교육을 통한 실업자구제 프로그램(AQUA)', '교육상여금', '교육휴가청구권' 등과 같은 제도적, 정책적 지원은 모범적인 평생교육 시스템 적용 사례라 할 수 있다(김춘식, 2017).

또한 독일에서는 평생교육의 질적 제고를 위한 인증체제를 연계한 평가 정책을 취하고 있다(Bilger, et al., 2017). 유럽 직업교육 및 훈련 품질 관리 프로그램(EQAVET), 독일 직업교육 및 훈련 품질관리 프로그램(DEQA_VET)을 통해 평생교육의 체계적인 질 관리를 추구한다. 독일의 평생교육은 개별적 차원의 접근에 따른 한계를 보완하기 위해 유럽 차원의 대응을 지속적으로 강화함으로써 질적 제고를 시도하고 있는 것이다(BMBF, 2015). 또한 이러한 프로그램이 현장에서 실제로 시행됨으로써 평생교육의 질관리가 이뤄질 수 있도록 현장의 실제 사례 공유, 독일자격체계(GQF; German Qualification Framework)의 현장 적용 방안 공유, 프로그램 질 관리 모델의 중소규모 회사 적용 방안 공유 등의 지원 프로그램을 추진하고 있다. 이 외에 연방 및 주정부는 평생교육의 모니터링 및 평가를 통해 이러한 프로그램이 학습자의 경력개발(career development) 뿐 아니라 노동시장에 끼친 영향을 체계적으로 분석함으로써 질 제고를 추구한다(강구섭, 김진희, 2019).

또한, 독일은 평생교육 활성화 전략으로 평생교육의 참여를 위해 직접적으로 요구되는 재정지원뿐 아니라 평생교육의 지속적 참여가 원활하게 이뤄질 수 있는 제반 여건을 형성하는 것을 중요하게 인식하고 있다. 평생교육 참여를 통한 지속적 역량 개발이 개인의 소득뿐 아니라 실업율 감소에도 영향을 미친다는 것을 고려하여 평생교육 참여 촉진을 위한 재정 관련 과제가 추진되고 있다(Haberzeth & Kulmus, 2013). 평생교육 참여가 활성화될 수 있도록 기존의 유급교육휴가가 법적으로 명문화되는 동시에 그러한 제도가 실제로 기능할 수 있도록 지원을 강화하고 있다. 또한 일부 주는 수요자 중심의 직업교육 추진을 활성화하기 위해 기존의 교육바우처 제도를 강화하고 있다(Lattke, 2014). 뿐만 아니라 평생교육과 관련된 주요 기관 간의 협력, 조정, 연계를 통해 현장 필요에 기반을 둔 평생교육이 추진될 수 있도록 하기 위해 평생교육 추진체제를 강화하고 있다. 이러한 소통체제는 다양한 수준에서 이뤄지는데, 경영자대표, 노동조합, 독일연방주, 연방정부 대표자 등으로 구성되어 직업교육 및 훈련과 관련된 핵심적인 사항을 다루는 독일정부의 법정자문단 성격을 가지고 있는 연방직업교육연구원(BIBB) 이사회와 연방정부의 전문가위원회(Expert Committee)를 비롯해 평생교육혁신위원회(Innovationskreis Weiterbildung) 등이 통합적으로 참여한다(Schiersmann et al., 2014). 특히 소외계층을 비롯한 다양한 계층에 대한 체계적 전달이 원활히 이뤄질 수 있도록 정보 제공 기능을 보완하였다(Schiersmann et al., 2014). 이를 통해 참여자의 필요에 따른 프로그램 접근성 강화를 위한 상담체제(Beratung)가 강화되고 있다. 즉, '평생교육컨설팅: 상담전화와 인터넷사이트 프로그램'이 추진되어 개인의 필요를 반영한 프로그램에 접근할 수 있게 하고 특히 사회복지사를 통한 프로그램 전달 등이 추진되고 있다(강구섭, 김진희, 2019).

3) 미국

미연방의 교육 관련 법에 나타나는 평생학습 관련 개념으로는 성인교육(adult education), 성인 기초교육(adult basic education), 계속교육(continuing education), 중등후 교육(post-secondary education), 평생학습(lifelong learning) 등과 같은 것들이 있다. '성인교육'과 '성인 기초교육'이라는 용어의 정의가 명확하게 나타나게 된 것은 1966년의 초등·중등교육법의 개정에 의해서 제정된 '성인교육법'을 통해서이다. 이 법 규정에 따르면, '성인교육이란 18세 이상의 자들로서 중등교육 단계의 졸업 자격증을 지니지 않고, 현재 학교에 등록하고 있지 않은 성인을 대상으로 실시되는 대학 수준보다 낮은 단계의 교육을 지칭하는 것'으로 정의되고 있다. 또한 '성인 기초교육은 영어를 말하고, 읽고, 쓰는 능력이 부족하기 때문에 능력에 부합되는 직업을 얻거나 유지하지 못하는 성인에 대해서 실시되는 교육을 말하며, 이와 같은 능력 부족을 해소하고, 나아가서 타인으로부터의 의존 경향을 제거하여 직업훈련에 도움이 될 수 있는 능력을 향상시킴으로써 보다 생산적이고 유리한 고용기회를 창출하고, 나아가서 성인으로서의 책임을 제고할 수 있는 교육'을 의미하는 것으로 정의되었다(U.S. Congress, 1971). 한편, '계속교육'이라는 용어는 1930년대 후반 Kellog 재단과 Minnesota 대학에서 사용되기 시작하여 중등교육 단계 이후의 성인을 대상으로 하는 대학 수준의 교육, 더 나아가 대학확장을 대신하는 개념으로서 1970년대에 미국에서 정착하였다(Knowles, 1977). 한편, 성인교육 및 계속교육이라는 용어와 함께 미연방법 상에 나타난 평생학습 관련 용어로서는 '중등후 교육'이 있다. '중등후 교육'이라는 용어는 특히 고등학교 졸업자를 대상으로 형식적 교육기관에서 실시하는 형식적, 비형식적 교육활동을 지칭하는 개념으로 사용하였다(日本 社會教育學會, 1988).

2차 세계 대전 이후부터 모든 시민들을 위한 교육기회를 확대하고자 하는 노력이 가시화되기 시작하였다(Peterson et al., 1979). 평생학습, 특히 성인교육과 관련된 의미 있는 선행 법으로서 간주할 수 있는 것으로서는 1847년의 농업 확장 서비스법(Agriculture Extension Service Act), 그리고 흔히 G.I. 법이라고도 일컬어지고 있는 군 제대자들의 교육기회를 확대하기 위하여 제정된 1944년의 제대군인 적응법(Servicemen's Readjustment Act) 등과 같은 관련 법들이 있었다(DeSanctis, 1979; Development Associates, 1979). 한편 고등교육법에 있어서도 초등 및 중등교육법에 속해 있는 성인교육법과는 다른 차원에서 평생학습과 관련된 법이념이 발달되어 왔다. 원래 1965년의 고등교육법(P.L. 89-329)은 '대학의 교육자원을 강화하고, 중등 후 교육 및 고등교육에서의 학생에 대한 연방 차원의 재정 지원을 목적'으로 제정되었다(U.S. Congress, 1965).

평생학습법은 Minnesota 주의 상원 의원이었던 Mondale이 1975년 10월 제94

차 의회에서 제안한 '평생학습 법안(Life-time Learning Act)'이 법제화된 것이었다(Cassara, 1979). 이 법안은 평생학습에 대한 연방 차원의 지원을 강화하고, 국가적인 차원에서 실시되고 있는 평생학습 관련 프로그램 및 활동에 관한 정보를 수집하고 전파하는 데 중점을 두었다. 미 의회는 Mondale 법안을 검토하는 가운데 평생학습에 대한 정의와 교육부서 내에 새롭게 독립적일 '평생학습 부서'를 설치하는 것에 대해 많은 논의를 거듭하였다(Rohfeld, 1990). 결과적으로 법안의 검토과정에서 당초의 Mondale 법안은 상당한 정도로 수정되었으며, 원래의 법안과 수정된 법조항의 중요한 차이점으로는 평생학습이라는 용어가 Life-time Learning 대신에 Lifelong Learning이라는 용어로 수정된 점, 교육부서 내에 평생학습부를 두고자 하는 조항이 삭제되었다는 것, 그리고 평생학습의 개념에 대한 정의 규정을 없애고, 그를 평생학습의 범위로 대체시켰다(Peterson et al., 1979).

4) 일본

일본의 평생교육은 생애학습이라는 개념을 내세우는데, 학습은 생애에 걸쳐 자유로운 의지에 기초하여 행해지는 것이고, 자신에게 맞는 수단과 방법에 따라서 행해지는 학습자 중심의 교육임이 명확히 드러나도록 생애교육이 아닌 생애학습이라는 용어를 사용하게 되었다(박미현, 이미예, 허균, 2021). 일본의 생애학습은 모든 사람이 생애에 걸쳐 배우는 모든 학습, 즉 학교교육, 사회교육, 문화활동, 스포츠 활동, 여가 활동, 자원봉사활동, 기업 내 교육, 취미 등, 다양한 장소 다양한 기회에 실시하는 학습을 의미한다. 생애학습 사회를 지향하는 생각, 이념 자체를 나타내는 말로 생애학습의 포괄성을 강조한다(文部科学省, 2004). 뿐만 아니라 일본은 이러한 생애학습 사회의 실현(생애에 걸쳐 배움의 기회가 제공되고 배움의 결과가 적절하게 평가되는 사회의 실현)을 ① 교육, ② 과학기술·학술, ③문화·스포츠 진흥을 통한「인재·교육·문화대국」과「과학·기술·창조 입국」이라는 문부과학성의 사명을 실현하기 위한 최우선 과제로 설정하고 이를 위해 구체적인 정책을 제안하고 실천하고 있는 나라이다. 뿐만 아니라 일본은 1990년대 후반에 이르러서야 '만인을 위한 생애학습' 정책을 도입하기 시작한 유럽과 아시아 각국으로부터 주목을 받으며 '생애학습을 일상생활에서 실천하고 있는 선도적인 나라'이다(Longworth & Davies 1996).

일본에서 생애학습이 국가의 중요정책으로 등장하게 된 것은 '생애학습 체계로의 이행'을 기본 이념으로 하는 1984-1987년 임시교육심의회의 답신이라고 할 수 있다. 1990년 2월에는 중앙교육심의회의 '생애학습 기반정비에 대해'라는 답신으로 '생애학습 진흥을 위한 시책 추진체제 정비에 관한 법률(약칭 '생애학습진흥법')'을 제정하고 1990년 8월 생애학습진흥법 10조로 당시의 문부성에 생애학습심의회를 설치하였다. 생애학습심의회는 2000년까지 5기에 걸쳐 답신과 심의 결과를 발표하고 지역사회의 다양화, 고도화와 정보화에 따른 학습지원 서비스의 구축을 기본으로 지역사회 활성화를 추진하였다(澤野, 1999). 구체적으로 학습기회의 제공, 학습기회에 관한 정보의 수집·정리·제공, 학습수요에 관한 조사연구, 지도자 연수, 관계기관·단체의 원조 등을 도도부현 교육위원회의 사업으로 하고, 조례에 따라 생애학습심의회를 설치할 뿐 아니라 특정지구에 대해 민간사업자의 능력을 활용하여 학습기회의 종합적 제공을 위한 구상을 실현할 수 있도록 중앙과 지방의 생애학습추진체제를 정비하였다. 2001년에는 문부과학성의 생애학습국을 생애학습정책국으로 개칭하고 부처내의 주무국으로 재편·강화하여 생애학습 활성화를 꾀하고 있으며, 지역과 민간의 생애학습추진을 지원하기 위해 생애학습정책국을 창구로 하는 지역정책실과 민간교육사업실을 설치하고 생애학습 종합정보지 '마나비(배움)'를 통해 생애학습에 관한 정보를 제공하고 있다. 지방공공단체에서는 행정조직을 정비하고 생애학습진흥계획을 세워 생애학습추진센터를 통해 생애학습에 대한 정보를 제공하고 있으며, 전국 생애학습시정촌 협의회를 연계하여 다양한 정보교환과 인재교류를 실시하고 있다. 모든 도도부현에는 생애학습담당부과가 설치되어 있으며 생애학습의 총체적인 추진 사항을 심의하기 위한 생애학습심의회도 37도 도부현에 설치되어 있어 생애학습진흥을 위한 중장기적인 기본계획과 기본구상을 책정하고 있다. 뿐만 아니라 거의 모든 시정촌에 생애학습담당부과가 설치되어 있으며 '생애학습 마을·도시' 선언을 하고 생애학습의 진흥에 노력하고 있는 시정촌도 180지역에 이른다. 또한 학습정보의 제공과 학습상담, 학습수요의 파악, 학습프로그램의 개발을 하는 각 지역의 생애학습진흥 거점인 '생애학습추진 센터' 시설도 41개에 이르고 있으며, 1999년 11월에 전국 생애학습 도시 건설을 추진하고 있는 시정촌들의 연계를 통하여 정보교환과 인재교류 등의 네트워킹을 추진하기 위해 발족한 '전국 생애학습 시정촌 협의회'에 216의 시정촌이 가맹하여 활발한 활동을 전개하고 있다. 2003년 3월 중앙교육심의회의 답신 '새로운 시대에 맞는 교육기본법과 교육진흥기본계획방안'에서는 근년의 사회정세의 변화로 ① 소자녀화·고령화사회의 진전, ② 고도정보화의 진전과 지식사회로의 변화, ③ 산업·취업구조의 변화, ④ 글로벌화의 진전, ⑤ 과학기술의 진보, ⑥ 가정과지역교육력의 저하를 지적하고 생애학습을 통한 대응방안의 필요성을 강조하였다(中央教育審議会生涯学習分科会, 2004).

생애학습을 진흥하는 데 있어 중시해야 할 관점으로 첫째, 국민 전체의 인간력 향상, 생애학습에서의 새로운 공공시점의 중시, 셋째, 생애단계별 우선과제를 명확히 하여 자원의 효율적인 활용을 중시하는 생애 단계별 정책 중점화, 넷째, 국민 한 사람 한 사람의 학습 요구에 따른 다양한 학습 전개, 다섯째, IT의 활용을 들고 이를 위한 추진체제를 활발하게 정비하고 있다. 특히 생애학습에 있어 주민참가, 지역특성, 네트워크 행정 등을 키워드로 다양한 학습지원체제를 구축하고 있다(辻田óãûð, 2004). 지방 분권화 시대에서의 지방의 재량권과 자주성을 확대하기 위해, 구조개혁 특구제도를 신설하고 간소하고 효율적인 행·재정시스템을 구축하여 규제에 관한 권한을 중앙성청에서 지방자치제로 이양하는 임파워먼트(empowerment)로 지역 역량을 강화한다는 것이다(김미란, 2005).

지역 역량의 강화를 위해 생애학습이 긴요한 이유로는, 먼저 생애학습이 활성화되는 것 자체가 지역을 활성화시키는 중요한 요인이며 생애학습을 통해 활력이 넘치는 시민을 육성함으로써 시민의 네트워크가 다른 모든 영역의 기반이 된다

는 점을 들고 있다. 둘째, 각 도도부현과 시정촌이 안고 있는 쓰레기처리 문제, 자연·환경보호, 노인 개호·복지 등의 다양한 현대적 과제는 주민 스스로가 학습하고 이해하여 주도적으로 대처하는 것이 가장 효과적이므로 생애학습 참가가 불가결하다는 것이다. 셋째, 지역 만들기는 시설과 같은 하드웨어보다는 사업 프로그램 등의 소프트웨어가 중요한 만큼 다양한 영역에서의 주민 활동의 축적, 인간관계의 확대, 지역 만들기를 위한 리더와 지원자의 양성자가 시급한 문제로 대두되어 생애학습의 역할이 더욱 크다는 점이다. 넷째, 지역사회가 가지고 있던 지연적인 공동체 기능이 약화되면서 지역 교육력 강화의 수단으로 생애학습이 효과적이라는 것이다(生涯学習と地域づくり研究会, 2004). 1987년 임시교육심의회 제3차 답신에서도 지역 활성화를 위해 '도시 전체에서 생애학습을 추진하는 체제를 전국에 정비한다'고 제언한 바 있다. '생애학습을 추진하는 지역 만들기'를 활성화하기 위해서는 다양한 학습의 장을 정비, 학습 프로그램을 개발하고 학습활동이 사회생활 속에서 활용될 수 있는 환경의 정비, 지역의 시설과 인재의 효율적인 활용, 학습활동을 지원하는 사회적 생활기반의 정비에 주력할 필요가 있음을 강조한 것이다(김미란, 2005).

경기불황으로 인한 고용문제

직업능력의 향상 ⇨

- 학교: * 배움의 의사와 방법 기술을 교육
  * 직업관의 육성
  * 봉사활동, 체험활동을 통한 사회성, 직업의식, 정조관 등의 육성
- 대학, 전문대학: *커리어 업(career up) 학습지원
  *사회인 학습의 교육내용과 방법의 개선
  *재학생의 학습의욕을 환기시키기 위한 인턴쉽과 유관기관과의 연계방안 모색
  *사회인의 직업능력샹상을 위한 원격교육의 충실
- 사회교육시설: *직업능력향상을 위한 학습기회 확충
  *대학과 전수학교 직업훈력시설과의 연계
  *강좌내용과 시설의 개선, 개관시간의 연장
- 도서관: *비즈니스 지원을 위한 서비스 충실
  *유관기관과의 연계 강화
- 민간사업자: *직업능력개발에 관련된 자격 질의 확보
- 기업: *근무시간의 탄력화 등 학습활동 참가환경 정비
- 학습자지원: *교육훈련급부금 등을 통한 학습자지원 충실경기불황으로 인한 고용문제

가정과 지역의 교육력 저하

가정의 교육력 향상 ⇨

- 학교: * 아동과 학생의 보육체험의 충실
  * 학부형의 강좌 개설
- 사회교육시설: * 가정교육 관련 기회의 제공
  * 가정교육관련 강좌의 개설과 충실
- 도서관: * 육아 지원을 위한 서비스 충실
- NPO: * 육아 지원을 구체적으로 추진(행정과의 연계 필요)

지역의 교육력 향상 ⇨

- 학교: * 방과후 주말 학교개방
  * 사회교육시설과의 연계 강화
- 사회교육시설: * 청소년 체험활동의 충실
  * 성인 지도자를 위한 학습기회의 확충
  * 학습활동의 사회 환원을 강화
- 민간사업자: * 직업능력개발에 관련된 자격의 질 확보
- 도서관: * 아동의 조사 학습 서비스 지원
  * 자원봉사의 자질 향상 서비스의 충실
- 박물관: * 아동에 대한 대응 강화, 지역 학습자원의 제공
- NPO: * 사회참여 지원의 추진(행정과의 연계 필요)
- 기업 교육시설 및 스포츠 시설: * 사회자본으로 활용

고령화에 따른 사회보장문제

고령화 대책 ⇨

- 사회교육시설: *고령자의 건강대책 충실
  *고령자 학습프로그램의 개발
  * 고령화 사회에서의 학습성과의 활용
- 도서관: *고령자를 위한 서비스 충실

지역활성화를 위한 지역과제

지역과제의 해결 ⇨

- 학교: *방과후와 주말의 학교개방
- 대학: *연구 교육의 측면에서 지역과제의 해결
- 사회교육시설: *학습기회의 충실
- 도서관: *지역 니즈(needs)에 따른 서비스 충실
  *지역 독자의 콘텐츠 발신
- 박물관: *향토문화의 진흥, 자연환경학습과 관광거점을 위한 전시기획 능력의 향상
- 지역만들기 지원실: *2004년 1월 문부과학실에 설치된 지원실의 충실

[그림 7-3] 일본의 생애학습 중점시책 방향

출처: 中央教育審議生涯学習分科会(2004b). 「今後の生涯学習の振興方策について(審議経過の報告)

Part 2.

평생교육의 실제

8장
지역사회 평생교육

평생교육의 이론과 더불어 실제 현장에서 지역사회 평생교육이 어떻게 이루어지는지 살펴보는 것이 중요하다. 따라서 본 장에서는 평생교육의 실제에 있어 지역사회 평생교육을 살펴보고자 한다.

1. 지역사회 평생교육의 이해

1) 지역사회 평생교육

(1) 지역 사회

우리가 살고 있는 지역사회는 주거 공간, 경제, 정치 활동의 무대일 뿐만 아니라 교육환경을 제공한다. 지역의 자연, 건물, 오락시설, 도로, 공장, 사무실, 가옥 등의 생활환경은 우리의 생활뿐만 아니라 언어, 행동, 사고방식, 감정 등에 큰 영향을 미친다. 주민들은 그 지역의 역사와 경제적, 정치적, 문화적 환경의 영향을 크게 받으며 학습도 하고 생활도 하고 있는 것이다(양은아, 김재웅, 2003). 지역사회란 전통적으로 촌락, 마을, 씨족사회 등이 변형되면서 사회학적인 용어로 지역사회라는 전문용어로 채택되었다.

맥키버(MacIver, 1951)는 지역사회를 "인간의 공동생활이 이루어지는 일정한 지역"이라고 하였는데, 이 정의에는 지역성과 공동성이라는 두 가지의 지역사회 개념이 함축되어 있다. 지역성에 있어서는 지정학적 위치, 지리적 구분, 인구, 도시구조, 생활 양식 등 생태학적인 여러 현상, 계층, 직업분포, 산업구조, 사회제도, 사회기관 등의 지역적인 사항을 들 수 있다. 공동성에 있어서는 인간관계, 의식구조, 가치관, 사회의 정서적 분위기, 생활태도, 교육형태, 협동체제 등의 주로 인간적인 사항을 들 수 있다. 지역성과 공동성이 통합을 이룰 때 이것을 지역사회 발전이라고 부른다(곽삼근, 2001).

버나아드(Bernard, 1973)는 지역성이 기본이 되는 'the community'와 공동성 중심의 'community'를 구분한다. 원래 'community'의 어간인 'common' 또는 'communal'은 '공동의' 또는 '공동자치의'의 뜻으로, 커뮤니티는 일정 지역에서 주민들이 공동정신으로 결합되고, 공동정신으로 사회생활 활동에 참여하는 장으로 생각되었다(곽삼근, 2001).

(2) 지역사회와 평생교육

'지역'은 평생학습을 실현하는 공간이자 평생교육 정책이 현실화되는 기본 단위로서 중요한 의미를 지닌다. 따라서 지역사회는 나름대로의 교육력을 가지고 있는 가정과 학교와 함께 평생학습의 중요한 공간의 기능을 수행한다고 할 수 있다. 학습도시(learning cities), 학습공동체(learning communities), 학습지역(learning regions) 등에서 지역이 포괄하는 의미는 평생학습을 구현하는 현실적 공간으로서 정책적으로 중요한 의미를 갖는다(양유정, 양은아, 2022; Faure et al., 1972; Longworth, 2000; OECD, 2001).

주민들은 실제로 일상생활의 공간인 지역사회에서 평생학습을 체험하게 된다. 따라서 평생학습정책은 지역사회에 기반을 두어 추진되어야 하며, 지역에서 언제나 계속적인 학습이 일어날 수 있도록 학습 환경과 조건을 정비하여야 한다. 즉, 지역을 하나의 학습공동체로 만들어 가는 것이 필요한데, 이를 위해서는 평생학습의 지역화가 강조될 수밖에 없다. 지역사회의 모든 주민과 집단으로 하여금 그들의 지식과 기능과 태도를 끊임없이 개발하도록 자극하고 그 기회를 제공하는 학습사회가 실현되어야 하는 것이다. 평생학습의 지역화 정책은 결국 지역평생학습 체제구축을 기반으로 하여 추진되고, 지역평생교육은 지역공동체, 즉 '나'가 아닌 '우리'의 성장과 발전을 겨냥하는 활동으로 이해될 수 있다. 학교·가정·지역사회·기업 등 지역의 모든 교육 기반이 하나의 종합적인 체제인 평생학습체제를 구축하게 되는 것이다. 이 평생학습체제 구축의 궁극적인 목적은 삶의 질 향상과 경쟁력 확보를 통해 지속가능한 지역발전이라고 할 수 있다. 즉, 개인적 차원에서는 개인의 능력 향상과 삶의 질 향상을 목적으로, 사회적 차원에서는 지역의 경제적, 사회적, 문화적, 정치적 발전을 목적으로 지역평생교육이 강조되고 있는 것이다(교육인적자원부·한국교육개발원, 2001; 배영주, 2014; 이병호, 2009; Jarvis, 1983).

지역평생교육은 개념적 혼란이 해소되지 못한 불분명한 개념 중 하나로, 종종 실천 및 연구에 오해와 혼란을 불러일으키는 개념으로 지적되곤 한다. 특히

'지역'을 어떻게 규정하는가에 따라 몇 가지 상이한 의미로 구분될 수 있는데, 먼저, '지역'은 강원도, 청주시, 장성군, 동대문구 등 뚜렷한 물리적 경계를 지닌 공간(region) 혹은 행정구역(district)으로, 평생교육이 수행되는 지리적 단위 혹은 물리적 경계에 해당한다. 이 경우 지역평생교육의 활성화는 해당 지역에서 평생교육이 얼마나 활발하게 이루어지는지, 다시 말해 얼마나 많은 평생교육 기회(opportunity)가 제공되며 얼마나 많은 지역주민들이 그러한 기회에 실제로 참여(participation)하는지 그 규모의 크기로 평가되며, 이는 종종 다른 지역, 특히 중앙에서 이루어지는 평생교육 기회나 참여 규모와 상대적으로 비교·평가되곤 한다. 한편, 이와는 전혀 다른 차원의 '지역'에 주목할 경우 지역평생교육은 전혀 다른 의미를 갖게 되는데, 지역을 물리적 경계나 행정구역이 아닌 지역공동체(community)로 보면 지역평생교육은 '지역공동체의 성장과 발전을 겨냥하는 평생교육'으로도 이해될 수 있다. 이때의 지역은 평생교육이 이루어지는 수행 공간이 아니라, 교육을 통해 나름의 성장과 발전을 도모해 나가야 하는 또 하나의 교육 '주체'로 상정된다(김종서, 주성민, 1990; 배영주, 2014; 오혁진, 2006; 홍숙희, 2010; Jarvis, 1983). 즉, 지역평생교육이란 '지역사회(community)'를 장(場)으로 이루어지는 지역사회 주민을 대상으로 지역사회 문제해결과 관련된 평생교육과 지역사회 주민의 학습요구를 충족하기 위한 목적의 평생교육이라고 할 수 있다. 이러한 지역평생교육은 독특한 특성을 갖는데, 그것은 지역사회영역(community area)이라는 지리적 공간성을 기반으로 이루어지는 것과 지역사회 주민(community people)이라는 특정 대상을 중심으로 이루어지는 교육이라는 것이다. 뿐만 아니라 지역사회교육의 목표와 성과가 지역사회문제(community problem) 해결과 지역사회의 변화와 발전에 기여한다는 것이다(양흥권, 2017; 정복임, 2021).

지역사회 교육의 개념에는 지역사회의 공동체적 성격, 지역사회의 자원활용, 평생학습, 지역사회의 성장과 발전이라는 요소가 포함된다. 지역사회교육은 공동체를 형성할 수 있는 일정한 지역의 주민을 대상으로 지역사회의 모든 교육적 자원과 역량을 동원하여 평생교육을 통한 자기성장의 기회를 제공하며, 지역사회의 문제를 공동의 노력으로 찾아내고 그 문제를 지역사회의 통합적 노력으로 해결하고 충족시키는 과정으로도 정의할 수 있다. 이때, 지역사회 공간은 주민 생활에 영향을 주며 또한 주민의 의지에 따라 재배열되고 재형성된다. 지역사회 기반 평생교육은 지역사회의 문화적·역사적 특수성과 정체성에 대한 시민의식을 확산하기 위해 지역의 원형과 지역학에 대한 인문학적 각성을 통한 시민의 문화역량을 강화하고 지역의식을 함양하고 있다(곽삼근, 2001; 김경년, 강경애, 황정숙, 2018; 이은미, 진성미, 2014; Markus, 2010).

이러한 지역사회가 평생학습의 장(場)으로 기능하기 위해서 필요한 요소들을 야마모토(山本慶裕, 1995)는 다음과 같이 기술하고 있다. 첫째, 지역전체의 협력이 중요하다. 평생학습 프로그램은 교육 분야뿐 아니라 복지, 노동, 주택 등의 다양한 분야와의 협력이 필요한바, 이를 가능하게 하기 위해서는 도시 행정의 광범위한 협력이 중요하다. 둘째, 다른 영역의 활동과 학습활동과의 연계가 이루어져야 한다. 예컨대, 일본의 가케가와시에서는 학습이 학습으로 그치는 것이 아니라 지역 사업을 활성화시키기 위한 의사결정에 영향을 미치고 있다. 우리나라에서도 시민단체들이 환경운동이나 시민운동, 교육운동을 하고자 할 때 교육 프로그램을 강조하는 것은 이와 같은 맥락에서 이해할 수 있다. 셋째, 평생교육 프로그램 가운데 가장 큰 약점이라고 할 수 있는 정보 부족에 대한 문제가 해결되어야 한다. 이 점에서 지방신문, 라디오, 지역 TV 방송국 등이 학습전략을 전개하는 데에 중요한 열쇠를 갖고 있다고 할 수 있다. 이러한 점을 고려하여 평생교육법에서도 지역 평생교육정보센터의 설치를 규정하고, 지역별 평생학습센터가 교육의 공간뿐 아니라 정보제공의 역할을 하여야 한다고 강조하고 있다(양은아, 김재웅, 2003).

지역발전이란 자아실현과 경제적 경쟁력 제고, 사회적 통합이 모두 포함되는 총체적인 발전을 의미하는 것이다. 주민들은 실제로 일상생활의 공간인 지역사회에서 평생학습을 체험하게 된다. 따라서 평생학습정책은 지역사회에 기반을 두어 추진되어야 하며, 지역에서 언제나 계속적인 학습이 일어날 수 있도록 학습 환경과 조건을 정비하여야 한다. 즉, 지역을 하나의 학습공동체로 만들어 가는 것이 필요한데, 이를 위해서는 평생학습의 지역화가 강조될 수밖에 없다. 지역사회의 모든 주민과 집단으로 하여금 그들의 지식과 기능과 태도를 끊임없이 개발하도록 자극하고 그 기회를 제공하는 학습사회가 실현되어야 하는 것이다(교육인적자원부·한국교육개발원, 2001; 이병호, 2009).

2) 평생학습도시

(1) 평생학습도시 개념

지역평생교육 활성화에 대한 교육계의 관심은 계속되어 왔으나, 지자체의 관심은 2000년 초에 본격화되었다. 여기에는 두 가지 정부 차원의 변화가 결정적인 계기로 작용하였는데, 2008년『평생교육법』전부 개정을 통해 그동안 교육감에게 있었던 평생교육 진흥 책무가 자치단체장에게로 이양된 것이 그 하나이며, 또 다른 하나가 국가평생교육진흥원에 의해 2001년부터 지속적으로 추진되고 있는 '평생학습도시' 사업이다. 지역사회를 중심으로 이상적 평생학습사회 실현의 가능성을 보여주는 시도가 '평생학습도시(lifelong learning city)'라는 이름으로 단위지역을 배경으로 전개되었다. 평생학습도시 사업은 평생교육이 사회 차원에서 종합적으로 이루어지는 정책이다. 행정 단위로서의 도시를 배경으로 해당 도시 내에 존재하는 교육과 학습에 관련된 총체적 자원의 동원과 재구조화를 통하여 모든 시민의 자유로운 학습이 가능한 평생학습체제를 구축함으로써 시민의 성장과 도시의 발전을 동시에 이루고자 하는 도시를 말한다(이병호, 2009).

평생학습도시의 개념 정의와 관련하여 롱워쓰(Longworth, 1999)는 평생학습도시란 기본적 번영, 사회안정, 개인의 행복에 있어서 학습이 주요한 역할을 한다는 것을 인정하고 이해하는 도시로서 모든 시민의 안전한 인간적 잠재력을 개발하는데 인적 자원, 물적 자원, 금융 자원을 동원하는 도시라고 정의하였다. 국내에서 평생학습도시는 21세기 지식기반사회에 요구되는 노동인력 양성, 시민사회 시민으로서의 자질, 윤리가치에 대한 적절한 판단을 할 수 있는 개인적 능력, 공동으로 일할 수 있는 사람간의 관계 기술 등을 익히는 새로운 유형의 인적자본개발과 사회자본 구축을 목표로 하는 개념으로 정의하고 있으며, 평생학습도시는 도시의 총체적 역량을 동원하여 시민의 학습활동과 도시를 활성화하려는 두 가지 목적을 동시적으로 추구하는 이상적인 학습사회로서의 도시를 의미하는 것으로도 정의하고 있다(김남선, 안현숙, 2006; 신경희, 2002; 홍성우, 김종래, 2013).

(2) 평생학습도시 추진 배경

범세계적으로 평생학습도시 조성사업이 확산되면서 우리나라에서도 '평생학습진흥 종합계획'에서 지역단위의 평생학습도시 조성사업이 제안되었다. 지역주민들의 교육 욕구 충족을 위해 지방자치단체, 학교, 공공도서관, 주민자치센터, 시·군·구민회관 등 다양한 기관에서 개별적으로 실시하고 있는 평생교육 프로그램들을 협력·공유함으로써 교육서비스의 질을 향상시켜 주민들의 만족도를 제고시키기 위한 목적으로 평생학습도시 조성사업이 2001년 9월부터 시작되었다(허정무, 홍진욱, 2016).

교육인적자원부가 평생학습도시 조성사업을 추진하게 된 배경은 다음과 같다.

첫째, 시대적 변화에 대한 적극적 대응의 성격을 지닌다. 지식의 급속한 팽창과 지식 수면 주기의 단축, 그리고 인간 수명의 연장에 따라 사람은 일생동안 생활양식이 전혀 다른 여러 사회를 살아갈 수밖에 없게 되었다. 둘째, 지식기반사회, 지식기반경제 시대를 맞이하여 지역의 존속과 발전을 위해 새로운 지식과 지역문화 창달이 요청되고 있다. 지식환경의 변화에 따라 급속히 확대되고 있는 인적, 물적 교류 현상은 지역 단위의 치열한 경쟁체제를 만들어 내고 있다. 셋째, 지역의 학습 자원이 급속히 확충되고 있어 이들의 효율적 활용이 중요한 문제로 대두되고 있다. 이미 학교에는 학교 평생교육의 개념이 도입되어 있을 뿐 아니라 각 정부 부처와 지방자치단체는 도서관 및 평생학습관 청소년회관 주민자치센터 시민회관 문화의 집, 복지관 여성기술센터 등 평생교육을 주요 기능으로 하는 다양한 공공시설을 지역에 급속히 확충해 나가고 있다(김승욱, 2010).

평생학습도시로 선정된 지방자치단체는 지역 내 평생학습자원간 네트워크를 구축하여 지역주민의 평생학습을 활성화하고 지역사회의 변화와 발전을 도모하는 사업을 추진하도록 유도하였다. 평생학습도시 컨설팅 사업, 평생학습도시 네트워크 구축 사업, 학습결과 표준화 사업 등을 통해 지속적인 변화와 발전을 도모해왔다. 즉, 시·군·구에서는 학습을 지역사회 발전의 핵심 원리로 채택하여 지역주민의 학습활동을 지원하고 촉진할 수 있는 환경을 조성한다. 평생학습도시를 지정하고 일정한 사업비를 지원함으로써, 평생학습 도시는 평생교육을 통해 시민들의 삶의 질을 높이고 역량을 강화하여 지역을 발전시키고, 더 나아가 국가의 역량을 강화시킨다. 교육인적자원부는 이러한 노력이 원활히 추진될 수 있도록 재정적 지원과 함께 전문적 지원을 시행하여 평생학습을 지역사회 발전의 핵심 원리로 채택하고 지역주민의 학습 활동을 지원, 촉진할 수 있는 환경을 조성한다(김승욱, 2010; 허정무, 홍진욱, 2016).

3) 필요성

평생학습의 참여자는 지역주민이다. 뒤르껭의 사상은 인간의 신념과 도덕은 사회의 특성과 밀접한 관계가 있고 사회가 변할 때마다 교육에서 형성하고자 하는 이상적인 인간상이나 도덕이 변하여온 이유는 인간의 삶과 도덕이 공동생활에서 연유되기 때문이라고 간파하였다. 자신만의 이익보다 타인의 이익에 동조하도록 해주는 것이 바로 사회이다. 평생교육을 사회적인 관점에서 본다면 교육은 필연적으로 '인간의 지역사회인화'과정이다(곽삼근, 2001; 권인탁, 2014; Cropley, 1980).

또한 문화예술에 대한 지역민의 관심을 평생교육의 문화예술 프로그램을 통하여 충족시킬 수 있다. 문화예술 활동은 인간의 전 생애, 전 삶의 공간에서 미적 창의성 예술 역량을 발휘하여 자기이해, 사회소통 및 문화적 성장을 지향하는 행위로 우리의 삶을 풍요롭고 유익하게 한다. 문화예술 활동은 개인에게 안정감, 자기효능감, 자기주도성, 성취감과 같은 정서와 인격형성에 도움을 줄 뿐만 아니라 사회구성원의 의사소통의 도구로 무한한 잠재력을 지니고 있다(곽삼근, 2016; 김경년, 강경애, 황정숙, 2018; 양병찬, 2009; 정연경 외, 2014; 하미경, 윤동열, 2014; 한국교육개발원, 2016; 현은령, 2012).

이제 지역평생교육에 대한 일반행정의 참여가 법적으로 보장됨에 따라 지역평생교육의 계획과 시행은 지방자치단체의 책임과 의무가 되었다. 주민자치센터와 같은 지역사회에서 시행되는 평생교육은 와해되고 있는 지역공간에서 이방인으로 구성된 도시의 주민들에게 주민 간 연대를 이끌 사회조직체가 될 수 있다. 전근대사회에서는 지역사회가 공동사회이고, 공동사회가 곧 지역사회를 의미할 수 있었으나, 현대는 그렇지 않다. 과거와 달리 지역성과 공동성 간에 불일치 내지는 괴리현상까지 나타나고 있는데, 지역성은 확대되어가는 경향이 있고, 공동성은 점점 희박해져가는 것이 현실이다. 특히 생명과 환경의 위기 시대에 사회문제에 대한 공동적인 인식과 이를 해결하려는 공동적인 노력은 작은 지역사회로부터 생태계를 공유하고 있는 전 인류 공동체로까지 더욱 절실히 요청되고 있으며, 평생교육은 이에 주도적인 역할을 하여야 한다. 평생교육은 시민들이 관심을 갖는 학습주제를 매개로 자발적인 참여와 관계 형성의 기회를 제공한다. 더구나 지역사회 기반 평생교육은 지역주민이 지역사회 정보와 문제를 공유하고 공동체의 가치를 경험하는 기회를 제공한다(곽삼근, 2001; 권인탁, 2014; 김승욱, 2010).

지역단위 평생교육은 개인적 차원의 참여 목적을 넘어 지역공동체 의식을 형성하는 주민 간 의사소통 신장을 위한 공공 의례를 창출하는 제도적 장치가 될 수 있다. 주민자치센터 등에서 실시되는 평생교육은 지역주민에게 삶의 재미를 덧붙이는 제도로 발전하고 있으며 문화교실 등 각종 문화예술 프로그램은 주거의 질을 향상하는 요소가 되고 있다. 지역의 평생학습 프로그램을 통한 학습동아리 활동은 사회자본 형성에 영향을 준다. 콜만(Coleman, 1988)은 사회자본을 사회구조

속에서 행위자가 이용할 수 있는 특별한 자원이라고 하였다. 그에 따르면, 사회자본은 행위자들의 관계 속에서 형성되며 신뢰, 네트워크, 규범 등으로 구성된다고 하였다. 사회자본은 개인과 공동체의 삶을 풍요롭고 유익하게 만드는 여러 가지 기능을 한다. 지역사회 기반 평생교육(community-based lifelong education)은 공동체 형성을 위한 이웃을 식별할 수 있게 물리적 범위를 한정시켜 주어 지역성 복원을 위한 토대가 될 수 있다(김경년, 강경애, 황정숙, 2018; 오혁진, 2006; 이경아, 2008; 이창기, 고영상, 박경호, 2010; Coleman, 1988; Putnam, 2000).

지식기반사회에서 평생교육의 필요성에 대한 논의는 다섯 가지, 즉 지식경제론, 변화속도론, 생애주기상의 역할 배분론, 적극적인 복지정책, 그리고 '사회결속론'의 관점에서 제시되고 있다. 사회결속론 관점에서 평생교육은 미래 사회에서 교육격차가 야기할 수 있는 사회 응집 측면의 문제를 해소할 수 있는 유효한 대안으로 볼 수 있다. 이는 비교적 공동성과 매우 밀접하게 연결된다고 볼 수 있으나, 본질적으로 이상의 다섯 가지 관점은 인력개발중심 평생교육의 최근 경향을 강하게 반영하고 있다고 볼 수 있다. 지식기반사회는 사람, 교육이 중심이라는 인식, 추구해야 할 인간상 중 더불어 사는 인간, 공동체의식이 강한 도덕적 인간, 그리고 환경을 보호할 줄 아는 인간 등은 상당히 공동성을 강조하는 덕목으로 볼 수 있다(강태중, 1999; 곽삼근, 2001; OECD, 1997).

2. 지역사회 평생교육의 실제

1) 지역 평생교육 정책 변화 과정

지역 평생교육정책이란 지역사회(community)에서 이루어지는 평생교육사업과 관련된 정책을 의미한다. 우리나라의 평생교육 정책은 주로 정부와 수도권 등을 중심으로 생각하기 쉬운데, 대부분의 평생교육은 지역사회를 중심으로 이루어지고 있는 것이 현실이다.

우리나라는 광복 이후 평생교육정책의 전개과정을 크게 세 단계 즉, ① 1945년 광복에서 1950년대, ② 1960년대에서 1970년대, ③ 1980년대에서 1990년대의 3단계로 나누어 살펴볼 수 있다. 1945년의 광복에서 1950년대의 평생교육은 교원의 양성과 재교육, 성인교육을 통한 문맹퇴치와 한글 보급, 공민학교와 고등 공민학교의 제도화, 문맹퇴치 5개년 계획의 추진, 농촌계몽 활동과 농촌문고 설치 등의 성인기초교육에 초점이 맞춰져 있었다. 1960년대에서 1970년대까지는 재건 국민운동과 마을문고, 사설강습소, 향토학교와 새마을 교육 운동의 전개, 도서관의 법제화와 정비 확충, 미취학 및 근로 청소년 교육의 추진, 해외교포 교육에 대한 관심의 증대 등의 계속 교육이 이루어졌다. 1945년~1970년대까지는 정부주도의 지역사회 평생교육 정책이 주로 이루어졌으나 1980년대 이후 정책에서는 지역사회 관련 정책이 나타났다. 1980년대에서 1990년대까지는 평생교육이 확립된 시기로 평생교육의 헌법 조항 신설과 사회교육법 체제의 정비, 방송통신대학의 발전과 개방대학의 신설, 독학에 의한 학위 취득제 실시, 대학의 평생교육, 각종 문화센터나 회관의 평생교육, 기타 사회교육 시설의 확충 등이 이루어졌다.

1980년대초에 개정된 「대한민국 헌법」은 제31조 제5항에 "국가는 평생교육을 진흥해야 한다."고 규정하여 국민의 평생학습권을 선언하였다. 이를 기초로 정부는 1983년 사회교육법령을 공포하였으나 국민의 평생교육을 진흥하기 위한 추진체제가 미흡하여 실효성이 없다는 평가를 내리고, 1995년 5.31 교육개혁안에서 '사회교육법'을 폐지하고 '평생교육법'을 제안하였다. 정부는 국민의 평생교육 진흥을 위한 추진체제와 전문 인력양성 체제를 포함시켜 1999년 8월 31일 평생교육법을 제정하고, 2000년 3월에 평생교육법을 공포·시행하면서 지방평생교육진흥의 책임을 교육감에게 부여하였다. 그런데 우리나라의 행정체제는 대부분의 외국 국가와는 달리 일반행정과 교육행정이 이원화된 체제로 운영되고 있기 때문에 학교교육에 집중된 정책을 추진하는 시·도 교육청이 일반행정과 관련된 기관 및 단체에서 이루어지고 있는 평생교육에 대해 행·재정적 지원을 하는 데는 한계가 있는 것으로 지적되어 왔다. 이에 정부는 2007년 12월 14일 평생교육법을 전부 개정·공포하고, 2008년 2월 15일 시행하였다. 주요 골자는 종전 시·도 교육청이 수행했던 지역평생교육 진흥업무를 일반행정 기관에 해당하는 시·도와 시·군·구 지방자치단체가 책임지도록 하고, '협의'를 통하여 교육청이 지방평생교육에 참여하게 하는 내용이다. 광역단위 지역평생교육체제의 구축을 위한 국가 수준의 법률적인 정비가 이루어짐에 따라 시·도 지방자치단체들은 지역평생교육진흥을 위한 법규와 계획을 수립하고, 조직과 제도를 정비하고, 예산을 확보하여 인적·물적 인프라를 구축하고 있다. 그런데 지역평생교육을 위한 국가수준의 법규정비가 이루어졌음에도 불구하고, 각 시·도의 지방평생교육진흥을 위한 조직과 제도의 정비 및 예산 확보가 매우 미진하며, 추진 상황과 속도도 지역별로 상당한 차이가 있다(강일규, 2001; 교육개혁위원회, 1996; 권인탁, 2014).

현재 평생교육법령에 의한 평생교육전담기구는 중앙수준의 국가평생교육진흥원과 시·도 수준의 평생교육진흥원, 그리고 시·군·구 지역에 설치·운영되는 평생학습관이다. 평생교육법령에는 명시되지 않았지만 평생학습도시로 선정된 기초자치단체들은 지역주민의 평생학습기회를 제공하기 위하여 조례에 의한 평생학습센터를 설치·운영하고 있다(교육법전편찬회, 2011; 권인탁, 2014).

2) 지역사회 평생학습 전담기구

(1) 국가평생교육진흥원

「평생교육법」 제19조에 의하면, 평생교육진흥원은 평생교육진흥을 위한 지원 및 조사 업무, 국가평생교육진흥 기본계획 수립의 지원, 평생교육 프로그램 개발의 지원, 평생교육사 및 평생교육 종사자의 양성·연수, 평생교육기관 간 연계체제의 구축, 시·도 평생교육진흥원에 대한 지원, 평생교육 종합정보시스템 구축·운영, 「학점인정 등에 관한 법률」 및 「독학에 의한 학위취득에 관한 법률」에 따른 학점 또는 학력인정에 관한 사항, 학습계좌의 통합 관리·운영 등의 사업을 수행한다.

(2) 시·도 평생교육진흥원

평생교육법에서 광역지방자치단체장인 시·도지사는 지역평생교육의 계획과 시행을 위한 평생교육의 제공자로서, 조정자로서, 촉진자로서의 책임과 의무를 수행하도록 규정되어 있다(평생교육법 제5조). 이러한 시·도지사의 평생교육진흥 업무를 수행하는 전담기구는 시·도 평생교육진흥원이며, 그 주요 업무로는 해당 지역의 평생교육기회 및 정보의 제공, 평생교육 상담, 평생교육프로그램 운영, 해당 지역의 평생교육기관간 연계체제 구축, 그 밖에 평생교육진흥을 위하여 시·도지사가 필요하다고 인정하는 사항 등이다. 「평생교육법」 제20조에 의하면, 시·도 평생교육진흥원 임무는 해당 지역의 평생교육기회 및 정보의 제공, 평생교육 상담, 평생교육 프로그램 운영, 해당 지역의 평생교육기관 간의 연계체제 구축, 그 밖에 평생교육진흥을 위하여 시·도지사가 필요하다고 인정하는 사항 등이다. 특이 사항으로 평생교육진흥원에는 평생교육사 1급 소지자를 포함하여 5명 이상의 평생교육사를 배치해야 함을 법령으로 명시하고 있다.

(3) 시·군·구 평생학습센터

평생교육법령은 시·군·구청장이 평생학습관을 설치·운영하도록 규정하고 있으나(법 21조), 평생학습센터의 설치·운영은 규정하지 않고 있다. 하지만 평생학습도시로 지정받은 시·군·구청은 기초자치단체의 평생학습계획의 수립과 실행, 평생학습기관 간 네트워크, 평생교육 프로그램 개발 및 운영, 평생학습정보제공, 평생학습상담 등을 총괄하는 전담기구의 필요성 때문에 평생학습센터를 설치·운영하고 있다. 시·군·구의 평생학습센터는 지역 내의 도서관, 학교, 평생교육시설, 각종 복지관, 사회체육문화시설, 기업 및 산업체 등과의 네트워크를 통하여 지역의 평생학습프로젝트를 실행한다.

(4) 평생학습관

2008년에 개정된 평생교육법 제21조에 의하면, 교육감 뿐만 아니라 시장·군수·자치구의 구청장도 평생학습관의 설치 또는 재정적 지원 등 해당 지방자치단체의 평생교육을 진흥하기 위하여 필요한 사업을 실시할 수 있도록 규정하고 있으며, 이를 위해서 조례를 제정하여 실시하도록 규정하고 있다. 다만 교육감은 평생학습관을 설치 및 지정할 수 있으나 기초자치단체장은 지정권한은 없고 설치 지원만을 할 수 있다. 평생학습센터는 2003년 전주시가 최초로 설치하였으며, 2006년 82개의 평생학습도시 중 20여 자치단체가 평생학습센터를 설치·운영하고 있다.

3) 지역사회 평생교육의 국내 운영 사례

(1) 여성사회교육기관

여성사회교육기관은 여성사회교육을 전담하거나, 여성을 주 대상으로 사회교육을 추진하는 기관, 그리고 기타 여성이 참여하는 교육기관을 의미한다. 여성 평생교육의 목적은 여성의식을 함양하고, 여성의 능력과 자질을 개발하여 사회참여를 확대하고, 자기충족감을 갖게 하여 자아를 실현시킴으로써, 여성의 삶의 질을 높이고, 여성의 인간화와 지위향상을 도모하여 궁극적으로 평등사회를 실현하는 데 있다(곽삼근, 김재인, 최운실, 김경희, 2000).

남양주시 종합복지관은 남양주시에 거주하는 18세 이상 여성을 대상으로 기술교육, 취미, 교양, 체육교육을 실시하고 여성의 사회참여 활성화와 잠재능력개발, 건전 여가활동을 도모하는 데 목적이 있다. 여성회관의 사업은 크게 사회교육기능을 갖는 사업(기술기능 교육, 취미교양 교육, 사회의식 교육)과 복지기능을 갖는 사업(자원활동센터 사업, 상담 사업, 취업안내 사업)으로 대별된다(양은아, 김재웅, 2003).

(2) 주민자치센터

주민자치센터는 지역주민에게 행정서비스를 제공하는 일선기관으로 지역공동체 형성과 지역주민의 자치능력 강화를 통해 지역 사회문제 해결을 목적으로 하는 기관이다. 주민자치센터는 주민에게 접근성이 용이한 장점을 활용하여 문화□여가와 생활편의를 제공하는 주민복지기관으로 자리매김하고 있다. 또한 문화·여가 프로그램 운용하여 주민들이 자발적으로 참여하여 이웃주민과 인간관계를 형성하여 상호작용할 수 있는 여건을 조성한다(김정헌, 박명호, 2006).

구리시·남양주시의 주민자치센터를 대상으로 연구한 양은아, 김재웅(2003)을 참고할 때, 일반적으로 주민자치센터는 기관의 여유공간을 교육 공간으로 활용하고 있으나, 대부분 평생교육 프로그램 운영을 위한 공간이 부족하고 협소하여 다른 평생교육기관에 비해 시설면에서 열악하다고 할 수 있다. 교육프로그램에서도 지역 내 다른 평생교육기관 뿐만 아니라 인접 주민자치센터에도 프로그램이 중복되어 운영되고 있어 경쟁력이 부족하다. 주민자치센터에서 프로그램을 기획하는데 가장 우선시 되어야 할 것은 지역주민들의 필요에 부응하는 다양한 프로그램에 있어야 하나, 주민자치센터의 프로그램은 내용적으로 극히 제한적이고 다른 기관에서 실시하고 있는 프로그램의 일부를 그대로 운영하고 있어 주민자치센터로서의 특성을 살리지 못하고 있다(양은아, 김재웅, 2003).

(3) 지역사회학교

학교의 평생교육 책무성은 전문적 책무성과 고객지향적 책무성의 범주 속에서 학교가 전문성을 가지고 지역사회 평생교육에서 지역사회의 필요에 부응하는 노력을 의미한다. 지역사회의 삶의 질을 제고하기 위한 노력의 주체로서 학교는 국민교육기관으로서의 책무성이 있다. 지역사회학교란 지역사회를 바탕으로 그 지역사회 주민을 위해서 또는 지역사회 발전을 위해서 세워지는 학교이다. 즉, 지역사회학교는 지역사회차원에서 이루어지고 있는 평생교육으로 학교가 소속해 있는 지역사회의 발달 및 지역사회차원에서 학교와 지역사회 주민들이 긴밀한 협조를 이루어 생활중심의 교육적 필요를 충족하는 것을 목적으로 한다. 지역사회학교는 지역사회교육의 프로그램이라는 다양한 형태로 구체화하여 실천할 수 있는 조직체계로 본다. 그러므로 지역사회학교는 이러한 지역사회교육을 실천하는 가장 적절한 기관이다. 즉, 지역 내 자원인 기존의 학교 시설을 개방하여 활용하는 것이다(김종서, 주성민, 1990; 김향식, 최은수, 2009; 김희아, 기영화, 2009; Kerensky & Melby, 1971).

교육기본법 제9조와 2007 개정 평생교육법 제29조에도 학교의 평생교육 책무성을 명시하고 있다. 국내 연구에서 지역사회 내의 평생교육은 여러 형태의 기관에서 이루어질 수 있으나 공공학교가 가장 효과적인 촉매기관이며, 지역사회의 필요에 의하여 지역사회 안에 세워진 학교의 주인은 지역사회이며, 학교는 지역사회 전체의 삶의 질 향상을 위하여 지역사회 주민 전체를 대상으로 하는 교육기관이어야 한다고 정의하였다(김주선, 2002; 김희아, 기영화, 2009; 최상근, 2006; 황종건, 1996).

① 초·중등학교를 이용한 평생교육

해방후 문해교육이나 1970년대 새마을운동과 관련해 지역주민의 의식계몽과 같은 활동이 있었지만, 초·중등학교가 지역주민을 위해 교육시설을 본격적으로 개방한 것은 1990년대 중반이후 지역 주민들에게 지역사회교육 관련 학습이 활용되기 시작하면서부터이다. 특히 평생교육법의 시행으로 학교부설 평생교육원이 설치되고 실시되었다. 이러한 점은 단순히 학교의 시설물을 지역주민들에게 개방하는 차원에서 벗어나 지역사회의 평생교육에 대한 요구에 부응하며, 학교의 우수한 시설과 인력을 활용하여 평생교육 프로그램을 운영하는 것을 의미한다.

초·중등학교를 이용한 평생교육 프로그램은 첫째, 지역주민의 삶의 질을 향상시키고, 지역사회를 발전시키는 데 교직원들의 지식과 기능을 최대한 활용하는 것이다. 둘째, 학교공간과 유휴시설을 활용하여 평생교육을 실천함으로써 학교의 사회화 기틀을 마련하는 것이다. 셋째, 지역사회 주민들에게 평생교육기회와 지역의 문화센터로서의 역할로 평생교육을 정착시키는 것이다.

② 대학 시설을 이용한 평생교육

대학은 지역사회의 다른 평생교육기관에 비해 지니는 장점이 많다. 각 분야마다 전문지식과 역량으로 무장된 전문가 집단을 보유하고 있고, 교육시설의 활용면이나 학위와 자격증 부여 등 행정 절차와 운영 면에서도 유리한 면을 지니고 있다. 대학의 이념에 교육과 연구 이외에 '봉사'라는 이념이 포함되는 것은 대학의 인적, 물적 자원을 지역사회에 개방하여 주민들에게 다양한 교육의 기회를 제공하라는 미션(mission)과 관련이 있다(손승남, 2015).

우리나라의 대학평생교육의 특성변천은 1900년부터 현재까지 출발기, 발전기, 확산기, 전환기 등의 네 개의 시기로 구분된다(양흥권, 2019; 정복임, 2021).

출발기는 1900년에서 1970년대 후반까지의 시기에 해당하는데 이 시기는 일반인 대상의 우편형식의 정규교육이 제공된 시기이다. 발전기는 1980년부터 1999년까지의 시기이다. 이 시기는 사회교육법제정으로 대학 내 평생교육기관 설치가 이루어지고 단과대학 별로 최고경영자과정이 운영되고, 학점은행제 과정의 운영이 시작된 시기이다. 확산기는 2000년부터 2007년까지의 시기로 이 시기는 「평생교육법」이 제정되고 대부분의 대학에 「평생교육원」이 설치되었으며, 「학점은행제」과정의 활성화가 전개되고 「시간제등록제」의 활성화가 이루어진 시기이다. 그리고, 전환기는 2008년 이후부터 현재에 이르는 시기로 교육부에서 다양한 비전통적 학습자 대상의 학위과정 운영이 이루어지고, 대학의 체제개편을 통하여 교육과정 운영이 성인친화적으로 추진된 시기이다. 2008년 발표된 「제2차 평생교육진흥계획(2008-2012)」에 '평생학습 중심대학을 통한 성인 전기·중기 평생학습의 내실화 추진 방안'이 포함되면서 국민 평생교육 진흥의 주체로서 대학의 역할이 부각되기 시작하였다. 특히 최근에 수립된 「제4차 평생교육진흥 기본계획(안)(2018~2022)」에서도 대학 평생교육기구를 활용한 지역사회 문제해결 및 인재육성을 지원하기 위한 비학위과정의 운영을 제시하는 등 대학-지역사회 간의 상생

발전을 도모하는 과제가 제시되고 있다. 대학 시설을 이용한 평생교육 프로그램은 대학과 지역사회와의 관계에 있어서 교육적 봉사를 제공하는 역할을 하고, 특히 지역사회 발전의 측면에서 지역주민의 지역과제와 생활과제를 해결할 수 있는 능력과 지역주민 개개인의 원만한 성장을 원조한다(교육부, 2008, 2018). 이처럼 대학평생교육은 각 시기에 따라 상이한 목적으로 상이한 대상에게 상이한 형식과 내용의 교육과정 운영이 이루어져 왔다.

우리나라 대학에서 지역사회교육의 출발은 1971년 계명대학교가 지역사회에 대한 봉사 차원에서 주부대학 강좌를 개설하면서부터 시작하여 여러 대학에서 주민들을 위한 시민 강좌 형태의 지역사회교육활동이 대학시설을 이용하여 전개되었다. IMF이후 경제적 어려움으로 인하여 급증한 실직자들을 위해 서비스, 정보통신, 공예, 농업, 어업, 광업, 섬유 등 분야에서 재교육 프로그램으로 확대되었고, 2000년 이후 대학이 지역주민의 평생교육을 보장해야 할 중요한 책무 수행과 관련해 지방자치단체 또는 산업체 등과 협력해 네트워크를 구축하고 평생교육프로그램을 운영하고 있다(김향식, 최은수, 2009).

대학 평생교육은 지역사회와의 연계 속에서 주민들의 교육기회를 확대하는 통로로서 중요한 기능으로 부각되고 있다. 대학이 지역사회와의 연계를 통해 대학 내·외 인적·물적 자원을 정규학생뿐 아니라 지역사회의 모든 주민으로까지 그 활용범위를 확대할 때 실질적인 평생학습사회로의 도약이 이루어질 것이라고 전제한다. 대학과 지역은 지역발전을 토대로 동반 성장할 수 있는 불가분의 관계라는 점에서, 대학과 지역사회가 평생교육을 매개로 공동의 목표를 설정하고 지역사회의 문제에 공동 대응할 때 그 안에서 상생할 수 있는 조건과 환경을 만들어 나갈 수 있다(양유정, 양은아, 2022).

이처럼 대학평생교육은 각 시기에 따라 상이한 목적으로 상이한 대상에게 상이한 형식과 내용의 교육과정 운영이 이루어져 왔다.

대학 부설 평생교육원은 대학의 인적, 물적 자원을 활용하여 다양한 평생교육 요구를 충족시켜 줄 수 있도록 일반인들을 대상으로 평생교육프로그램을 실시하는 시설을 말한다. 사회 전반적으로 평생학습의 요구가 커지고, 주 5일제로 인한 여가 활동의 패턴이 변화되면서 대학의 평생교육의 수요는 갈수록 늘고 있다. 대학의 평생교육의 역할 중 중요한 것으로 꼽을 수 있는 것은 독학학위제와 학점은행제이다. 독학학위제는 1988년 도입 이래 어려운 환경에서도 자기 주도적으로 학습한 후 국가에서 제공하는 시험에 합격한 사람에게 학위를 주도록 하는 제도이다. 독학사 제도를 이용한 사람도 해마다 늘고 있다. 학점은행제는 「학점인정 등에 관한 법률」에 의거하여 학교에서 뿐만 아니라 학교 밖에서 이루어지는 다양한 형태의 학습 및 자격을 학점으로 인정받을 수 있도록 하고, 학점이 누적되어 일정 기준을 충족하면 학위취득이 가능한 제도로 1998년 도입되었다. 학점은행제를 통한 학위취득은 접근성이 용이하고, 학점 취득의 경로도 다양하여 앞으로도 지속적으로 증가할 것으로 보인다. 독학학위제와 학점은행제는 학교 중심의 폐쇄형 학위취득을 개방형으로 전환하여 누구나, 언제, 어디서나 원하는 학습을 하고, 학위 취득을 가능하도록 하였기 때문에 교육기회와 학위 취득에서 상대적으로 열악한 지역사회의 주민들에게 어느 정도 교육의 기회와 사회적 상승 기회를 제공하는 효과를 거둘 수 있다.

대학과 지역이 사회형성자로서 지역사회에서 지속 가능한 존속과 상생을 위해 과제발굴, 연구공유, 교육 프로그램 운영, 성과 활용 과정을 공유하는 고등평생교육체제로 확장될 때 지역평생교육의 확장력과 지역과제 해결의 역량을 높여갈 수 있을 뿐 아니라, 대학생존을 위한 대학 혁신이 강력히 요구되고 있는 상황에서 지역과의 공생의 길을 모색해 나갈 수 있을 것이다(장지은, 2019).

4) 지역사회 평생교육의 국외 사례

(1) 일본

일본에서는 노동시장과의 연계강화를 위해 기업과의 공동 프로그램을 운영하거나 사내대학과 같은 유사고등제도(Non-university higher education institute)를 정착시켰다(이해주, 2010).

일본의 지역평생교육기관인 공민관은 의무교육기관에 버금가는 인구대비 설치비율을 자랑하며 지역민의 주체성과 지역을 기반으로 '사람만들기', '마을만들기' 등의 평생교육적 역량을 유감없이 발휘하여 세계로부터 주목받아온 지역평생교육제도이다.

일본은 1970년대에 생애교육 이념을 바탕으로 고도성장 하에서 국민들이 지역사회와 가정생활의 변화에 적응할 수 있도록 재편 확충되었다. 1987년 "학습은 각자의 자발적은 의지에 의하여 필요에 따라 자신에게 적합한 수단 방법을 스스로의 책임 하에 자유롭게 선택하여, 평생에 걸쳐 행해야한다."라는 학습관이 제시되었다(와다나베, 2001). 생애교육 대신에 생애학습이란 용어가 사용되기 시작하였다. 이는 '교육'이라는 단어를 배제함으로써 문부성 이외의 각 기관이 생애학습에 공헌하기 쉽도록 하고, 학습을 개인(자유학습자)의 자유선택에 의한 것으로 정의하여 그 비용을 기본적으로 자기부담형식으로 함으로써, 행정의 역할을 원조 촉진의 측면으로 한정할 수 있게 되어 재정부담을 경감할 수 있다는 의도가 있었다(곽삼근, 2001).

일본 공민관 제도는 그 성립 및 전개과정에 있어서 '주민자치적' 이념과 위배되는 '국가권력'의 작용이 뚜렷하다. 일본 공민관 제도의 역사에 대한 시대구분은 이미 여러 선행연구에서 이루어져 왔다. 이들 연구들(야마다 노리히로, 2004; 일본공민관학회, 2006; 小林文人, 1996)의 내용을 바탕으로 하되 시기별 공민관 제도의 자리매김과 이에 영향을 끼친 일본의 정치·경제적 배경에 보다 주목하여 정리한 결과는 다음에 제시되는 시대구분이다.

① 창설·정초기(1946년-1950년대): 전후 재건의 시기임과 동시에 제 법률들이 제정 공표되던 때로 공민관 제도가 창설되어 법제적 기반을 다져가며 제도로서 모습을 갖춰가는 시기

② 정비·신장기(1960-70년대): 고도 경제성장기를 맞이하여 '공민관의 근대화'가 이루어지고 산업화·도시화에 동반된 주민의식의 성장을 바탕으로 주민참가형 공민관에 대한 움직임이 일어나던 시기

③ 정체성 혼란기(1980-90년대): 평생학습정책의 본격적 추진으로 인해 공민관의 본래적 이념 및 가치가 퇴색되어가는 시기

④ 위기·전환기(2000년 이후): 본격적인 행·재정 개혁 및 지방분권 실행이라는 국가 및 지자체의 정책에 연동되어 이전까지의 행보에서 큰 전환을 가져오는 시기로 구분된다.

일본 공민관 제도의 전개과정에는

① 세계화와 평생학습시대의 도래와 같은 세계적·사상적 기조

② 지역 분권화와 시정촌의 합병, 행·재정의 개혁과 같은 정치적 요인

③ 산업화와 오일쇼크, 신자유주의 경제의 도래와 같은 경제적 요인

④ 소자고령화(少子高齡化), 도시화, 고도정보화와 같은 사회적 요인 등이 제도 변화에 영향력을 행사했다고 볼 수 있다.

공민관 제도는 사회교육법의 제정과 지자체들의 조례 마련 등으로 어느 정도는 국가의 정책적 움직임에 연동될 수밖에 없는 제도이다. 그러나 2000년 이후 국가재정의 악화와 행정개혁의 영향으로 지방분권을 이행하는 과정에서 이루어진 여러 가지 규제완화와 공공기관 및 시설의 민영화 추진 등이 배경이 되어 국가 통제의 경향이 조금씩 느슨해지고 있다(김미향, 2010).

일본의 카게가와시는 일본 중앙 시즈오카현의 서부에 위치하고 사방이 산으로 둘러싸여 있는 분지형 도시이다. 면적은 266㎢, 총인구는 5천명으로 주요 산업은 농업분야인데 차, 딸리, 메론, 장미, 우유 등으로 농업총생산액이 225억 4천만

엔이고, 공업은 다이야, 사세이도, NEC전기 등 연간 제도 출하액이 1조 4천억엔, 상업부문은 연간판매액이 3천억 엔이다. 제2차 세계대전 후 미군정 주도에 의해 사회 전반적 분야에 걸친 민주화의 기반이 마련되었으며 인근 시정 촌을 통합하여 도시 규모가 지속적으로 확대되었고, 역대 시장의 시정을 통해 도시개발정책이 지속적으로 추진되어 근대적 도시로의 면모를 갖추게 되었으나 여전히 타 도시로의 인구유출이 지속되고 있었다. 카케가와시의 학습도시 사업은 카케가와시가 학습도시 사업 이전에 지속적인 도시 발전이 이루어져 근대 도시로의 기반을 갖춘 후 도시 발전이 정체되고 인구 유출 현상이 지속되는 상황에서 이루어진 도시혁신 전략이었던 것이다(양흥권, 2004).

특히, 카케가와시는 신무라준이치시장이 1977년 취임과 함께 평생교육도시를 제창하면서 '괘천학사시'(카케가와시를 배우는 일로부터 평생학습을 시작한다는 의미)로서 지역학(수평적 통합)과 생애학(수직적 통합)의 확립을 목표로 평생학습운동을 추진하였다. 이 학습도시는 사회의 모든 부문에 평생학습의 개념을 투입하여 실천하고자 하는데 초점을 두었고 신무라 시장은 평생교육과 평생학습을 시정의 기본전략으로 삼아 평생학습도시를 선언하여 모든 도시의 학습 공원화에 앞장섰다. 그는 시정 조직속에 평생학습부를 신설하여 시장 비서가 직접 평생학습 진흥 시책을 추진하는 등 다른 도시와 달리 행정과 재정적 후원속에서 시책을 효율적으로 추진하였다. 카케가와시의 평생학습운동의 기본적인 과제는 지역적 특성을 극복하는 데 있었는데 산촌 지역인 카케가와 시에서 대도시로의 이농현상은 지역 황폐화를 초래하였다. 카케가와시는 이를 극복하면서 산업의 육성과 지역개발 계획을 유도하기 위해서 지역의 특색 있는 도시 만들기에 평생학습운동을 도입하였다. 일반 지역 주민들에게 시골의 열악한 현상을 숙명적으로 받아 들이는 주민에서 선택받은 주민이라는 의식으로 전환을 꾀하였다. 즉, 카케가와 시의 평생학습 운동의 특징은 지역의 주민이 자신과 자신의 마을에 대한 기존의 부정적 관점과 소극적 자세를 긍정적인 관점과 자신감 넘치는 자세로 바꾸는 주민의식 개혁 운동에서부터 시작하여 주민들의 적극적 사회참여의 행동으로 열매를 거두고자 한 노력에서 찾아볼 수 있다(임영희, 2005; 최윤진, 2009).

(2) 미국

미국에서 평생교육의 개념은 미국 내 교육체제의 변화를 가져왔고, 무엇보다도 공립학교의 역할을 크게 변화시켰다. 이미 1915년 고등교육의 국가적 체제로 '전국대학확장교육연합회(National University Extension Association)'가 위스콘신 대학에 설립되면서 성인교육에 대한 협력을 하게 되었다. 미국의 주립대학은 설립 초기부터 연방정부의 모릴 토지대여법(the Morrill Land Gran Act)에 의해서 대학의 지역사회 기여와 봉사의 관념이 깊게 뿌리내려져 있다. 평생교육이 활성화되어 있는 위스콘신 대학에서는 인종, 연령, 문화 등에서 다양성을 지닌 학생들을 수용하기 위한 유연한 시스템을 도입하여 성인학습자의 학습여건과 상황을 고려한 지원책을 마련하고 있다. 미국 정부는 평생교육의 개념이 학습사회와 균등한 교육기회 이념을 실현시키는 중요한 수단으로 인식하고, 평생교육 체제를 구축하기 위해 노력하였다. 공립학교가 지역사회의 중심 센터이자 지역주민의 교육욕구를 충족시키고, 지역사회 문제를 해결할 수 있게 된 배경에는 학교와 지역사회 이해관계자들과의 파트너십 구축이 전제되었다. 파트너십은 포괄적인 연계협력이라는 의미인데, 미국은 지역과 학교의 연계협력이 활발하게 이루어졌다. 'Educational Partnerships Act of 1988'은 학교와 지역의 기관·단체와 적극적으로 연계하는 것을 촉진하는 목적으로 제정되었다. 미국에서는 파트너십 구축 외에도 참여기관들 간에 강사를 교환·공유하고 상대 기관에 대한 이해를 도모하기도 하고, 공동의 전문성 개발 프로그램을 정기적으로 제공하고 있다(교육인적자원부, 2007; 기영화 외, 1996; 김희아, 기영화, 2009; 노일경, 이해주, 양은경, 2009; Cropley, 1980; Dave, 1973, 1976).

대학 평생교육이 비교적 잘 정착되어 있는 미국의 경우 뉴욕대학의 평생교육부서인 SCPS(School of Continuing and Professional Studies)는 8개의 학부와 몇 개의 센터를 두고 있으며, 준학사, 학사, 석사 학위를 수여하며, 등록된 학생이 해마다 5만 명에 이를 정도이다. 개설된 4,000여개의 코스에서 성인학습자들은 자신의 경력 개발은 물론 심화된 학문의 탐구를 할 수 있다. 개설 강좌의 성격도 첨단 도시의 다양성에 걸맞게 디지털 영화 제작, 신용평가, 미술 감정, 부동산 가치 평가, 아랍어, 서비스업 투자에 이르기까지 다채롭다. 뉴욕대학의 고등평생교육은 사회의 변화에 즉각 대처하는 즉시성과 자신만의 고유한 특성을 갖는 독특성, 그리고 대도시의 혼재된 문화와 가치를 드러내는 다양성으로 특징지어 볼 수 있다. 학부 수준을 넘어 경영학, 교육학, 공공 서비스 분야의 석사과정에서는 이론과 현장 실무 능력이 결합된 탄탄한 교육을 제공하고 있다.

(3) 스웨덴

'학습동아리(study circle)'는 스웨덴의 대표적인 학습공동체로서 1902년 오스카올슨(Oscar Olsson)에 의해 창시되었다. 그는 사회교육의 모토를 국민을 위한, 국민에 의한 교육으로 정하고, 성인교육이 성공·발전하기 위해서는 그 조직이 학습자 자신들에 의해 조직되고 지지되어져야 하며 그들의 적극적인 참여가 있어야 한다고 믿고, 실천 기구로 스터디 서클을 조직하였다. 스터디 서클이란 '동아리 동료들의 공동참여를 통해 미리 정해진 주제를 체계적으로 학습하는 모임'으로 전문가가 아닌 일반대중들이 함께 모여 공통의 관심사에 대해 학습하고 이를 실천하는 운동이다. 이는 지역주민들의 학습 품앗이를 통해 자기개발과 지역사회개발을 촉진하는 학습공동체 운동이며, 특히 시민들로 하여금 그들의 국가나 지역사회의 삶을 깊이 이해하고 참여하도록 하는 시민교육의 장이다. 스웨덴에서 스터디 서클은 민주주의를 형성하는데 중요한 역할을 수행해 왔다. 민주주의가 실현되기 위해서는 시민들이 사회의 잘못된 것에 대해 문제를 제기하고 재분석하고자 하는 용기를 필요로 한다. 이러한 종류의 용기와 건전성은 바로 작은 학습공동체를 통해 형성될 수 있다.

학습동아리는 교사가 아닌 리더가 이끌며, 리더들은 협회 등에서 교육을 받는다. 스웨덴의 성인교육협회(Adult schools association)에서는 Folk high school과 연계하여 1년에 600여 개의 강좌를 학습동아리 리더들을 위해 개설하고 있다. 리더를 위한 강좌내용으로는 대화법, 집단심리, 인문학, 성인교육방법 등이 있으며, 장애자들을 위한 특별훈련도 제공하고 있다. 학습동아리에서 강조하는 것은 성원들의 능동적인 참여이며 자기주도적 학습이다. 이를 위해 동아리 활동은 주로 소집단 토의를 통해 대면적 접촉과 대화가 이루어질 수 있도록 돕고 있다. 학습동아리의 접근 방식으로는 ① 테마중심접근방식(The thematic circle approach), ② 코스중심 접근방식(The course circle approach), ③ 토론중심접근방식(The debate circle approach), ④ 연구중심접근방식(The research circle approach)이 있다. 따라서 학습자의 상황이나 요구에 따라 운영방법을 선택할 수 있다. 스터디 서클은 3명 이상이면 가능하며 그들이 원하는 것을 기초로 스터디 협회(ABF; the Worders' Educational Association, NBV; the Educational Association of the Sobriety Movement 등 전국에 7개의 협회가 있음)에서는 학습자료나 교육을 제공하고 있다. 또한 성인교육위원회(National Council for Adult Education)에서는 일정한 평가를 거쳐 학습동아리에 대한 재정적 지원을 하고 있다(이해주, 2011; Blid, 1989).

3. 지방사회 평생교육의 발전 방향

1) 문제점

지방자치단체는 먼저 지역평생학습공동체 건설을 위해서 평생학습을 통한 지역의 변화와 지역민이 기대하는 지역의 미래상을 모두 고려하여 이념을 담아 비전을 설정해야 한다. 궁극적으로 평생학습은 개인의 삶의 질 제고와 도시 전체의 경쟁력을 향상시킬 수 있도록 언제, 어디서, 누구나 원하는 학습을 즐길 수 있는 학습공동체 건설을 도모하는 총체적 도시 재구조화 운동으로, 평생학습 개념이 함축적으로 표현될 수 있도록 이념과 비전을 뚜렷하게 제시하여야 한다. 그러나 평생교육 프로그램에서 취미 위주의 생활문화 프로그램이나 유흥적인 내용의 예술문화 프로그램이 비중이 커지면서 지역사회 개발과 사회운동과 같은 사회문화와 관련된 평생교육 프로그램이 퇴색하고 있어 그 가치를 복원해야 하는 과제에 직면해 있다(곽삼근, 2016; 권인탁, 2014; 김경년, 강경애, 황정숙, 2018).

대학 평생교육원의 경우, 학위취득이 허용되는 경우는 드물고, 성인학습자들의 실질적 요구를 충족하는 데도 미치지 못하고 있는 실정이다. 평생교육원 운영 프로그램도 대부분 교양 및 취미 프로그램 위주의 수익창출형 프로그램에 치중하고 있어 프로그램의 실질적 수요자인 성인학습자의 특성과 관심 및 요구를 반영하지 못하고 있다. 전문강사를 초빙하는 경우가 많고, 자체의 전임교원을 확보하는 경우도 드물다. 평생교육 관련 전문가의 부재 속에 대학의 보직으로 발령받은 평생교육원장이 기관을 운영할 경우 프로그램의 질적 개발이나 특성화는 더욱 기대하기 힘들다. 평생교육원에서 근무하는 교직원이나 일반 행정사무직의 확보율이 낮고, 평생교육관련 자격증을 미소지하거나 그 분야의 교육과 경험이 없을 경우 업무효율성이 떨어지는 한계도 지적될 수 있다. 대학 평생교육원은 대부분 프로그램에 참여하는 성인학습자가 직접 지불하는 수강료에 의존하고 있다. 평생학습도시 정책 이후 지방자치단체의 평생학습에 대한 관심이 급증하면서 주민들을 위한 다수의 무료강좌를 개설하면서 지역의 대학 평생교육원은 갈수록 입지가 좁아지고 있다(손승남, 2015).

2) 개선 방안

곽삼근(2001)이 제시한 지역사회 평생교육의 발전 방향은 다음과 같다.

① 공동성 함양

지역사회 평생교육 담론의 본질적 과제는 지역사회학교의 기초개념으로부터 시사 받을 수 있다. 지역사회학교의 초기 개념은 지역성과 공동성이란 두 축 위에서 그 이론이 성립되었다. 초기에는 국한된 소지역 안에서의 학교의 중심 역할이 강조되었으나 차차 지역사회의 개념 자체가 구획된 향토 개념에서 광역의 확대사회권으로 변모되는 동시에 공동성도 희박해져가고 있다. 따라서 공동성의 회복은 산업화과정의 시작시기부터 매우 중요한 과제가 되었다. 지역성과 공동성의 괴리현상은 산업근대화 과정시기부터 비롯된 자연적 추이라는 시각도 있지만 현재까지도 문제의 심각성은 간과할 수 없을 정도이다. 지역사회의 균형적 발전을 위해서는 사회전체가 각기 그 기능과 역할에 따라 협동적으로 작용되어야 할 것은 물론이지만 그 중에서도 평생교육의 역할은 더욱 중요하다.

② 시민, 사회운동과의 연계

한숭희(2000)는 시민지식연대 연구에서 '다양한 시민운동단체들 스스로가 문화일꾼으로서의 공공담론영역의 수호자로서 그 바퀴를 굴러가게 만들 수 있는 의사소통적, 해방적 지식의 생산자 및 축적·공유자로서의 역할을 자임'하는 것이 필요하며 앞으로 '시민지식창고운동, 문화일꾼양성 프로그램, 학습조직·학습공동체·학습네트워크운동 등'이 지속적으로 펼쳐져야 함을 강조하였다.

③ 생태계 중심 교육

최근 지구환경 위기의 문제가 부각되면서 생명과 환경보전에 대한 관심이 고조되고 있다. 하지만 평생교육은 개인의 교양 취미 교육, 직업능력개발, 학력인정교육 등의 프로그램만 실시될 뿐 삶의 공동체 형성이나 지역사회 환경보존 등에 대한 프로그램은 매우 희소한 편이다. 평생교육 이념의 본질이 무엇인지 간파하여 평생교육의 내용과 방법 면에서 생명과 환경의 보전을 실천할 수 있는 생태주의적 접근의 시도가 필요하다.

④ 참여지향

사회교육법이 제정된 1980년대 이후부터는 자아실현을 추구하고 평생교육의 측면에서 모든 성인의 '학습권' 보장이라는 궁극적 목표의 달성을 위해 각종 평생교육프로그램 개발이 이루어지고 있다.

양은아, 김재웅(2003)이 제시한 지역사회 평생교육의 발전 방향은 다음과 같다.

① 교육프로그램 운영의 특성화와 다양화를 추구

평생교육기관들이 각자 기관의 특성에 따른 경쟁력을 가지기 이해서는 모든 기관이 동일한 교육대상에게 동일한 교육프로그램을 제공하는 것이 아니라 기관별로 특화 영역 또는 대상 집단을 선정하고 이들을 위해 중점적으로 전문적인 교육프로그램을 개발·운영할 필요가 있다. 또한 빠르게 변화하는 평생교육 환경에 부응하고 사회변화에 민감하게 대응, 생존하기 위하여 새로운 전문영역의 프로그램 개발이 필요하다. 이를 위해서는 주민들의 교육 요구를 주기적으로 조사, 분석하는 한편, 급변하는 직업세계와 생애개발 영역에 대해서도 지속적 관심과 연구가 필요하다. 주 5일제 근무시행에 따른 늘어난 여가시간이 학습기회의 확대로 이어지기 위해서는 기존의 이루어지고 있는 주간 학습 방식과 출석에 의한 학습 방식 외에 다양한 교육과정의 운영이 필요하다. 주간의 면대면 교육 참여가 어려운 직장인을 위한 일부 야간제 수업 및 주말제 수업과정의 개설을 도입하고, 원격 수업을 병행하여 집합식 교육이 어려운 학습자들에게도 학습 기회를 주어야 한다.

② 지역사회 평생교육기관 간 네트워크 구축

평생학습은 결코 한 기관에서 수행할 수 있는 성격이 아니므로 다양한 기관들에 의해 역할 분담을 통하여 추진되어야 한다. 다양한 평생교육기관들이 서로 유기적인 관계를 유지하며 학습자의 요구에 부응하는 것은 평생교육의 질 제고뿐만 아니라 평생교육기관 경영의 혁신과 효율성 도모에도 의의가 있다. 특히 지역 평생교육은 공공부문과 민간부문간의 합리적인 역할분담과 기관에 따른 차별화된 프로그램 구성을 통해서 이루어져야 한다. 우선 지역 평생학습관을 중심으로 지역내 평생교육기관 관련 운영자, 교육청 등 지역 담당자와 관련 전문가를 중심으로 지역 평생교육 발전을 위한 협의체를 구성할 필요가 있다. 지역 내 평생교육기관이나 지역사회내의 공공기관, 학교 시설 등 교육 자원들에 관한 DB구축이 필요하다(이혜영 외, 2000; 이희수 외 1999; 이희수 외 2000; 한국교육개발원 평생교육센터, 2000; 한준상 외, 1997).

③ 평생학습의 질 관리와 교육 담당자(평생교육사) 전문성 신장

지역 평생교육의 활성화를 이루기 위해서는 평생학습의 질 관리와 평생교육 담당자의 전문성을 신장하는 방향을 모색해야 한다. 지역 평생교육 기관들은 교육 프로그램의 질 향상을 위해 주기적으로 학습자들의 교육욕구를 조사하고 분석하여 필요한 지도자를 연계시키고, 욕구를 충족시키기 위한 프로그램을 개발하여 체계적인 평가 시스템을 통한 프로그램 관리에 힘써야 한다(김신일, 김재웅, 2002; 김재웅 외, 2000).

④

평생교육기관들이 각자 기관의 특성에 따른 경쟁력을 가지기 이해서는 모든 기관이 동일한 교육대상에게 동일한 교육프로그램을 제공하는 것이 아니라 기관별로 특화 영역 또는 대상 집단을 선정하고 이들을 위해 중점적으로 전문적인 교육프로그램을 개발·운영할 필요가 있다. 빠르게 변화하는 평생교육 환경에 부응하고 사회변화에 민감하게 대응, 생존하기 위하여 새로운 전문영역의 프로그램 개발이 필요하다. 이를 위해서는 주민들의 교육 요구를 주기적으로 조사, 분석하는 한편, 급변하는 직업세계와 생애개발 영역에 대해서도 지속적 관심과 연구가 필요하다.

주5일제 근무시행에 따른 늘어난 여가시간이 학습기회의 확대로 이어지기 위해서는 기존의 이루어지고 있는 주간 학습 방식과 출석에 의한 학습 방힉 외에 다양한 교육과정의 운영이 필요하다. 주간의 면대면 교육 참여가 어려운 직장인을 위한 일부 야간제 수업 및 주말제 수업과정의 개설을 도입하고, 원격 수업을 병행하여 집합식 교육이 어려운 학습자들에게도 학습 기회를 주어야 한다.

김승옥(2010)[1]에서는 지역사회 평생교육의 발전 방향에 대하여 다음과 같이 제시하고 있다.

1 김승옥(2010). 지역 평생교육 향상을 위한 평생학습도시 발전 방안에 관한 연구. 한국지역경제연구, 16, 63-82.

① 평생학습 수요와 공급 간 매칭이 이뤄져야 한다. 공급자는 평생학습 정보네트워크를 구축함으로써 평생교육에 관련된 데이터베이스 콘텐츠, 사이버교육, 이용자 분석 정보를 수요자에게 제공하고, 수요자는 이를 바탕으로 단·중·장기 평생학습 계획을 스스로 설계할 수 있게 도와주는 것이다.

② 시민들이 평생교육을 실천할 수 있게 평생교육 프로그램을 설계해 주거나 이를 도와줄 수 있는 전문가의 양성이 필요하다. 예를 들어 개인의 자산을 관리해 주는 재무 설계사와 같이 한번 평생교육 프로그램을 참여하면 지속적으로 참여할 수 있게 미래의 평생교육에 대한 목표와 계획의 설계에 도움을 줌으로써 이용자가 목표의식과 자신의 이익을 위해 프로그램을 참여하고 또한 자신의 프로그램의 설계 경험을 바탕으로 나중에 참여하는 사람의 설계도 도움을 줄 수 있도록 하여야 할 것이다.

③ 평생교육 참여자가 교육시설의 부족이나 교육 참여시 교통이나 거리상에 문제점이 있을 때 직접 이용자들이 원하는 곳으로 찾아가서 프로그램을 진행하는 것이다.

④ 평생학습 교육프로그램을 저렴한 비용으로 확실히 홍보하기 위해서는 우선적으로 현재 운영하는 평생학습과 관련된 홈페이지를 통합하고 시민이 평생학습이라는 간단한 키워드로 쉽게 접속할 수 있도록 하여야 하며, 평생학습 프로그램에 대한 정보의 상세한 제공이 있어야 한다. 평생교육센터가 세금으로 운영되어지는 만큼 아파트라면 동대표들에게 공문을 발송함으로 무료로 홍보방송을 할 수 있고 또한 이장과 동장에게 평생학습에 대한 교육을 실시한다면 저렴한 비용으로 홍보를 할 수 있을 것이다.

9장
노인 평생교육

평생교육의 이론과 더불어 실제 현장에서 노인 평생교육이 어떻게 이루어지는지 살펴보는 것이 중요하다. 따라서 본 장에서는 평생교육의 실제에 있어 노인 평생교육을 살펴보고자 한다.

1. 노인 평생교육의 이해

1) 개념

21세기의 지식기반사회는 정보와 지식이 개인·기업·국가의 경쟁력을 좌우하는 핵심요소이자 가치창출의 원천이 되는 사회를 말한다. 오늘날과 같이 격심한 사회변동의 시대에 있어서는 누구를 막론하고 끊임없이 자기학습을 계속하지 않으면 안된다. 1958년 유엔(UN)의 구분에 따르면, 65세 이상의 고령인구가 전체 국민의 7% 이상이 되면 고령화사회(Aging Society)라고 하며, 14% 이상이면 고령사회(Aged Society), 그리고 20% 이상일 때 초고령사회(Super-Aged Society) 또는 후기고령사회(Post-Aged Society)로 구분한다. 한 국가에서 고령화의 진행 정도는 기존 인구학적, 사회적 균형과 질서를 위협할 수 있는 사회 구조의 변화로 받아들여지는데 우리나라는 2000년이 되면서 '고령화사회(aging society)'로 들어섰고, 2018년에 노인인구 14%에 달하는 고령사회로 진입하였다. 2022년 65세 이상 고령인구는 우리나라 인구의 17.5%로, 향후 계속 증가하여 2025년에는 20.6%로 우리나라가 초고령사회로 진입할 것으로 전망된다. 고령사회에서 초고령사회 도달 연수(65세 이상 고령인구 비중 14% → 20%)는 오스트리아 53년, 영국 50년, 미국 15년, 일본 10년에 비해 한국은 7년에 불과하다(통계청, 2022).

고령화 사회는 노인인구의 양적·질적 변화, 노년기의 연장 등이 그 특성으로 나타나고 있다. 노인인구의 양적 증가는 그 사회가 부양해야 하는 인구가 그만큼 늘어난다는 의미인 동시에, 반대로 그들을 부양할 생산연령인구는 상대적으로 감소한다는 의미를 갖는다. 노인교육이란 노년기에 노인교육을 통하여 자신을 발전시키고, 여가시간을 효율적이고 보람되게 활용함으로써 삶의 질 향상을 목표로 하는 교육이라고 정의할 수 있다. 노인 평생교육은 일반적으로 노인을 대상으로 하는 교육으로 사회교육의 일부라는 의미에서 노인사회교육이라고 한다. 여가, 취미, 오락을 중시한다는 의미에서 노인여가교육이라고 하기도 하는데 노인사회교육 또는 노인여가교육으로 혼용되어 사용되고 있다. 성인교육의 일부인 노인 평생교육은 계획적인 프로그램에 의한 교육을 통해 노인들로 하여금 사회생활에 대한 적응과 삶의 질 향상을 목적으로 하며 사회에서 발생하는 문제들에 대한 대처방안을 스스로 인식하도록 도와준다(이종각, 2005; 송명미, 2016).

평생교육법 2조 1항에 따르면 평생교육은 학위 취득을 목적으로 한 학교교육을 제외한 모든 형태의 조직된 교육활동으로 노인의 평생교육은 노인이 학습자로서 참여하는 평생교육이라고 할 수 있다.

피터슨(Peterson. 1977)은 노인교육을 노인을 위한, 그리고 노인과 노화에 관한 교육적 노력의 실천과 연구라고 정의하였다. 또한 자비스(Jarvis. 1990)도 노인교육을 노인들을 위한 교육, 노인과 노화에 관한 교육, 그리고 노인과 관련된 직업을 가진 이들을 위한 교육의 세 가지 분야를 포함하는 노인들을 위한, 그리고 노인들과 노화에 관한 교육적 노력의 연구와 실천으로 정의하였다. 김종서 외(2000)는 노인교육의 개념을 노인을 위하여 노인이 아닌 사람들이 무엇을 할 것인가에 관한 교육, 노인 이전의 사람들에게 실시하는 노년기에 대비하는 준비교육, 노인들 자신을 위한 교육으로 정의한 바 있다. 이러한 관점에서 노인교육은 노인의 철저한 자기이해 및 노년기의 생활적응에 기여하는 교육이며, 세대공동체 형성을 통한 사회통합증진 및 사회발전에 기여하는 교육이다. 또한 노인들의 자활능력도모 및 사회변화에 대한 정보수집, 교류 등을 통한 노인의 삶의 질 향상에 기여할 뿐 아니라 노인들의 세력화 방안을 모색하는 교육이라고 할 수 있다.

이처럼 의존적이고 무기력한 고령층으로 하여금 사회에 적응할 수 있는 지식과 기술을 갖추어 스스로 자립할 수 있는 의지와 태도를 갖도록 안내하는 것이 바로 노인 평생교육이다(김영순, 2016).

2) 학습자 특성

노인은 사전적 의미로 나이가 들어 늙은 사람을 말하고 노년 혹은 늙은이 등의 유의어로 사용되며 요즘엔 아니든 사람에 대한 존칭의 의미로 '어르신'이란 호칭으로도 불리기도 한다. 일반적으로 노인은 인간의 성장·생성·소멸 과정 중 인생의 최종단계에 돌입하면서 신체적·정신적·사회적으로 그 능력이나 적응력이 퇴화되어 가는 노년기의 사람을 의미하기도 한다. 사람이 나이를 먹어 간다는 것이 흔히 생각하는 생물학적인 퇴화만을 의미하지 않고 오히려 심리적 및 사회적인 측면의 여러 가지 요인과 관련하여 나타나는 것이다.

노인의 신체적 특성은 노화로 볼 수 있는데 유기체의 적응능력과 생식기능의 저하 및 변화로 볼 수 있다. 노인은 신체적 기능이 쇠퇴함에 따라 의존성이 증가하며, 정확을 기하기 위해 조심성이 증가한다. 그리고 생에 대한 회상의 경향이 증가하고, 무엇인지를 이 세상에 남기려고 하는 것도 노인의 심리적 성격이다. 노년기는 사회적 역할의 상실 등으로 인하여 자신감을 잃기 쉬운 시기이며 점점 혼자되어 고독감을 느끼게 되고 또한 현대사회의 급격한 변화와 정보화는 노인의 경험, 기술, 사고방식을 대수롭지 않게 생각하는 풍토가 조성되고 있어 주위 환경에 대해 소극적인 대처방식으로 전환되어 사회적 역할에 자신감을 잃게 된다. 또한 사회에서 타인과 관계 맺기를 주저하며 나약한 존재로 쉽게 변화하게 된다. 사회적 특성이 노인들에게 심리적 고독감과 사회적 박탈감 및 지위와 역할의 상실을 통하여 경제적 빈곤을 겪게 하였다고 할 수 있다(김보선, 2013; 이동철, 2010; 조성희, 2007; Beaver, 1986; Cooper, 2005).

더불어 심리적으로 특유한 성격을 나타내는데, 대체로 기억력이 저하되어 새로운 것을 받아들이는 학습능력이 감소되고 융통성이 없어지며 완고해져서 새로운 변화에 적응하기를 거부하는 경향을 보인다. 이를 노년기가 가지는 특성인 경직성으로 설명할 수 있다. 경직성이란 어떤 태도, 의견, 그리고 판단근거나 문제해결방법 등이 이제 더 이상 최선의 방법이 아님에도 불구하고 이를 여전히 고수하려는 경향을 말한다. 따라서 노인학습자들의 경직성의 심화는 그들로 하여금 부적절한 문제해결방법을 고수하도록 하는 요인이 됨으로써 학습 성취도를 저하시켜서 결국에는 학습능률을 떨어지게 한다. 이처럼 학습에 대한 능동적 성향이 저하될 경우 새로운 학습에 대한 도전의식이 사라지고 새로운 정보와 기술의 습득을 위한 성취동기까지 저하시키게 된다. 하지만 환경적·상황적 요인이 동일하다면 노인학습자들도 젊은 학습자들과 비슷한 정도로 잘 할 수 있을 것이다. 노인들은 새로운 학습자료들을 서로 결합시키는데 젊은이들보다 더 많은 시간을 필요로 한다. 노인들의 학습능률이 떨어지는 것은 학습시간이 짧기 때문이 아니라 제시된 것에 대한 반응시간이 충분하지 못하기 때문이다. 따라서 노인학습자들에게 충분한 반응시간을 제공하면 학습목표를 무난히 달성할 수 있다. 그리고 노인학습자들은 그들의 자각이 강하면 강할수록 학습능력이 향상된다(심재신, 2014; 안현정, 2012; 윤진, 2003; Canestrari, 1973).

노인학습자의 사회적·인지적·심리적 특성을 고려하면, 노인학습자의 유형이 다음과 같이 다양성을 지니고 있음을 인식할 수 있다(노인교육연구회, 2004).

첫째, 어떤 목표도 없는 학습자로서 학습에 대한 열의가 없이 다만 무료한 시간을 보내기 위하여 학습에 참가하는 노인이다. 둘째, 사교적이고 활동지향적인 학습자로서 학습활동을 통해 인간으로서의 존재감과 이의 기초가 되는 타인과의 교류를 넓히고자 학습에 참여하는 노인이다. 셋째, 자극과 탐구를 지향하는 학습자로서 일상생활로부터 오는 지루함이나 단조로움을 극복하기 위하여 학습활동을 하고 있는 노인이다. 넷째, 직업지향적인 학습자로서 직업생활의 차원에서 당면한 문제를 해결하기 위하여 학습에 참여하는 노인이다. 다섯째, 생활변혁을 지향하는 학습자로서 학습을 일종의 자기 수양과 같은 과정으로 인식하고 참여하는 노인이다. 여섯째, 학습에 대한 무관심과 거부형의 학습자로서 학습에 무관심하거나 적대감을 가지고 교육효과를 거의 믿지 않는 노인이다. 이상과 같은 노인학습자의 특성을 나타내는 유형이 다양함을 파악하여 교육효과를 올리기 위하여 노인 평생교육의 방법에서 적절히 활용되어야 한다(김오차, 2006).

3) 노인 평생교육의 필요성

21세기는 여가의 세기라고 말할 정도로 개인적으로나 사회적으로 여가시간이 증대하고 있다. 우리나라 노인들의 여가생활을 보면 경로당이나 가정에서 텔레비전 등을 보면서 대부분 소극적인 여가활동을 하고 있다. 노인들의 사회참여와 삶에 대한 만족도를 향상시킬 수 있는 노인 평생교육프로그램의 필요성이 대두되고 있다. 『2020년도 노인실태조사』에 따르면 노인들의 사회 참여 활동에 대한 조사항목에서 '학습활동에 대한 참가율'은 11.9%로 조사되었으며, 학습활동에 참여하는 노인 중 44.3%는 건강관리·운동에 참여하고 있으며, 다음으로 문화예술 28.2%, 정보화 11.4%, 어학 5.9% 인문학 5.4% 등의 순으로 나타났다 '정보화 수준'에 대한 항목(핸드폰 소유 80%, 스마트폰 소유 13.7%)에서는 83%가 컴퓨터·인터넷을 이용할 줄 모르는 것으로 조사되었다. 노인들이 인간답고 보람있는 여가 활용의 기회를 가질 수 있다면 심신의 건강과 기본체력을 유지하며 살아갈 수 있을 것이다. 또한 여가활동에 적극적으로 참여함으로써 자기표현, 자기계발의 기쁨을 누릴 수 있다. 인적자원을 활용하는 차원에서 젊은이들이 노인들과 함께 하는 자원봉사 프로그램을 개발하여 세대간 공동체 활동을 강화한다면 노인세대와 다른 젊은 세대간의 공동체 경험의 기회를 제공하는 결과가 되기 때문에 노인친화적 사회분위기를 조성하는 계기가 될 수 있다(나항진 외, 2011; 송명미, 2016; 심재신, 2014; 허정무, 2002).

노인들의 신체적 약화와 직업 상실, 사회적 역할 상실은 위축적인 생활로 빠지기 쉬우며 여러 가지 상실감 경험은 스스로 낮은 자존감을 유지하고 포기하는 생활로 노인 우울 성향을 높게 하는 원인이 되므로 노인들에게 알맞은 준비교육이 필요하다고 본다.

전통사회에서는 소수의 사람들이 단순한 성격의 교육을 필요로 했으나, 현대사회에서는 그 특성상 모든 사람들로 하여금 다양한 교육적 욕구를 갖게 한다. 현대사회의 새로운 노인 평생교육의 필요성을 김신일(1983)은 다음과 같이 제시하고 있다. 첫째, 산업화 및 탈산업화와 그 여파로 인해 교육의 요구가 다양해졌다. 산업구조의 변화로 산업부분은 물론이고 비산업 부문에서도 취업과 직무수행에 필요한 교육의 수준이 크게 높아졌고, 도시화는 도시이주인구의 교육요구(직업기술교육, 도시생활 적응교육)를 유발했으며, 가족구조와 가능의 변화로 가족 구성원들의 교육적 요구가 높아졌다. 둘째, 과학기술의 빠른 발전과 그에 따른 직업세계의 변화는 반감기(내용의 절반이 진부해지는 기간)를 끊임없이 감소시키고 있어 직업세계의 재교육 내지 지속적 교육을 요구하고 있다. 셋째, 교육적으로 불리한 위치에 있던 특수집단들(사회 경제적으로 낮은 지위의 사람들, 노인, 이민자, 단기체류 노동자, 장애인, 시골사람 등)의 교육적 욕구를 충족시켜야 한다는 분위기가 형성되었다. 넷째, 교육체제와 생산체제의 상호작용에 관심을 갖고서, 단지 교육적으로 소외되어 왔던 사람들에게 교육에의 접근기회를 제공하는 것만이 아니라, 생산관계적 상황에서 생긴 소위 노동자집단의 지식을 재정의, 재분배, 재평가할 것을 요구하고 있다.

나항진(2004)은 노인교육의 필요성으로 첫째, 다른 세대에 비해 교육적 혜택을 누리지 못한 최소 수혜자에 대한 사회정의의 실현, 둘째, 현대사회의 가속화에 따라 기존 교육의 한계로 학습자의 다양한 학습 욕구를 충족시켜 줄 수 없게 되었으며, 셋째, 늘어나는 기대 수명과 물질적 자원의 풍요는 모든 연령층이 자신의 의사와는 상관없이 학습에 참여해야 하는 평생학습 사회를 불러왔고, 넷째, 고령화 현상으로 늘어난 노인들과 다른 세대가 어떻게 서로 교류하고 화합하여, 노인들을 어떻게 수용해 나갈 것인가에 대한 세대 간 이해의 필요성을 위해 교육이 필요하고, 다섯째, 과거의 지식이나 기술은 급속한 증가와 변동은 가치관의 변화를 가져왔고, 일곱째, 과거에는 노인을 신체적, 사회적인 불리 집단으로 규정해 왔으나, 노인을 무한한 잠재력과 능력을 지닌 존재이자 발달의 과정에 있는 이들로 보려는 노인에 대한 시각의 변화가 대두하였으며, 여덟째, 생활 수준 및 교육 수준의 향상으로 노인들의 요구가 질적으로 변화하였을 뿐 아니라, 아홉째, 늘어나는 여가로 인해 노인들이 자신들의 여가를 얼마나 가치 있고 의미 있게 보내느냐가 노후의 고독감, 고립감을 해소하고 남은 삶의 의미를 새롭게 할 수 있는 계기가 되도록 하기 위해서 노인교육이 필요하다고 하였다.

기영화(2007)가 주장한 노인교육의 필요성은 다음과 같다. 첫째, 평생교육 프로그램은 노인에게 교육의 주체로서 성장 기회를 제공해야 한다. 둘째, 평생교육 프로그램은 젊은 세대가 노후를 설계하고 노인에 대한 이해를 증진시키기 위해서 필요하다. 셋째, 평생교육 프로그램은 고령화 사회에서 노인의 역할을 새롭게 모색하기 위해서 제공되어야 한다. 넷째, 평생교육 프로그램은 젊은 세대에게 노화에 관한 자연스런 교육이 이루어지게 하기 위해서 필요하다고 보았다.

McClusky(1971)는 노인교육의 필요성을 교육에 대한 노인의 욕구 다섯 가지로 설명하고 있다. 첫째, 노인은 일상생활에서 곤란을 겪게 되기 때문에 이를 만회하고 사회에서 정상적인 기능을 유지하기 위해서 대처능력 욕구(copying needs)를 말했다. 둘째, 자발적인 활동과 참여 자체로부터 만족을 얻으려고 표현적 욕구(expressive needs)를 말했다. 셋째, 새로운 교육을 통하여 다른 사람을 위해 헌신하고자 하는 사회에 헌신하려는 욕구(contributive needs)를 말했다. 넷째, 새로운 교육을 통하여 지역사회의 친목 단체, 봉사단체, 종교단체, 정치적·사회적 압력단체 등에 가입하여 많은 영향을 주려는 영향력 욕구(influence needs)를 말했다. 다섯째, 노년기에 접어들면서 인생의 본질적인 의미를 찾으려는 욕구 때문에 노인교육이 필요하다고 하며 초월 욕구(transcendence needs)를 말했다(송주미, 백우석 2020; 임춘식 외, 2008).

4) 효과 및 가치

노인 평생교육이 노인 평생학습의 필요를 충족시킬 수 있는 좋은 프로그램을 개발하여 학습하였을 시 그 효과를 살펴보면, 첫째, 인간이 누구나 똑같이 거치게 되는 노화과정을 이해하고 신체적 변화를 긍정적으로 수용하여 노인 우울증이나 자신감 결여에서 벗어나 활기찬 노후를 즐길 수 있다. 둘째, 누구에게 의존하지 않고도 자기 스스로 자신의 건강을 관리할 수 있는 의학정보와 의료시설 이용법을 알 수 있어 생활에 자신감을 가질 수 있다. 셋째, 가정적 사회적 역할의 변화에 성공적으로 적응할 수 있는 마음의 준비를 하고 적절한 역할 수행을 할 수 있다. 넷째, 가족, 이웃, 사회에서 원만한 인간관계를 유지하여 소외감없이 사회의 일원으로 당당하게 생활할 수 있다. 또한 여가를 활용하여 취미생활을 적극적으로 할 수 있어 활기찬 노후생활을 즐길 수 있다(김영순, 2016; 천후섬, 2014).

노인 평생교육의 개인적 가치는 노인들이 노화와 은퇴라는 새로운 삶의 변화 속에서 현대의 지식정보화사회에 효율적으로 적응할 수 있게 한다는 것이다. 노인들은 교육참여를 통해 각종 여가, 교육, 사회활동에 참여하여 상실에서 오는 불안과 불행을 극복할 수 있는 기회를 제공받을 수 있다. 또한 교육활동 참여를 통해 노년기에 수반되는 우울증이나 치매 등 정신적 문제를 꾸준한 학습을 통해 예방할 수 있으며 개방적인 사고와 유연한 태도를 함양하는 효과를 가져온다. 즉, 교육활동을 통해 즐거움과 성취감을 느끼면서 노년기의 상실인 외로움과 고립감을 해소할 수 있다(송명미, 2016; 한정란, 2005).

Maslow의 인간 욕구단계론은 노인들의 욕구와 관련해서 노인 평생교육 평가에 도움이 될 수 있다. 노인교육활동의 선택은 기본욕구, 안전욕구, 소속감과 애정 욕구, 존중 욕구, 자아실현 욕구 등 어느 단계와도 결부되어 학습자에게 욕구를 충족시켜 줄 수 있으며 이로 인하여 학습자에게 자기강화의 기회를 제공하는 데에 개인적 가치의 의미를 부여할 수 있다(송주미, 백우석, 2020; 허정무, 2002).

노인 평생교육의 사회적 가치는 인구고령화로 겪게 되는 여러 가지 사회문제 즉, 노인들의 사회적 지위와 역할상실의 문제, 소외감과 불안감 및 고독감 등을 완화시키는 것에서 찾을 수 있다. 또한 노인 평생교육은 젊은 세대에게 다양한 인생의 경험과 지혜를 제공하고 노인 세대와의 관계 즉 세대 통합을 통해 대인관계의 범위와 능력을 확대할 수 있도록 도우며 가치관의 차이에 따른 갈등을 감소시킨다. 노인 평생교육이 주는 또 다른 사회적 가치는 사회복지에 대한 지출을 줄일 수 있다는 것이다. 노인들이 교육활동에 참여함으로써 스스로 자립할 수 있는 기회가 되므로 이를 통해 사회적서비스 비용을 절감하는 효과가 있다. 또한 교육은 노인들이 스스로 건강을 관리함으로써 의료비의 지출을 감소시키는 효과를 준다. 국가의 생산성에 중요한 공헌을 할 수 있는 잠재력을 가진 미개발 인적자원이라는 점과 노인 평생교육을 통하여 노인계층을 민주적 과정을 촉진시키는 세력으로 이끌어간다는 점은 노인 평생교육의 사회적 가치를 보여준다. 노인들이 배우며 성장하고 있다는 모습을 보이는 것만으로도 다른 세대들에게 중요한 역할 모델이 될 수 있다(김영순, 2016; 송명미, 2016).

5) 노인 평생교육의 교육과정

(1) 교육목표

현대 지식사회에서 노인들을 위한 노인교육은 노인들 스스로 삶의 질적 증진을 위한 능력배양에 목적을 두고 있다. 첫째, 노인들에게 자신의 경험과 기술, 전문성, 지식을 활용하여 사회에 기여할 수 있는 기회를 제공함으로써 삶의 보람과 자신의 가치를 발견할 수 있는 기회를 제공하는 데 목적이 있다. 둘째, 노인들이 교육활동과 지역사회활동에 적극적으로 참여함으로써 사회에 대한 소속감과 참여의식을 갖도록 하는 데 목적이 있다. 셋째, 젊은이들에게는 노인들로부터 역사적 사실과 지식, 그들이 아직 경험하지 못한 시기의 실증적인 삶의 경험을 학습 할 수 있는 기회와 인생을 보는 시각을 제공해 주는 데 목적이 있다. 넷째, 사회적 측면에서는 풍부한 인적자원을 제공받을 수 있고 그 인적자원의 활용을 통하여 지역사회의 부족한 부분을 해소할 수 있으며, 사회구성원들 간의 유대강화를 공고히 하는 데 목적에 있다. 사단법인 대학노인회는 노인대학의 교육목적을 '① 노인들에게 지역사회에서 존경받는 노인으로서 품위 향상과 ② 그들에게 현대사회에 적응하는 능력을 배양하고, ③ 노인 각자가 지니는 잠재능력을 재개발시키고, ④ 노인건강관리에 관한 지식을 부여함으로서 여생을 보람 있게 보낼 수 있도록 하는데 있다.'고 선언하고 있는데 이는 곧 노인교육의 필요성을 함축한 내용으로 볼 수 있다. 노년기에 나타나기 쉬운 가정 내에서의 소외감을 해소하기 위하여 지역사회에서의 활동의 기회를 확대하고, 그들에게 잠재해 있는 사회참여의 욕구를 촉진시켜 자기 자신의 역할을 재발견할 수 있는 기회를 갖도록 하는 것은 노년기의 중요한 과제인 동시에 노인교육이 지향하는 목표인 것이다(김후년, 2018; 송주미, 백우석, 2020; 심재신, 2014).

노인교육의 목표를 설정할 때 교육학에서의 교육목표 설정의 기초 자원에 근거하여 철학적 타당성, 사회문화적 타당성, 학습자적 타당성을 고려할 수 있다(김종서, 1982).

인지적 영역의 교육목표는 지식과 이해력, 적용력, 분석력, 종합력, 평가력 등과 같은 지적능력과 기능에 대한 것이며, 노인 평생교육에 있어서도 인지적 영역의 교육 목표는 소홀히 취급할 수 있는 것은 아니다. 새로운 지식을 받아들이고 통합하는 능력은 노인에게도 대단히 중요하고 유용한 것이다. 노인의 지적능력도 충분히 개발할 수 있는 잠재력이 있다. 정의적 영역의 교육목표는 노인의 학습동기를 유발하고 적극적인 삶의 태도를 지향하고, 긍정적인 사고로 전환하여 윤택한 노년기를 누리기 위해서는 이 영역의 교육목표는 치밀하게 설정되어야 하며, 교육내용도 그에 따라 풍부해져야 한다. 운동 기능적 영역의 교육목표는 근육이나 운동기능을 강조하는 것으로 노인의 활동력을 촉진시키고 건강한 삶을 유지하는데 반드시 필요한 것이다(김영순, 2016).

노인의 발달과업과 노인들의 각종 욕구를 바탕으로 노인교육의 일반목표를 제시하면개인생활의 목표, 인간관계의 목표, 경제생활의 목표, 국가생활의 목표로 나눌 수 있다. 개인생활의 목표는 삶에 대한 적극적인 태도를 가지며, 자주적으로 계획을 세워 생활하려는 태도를 갖게 하는 것이다. 이는 구체적으로 평생교육의 이념하에 계속적으로 새로운 지식을 학습하고 교양을 쌓게 하며 취미생활에 참여하여 여가를 즐겁게 보내기 위한 기능을 습득시키는 것이고, 건강과 질병, 안전에 대한 기본지식을 갖도록 하며 건강유지를 위해 건강습관을 지니도록 한다. 인간관계의 목표는 젊은 사람의 사고방식이나 생활양식을 이해함으로써 세대간의 격차를 좁히며, 동년배간에 밀접한 심리적 유대를 가지면서 어울리는 태도를 갖게 하는 것이다. 예를 들면 가정에 있어서 가정 질서를 유지하면서 가족 구성원의 의견을 존중하는 민주적 태도를, 이웃간이나 선배로서의 존경받을 수 있는 태도를 지니게 한다. 경제생활의 목표에서는 노인에게 알맞은 경제생활의 종류에 관한 정보를 얻고 이에 필요한 지식과 기술을 익히게 하며 경제적 지출을 감당할 수 있는 경비를 스스로 조달하는 태도를 기른다. 노인들의 생산적인 경제활동을 한다는 것은 정년퇴직으로 맞게 되는 급격한 생활변화에 대처하고 소외, 고독 등을 해소하며 여가를 선용하는 길이기도 하다. 또한 노년기의 경제활동은 노인들의 욕구 충족을 위해서도 상당히 중요한 부분이다. 국가생활의 목표는 국내외의 정치·경제·사회적 변화추세를 이해하고 노인들이 노인복지의 개념과 국제적 동향을 알도록 한다. 이것은 노인 스스로의 당면 문제를 올바로 인식하는데 필요하다(김영순, 2016).

(2) 교육내용

노인 평생교육은 현상유지나 여가를 즐기기 위한 도구라기 보다는 발전과 미래를 위한 것이 되어야 한다. 따라서 노인 평생교육의 내용은 노인학습자들이 쉽게 학습할 수 있도록 노인 평생교육의 목적에 부합시켜 구체화되어야 한다. 노인 평생교육은 교육의 목표가 시사하는 행동을 경험해야 하며, 선정되는 교육내용이 노인의 능력수준과 흥미 및 필요에 적합해야 하며, 청소년 및 중년기의 성인들이 요망하는 노인 평생교육의 내용을 반영해야 하며, 현재의 생활에 도움이 되어야 하며, 지적 측면은 노인들의 경험과 밀착된 교육이어야 한다(김영순, 2016).

이와 같은 시각에서 볼 때, 일반적으로 노인학습자들을 위한 교육내용은 다음과 같이 기술될 수 있다. 첫째, 노인들의 생존을 위한 교육내용이다. 기술이나 자원이 불충분한 노인들을 돕고 미리부터 퇴직준비를 할 수 있도록 돕기 위한 재정적 계획과 관리를 포함한다. 노인들에게 시장성 있는 직업기술이나 직업탐색기술, 확신을 갖는 방법, 대리독자의 역할을 하던 배우자의 사망 이후 위기를 겪는 문맹노인에 대한 문자해독교육이나 운전교육 등 기본적인 생존과 관련된 교육내용이 여기에 해당된다. 둘째, 노인들의 적응을 위한 교육내용이다. 노후의 건강과 독립적인 생활을 위한 교육내용으로서 심신의 건강증진과 질병예방, 상담, 보호자 선택에 관한 정보, 소비자 교육, 정치적 의사 결정 등이 이에 포함된다. 셋째, 노인들의 봉사와 발전을 이한 교육내용이다. 노인들 대부분이 다른 사람에게 제공해 줄 수 있는 풍부한 지식과 기술, 경험과 지혜 등을 가지고 있다고 가정하고, 이를 교육내용으로 포함시키는 것이다. 넷째, 인생의 의미를 재발견하기 위한 교육내용이다. 인생의 의미를 재정리하고 노년기를 보다 활동적이고 의미 있게 보낼 수 있도록 돕는 내용들로서 죽음과 종교, 회상과 여행 등에 관한 내용들이 포함된다(김오차, 2006).

노인 평생교육의 목표를 개인생활의 목표, 인간관계의 목표, 경제생활의 목표, 국가생활의 목표로 나눌 때 교육내용에 필수적으로 포함시켜야 할 것은 다음과 같다. 개인생활의 목표와 관련하여 노년기의 삶의 질을 향상시키기 위한 내용이어야 한다. 즉 새로운 지식의 습득과 질병의 극복 및 건강관리, 임종 또는 종교와 관련된 내용이다. 인간관계의 목표와 관련하여 인간관계를 원만하게 유지하는 것을 배우는 학습내용이어야 한다. 즉, 젊은 사람을 이해하는데 도움이 되는 내용, 동년배들과의 바람직한 교류관계를 유지하는 방법, 가정 내에서 손자녀와의 원만한 인간관계를 유지하는 방법이다. 경제생활의 목표와 관련하여 노인 스스로 생산적 경제활동을 할 수 있도록 노력하는 태도와 이에 알맞은 지식과 기술을 학습하도록 하는 것이다. 국가생활의 목표와 관련하여 국내외의 정치·경제·사회활동을 올바르게 이해할 수 있는 능력을 키워 주는 내용이어야 한다. 즉 급변하는 사회 변동에 대응할 수 있는 지식과 정보를 습득하고 정확한 판단력을 기르도록 학습하는 것, 남은 여가시간을 통하여 사회봉사활동에 대한 태도를 형성시켜 삶에 대한 자부심과 보람을 느끼게 하는 내용을 포함하는 것도 바람직할 것이다(김영순, 2016).

(3) 교육방법

노인들은 교육을 통해 사회변화에 적응하고 대처하는 방법을 배울 수 있다. 따라서 교육목표 달성을 위해서는 효과적인 교육방법이 필요하다. 특히 노인 평생교육 방법에 가장 많은 영향을 미치는 요인은 노인 개인의 태도라고 할 수 있으므로 노인학습자에 대한 편견이나 문제점 등 학습의 장애요건을 배제하고 노인학습자의 능력, 관심 등을 고려하여 학습에 스스로 참여할 수 있도록 존중하고 학습 분위기를 조성하여야 한다. 노인을 대상으로 하는 교육방법은 노인들의 특성과 상황을 이해하고 다양성을 고려하여 교육의 효과를 극대화할 수 있는 교육방법이 필요하다(송명미, 2016).

김오차(2008)는 교육방법으로 다음과 같이 제시하였다. 첫째, 학습자가 주체가 되어 수업을 전개하는 학습자 중심의 교육이다. 교육을 담당하는 교수자는 학습자들의 의견을 수렴하고 이해하려고 노력해야 하며 학습자의 학습활동을 격려하여야 한다. 둘째, 교수자가 주체가 되어 수업을 전개하는 교수자 중심의 교육방법으로 학습자로 하여금 수업에 집중하게 한다. 셋째, 내용중심의 교육방법으로 교수자가 교육내용을 잘 구성하고 계획하여 학습자가 수업에 집중할 수 있게 한다. 넷째, 교수자가 커뮤터, TV, 비디오 등 다양한 매체를 활용하여 학습자에게 학습경험을 제공하는 매체중심의 교육방법이다.

뵈메(Boehme)는 노인교육의 방향으로 다음과 같은 4가지를 제시하고 있다. 첫째, 문제해결 중심교육이 이루어져야 한다는 것이다. 문제해결 중심교육과 관련하여, 이러한 교육방향은 초기노인이 후기노인으로 전이되는 시기에 노년기의 문제를 극복하는 데 바람직하다고 보았다. 둘째, 정체성 확립방향으로 교육이 이루어져야 한다고 보았다. 노년기를 새로운 인생의 주기로 보고 이 시기에는 무엇보다도 자기 자신에 대한 정체성 확립이 중요하다는 것이었다. 셋째, 실존의 주체로 살 수 있도록 삶의 주인공으로써 성찰하고, 회상하는 실존의 주체를 찾는 방향으로 교육이 이루어져야 한다고 보았다. 넷째, 개인중심지향 교육인데, 노인은 개인마다 다양성을 갖고 있는 관계로, 노인 자신의 선택에 따라 학습할 수 있도록 개인중심 지향의 교육이 되어야 한다고 보았다. 페졸트(Petzol)는 인본주의적 측면에서 노인교육의 방향을 강조하였다. 즉, 인격의 통합, 자아통합, 의미구성의 3가지를 강조한 것이다(김용수, 2013; 최은수).

Agruso는 노인 평생교육의 효과성을 높이기 위하여 필요한 교육방법 및 원리를 다음과 같이 지적하고 있다. 학습을 위하여 제공되는 지식과 기술은 노인들의 삶의 경험과 직결되어야 하고, 노인학습자들에게 충분한 시간과 공간적인 여유를 제공하여야 하고, 학습과제는 단순하고 친숙한 것부터 시작하여 복잡하고 응용력을 요구하는 과제로, 체계화되고 잘 정의된 정보를 제공해야 하며, 학습과업은 나이에 크게 영향을 받지 않게, 학습자료는 쉽게 분별할 수 있는 것을 활용, 긴장감을 줄이고 가볍고 명랑한 분위기를 유지하여야 한다(김영순, 2016).

김영순(2016)은 노인 평생교육의 방법의 만족도 및 효과성을 높이기 위해 지켜야 할 기본적인 원리를 〈표 9-1〉과 같이 제시하였다.

〈표 9-1〉

교육방법의 원리	내용
자발성의 원리	비강압적이고 자율적인 동시에 노인의 흥미에 입각한 교육
참여의 원리	노인교육은 피교육자의 흥미를 유발하는 등의 적극적, 능동적 참여를 유발할 수 있는 교육
문제중심의 원리	노인의 현재 문제와 관련된 교육내용과 방법
실용성의 원리	노인교육은 생활에 직접 이용가능한 교육내용
다양화의 원리	강의, 토론 및 다양한 학습자료를 이용한 교육방식
경험의 원리	노인의 과거 경험을 이용할 수 있도록 짜여진 프로그램을 운영
개별화의 원리	노인들의 개인의 경험, 연령, 교육 정도 등을 고려한 교육

출처: 김영순(2016). 노인 평생교육의 활성화 방안에 관한 연구: 한국과 주요 외국사례를 중심으로. 건국대학교 행정대학원 석사학위논문. p.29.

2. 노인 평생교육의 실제

1) 관련 정책

'노인'이라는 용어를 사용하고 있는 법률은 1981년 제정된 『노인복지법』과 1998년 4월 11일에 제정된 『장애인·노인·임산부』 등의 편의증진 보장에 관한 법률이 있다. 또한 2008년 7월 1일에 제정된 『노인장기요양보험법』에 있고, 2011년 3월 30일에 제정된 『대한노인회 지원에 관한 법률』이 있다. 현행 복지법에서는 65세 이상, 연금법에서는 60세 이상을 노인으로 규정하고 있다. 고령자 고용 촉진법상 고령자 및 준고령자의 정의는 고령자는 55세 이상인자, 준고령자는 50세 이상 55세 미만인자, 국민연금법상 노령연금 급여대상자로서 노인은 60세부터로 규정하고 있다. 나아가 60세 이상이면 전통적인 환갑연령이나 정년퇴직의 시기, 손자, 손녀를 볼 수 있는 시기 등을 고려하여 『생활보호법』에서 65세 이상을 보호노인대상자로, 『노인복지법』에서 65세를 노인으로 규정하고 있다.

우리나라 노인 평생교육에 대한 운영과 규정은 『사회교육법』과 『노인복지법』에 근거하여 운영이 되고 있다. 평생교육의 일환으로 사회교육에 포함시켜 보호·육성해야 한다는 차원에서 마련된 『평생교육법』은 대학부설로 운영되고 있는 노인학교와 사회교육원의 노인지도자과정이 이에 속한다. 노인복지법은 노인을 후손의 양육과 국가 및 사회의 발전에 기여하여 온 자로서, 그 능력에 따라 적당한 일에 종사하고 사회적 활동에 참여할 기회를 보장 받는다(제2조) 규정하면서도 사회적 활동을 위한 노인교육에 대해서는 명시적으로 규정하고 있지 않다. 뿐만 아니라 사회 참여 활동을 위한 정보를 제공하는 노인복지관이나 일상생활과 관련한 학습프로그램을 제공하는 노인교실 등 노인교육과 관련될 수 있는 시설을 노인여가 복지시설로 규정하여 노인교육을 여가의 활용이라는 관점에서 보고 있다(한정란 외, 2011).

1989년 개정된 『노인복지법』에 의하면 경로사업의 실시 및 지원에 관련된 조항을 통해 국가 또는 지방자치단체는 노인의 심신건강 유지와 여가선용을 위한 교양강좌, 오락 등 노인의 복지 증진을 위해 노력해야 하며 경로당, 노인학교 등에 적절히 지원할 수 있다고 규정하고 있다. 그러나 1997년 노인사회참여지원 규정으로 변경되었으며 국가 또는 지방자치단체는 노인의 사회참여 확대를 위해 지역사회 봉사활동의 기회를 넓히고 일할 기회를 우선적으로 제공하여 노인의 생산적 활동을 강조하였다. 노인여가복지시설에 대한 규정을 통해 노인 평생교육을 할 수 있는 시설로서는 노인복지회관, 경로당, 노인교실, 노인휴양소 등을 두었다(송명미, 2016).

경로당은 지역노인들이 자율적으로 친목도모·취미활동·공동작업장 운영 및 각종 정보교환과 기타 여가활동을 할 수 있도록 하는 장소를 제공함을 목적으로 하는 시설(제36조 제2호), 노인교실은 노인들에 대하여 사회활동 참여욕구를 충족시키기 위하여 건전한 취미생활·노인건강유지·소득보장 기타 일상생활과 관련한 학습프로그램을 제공함을 목적으로 하는 시설(제36조 제3호)로 규정하고 있다. 또한 국가와 지방자치단체는 노인의 보건 및 복지증진의 책임이 있으며, 이를 위한 시책을 강구하여 추진(제4조)하여야 함에도 불구하고 이러한 노인 여가 복지시설의 설치와 운영에 대해서도 필요적 사항이 아닌 임의사항으로 하고 있다는 점이다(제37조 제1항). 노인의 교양·취미생활 및 사회참여, 건강증진 및 질병예방, 소득보장, 재가복지 등 노인의 복지 증진에 필요한 서비스를 제공하는 노인복지관과 노인의 자율적인 친목도모, 취미활동, 공동작업장운영, 각종 정보교환, 여가활동을 제공하는 경로당, 노인들의 취미생활, 노인건강유지, 소득보장, 일상생활과 관련한 학습프로그램을 제공하는 노인교실간의 구분이 거의 없으며 서로 비슷한 활동을 하고 있다(김후년, 2018).

노인여가복지시설의 설치는 시장·군수·구청장에게 신고하여 설치가 가능하며, 국가 또는 지방자치단체는 노인여가복지시설 중 경로당의 활성화를 위하여 지역별·기능별 특성을 갖춘 표준 모델 및 프로그램을 개발·보급하여야 한다고 규정하고 있다.

우리나라의 고령화 관련 정책은 그동안 취약 노인층에게 복지 혜택을 제공하는 수준에서 시행되어 왔다. 2005년에 제정된 저출산·고령 사회기본법의 주요 정책이 시행되면서, 노인 정책은 그 방향이 장애 노인, 도시와 농어촌 지역의 격차 등 지역의 상황을 고려하여 취약 계층의 노인에게 집중되었다. 우리나라의 노인 정책은 취약계층 중심의 노인 복지서비스, 여가 중심의 노인 활동프로그램 등에 치중하여 왔다(박상선, 2021).

우리나라에서 노인을 위한 평생교육은 1972년 종로 태화관의 서울 평생교육원을 시작으로, 1970년대 후반부터 급속히 설립되기 시작하였고, 여가활동과 교육이라는 두 가지 기능을 담당하고 있다. 1978년 문교부에서 '노인교육 설치 요강'을 만들어 전국 초등학교 학군 단위로 노인교실을 설립하고 운영비를 지원하였다. 1983년부터 노인교육관련 업무가 보건사회부(현재의 보건복지부)로 이관되었다. 그 후 1998년 교육과학기술부의 '사회·국제교육국'으로 개편되면서, 그 안에 '평생교육기획과'와 '평생학습 정책과'가 설치되어 노인교육 관련 업무를 관장하게 되었다. 그러나 아직도 실제 노인교육을 실시하는 사회복지관, 노인복지관, 노인교실 등은 노인복지여가시설로 분류되어 보건복지가족부에서 관장하고 있다. 또한 복지부 노인 지원과에서 실질적인 노인교육 관련 업무의 상당 부분을 담당하고 있어 두 부처 사이에 역할분담은 여전히 미결 과제로 남아있다(이정진, 2013; 평생교육백서, 2009).

제4장 노인복지시설의 설치 · 운영

제31조 (노인복지시설의 종류) 노인복지시설의 종류는 다음 각 호와 같다.
〈개정 2004. 1.29. 2013.6.4.〉

1.노인주거복지시설

2.노인의료복지시설

3.노인여가복지시설

4.재가노인복지시설

5.노인보호전문기관

6.제23조의 2제1항 제2호의 노인 일자리 지원기관

제36조(노인여가복지시설)①노인여가복지시설은 다음 각 호의 시설로 한다.〈개정 2007.8.3.〉

1.노인복지관: 노인의 교양 · 취미생활 및 사회참여활동 등에 대한 각종 정보와 서비스를 제공하고 건강증진 및 질병예방과 소득보장 · 재가복지, 그 밖에 노인의 복지증진에 필요한 서비스를 제공함을 목적으로 하는 시설

2.경로당: 지역노인들이 자율적으로 친목도모 · 취미활동 · 공동작업장 운영 및 각종 정보교환과 기타 여가활동을 할 수 있도록 하는 장소를 제공함을 목적으로 하는 시설

3.노인교실:노인들에 대하여 사회활동 참여욕구를 충족시키기 위하여 건전한 취미생활 · 노인건강유지 · 소득보장 기타 일상생활과 관련한 학습프로그램을 제공함을 목적으로 하는 시설

4.삭제〈2011.6.7.〉

②노인여가복지시설의 이용대상 및 이용절차 등에 관하여 필요한 사항은 보건복지부령으로 정한다.〈개정2008.2.29. 2010.1.18.〉

제 37조 (노인여가복지시설의 설치) ①국가 또는 지방자치단체는 노인여가복지시설을 설치할 수 있다.

②국가 또는 지방자치단체외의 자가 노인여가복지시설을 설치하고자 하는 경우에는 시장 · 군수 · 구청장에게 신고하여야 한다.

③국가 또는 지방자치단체는 경로당의 활성화를 위하여 지역별 · 기능별 특성을 갖춘 표준모델 및 프로그램을 개발 · 보급하여야 한다. 〈신설2011.6.7.〉

④노인여가복지시설의 시설, 인력 및 운영에 관한 기준과 설치신고 등에 관하여 필요한 사항은 보건복지부령으로 정한다.〈개정 1999.2.8. 2008.2.29. 2010.1.18. 2011.6.7.〉

2) 운영기관

노인 평생교육을 운영하는 기관들은 다음과 같다.

첫째, 대학중심의 노인 교육기관인 평생교육원과 사회교육원이다. 대학부설 평생교육원이나 사회교육원에서 운영되는 노인 교육은 노인학습자들을 대상으로 하는 교육과 이와 관련 있는 전문가를 양성하기 위한 교육으로 구분될 수 있다. 경북대학교 평생교육원에서 시행되는 명예학생과정은 우리나라에서 최초로 시도된 학사 학위과정으로 노인의 지적 욕구 충족의 기회를 제공해 주고 고학력 퇴직자들을 대상으로 학부과정을 공개함으로써 변화하는 사회환경에 적극적으로 참여할 수 있도록 노인들을 교육시키는 것에 의의를 둔다. 또 경북대학교 사회교육원에서는 고령자에게 대학의 학부과정을 무료로 수강하게 하는 제도인 명예학생과정과 명예학생과정 수료자, 또는 50세 이상자로 고등학교 졸업이나 동등한 학력소지자가 입학할 수 있는 명예학생대학원 과정이 있다. 대학부설의 많은 평생교육프로그램의 경우 연령 제한이 없다는 점에서 노인이 거의 모든 프로그램을 수강할 수 있다고 할 수 있다(김오차, 2007).

둘째, 노인단체에서 운영하는 노인 교육이다. 대한노인회, 대한 삼락회, 한국성인교육회, 적십자장년봉사회 등에서 운영하는 노인 교육기관이다. 1861년 대한노인회는 노인학교를 지도·육성하기 위하여 산하에 교육위원회를 설치하였다. 사단법인 대한노인회에서는 노인지도자대학, 노인대학, 경로당노인대학을 운영하고 있다. 대한노인회의 자료에 의하면 노인지도자대학은 존경받는 노인상을 확립하고 대한노인회의 활성화를 도모하고 효율적인 운영을 위하여 매년 3월부터 11월까지 주 1회 이상 노인지도자의 역할, 교양과목, 건강관리, 국내외 정세 등을 교육한다. 노인대학은 지역사회에서 존경받는 노인으로서 품위향상과 현대사회에 적응하는 능력을 배양하고, 각자가 지니는 잠재능력을 재개발시키고, 건강관리에 관한 지식을 부여함으로서 여생을 보람 있게 보낼 수 있도록 하기 위하여 주 1회 이상, 교양과목, 국내외 정세, 지능습득, 건강관리 등을 교육한다. 경로당노인대학은 건강관리를 위하여 건강, 운동, 식품영양 등을 교육하고 있다.

셋째, 비영리단체 및 종교단체에서 운영하는 노인 교육이다. 대한적십자, YMCA, YWCA, 한국부인회 등과 같은 비영리단체와 천주교, 기독교, 불교 등의 종교기관에서 노인 교육을 실시하고 있다(김후년, 2018; 심재신, 2014).

3) 교육 프로그램

평생교육법 2조에 따르면 평생교육의 영역을 학력보완교육, 성인문자해득교육, 직업능력향상교육, 인문교양교육, 문화예술교육, 시민참여교육의 여섯 가지 영역으로 구분하고 있다. 이러한 분류는 대범주상의 분류로서 평생교육 참여영역은 더 자세하게 구분이 가능하다(김영석, 2019).

노인 평생교육기관의 프로그램은 표준화된 교과과정이 없기 때문에 기관마다 프로그램의 구체적인 내용과 진행 방법에 차이가 많다. 우리나라의 노인 평생교육은 대부분 생활교육 위주의 프로그램을 운영하고 있다. 즉, 여가 및 취미프로그램이나 교양강좌가 대다수를 차지하고 있으며 프로그램도 춤, 노래, 운동 등 종류가 제한적이다.

「2018년 한국 성인의 평생학습실태」에 따르면 65-79세 노인의 경우 스포츠강좌가 38.9%로 가장 높았고, 다음으로 음악강좌(16.3%), 직무능력향상교육(15.0%), 종교교육(10.3%), 건강 및 의료강좌(6.8%), 미술강좌(3.0%) 순으로 나타났다. 그리고 「2020년도 노인실태조사」에서는 학습활동에 참여하는 노인 중 44.3%는 건강관리/운동에 참여하고 있으며, 다음으로 문화예술 28.2%, 정보화 11.4%, 어학 5.9% 인문학 5.4% 등의 순으로 나타났다연령에 따라서는 일정한 경향성을 보이지 않지만, 85세 이상의 경우 건강관리/운동 프로그램 참여율이 53.4%로 타 연령집단에 비해 참여율이 높으며, 65~69세는 정보화와 취업/직업의 비율이 14.1%와 6.1%로 타 집단에 비해 높은 특성을 보이고 있다. 연구별로 약간의 차이는 있으나 대략적으로 노인은 건강/운동 영역과 문화예술 영역에 가장 활발히 참여하는 것으로 볼 수 있다. Chang(2014)에 따르면 여가교육(leisure education)에 참여한 노인(65세 이상)은 그렇지 않은 노인에 비해 여가 활용 능력(leisure competence)이 향상되고 이로 인해 스트레스 지수가 낮아졌다. 또한 문화예술 분야 교육에 참여한 노인의 경우 자아통합감, 어학 분야 교육에 참여한 노인의 경우 생활만족도가 높은 것으로 나타났다(김동배, 정규형, 이은진, 2012).

4) 외국의 노인 평생교육

(1) 미국

미국은 유럽의 선진국에 비해 고령화 속도가 늦은 편이며 교육과 복지를 결합한 교육복지 체제를 갖추면서 노인들을 위한 교육을 준비할 충분한 시간적 여유가 있었다. 미국의 노인 평생교육은 그 대상과 특성에 따라 다양한 교육기회를 제공하며 세분화된 프로그램이 운영되고 있다. 일반적인 성인 교육시설을 비롯하여 전문적인 교육시설에 이르기까지 그 종류와 내용 또한 매우 다양하다.

미국은 1874년 뉴욕 근교에서 노인평생교육의 일환으로 시작된 노인프로그램이 효시라고 할 수 있다. 1920년 공무원퇴직법의 제정에서 비롯된 미국의 노인평생교육정책은 노인평생교육의 기본방향을 정부뿐만 아니라 민간과 비정부기관의 활동 등과 연계하여 네트워크를 형성하고 복지와 교육을 결합한 노인평생교육복지체제를 구축하였다. 초기에는 소외계층을 위한 복지를 제공하였던 것이 은퇴를 맞이한 노인층을 중심으로 노년의 욕구충족과 사회적 책임을 강조한 평생교육의 성격으로 전환되었다. 1925년에 교육부에 성인교육과, 1949년에는 성인교육과 산하에 노인평생교육위원회가 설치되었다. 1950년 노인위원회가 창설되었으며 노인의 독립과 건강을 개선하기 위해 노력하였다. 1951년 성인교육협회의 창설로 노인 평생교육에 대한 관심이 집중되기 시작하였으며 1956년 전국성인교육협의회라는 명칭으로 독립적인 활동을 시작하였다. 미국 노인에게 필요한 모든 서비스와 관련된 법적 근거는 미국 노인복지법으로서 1965년에 제정되었다. 이 법의 기본 목적은 서비스, 훈련, 연구를 위해서 연방정부가 주정부에 지급한 자원을 통해 노인들을 돕는 것이다. 이 법은 노인을 위한 포괄적인 서비스의 시행을 위해 연방 및 주, 지방정부 간의 노인복지 전달체계에 대한 협력관계를 규정하고 있으며, 연방정부에는 노인청(Administration on Aging), 주정부에는 노인국(State Units on Aging), 지방정부에는 지역의 노인기관(Area Agencieson Aging) 등이 있다(김영순, 2016; 송명미, 2016; 이호선, 2010; 한정란 외, 2006).

그 이외에도 고등교육기관에서의 노인을 위한 학비면제정책, 고령자 지역사회서비스고용프로그램(Senior Community Service Empolyment program), 성인교육법(Adult Education Act) 등이 미국의 주요 노인교육정책이다. 미국노인법에서 교육과 관련한 조항은 2000년 개정된 법률하의 제3조 '훈련, 연구, 임의 프로젝트와 프로그램'과 제9조 '노인의 지역공공사업분야의 고용프로그램 지원'에서 찾아볼 수 있다. 제3조에서는 노인을 위한 교육 '노년기 교육'과 노인에 관한 교육 '노인이해교육'을 지원하고 있다. 노인에 관한 교육에 관한 조항으로서는 노인과 관련한 분야로 취업을 준비하는 학생들에게 학습과 훈련을 제공하는 고등교육기관에 자금을 지원하는 제도를 마련했다.

또한 노인을 위한 교육은 능력개발과 삶의 질 교육 두 가지를 지원하고 있다. 노인교육에 영향을 미친 또 다른 중요한 정책은 학비면제정책이다. 이 정책은 1970년대 이후 급격히 늘어난 노인들의 숫자에 대응하기 위해 실시되었다. 이 정책은 공적으로 재정지원을 받고 있는 고등교육 기관이 일반 학생등록이 끝난 후 빈 자리가 있을 경우, 노인들이 무상 혹은 낮은 가격으로 등록을 하도록 하고 있다. 1966년에 성인교육법(Adult Education Act)이 제정되었다. 이 법은 주정부가 국가와 개인의 삶의 발전을 저해하는 성인들의 교육부족을 극복하기 위한 교육기회와 지원자금을 확대하는 것을 골자로 하고 있다. 이 법은 1960년대 성인교육을 통해서 미국의 가난을 극복하고자 했던 정부의 정책이다. 이 법은 현재 1998년에 제정된 인력투자법(Workforce Investment Act) 아래의 '성인교육과 가족 문해력

법(Adult Education and Family Literacy Act)'으로 개정되어서, 교육을 통한 서인과 청소년의 인력개발 향상 차원에서 실시되고 있다. 노인복지법의 제정은 노인들에게 새로운 교육기회를 제공하고 다양한 대학원 프로그램 및 노인 평생교육과 직업훈련의 확장 등 노인 평생교육의 기반을 마련하였으며 사회복지적 차원에서 접근하는 계기가 되었다(김영순, 2016; 송명미, 2016).

(2) 독일

독일의 노인교육은 노년을 위한 준비교육, 제3의 시기를 위한 교육, 시니어교육, 50세이상을 위한 교육, 노화교육 등으로 매우 다양하게 불리어왔다. 독일은 모든 사람이 맞는 노인기를 노인의 삶의 질 향상과 긍정적이며 활기찬 인생주기로 만듦으로써 '새로운 노년'으로 재탄생 시키고자 하는 의지에서 시작하였다. 특히, 노인교육은 노인의 다양한 교육적 욕구를 충족시킬 뿐만 아니라 잠재력 개발까지 포함하는 매우 적극적인 개념을 기초로 하고 있다. 교육내용도 매우 포괄적이어서 차세대에게 문화적인 지식을 전달하여 주는 것뿐만 아니라 민주시민으로써 정책 결정을 하는 데 적극적으로 참여하도록 노인을 교육한다. 또한 세대 간의 통합을 위한 교육으로 노인 세대와 젊은 세대 사이의 갈등을 해소하기 위하여 원활한 의사소통이 이루어지도록 노력한다(황영희, 2011).

노인 평생교육은 초기에는 성인교육학적 지식을 많이 이용하였지만 최근에는 게라고긱(Geragogik)으로 불리는 노인교육학으로 발달하였다. 독일의 노인층은 1950년 말 성인교육의 틀 안에서 새로운 교육의 대상으로 관심받기 시작하였다. 독일의 노인 평생교육은 모든 사람이 일반적으로 겪게 되는 노년기를 '새로운 노년'으로 정의하고 노년기를 긍정적이고 활기찬 인생의 주기로 보는 삶의 질 향상을 통해 성공적인 노년기를 긍정적이고 활기찬 인생의 주기로 보는 삶의 질 향상을 통해 성공적인 노년기를 보낼 수 있도록 하는데 목적으로 하고 있다(송명미, 2016; 한정란 외, 2006).

1960년대 노인 평생교육은 노인들의 관심보다는 노년학자들의 관심이 컸던 시기로 1976년 칼마이어(Kallmeyer)가 시민대학에 노년클럽을 만들면서 활성화되기 시작하였다. 독일은 사회보장법 75조에 '노인의 문화적인 요구, 사교적인 요구가 충족되도록 교육기관을 방문하거나 이용할 수 있도록 보장되어야 한다.'라고 명시한 것처럼 일상생활의 문제해결을 위한 학습을 주장하였다. 1960년대 이후 독일 각 연방주의 성인교육관련법과 계획에 관한 기초문서가 되었던 독일위원회의 소견서는 성인교육을 공교육체제에 속하는 것으로 규정하였고 성인교육이 국가의 과제임을 재확인했다. 독일정부는 2001년 '제3차 노인보고서'를 발간하여 노인문제에 대한 정부의 입장을 표명하였다. 이 보고서에는 노인자원봉사자와 노인계속교육에 관한 내용이 독자적으로 포함되었다. 제3차 노인보고서는 노인계획교육의 항목에서 '평생학습'의 시대적 전망속에 나이에 관계없는 평생교육프로그램의 중요성과 필요성에 대한 강조를 하고 있다(박응희, 2005; 황영희, 2011; 성연옥, 2012; 송명미, 2016).

독일의 평생교육은 인문교육과 직업교육을 이원화하여 발달하였으며 직업교육은 산학협동교육체제로 이루어지며 평생교육의 핵심을 구성하고 있다. 독일은 연방의 교육연구부와 16개 주의 교육부간의 역할이 분리되어 있는 동시에 협력체계가 마련되어 있다. 독일의 평생교육은 연방이 직업교육법과 노동지원법을 통하여 직업교육을 책임지고 있으며 정책수립과 훈련기준을 연구하는 연방직업훈련연구소가 있고 교육을 감독하고 평가하고 자격기준을 담당하는 회의소가 있으며 노동시장의 정책, 고용, 창출, 실업자 지원 등을 담당하는 연방노동청이 직업교육 훈련에 관한 정책을 수립하고 운영하며 자격을 검정하고 평가하고 있다. 16개 주는 평생교육법에 의하여 성인교육을 책임지고 있다.

현재 독일에는 많은 대학들이 노인대학에 참여할 수 있는 가능성을 제공하고 있다. 특히 시민대학이나 기존 대학에서 제공하는 특수 강좌들은 세분화된 노인들의 욕구 충족을 위해 다양한 강좌들이 제공되고 있다. 게다가 학비가 면제되는 독일 대학시스템은 노인 교육의 발전에도 크게 도움이 되고 있다. 일반적으로 노인들도 대학에 개설된 정규과목 대부분을 청강할 수 있는데, 소정의 청강료만 내거나 그나마 60세 이상인 경우 면제 혜택이 주어져 부담 없이 수강할 수 있다. 종교단체가 운영하는 성인교육기관으로서는 아카데미, 부모 가족 교육기관, 성인학교 등이 있다. 이들 노인교육 시설에서는 체력이 약하고 기동성이 부족한 노인들의 특징을 배려하여 등·하교시 자체 미니버스를 제공하기도 한다. 이러한 미니버스는 장애로 휠체어를 이용하는 노인들까지 배려하는 특수 자동차의 역할까지 하고 있다.

독일은 모든 사람이 맞는 노인기를 노인의 삶의 질 향상과 긍정적이며 활기찬 인생주기로 만듦으로써 '새로운 노년'으로 재탄생시키고자 하는 의지에서 시작하였다. 특히, 노인 평생교육은 노인의 다양한 교육적 욕구를 충족시킬 뿐만 아니라 잠재력 개발까지 포함하는 매우 적극적인 개념을 기초로 하고 있다. 교육 내용도 매우 포괄적이어서 차세대에게 문화적인 지식을 전달하여 주는 것 뿐만 아니라 민주시민으로써 정책 결정을 하는데 적극적으로 참여하도록 노인을 교육한다. 또한 세대간 통합을 위한 교육으로 노인세대와 젊은 세대 사이의 갈등을 해소하기 위하여 원활한 의사소통이 이루어지도록 노력한다(김영순, 2016; 황영희, 2010).

(3) 일본

일본의 노인 평생교육은 문부성과 후생성 등 교육과 노인관련 기관이 중심이 되어 교육을 보급하고 활성화를 추진하고 있다. 또한 일본은 노인 학습 활동에 대한 종합적인 지원, 학습내용의 다양화와 고도화 추구, 노인의 학습성과 활용, 행정적 구분을 초월하여 교육 강사와 시설 등에 있어서 폭넓은 연계와 협력을 추구하고 있다.

일본 노인은 한국 노인보다 경제적으로 훨씬 안정되었고, 건강상태도 젊은 사람 못지 않게 좋다. 그러나 은퇴 연령이 60세로 규정되어 있기 때문에 대부분의 노인들은 60세가 되면 직장을 그만두게 된다. 이처럼 젊고, 건강한, 그러면서 의욕에 넘치는 많은 일본 노인들은 은퇴를 함으로써 많은 자유시간을 얻게 되고, 또한 많은 자유 시간을 그냥 무료하게 보내기를 거부한다. 이런 맥락에서 일본에서도 적극적인 노년기(active aging) 혹은 생산적인 노년기(productive aging)라는 개념이 등장하게 된다. 일본 노인들 사이에서는 좀 더 적극적인 노년을 보내기 위해서 중요한 화두로 떠오른 것이 바로 평생학습이다. 일본 정부는 노인인구 증가로 인한 생산 인구 감소, 그로 인한 생산성 감소, 경쟁력 약화를 걱정해왔고, 아울러 노인인구의 증가로 인해 발생할 수 밖에 없는 국민연금, 의료비의 무한한 증가를 우려해왔다. 일본 정부는 이에 대한 해결책으로 노인평생교육을 제안하였다.

1965년 일본 중앙 정부는 지방 정부로 하여금 계속적인 노인교육을 위한 시스템을 구축하는데 협조할 것을 요구하였다. 그러다가 1973년 일본 중앙정부가 지방정부에 노인교육기관을 세우는데 필요한 기금을 제공함으로써 노인을 위한 교육 프로그램이 현실화되었다. 특히 1970년대 말부터 시정촌단위에 세워진 사회교육기관인 공민관에 노인교실이 개설되면서 노인교육이 본격적으로 활성화되기 시작하였다. 이어 1984년 중앙정부는 노인의 일반적 복지를 향상시키기 위한 캠페인을 벌였는데, 그 캠페인의 중요 내용이 바로 노인들에게 노인교육을 받을 기회를 확대하는 것이었다. 즉, 중앙정부는 지방정부가 노인문제에 관심을 가져왔던 지방 단체들과 협력하여 노인교육을 활성화시키는데 좀 더 적극적이기를 원했다. 그러나 일본에서 노인교육의 필요성이 사회적 공감을 얻기 시작한 것은 1990년 평생학습진흥법이 통과한 이후이다(김영순, 2016). 1994년에 통과한 일본의 사회교육법에는 학교 외에 가정, 직장, 사회 등에서 이루어지고 있는 교육을 적극적으로 장려할 것을 명시하고 있다. 또한 사회교육은 일본인의 법적 권리이며 중앙정부, 지방정부는 국민에게 사회교육을 받을 기회를 제공해야 한다고 명시하고 있다.

일본 중앙정부에서 노인교육을 담당하는 대표적인 행정부는 문부성이다. 후생성, 노동성도 노인교육에 참여하나, 일본에서는 평생교육의 관점에서 노인교육을 인식하고 있으므로 일차적으로 노인교육을 담당하는 부서는 문부성이라고 볼 수 있다. 일본은 평생학습진흥법이 통과되기 2년 전인 1988년에 문부성 하 사회교육국을 평생학습국으로 두고 그 아래 평생학습진흥과, 사회교육과, 학습정보과, 청소년교육과, 부인교육과를 두었다. 그리고 그 중 노인교육은 사회교육과에서 담당하였다. 한편, 지방자치단체 차원에서는 노인교육과 관련하여 도도부현은 평생학습심의회, 평생학습추진회의를, 시정촌 단위에서는 고령자교육촉진회의, 고령자학습활동촉진 회의를 설치하였다. 특히 일본은 노인교육이 활성화되기 위해서는 시정촌에서부터 노인교육이 활성화되어야 한다고 보고, 시정촌 수준에서 고령자 교육촉진회의를 구성하였던 것이다. 고령자 교육촉진회의는 시정촌의 교육위원회, 시정촌에서 고령자를 대상으로 하는교육 사업을 실시하고 있는 부국의 담당자, 노인클럽 대표자, 학식 경험자 등 10명 정도로 구성되어, 지역 내에서 실시되고 있는 고령자교육에 관한 각종 사업을 조사하고, 관련부국과 관련 기관과의 정보교환과 연계한편 평생학습진흥법 제정 이후 평생학습 추진체제로서 도도부현의 역할이 강조되면서 노인교육과 관련하여서도 도도부현의 사업이 중요하게 여겨지게 되었다. 이런 상황에서 노인교육의 주요 실천 주체는 사회교육법 제정 이후 노인교육을 주로 담당해왔던 시정촌의 공민관과 평생학습진흥법 제정 이후 새롭게 떠오른 도도부현의 평생학습센터였다. 평생학습진흥법이 통과된 이후에는 노인교육이 단순히 시정촌차원이 아니라 도도부현까지 확대되었다(차진태, 2019).

노인의 사회참여활동을 담당하는 문부성의 시책으로는 자원봉사활동 촉진을 위해 '평생학습 자원봉사활동 종합추진사업'을 추진하고 있으며 노이들의 학습과 사회참여활동을 촉진하는 '장수화대책사업(장수학원개설사업, 고령자 삶의 보람 촉진 종합사업, 고령자 사회참여 촉진사업)'을 추진하고 있다. 노인의 복지부분을 담당하고 있는 후생성은 지역사회 노인들의 사회참여를 장려하기 위한 시책으로 '고령자의 삶의 보람과 건강 만들기 추진사업'을 실시하고 있으며 지역마다 노인클럽을 만들어 지원하고 육성하는 사업을 추진하고 있다. 일본의 노인 평생교육은 민간보다는 국가가 중심이 되어 정책적으로 노인 평생교육을 추진하고 있으며 일본 정부에 의해 정책적으로 실시되어 왔다(송명미, 2016; 한정란 외, 2006).

3. 노인 평생교육의 발전 방향

1) 문제점

한국 노인교육의 문제점은 다음과 같다(김영순, 2016; 이은희, 2004).

첫째 정책적으로 노인교육이 복지의 영역인가 교육의 영역인가에 대한 개념이 모호하다는 것이다. 노인교육이라고 보기보다는 복지의 일부분으로 연맥이 이어졌고, 이는 정치, 경제, 사회, 문화적으로 노인은 주체적 대상이 되지 못했다는 것이다. 복지영역으로 볼 경우, 공간과 재정의 확보에 쉬울 수 있으나 여가, 교양을 위한 교육에 불과하고, 반대로 교육의 부분이라 할 경우 교육의 실현가능성은 있으나 학점제 교육의 시급성에 밀려 공간 및 재정 확보에 어려움이 있다.

둘째, 노인교육 관련법은 노인복지법과 평생교육법이 중복되고 있음을 알 수 있다. 행정체계의 전담 부서가 설치되어 있지 않다는 것이다. 교육부에서는 평생교육법에 기초하여 노인교육을 지원할 수 있고, 보건복지부는 노인복지법에 근거하여 노인여가활동에 대한 지원을 하며, 노동부는 고령자고용촉진법에 기초하여 고령자를 위한 단기적응훈련에 대한 지원을 하고 있다. 사실상 노인에 관한 사업은 이중 삼중으로 유사한 사업이 진행되고 계속성이 떨어지는 행사적인 기획이 다반사 이어서 적합성, 타당성, 효율성에서 떨어진다.

셋째, 노인학교의 지역별 편차가 심해서 교육기회의 평등한 혜택이 이루어지고 있지 않다. 노인학교는 주로 도시지역에 집중되어 있고 농촌지역의 노인들은 대부분 농사일로 인해 노인학교에 다닐 시간적 여유가 없기도 하지만, 노인교육기관이 현저하게 적은 것도 교육기회를 갖지 못하는 원인이 되고 있다.

넷째, 노인교육 전문가의 부족으로 인한 노인교육 프로그램 개발에 대한 인식이 부족하다. 보건복지부에서 지원을 받고 있는 노인교실과 민간단체 노인학교의 경우에도 노인교육을 담당하는 전문가가 배치되어 있지 않다.

다섯째, 재정의 영세성이다. 기존의 노인교실은 노인학습자부담, 정부보조, 기부금회사 등으로 운영되며 재정에 따라 교육내용이나 방법 등의 편차가 심하다.

2) 발전 방향

급증하는 노인인구와 노인층의 교육 수요에 적합하게 노인 평생교육을 실시하기 위해서는 형식적이고 여가 중심적 노인 평생교육에서 수요자 중심의 실질적인 노인 평생교육 시스템으로 전환해야 할 것이다. 지역, 연령, 성별 등 노인의 특성을 고려하여 노인별 맞춤형 평생교육의 프로그램과 내용으로 구성되어야 한다. 또한 노인 평생교육을 담당하는 기관과 지역사회가 상호협력과 연대함으로써 노인들이 지역사회에서 적응하고 좋은 삶을 영위하도록 지원하는 제도와 프로그램이 필요하다.

(1) 노인교육기관 예산 배정의 효율화

각 기관마다 주어진 예산이 한정되어 있으므로, 재정적으로 여유가 있는 종교단체 등은 예산을 삭감하고 재정적으로 어려운 순수한 노인단체들을 대상으로 재정지원이 이루어져야 한다.

(2) 노인교육시설 전담 인력의 안정적 수급

노인교육의 양적·질적 가치를 높이기 위해서는 전문 인력을 안정적으로 수급해야 하고 전문성을 향상시킬 수 있도록 자기 계발을 지원해 주어야 한다.

(3) 노인교육예산의 투명성과 건전성 확보

노인교육예산과 관련하여 다분히 전시적이고 일회성 예산낭비사업을 없애고 계획적이고 지속적인 정책이 필요하다고 생각하며, 일부 사회지도층에 의한 정책이 아니라, 정말 필요한 노인들을 위한 정책이 되어야 한다.

(4) 노인교육기관의 협조 및 연계체계 구축

노인교육에 대한 정보를 관련기관들이 서로 공유하고 협조하여 노인프로그램의 중복성을 피할 수 있고, 서로가 차별화된 정책을 펴나갈 수 있기 때문이다. 또한 협력체계가 구축되어 노인교육의 활성화를 기할 수 있으며 노인교육의 연계체제구축을 통하여 노인교육에 소요되는 예산의 낭비를 줄일 수 있다.

(5) 노인교육 프로그램 개발 및 보급의 활성화

노인교육의 발전요소는 철저한 계획과 잘 짜여진 프로그램을 운영하여야 하므로 다양하고 특색 있는 노인교육프로그램의 개발과 보급이 선행되어야 한다. 이를 위해서는 노인전문가 집단에 의한 프로그램 개발 및 데이터 베이스구축, 지역단위 노인교육기관의 연결망을 통한 체계적인 프로그램 보급 등이 시급히 요구된다. 특히 지역사회, 대학, 종교기관 등의 노인프로그램을 고려하여 영역별로 접근하여야 하며, 또한 노인교육을 위한 다양한 기회가 제공될 수 있도록 노인학교나 노인교실 등 노인교육전문기관은 물론이고 노인복지관이나 사회복지관 등까지도 모든 영역으로 포함시켜야 한다.

(6) 노인교육 관련 대학의 적극적인 참여 촉진

노인들의 특성과 능력에 맞는 노인들을 위한 교육 프로그램을 개발 육성되어야 한다. 대학에서 노인들을 위한 교양강좌가 활성화 될 수 있도록 교육과정을 편성하여야 한다. 방학기간만이라도 노인을 위한 특별강좌를 개최하는 프로그램이 개설되어야 한다. 노인들과 대학생과의 만남과 대화를 통해 공동체 의식을 함양하여 세대차를 극복하고 서로를 이해하는 프로그램이 채택되어야 한다.

노인교육은 노인들 스스로가 자신들의 권리를 찾고 그것을 실현하면서 사회에서 소외되지 않고 사회구성원으로서 역할을 수행하는데 있을 것이다. 따라서 노인교육은 노인들이 노인교육을 통하여 스스로의 역량을 강화하고, 이를 통하여 자존감을 회복하도록 하는데 그 목표를 두어야 할 것이다. 이러한 목표를 지향점으로 하여 노인교육의 발전을 위해서는 무엇보다 노인교육 관련 법제의 개편과 함께 노인교육 전달체계를 명확하게 하여야 할 필요가 있다(김후년, 2018).

10장
장애인 평생교육

평생교육의 이론과 더불어 실제 현장에서 장애인 평생교육이 어떻게 이루어지는지 살펴보는 것이 중요하다. 따라서 본 장에서는 평생교육의 실제에 있어 장애인 평생교육을 살펴보고자 한다.

1. 장애인 평생교육의 이해

1) 개념

세계보건기구(WHO)가 2001년 ICF(International Classification of Functioning, Disability and Health)를 발표한 이후, 장애의 개념은 신체적 장애에서 기능적 장애(Functional disability)로 무게중심을 이동하였다. 장애인들을 불편하게 만드는 환경에 주목하기 시작하였으며, 장애인은 장애를 가진 사람이 아니라 다양한 형태의 정책적 도움을 필요로 하는 사람으로 구체화되었다. 이러한 변화는 장애성인을 위한 평생교육의 필요성을 강조하는 토대를 마련했다.

우리나라에서 '장애인 평생교육'이라는 용어는 1999년 5월 국립특수교육원 개원 5주년 기념 세미나의 기조 강연인 '장애인 통합교육을 위한 평생교육체제 구축'에서 김도수(1999)가 장애인 교육의 평생교육적 접근을 위하여 체제화가 시급하다고 강조하면서 처음으로 사용하였다. 장애인평생교육이 일반 평생교육에 기초적 기반을 둔다고 할지라도 학습대상이 장애인이라는 관점에서 장애의 특수성이 우선시되어야 한다. 평생교육 자체가 복지서비스나 기타 기능훈련 등과는 별도의 교육활동으로써 역시 강조되어야 한다. 장애인평생교육은 용어 자체에서 교육이란 용어가 표면적으로 사용될 뿐 아니라, 장애인 생애에 있어 성인기 뿐 아니라 학령기 역시 포괄하는 맥락을 가지므로 특수교육과의 정합성 역시 적절하다고 할 수 있다. 또한 장애인평생교육은 장애인 당사자 관점에서 장기간에 걸친 지원체제로 보장되어야 하므로 사회복지나 재활상담 등의 기타 분야에 의해 장기화하는 데 많은 제한점이 나타날 수밖에 없다(김남진, 박재국, 2007; 김주영, 2018; 오영석, 박원희, 2008; 이지수, 2019; 정경태, 2012; 차세진, 황순영, 2017).

결과적으로 장애인은 고등학교 졸업 이후의 고등교육 기회 및 성인교육 기회가 매우 제한적이다. 2005년 특수교육원이 실시한 장애인 평생교육 실태조사에 의하면 공교육 졸업 이후 한 번도 교육을 받지 않은 경우가 약 35%에 이른다. 평생교육 대상에서 장애인들이 배제되고 있는 것이다. 비장애인의 교육권이 장애인에게는 당연한 권리가 아닌 시대가 있었다. 그러나 이제는 장애인의 교육권은 시혜가 아닌 권리로 인정을 받는 시대가 되었다. 포용적 사회를 향해 노력하고 있는 시대에 우리 모두는 언젠가 자신도 장애인이 될 수 있다는 사실을 인식할 필요가 있다(권재현, 이정복, 윤미경, 2020; 김승용, 2021; 김주영, 강경숙, 2012; 박승희, 2004; 송소현 외, 2011; 윤점룡 외, 2010).

2) 필요성

장애인에 대한 평생교육의 당위성은 여러 측면에서 제기된다. 장애라는 특성은 평생을 통해 결손된 기능의 개선과 회복이 필요하며, 정보지식사회의 도래로 인한 급변하는 사회에 적응하기 위해서는 누구보다 지속적인 교육이 요구된다. 또한 장애인은 비장애인 보다 중도학업포기율이 높아서 장애인의 약 45%가 초등학교 이하의 학력을 가졌고, 중학교 졸업은 약 18%, 고등학교 졸업은 약 25%, 대학교 졸업 이상은 약 12%에 불과하다. 현실적으로는 장애인을 둔 가정의 양육 부담을 줄여주어야 할 필요도 있다. 한편, 장애인은 장애의 유형과 수준에 따라 차이가 있지만 전 생애를 통해 생활 적응과 삶의 질 유지를 위해 경제적 지원뿐만 아니라 교육적 지원도 필요로 한다. 요람에서 무덤까지 학습을 강조하는 평생교육의 이념은 그 누구보다도 장애인에게 절실한 구호이기도 하다. 교육받을 권리는 다른 모든 인권의 향유와 서로 연관되어 있을 뿐 아니라 그 중심이 된다. 장애인이 교육에 접근하지 못하면 정치적이고 공적인 생활에 참여할 수 있는 권리도 누릴 수 없다. 즉, 장애인이 교육권 이외 다른 인권을 온전히 누릴 수 있게 보장하는 것의 기본이 교육권이라는 것이다(권재현, 이정복, 윤미경, 2020; 백종면, 김영표, 2019; 원재천 외, 2016).

장애인의 평생학습권은 삶의 수단이자 목표이다. 상대적으로 중도·중복장애인의 경우는 심리적, 지적, 신체적, 환경적인 장애 때문에 생의 목표를 실현하기 어렵다. 장애인에게 있어 배운다는 것은 필요한 정보를 얻고 응용하려는 소망과 그 자체가 주는 보람에서 느끼는 행복으로 생의 목표가 될 것이다. 그리고 장애인의 평생학습권은 재활의 수단이다. 재활은 교육재활, 사회·심리적 재활, 의료재활, 직업재활 등으로 구분할 수 있으며 평생학습 차원에서 교육과 직업재활은 동일 영역으로 볼 수 있다. 따라서 장애인의 평생학습권은 재활의 수단 그 자체이다(국가인권위원회, 2011, 2016; 권재현, 이정복, 윤미경, 2020; 박원희, 2002).

장애인은 고등학교 졸업 이후의 고등교육 기회 및 성인교육 기회가 매우 제한적이다. 2005년 특수교육원이 실시한 장애인 평생교육 실태조사에 의하면 공교육 졸업 이후 한 번도 교육을 받지 않은 경우가 약 35%에 이른다. 평생교육 대상에서 장애인들이 배제되고 있는 것이다. 장애인은 비장애인과 마찬가지로 삶을 영위하기 위해 다양한 역량과 경험이 요구된다. 급격하게 변하는 현대사회에서 장애인을 위한 평생교육의 가치는 삶의 특정 시기나 역량에 제한하지 않고, 전 생애적인 교육권을 보장해야 한다(권재현, 이정복, 윤미경, 2020; 박승희, 2004).

대부분의 나라에서는 일정 기간을 정해놓고 공교육이라는 이름으로 국가나 지자체가 교육에 필요한 제반 시설이나 재원을 지원하고 있으나, 이러한 공교육 제도는 비장애인을 기준으로 설계해 놓은 제도이며, 장애인에게는 이러한 공교육 기간이 충분하지 않다. 따라서 장애인은 공교육 이후에도 평생교육 차원의 계속적인 교육이 절실히 필요한 것이다(조창빈, 김두영, 2016).

평생교육은 언제, 어디서나, 누구나 참여할 수 있는 교육이며, 이는 장애인에게도 예외가 아니다. 장애인의 경우 장애로 인한 사회적 고립과 단절, 사회적응의 어려움 등을 경험하기 때문에 비장애인들보다 평생교육에 대한 요구가 더 크다고 할 수 있다(김용욱, 우정한, 박종화, 2011). 선행 연구들에 따르면 평생교육을 통해 장애인의 자립생활과 사회참여 정도를 높일 수 있으며, 다양한 내용의 교육을 통해 장애인에게 당면하는 여러 문제들을 극복할 수 있는 능력을 증진시킬 수 있다고 보고하고 있다(서유경, 박재국, 장지현, 2022; 이수정, 허준, 2017; 정평강, 이현주, 이영선, 구정아, 2019).

2. 장애인 평생교육의 실제

1) 우리나라의 장애인 평생교육의 발전

한국의 평생교육은 1973년 유네스코 한국위원회가 평생교육의 개념과 원리를 처음으로 소개한 후, 1980년 「대한민국헌법」에 국가가 평생교육을 진행하여야 한다고 명문화함으로써 본격적으로 시작되었다. 이후 1982년에 「사회교육법」을 제정하였고, 1999년에 「평생교육법」으로 법명과 내용을 전면 개정하였으며, 2007년에는 다시 「평생교육법」을 전면 개정하였다. 그동안 「평생교육법」은 한국 평생교육이 발전하는데 가장 중요한 역할을 수행하였다. 국가 수준에서 실시하는 정책과 제도 또한 다양해졌고, 이로 인해 지역 문화센터 및 일반 시민단체에서도 평생교육이 활발하게 운영되었다. 1977년 12월 31일 특별법인 「특수교육진흥법」이 제정되면서 우리나라의 특수교육이 발전할 수 있는 토대가 마련되었다. 「특수교육진흥법」은 특수교육기관에 취학하는 학생의 교육비와 교과용 도서를 무상으로 지원하도록 규정하고, 장학금, 학비감면 초치 등을 통해 취학기회를 확대하도록 규정하였다. 「특수교육진흥법」은 이후 1993년까지 두 차례에 걸쳐 개정을 한 후, 1994년 1월 7일 전문을 개정하였다. 개정법은 특수교육의 정의, 특수교육대상자 정의 및 선정 방법, 특수교육대상자의 배치 및 교육적 조치, 순회교육, 개별화교육, 조기교육, 직업교육 등의 교육방법 확장, 국가 및 지방자치단체의 임무, 취학편의의 제공 등을 새롭게 개정되어 획기적인 변화가 있었다(교육과학기술부, 평생교육진흥원, 2008; 교육부, 국가평생교육진흥원, 2013; 김두영, 2022; 이석진, 2005).

1990년대 말까지 우리나라 특수교육계에서는 고등학교 과정까지의 학교교육 제공에 총력을 다해온 터라 장애성인을 위한 평생교육을 거론할 만한 사회적 여건이 마련되지 못하였다. 1997년 발표된 '제1차 특수교육 발전 5개년 계획'(1997~2001) 역시 장애성인에 관한 평생교육 정책을 명기하고 있지 않았으며, 주로 학령기 특수교육대상 학생의 교육 수요를 반영한 교육 서비스 제공에 중점을 둔 계획으로 장애성인의 평생학습 개념이 적용되지 않은 계획이라고 할 수 있다. 이처럼 장애성인에게 평생교육은 「대한민국헌법」과 「교육기본법」에 명시된 행복추구를 위한 기본적 권리이자 장애인의 삶의 전반에 걸쳐 자립생활 및 사회참여를 유도하는 기반이지만, 1990년대 말까지 장애성인들은 장애를 이유로 국가로부터 철저하게 외면당해 왔으며 비장애인과 같은 수준의 기회와 권리를 누리지 못해 왔다. 다만 장애인 야학을 비롯하여 장애인복지관 등 장애인 복지시설, 종교단체, 대학동아리, 공부방, 사설교육기관 등에서 개인 또는 민간 차원의 장애인 평생교육 실천 운동을 전개해 왔다. 특히 장애인야학은 제도권 교육으로부터 가장 소외되어 온 장애성인을 위한 자생적 교육기관으로서 공교육이 충분히 제공하지 못한 간극을 메우는 데 긍정적인 역할을 해 왔다. 우리나라 최초의 장애인야학은 '미문야학'이라는 이름으로 1982년 문을 연인천의 '작은자야학'이다. 이후 1993년 개교한 노들야학을 비롯하여 1990년 말까지 8개의 야학이 더 문을 열었다. 이 시기 장애인야학은 국가나 지자체의 지원 없이 심각한 운영난을 겪으면서도 지역사회에 거주하는 많은 장애인에게 교육을 제공하여 검정고시 제도를 통해 학력을 취득할 수 있는 기회를 제공해 왔고, 대학 및 사회 진출을 통해 자아성취감과 삶의 질 향상을 이룰 수 있도록 지원해 왔다(김두영, 박원희, 2014; 김두영, 2022; 박승희, 2004; 김두영 외, 2019; 김호연, 김두영, 홍재영, 김해동, 2014; 김용욱, 하상근, 2009).

장애인복지관은 「장애인복지법」에 의해 설립된 재활과 지역사회 교육을 주목적으로 하는 장애인 지역사회재활시설로서 1982년 최초의 장애인복지관이 설립된 이후 지역사회 장애인의 의료재활, 교육재활, 상담지도, 직업재활, 재가복지, 사회심리재활 등에 관련된 서비스를 생애주기별로 제공했다. 장애인을 대상으로 하는 교육은 크게 학교와 학교 밖으로 구분된다. 학교 밖 프로그램은 학령기 장애학생을 대상으로 하는 프로그램과 성인을 대상으로 하는 프로그램으로 나눌 수 있는데, 학교 밖 프로그램의 대부분이 장애인복지관에서 이루어지고 있었다. 하지만 이 시기 장애인복지관 역시 이용자의 대부분이 학령기 장애학생들이 차지하고 있어 성인을 위한 평생교육 프로그램은 다소 미약했던 것이 사실이다(권정숙, 정여주, 2017; 김두영 외, 2017; 김두영, 2022; 박광옥 외, 2012).

1990년대 말, 국내에 평생교육 개념이 부상하기 시작한 시점부터는 장애성인을 위한 프로그램 개발과 정책에 관한 연구들이 간헐적, 산발적으로나마 나타나기 시작했다. 장애인 평생교육에 대한 사회적, 학문적 관심을 불러일으킨 것은 1999년 교육인적자원부에서 정책연구과제로 추진한 「성인 장애인을 위한 평생교육 정책 및 프로그램 개발 기초 연구」이다. 이어 국립특수교육원에서 「2001 특수교육 정책 포럼: 장애인 평생교육 협력체제 구축방안」을 주제로 포럼을 개최하면서 장애인 평생교육의 필요성과 당위성을 제기하는 연구들이 이어졌다. 국립특수교육에서 2003년 장애인 평생교육 관계자의 요구 분석을 통한 장애인 평생교육 지원 방향 탐색 연구(정동영, 정동일, 정인숙, 2003)를 추진하였고, 2005년에는 장애인 평생교육 실태와 개선방안에 관한 연구(정인숙, 김현진, 김형일, 정동영, 정희섭, 2005)를 추진하였다. 국가인권위원회는 2004년 장애인교육권 보호·향상을 위한 3차 토론회를 개최하고, 장애인 평생교육의 쟁점과 대안(정동영, 2004)을 주요 주제로 다루었다. 2004년에는 단국대학교 특수교육과 박사과정에 '장애인 평생교육·복지' 전공 과정이 개설되면서 장애인 평생교육 지원의 필요성을 제기하거나 외국의 장애인 평생교육 사례를 소개하는 논문들이 발표되기 시작했다(김두영, 2022).

2007년 제정된 특수교육법 제33조와 제34조에서 장애인 평생교육 실시에 대한 근거를 명확하게 적시하고 있음에도 불구하고 교육부에서 평생교육정책과 특수교육정책을 기획하고 추진하는 부서 간의 소통 부족과 우선순위에 대한 입장 차이로 인해 장애인 평생교육 정책이 가시적인 실효성을 거두지 못하는 상황이 지속되었다. 소극적 옹호연합의 사례들은 다음과 같다. 첫째, 2016년 평생교육법 이 일부 개정되어 국가와 지방자치단체가 장애인 평생교육 정책을 설계 및 수립하고 체계적으로 지원하는 '장애인 평생교육 진흥분과위원회'를 두고 '국가장애인평생교육진흥센터'를 설치하도록 명시하였다. 개정된 평생교육법은 앞서 제정된 발달장애인 권리보장 및 지원에 관한 법률에 따라 교육부장관에게 발달장애인의 평생교육과정과 의사소통도구를 개발 및 지원할 의무가 있음을 규정하였다. 기존의 특수교육법에서 장애인의 평생교육 프로그램을 개발하고 장애인 평생교육기관을 지원하도록 규정하고 있으나, 실제 운영하는 장애인 평생교육기관은 극소수이며, 교육내용도 문자해득교육에 머물러 있다는 것이 개정이유였다(권재현, 이정복, 윤미경, 2020; 김주영, 2018).

둘째, 개정 평생교육법이 시행된 시기(2017년 5월)와 제4차 평생교육진흥 기본계획수립 시기(2018년 2월)가 겹치는 상황임에도 불구하고 제4차 기본계획에서 장애인 평생교육전반에 대한 진단이 부족하였다. 다시 말해서 제4차 평생교육진흥 기본계획을 수립할 때, 장애인 관련 기관이나 단체의 의견을 청취·수렴하는 과정이 매우 제한적이라는 지적이 있다. 셋째, 국회 교육문화체육관광위원회는 개정안 검토과정에서 평생교육법에 의해 설치되는 '평생교육진흥위원회'에 '장애인 분과'를 설치하는 등의 개정안을 수용하는 대신에 '평생교육진흥위원회'에 '장애인 분과'를 설치하는 것은 대통령령으로 정하자는 입장을 보였다. 교육부의 일부부서(평생교육 관련)도 특수교육법에서 장애인에 대한 평생교육 내용을 다루고 있으니 「특수교육법」을 개정하는 것이 바람직하다는 입장을 보였다(국회교육위원회, 2015; 권재현, 이정복, 윤미경, 2020; 정인숙 외, 2013).

2) 관련 정책

2002년 수립한 '제1차 평생교육진흥기본계획(2002년~2006년)(교육인적자원부, 2002)은 「평생교육법」에 평생교육진흥기본계획 수립에 관한 법적 근거 없이 국가 수준에서 마련한평생교육 관련 중·장기 종합계획으로 평생학습 정책의 출발점이 되었다. 제1차 기본계획에서 장애인 평생교육 관련 정책은 '취약계층을 위한 학력인정 평생교육시설 지원 및 교육기회 확대'의 세부추진과제에 처음으로 포함되었다. 세부추진과제가 담은 주요 내용은 '취약계층인 여성, 중도 장애인 및 저소득층, 저학력층, 비문해자 등을 위한 평생교육 기회 확대 및 프로그램 발굴, 지원'으로서 장애인의 평생교육 참여 기회 확대를 꾀하기 위한 정책이 제시되었다는 점에서 의미가 있다. 그러나 여성, 저소득층, 비문해자 등과의 이질적 특성을 고려하지 않고 소외계층의 범주 안에 장애인을 포괄하였기에 대상의 특성 차이를 고려하지 않은 제공자 중심의 정책으로 볼 수 있으며, 특히 장애인의 생애단계별 교육적 요구를 구체적으로 담은 정책이라고 보기에는 미흡함과 한계가 분명하다.

한편 특수교육 분야에서는 모든 장애인의 생애단계별 교육기회 확대를 위해 장애인 평생교육, 특히 성인기 장애인을 위한 다양한 프로그램 개발 및 실행의 구체적인 계획들이 특수교육 발전 방안에 포함되기 시작했다. 「제2차 특수교육 발전 5개년 계획(2003년~2007년)」(교육인적자원부, 2003)에서는 특수교육요구 학생의 다양한 고등교육 기회 제공의 필요성을 제기하였을 뿐 아니라, 장애성인 교육기회 확대가 정책의 한 내용으로 포함되었다. 즉, 특수교육 정책에서 장애학생의 중등교육 이후의 대학교육이나 그 외의 성인기 평생교육 기회 확대를 정책의 한 방향으로 포함하고 있는 것이다. 하지만 2차 계획에 포함된 장애성인 교육지원사업의 추진은 극히 미흡하였으며, 구체적인 시책은 2005년도 특수교육여건 개선사업으로 장애성인 야간학교에 9천만 원의 예산을 지원한 것이 전부였다. 이 사업은 정규교육을 받지 못한 장애성인의 문해교육과 검정고시 준비 등 학력 취득 기회 제공을 위해 운영하는 장애성인 야간학교 교육환경 개선 지원을 확대하기 위한 것으로, 2005년에 한하여 한시적으로 지원된 것이다. 「제2차 특수교육 발전 5개년 계획」의 추진 실적을 분석한 정동일(2006)은 다른 영역에 비해 장애인 평생교육 관련 실적이 매우 낮게 나타났다고 보고하고 있다. 이 시기는 장애인 평생교육의 필요성과 당위성을 지속적으로 제기해 온 시기로, 장애인 평생교육 지원을 위한 구체적인 지원 정책이 마련되지는 않았다. 하지만 민간 차원에서 장애인야학이 국가와 지자체로부터 외면당하던 장애성인을 위한 자생적인 교육기관으로서 공교육이 충분히 제공하지 못한 부족분을 채우는 역할을 해 왔다. 2000년대에 접어들면서 장애인야학의 수도 점차 늘어났고, 2004년에는 전국장애인야학협의회가 설립되어 장애인야학이 동아리 수준을 탈피해 지역사회 장애성인을 위한 교육공동체로 발전해 가고 있었다. 이후 2007년 개정된 「장애인 등에 대한 특수교육법」에 장애인 평생교육에 관한 조항이 삽입되었다(김두영, 2022; 김두영, 2013; 김정재 외, 2009; 천성호, 2009).

장애인 부모운동은 '장애인의 가족, 특히 장애인 자녀를 둔 부모들이 중심이 되어 조직한 장애인의 사회운동'을 말한다. 장애인 부모운동은 장애인 자녀를 대변하는 간접적인 당사자 운동으로서 모성에 기초한 강력한 인권운동으로 성장하였고, 장애인과 관련한 중요한 법 제정과 제도 마련에 결정적인 역할을 하였다. 1985년 국내에서 처음으로 '한국장애인부모회'가 만들어져 장애인과 가족의 문제를 공론화하기 시작했으나, 법 제정 등 분명한 정책목표를 가지고 사회운동 형태를 갖춘 조직적인 부모운동은 2000년대에 이르러 비로소 시작되었다. 2003년에는 여러 부모단체와 특수교사 단체, 장애인단체, 장애학생지원 단체 등 14개 단체들이 참여한 가운데 '장애인에게 교육은 생명이다.'라는 슬로건을 내걸고 장애인교육권연대를 출범시켰다. 이들은 20014년 특수교육 예산 확보, 특수교사 정원 확보, 성인 장애인 평생교육권 보장 등을 요구하며 국가인권위원회 점거농성을 필두로 2005년까지 9개 시도교육청을 상대로 농성을 전개하였다.

장애인교육권연대는 2005년 「특수교육진흥법」을 폐기하고 일명 '장애인교육법'을 제정하기 위한 운동을 전개하여 2007년 「장애인 등에 대한 특수교육법」을 제정하는 성과를 거두었다. 2008년 5월 법명과 내용이 전면 개정된 「장애인 등에 대한 특수교육법」(법률 제8483호)제33조와 제34조는 장애인에 대한 고등교육 및 평생교육 방안의 강구를 국가 및 지방자치단체의 임무로 규정하였다. 제33조(장애인 평생교육과정)에는 '각급학교의 장은 해당 학교의 교육환경을 고려하여 「장애인복지법」 제2조에 따른 장애인의 계속교육을 위한 장애인 평생교육과정을 설치·운영할 수 있고, 「평생교육법」 제19조에 따라 설립된 평생교육진흥원은 장애인의 평생교육 기회 확대 방안을 마련하고 장애인 평생교육 프로그램을 개발하여야 하며, 「평생교육법」 제20조에 따라 설치 또는 지정된 시·도평생교육진흥원은 「평생교육법」 제2조 제2호에 따른 평생교육기관이 장애인 평생교육과정을 설치·운영할 수 있도록 지원하여야 한다.'고 규정하였다. 또한 제34조(장애인 평생교육시설의 설치)에서는 '국가 및 지자체가 초·중등교육을 받지 못한 장애성인을 위하여 학교형태의 장애인 평생교육시설을 설치·운영할 수 있도록 하고, 시설 운영에 필요한 경비를 예산의 범위 안에서 국가 및 지방자치단체가 지원하여야 한다'고 강제하였다.

2008년 발표된 「제3차 특수교육 발전 5개년 계획(2008년~2012년)」에서는 「장애인 등에 대한 특수교육법」시행에 따라 장애인 평생교육의 필요성과 당위성을 인식하고 학습기회를 놓친 성인 장애인들에게 일상생활에 필요한 다양한 지식을 학습할 수 있도록 장애인 평생교육 프로그램 운영을 확대하겠다는 계획을 제시하였다. 이 계획의 장애성인 교육지원 분야는 크게 두 가지로 제시되고 있다. 첫째는 장애인 평생교육시설 설치·운영에 대한 실태 파악 및 운영 지원을 통해 장애성인의 평생교육 기회를 확대하겠다는 것이고, 둘째는 장애성인 교육 프로그램 운영을 통한 발달장애 성인 교육기회를 확대하겠다는 것이다. 이에 따라 국립특수교육원은 2008년에 고등평생교육팀을 신설하여 발달장애인 교육 프로그램 개발, 장애성인 평생교육 유관기관 협의회 운영 등을 추진하였으며, 5개 대학교 평생교육원을 선정하여 장애성인 평생교육 프로그램을 시범운영하고 모형을 개발할 수 있도록 운영비를 지원하였고, 장애성인 평생교육 담당자를 대상으로 장애성인 평생교육 프로그램 운영담당자 연수를 실시하였다. 이어 교육과학기술부(2010)는 「제3차 특수교육 발전 5개년 계획(2008년~2012년)」의 주요 과제로 지원하고 있는 '장애성인교육 지원 확대' 추진상황 점검에 따른 후속 조치로 2010년 9월 「장애성인 평생교육 내실화 방안」을 발표하고, 다양한 장애인 평생교육 지원계획을 제시하였다. 본 방안은 학령기 교육기회를 놓친 장애성인의 초·중등교육지원, 원격교육시스템을 활용한 장애성인 평생교육 지원 확대, 장애성인 지원 평생교육 프로그램 확대, 평생교육지원 확대를 위한 인프라 구축 등 4가지 분야의 11

개 정책과제를 제시하였다. 이와 같은 종합대책은 교육과학기술부가 장애성인을 위한 평생교육 분야를 본격적으로 지원하겠다는 의지로 받아들여졌다(교육과학기술부, 2008a; 교육과학기술부, 2010; 박인용, 2007).

2013년 발표된 「제4차 특수교육 발전 5개년 계획(2013년~2017년)」에서는 평생교육시설의 프로그램 운영 확대 등 교육환경 개선을 통해 장애성인 평생교육 기회를 확대하고, 장애성인의 기초문해교육과 학력 취득의 기회 제공을 위한 장애성인 평생교육 지원환경 기반을 마련하겠다는 기본 방향을 설정하고, 시·도별 장애인 평생교육 발전계획 수립과 프로그램 개발·보급을 통한 장애인 평생교육 지원 환경 마련, 다양한 장애성인 평생교육 프로그램 개발 및 운영으로 참여기회 확대, 시·도교육청 및 지자체간 장애성인 평생교육 협력 네트워크 강화 등 보다 구체적이고 현실적인 정책을 마련했다. 이러한 발전 계획에 따라 국립특수교육원에서는 6개 영역별 장애인 평생교육 프로그램 개발과 대학 기반 장애인 평생교육 프로그램시범운영 등의 사업을 추진하였다. 또한 이 시기에는 국가와 지자체를 중심으로 장애성인의 평생교육 참여를 위한 요구를 파악하고 다양한 장애인 평생교육 모형을 개발하는 등 보다 구체적인 연구들이 왕성하게 진행되었다.

2007년 「평생교육법」전부 개정 이후 후속 계획으로 마련된 「제2차 평생교육진흥기본계획(2008~2012년)」(교육과학기술부, 2008b)에서는 '사회통합을 위한 평생학습 관련 기관 참여 및 연계 확대'라는 정책 목표 추진을 위한 세부과제로 '저소득층, 장애인 등 소외계층 평생학습 기회 확대'를 주요 내용으로 설정하였다. 이를 위해 첫째, 저소득층, 장애인 등을 위한 평생교육 프로그램 지원 사업을 지속적으로 확대하고 효율화를 위해 평생교육–고용–복지가 연계될 수 있도록 시·도평생교육원을 통합형 지원체제로 개선하는 계획과 둘째, 소외계층을 위한 평생학습 바우처 제도를 통해 평생교육의 참여율을 제고하는 계획, 셋째, 유관 부처·기관 간 연계를 통해 부처간 협력을 강화는 계획을 세부과제로 제시하였다.

「제3차 평생교육진흥기본계획(2013년~2017년)」은 '100세 시대 창조적 평생학습을 통한 국민행복 실현'을 비전으로 설정하고, 4개 분야의 정책목표와 12개 추진과제를 제시하였다. 이 중에서 장애인 관련 정책은 '사회통합을 위한 맞춤형 평생학습 지원'의 정책목표에서 '사각 없는 소외계층 평생학습 지원'을 추진과제로 제시하였다. 이와 관련하여 세부과제에서 제시하고 있는 내용은 첫째, 장애성인 평생교육 지원환경 구축, 둘째, 장애성인 대상 문해교육 및 학력 취득 프로그램 참여 지원을 역점사업으로 포함하였다. 세부 추진 내용으로는 문해교육을 통한 학력인정, 방송중·고등학교에 장애성인 진입 경로 구축 및 지원, 장애성인의 교육요구조사, 장애성인 교재교구 개발 및 보급, 장애인 대상 원격 평생교육 프로그램 개발, 장애인을 위한 기존 평생교육 콘텐츠 전환 등을 포함하였다. 제3차 기본계획은 정책의 중점 대상으로 장애인을 명시했다는 점에서 의의가 있다.한편 한국문화예술교육진흥원은 문화예술교육으로부터 배제된 장애인들의 '문화 기본권' 보장을 위해 2007년부터 장애인복지시설에 문화예술교육 강사를 파견하는 사업을 추진해 왔다. 이 사업은 2007년 무용 강사 파견에서 출발하여 2010년에는 음악, 2013년에는 미술과 영화, 2014년에는 국악과 연극 분야가 추가되어 현재 국악, 무용, 미술, 연극, 영화, 음악 등 6개분야의 예술 강사를 파견하고 있으며, 학령기 이후 장애성인들이 전문적인 문화예술교육을 받을 수 있는 유일한 통로가 되고 있어 현장의 큰 호응을 얻고 있다. 장애인 평생교육 지원을 위한 법적 근거가 마련되면서 장애인 평생교육기관수나 장애성인 대상의 프로그램 수도 큰 폭으로 증가하였다. 특히 장애인야학의 성장이 매우 두드러졌다. 「장애인 등에 대한 특수교육법」 제34조(장애인 평생교육시설의 설치)의 법적근거가 마련되면서 그동안 민간기관으로서의 장애인야학은 법적 테두리 내에서 지역사회의 장애성인들을 위한 본격적인 학교형태의 평생교육 지원의 장으로서 역할을 수행할 수 있게 되었다(김기룡, 2011).

2000년 이전까지만 하더라도 전국의 장애인야학은 9곳에 불과했다. 하지만 2000년대 이후 장애인 평생교육의 필요성이 강조되고, 「장애인 등에 대한 특수교육법」개정에 따라 정부와 지자체의 장애인야학에 대한 지원이 조금씩 늘어나면서 2015년 당시 전국에 44개의 장애인야학에서 537명의 교사가 1,352명의 학습자를 지도하고 있는 것으로 보고되었다. 장애인야학은 대표적인 장애인 평생교육시설로서 공교육으로부터 소외된 장애성인을 위해 검정고시 교육은 물론 인문학 강좌, 문화예술교육, 시민강좌 등 다양한 프로그램을 제공해 왔다. 특수교육법 개정에 따라 국가적 차원의 지원도 계속해서 늘어났다. 「제3차 특수교육 발전 5개년 계획(2008년~2012년)」과 「제4차 특수교육 발전 5개년 계획(2013년~2017년)」은 여전히 학령기 장애학생에 초점을 맞춘 계획으로 학습 기회를 놓친 성인들의 사회적응과 대처를 위한 성인 평생교육 지원 기회 확대의 명시는 선언적 의미가 강했으며, 「제2차 평생교육진흥기본계획(2008~2012년)」과 「제3차 평생교육진흥기본계획(2013년~2017년)」에서 제시한 장애인 관련 평생교육 정책 역시 선언적 의미에 머물러 실효성을 거두는 데에 한계가 있다는 평가를 받았다(교육부, 2016, 2018; 김두영, 박원희, 2013). 2015년 6월 30일 평생교육법 내에 장애인의 평생교육에 대한 지원 체계 구축을 핵심으로 한 일부 개정 법률안이 발의되었다. 이로써 특수교육법 제33조와 제34조의 규정은 폐지되고, 관련규정이 「평생교육법」으로 이관되었다. 장애인 평생교육 관련 법령 개정의 의미는 장애인 평생교육정책이 소외계층지원 중의 일부가 아니라 장애인의 완전하고 효과적인 사회 참여와 통합 및 차별 없이 동등한 교육에의 접근이란 관점으로 전환되는 법적·제도적 근간이 마련되었다(권재현, 이정복, 윤미경, 2020).

이후 2016년 개정된 「평생교육법」은 장애인 평생교육 관련 내용을 대폭 삽입하면서 장애인 평생교육의 일대 변화를 예고했다. 「평생교육법」은 이후에도 2019년 4월 23일자로 제19조의3(장애인 평생교육 종사자에 대한 인권교육)이 신설되어 장애인 평생교육 종사자는 장애인 인권에 관한 교육을 반드시 받도록 하였으며, 2021년 6월 8일자로 장애인 평생학습도시에 관한 규정을 신설하여 시·군과 자치구, 특별자치시 등을 대상으로 장애인 평생학습도시를 지정, 지원할 수 있는 근거를 마련하였다(교육부, 국가평생교육진흥원, 2021; 김두영, 김미아, 2015). 2016년 개정된 「평생교육법」의 주요 골자를 살펴보면, 첫째, 국가와 지방자치단체가 장애인 평생교육에 대한 정책을 수립·시행하도록 하고, 둘째, 교육부장관이 평생교육진흥기본계획을 수립할 때, 장애인의 평생교육진흥계획 등을 함께 수립하도록 하는 한편 시·도평생교육협의회 및 시·군·자치구평생교육협의회의 위원에 장애인 평생교육 전문가를 포함하도록 하였다. 셋째, 장애인의 평생교육진흥과 관련된 업무를 지원하기 위하여 국가장애인평생교육센터를 두도록 규정하고, 센터에서 수행할 업무를 구체적으로 제시하였다. 넷째, 「장애인 등에 대한 특수교육법」에서 규정하고 있는 장애인 평생교육시설 및 장애인 평생교육과정 부분을 「평생교육법」으로 이관하였다. 개정법의 시행으로 장애인의 평생교육에 대한 국가 차원의 책무성이 한층 강화되었으며, 장애인 평생교육을 실시하기 위해 기관, 인력 및 프로그램 등이 확충되고 있다. 또한 일반 평생교육 체계 내에 장애인 평생교육이 포함됨으로써, 장애인 평생교육이 일반교육 환경 내에 주류화될 수 있는 근거가 마련되었고, 분리가 아닌 통합을 중심으로 한 장애인 평생교육 지원 환경을 구축하기 위한 토대가 마련되었다. 「평생교육법」은 2016년 개정 이후 2019년과 2021년 두 차례에 걸쳐 추가 개정 작업이 이루어졌다. 먼저 2019년 개정 법률의 주요 골자는 2016년 개정된 「평생교육법」에 ① 국가 및 지방자치단체의 유기적 협조체제 구축의 임무, ② 장애인 평생교육 종사자의 인권교육, ③ 시·도평생교육진흥원의 장애인 대상 평생교육 프로그램 운영을 추가적으로 명시하였다. 2021년 개정 법률은 장애인 평생학습도시에 관한 규정을 신설하였는데, 개정법 제15조의 2는 장애인 평생학습도시 선정 및 운영 사업의 효율적 실천을 위해 제정되었다(김두영, 박미진, 정진숙, 2016).

2018년에 발표된 「제5차 특수교육 발전 5개년 계획(2018년~2022년)」은 그간의 한계점을 극복하고 특수교육 지원을 강화하기 위해 전국 17개 시·도의 장애학생 부모, 교원, 관련단체 등 특수교육 관계자의 다양한 의견 수렴을 거쳐 3대 목표, 4대 분야, 13개 중점 추진과제를 선정하였다. 제5차 계획이 갖는 장애인 평생교육 정책의 성과는 장애성인의 평생교육지원 기반 구축을 위해 국가 차원에서 장애인 평생교육 진흥 계획을 수립하고, 국가장애인평생교육진흥센터 설치와 운영을 통해 관계 부처(기관)간 유기적인 지원 체제를 구축하였다는 점이라 할 수 있다. 이를 위해 학령기 의무교육 단계에서 교육기회를 놓친 장애인에 대한 지원을 강화하고, 장애유형을 고려한 학력인정 맞춤형 교육시스템을 개발하여 국가 차원의 교육 지원을 강화하겠다는 계획이다. 5차 계획은 기존의 평생교육기관 및 대학부설 평생교육원, 평생교육시설의 장애인 평생교육 접근성 제고를 꾀했다는 점과 장애성인의 교육기관을 장애인 기관으로 제한하지 않고 일반 기관까지 확대하였다는 점에서 의의가 있다. 「제4차 평생교육진흥기본계획(2018년~2022년)」은 '개인과 사회가 함께 성장하는 지속가능한 평생학습사회 실현'을 비전으로 설정하고, 4개의 추진전략, 4개의 대과제, 9개의 중과제, 19개의 소과제를 제시하고 있다. 이 중 장애인 평생교육과 관련된 내용은 '누구나 누리는 평생학습'이라는 대과제와 '소외계층 평생학습 사다리 마련'이라는 중점 과제에서 제시하고 있다. 두 번째 소과제인 '소외계층 실질적 평생학습 기회 확대'에서 장애인 평생교육 지원을 다루고 있다. 주요내용을 살펴보면, 평생교육 바우처 제공 등 교육비 경감, 장애인 평생교육추진체계 구축, 장애인 맞춤형 평생교육 제공 강화를 제시하고 있다. 제4차 기본계획이 갖는장애인 평생교육 정책의 성과는 기존의 소외계층에 장애인을 포함한 것이 아니라 장애인을중점 정책 대상으로 고려하여 진흥계획을 수립했다는 점으로, 국가의 장애인 평생교육 진흥을 위한 의지를 강화했다고 볼 수 있다(김두영 외, 2019).

교육부도 장애인 평생교육의 책무성을 강화하고 장애인의 평생교육 참여 확대를 위해 노력하고 있다. 교육부는 2018년 1월 장애학생진로평생교육팀이라는 전담부서를 설치하고, 관련 인력을 배치하였으며, 3월에는 「국정과제(51-2. 사회 취약계층 교육지원 확대)」와 「제4차 평생교육진흥기본계획(2018년~2022년)」, 「제5차 특수교육 발전 5개년 계획(2018년~2022년)」등을 근간으로 '2018년도 장애인 평생교육 진흥을 위한 시행계획'을 발표하였고, 4월에는 직속기관인 국립특수교육원 내에 국가장애인평생교육진흥센터를 설치하여 장애인 평생교육 정책을 추진할 수 있는 체계를 마련하였다.

2019년 12월 관계부처 합동으로 「장애인 평생교육 활성화 방안(2020~2022)」를 발표하고 장애인이 평생교육에 적극적으로 참여할 수 있는 기반을 구축하겠다는 의지를 밝히고 있다. 계획의 실현을 위하여 중앙정부에서는 교육부, 보건복지부, 고용노동부에서 범정부공동추진협의체를 구성하여 장애인 평생교육을 위한 제도적 기반 마련과 예산 지원, 공동사업 등을 추진하고 있다. 시·도를 비롯한 지방자치단체는 평생교육기관, 장애인복지시설, 지자체 공단지사 등과 협력하여 장애인 평생교육협의회를 구성하고, 강사, 시설, 프로그램 등을 공유하는 한편, 장애인 평생교육 프로그램을 공동으로 개발하고 운영하고 있다. 이처럼 정부는 시·도 지자체의 노력을 통해 장애인 맞춤형 평생교육을 적기에 적용하여 장애인의 사회참여를 확대하고 있다(교육부, 2019).

3) 운영 현황

장애인 평생교육 관련 지원체계는 중앙정부 차원과 지방자치단체 차원으로 구분하여 살펴볼 수 있다. 장애인 평생교육의 개념을 장애인의 고용·복지와 관련된 모든 형태의 교육과 훈련을 포함하는 것으로 폭넓게 수용한다면, 중앙정부 차원에서 장애인 평생교육과 관련된 정책을 추진하는 주요 부처로는 교육부 이외에도 고용노동부, 보건복지부를 들 수 있다. 고용노동부는 장애인고용촉진 및 직업재활법에 의거 장애인 직업훈련, 고용촉진의 업무를 담당하고 있으며, 보건복지부는 장애인복지법에 의거 장애인에 대한 실태조사, 치료, 재활, 생활 안정 등의 업무를 담당하고 있다. 그 밖에도 장애인의 여가 및 문화생활과 관련된 문화체육관광부 등 다수의 부처가 관련이 있다. 국무총리실은 장애인복지법에 의거 장애인 복지정책을 수립하고 장애인의 교육, 고용, 생활안정, 의료 등에 대한 부처 간 의견을 조정하는 기구로 '장애인복지조정위원회'를 운영하고 있다.

교육부는 매 5년마다 장애인의 평생교육진흥에 관한 정책의 실시, 평가 및 제도개선에 관한 사항을 포함한 '평생교육진흥기본계획'을 수립하여야 하고, 9개 부처의 차관과 장애인 교육과 관련된 전문가를 포함하는 '평생교육진흥위원회'를 구성·운영하여야 한다. 이와 함께 '평생교육진흥위원회'의 심의를 효율적으로 지원하기 위하여, 교육부차관이 위원장이 되고 12개 부처의 고위공무원단소속 공무원 또는 이에 상당하는 특정직 공무원을 당연직 위원으로 위촉하는 '평생교육실무조정위원회'를 설치·운영토록 하고 있다. 또한, 교육부 장관은 장애인의 평생교육 진흥과 관련된 업무를 지원하기 위하여 2018년에 국가장애인평생교육진흥센터를 국립특수교육원 내에 설치한 바 있다.

한편, 지방차원에서 장애인 평생교육의 지원 업무를 수행하는 기관으로는 광역지방자치단체 및 기초지방자치단체, 시·도 교육청 및 시·군·구 교육지원청, 지방고용노동청 및 고용센터 등이 있다. 지방자치단체는 시·도의 평생교육협의회와 평생교육진흥원, 시·군·구 평생교육협의회와 평생학습관을 설치·운영하고 있는데, 개정된 평생교육법에서는 평생교육협의회에 장애인 평생교육 전문가를 참여하도록 하고 있다. 지방교육행정을 총괄하는 시·도의 교육청과 시·군·구의 교육지원청은 특수교육, 평생교육을 담당하는 조직과 특수교육지원센터를 운영하고 있으며, 장애인 평생교육시설이나 평생교육과정을 지정하거나 설치·운영할 수 있다. 고용노동부 소속의 지방고용노동청은 산하의 지역별 지청과 고용센터를 통해 장애인에 대한 직업능력개발훈련을 지원하고 있다. 또한, 국가장애인평생교육진흥센터는 첫째, 장애인평생교육 정책 수립의 기초가 될 수 있는 다양한 연구를 수행하고 있다. 둘째, 장애유형별 평생교육 프로그램과 교재·교구, 발달장애인을 위한 교육 프로그램과 교육과정 등을 개발하고 있다. 셋째, 장애인 평생교육과 관련된 사람들의 전문성을 향상하기 위해 그들을 대상으로 하는 교육과 연수를 실시하고 있다. 넷째, 지역사회를 기반으로 하는 장애인의 평생교육 활성화기반을 조성하기 위해 '장애인 평생학습도시'를 지정하여 운영하는 등 현장지원 사업을 수행하고 있으며, 다섯째, 장애인 평생교육기관 간 연계체제 구축을 위한 협의회와 세미나를 운영하고 있다. 2020년부터는 국가장애인평생교육진흥센터는 장애인 평생학습도시는 기존에 운영되고 있던 평생학습도시가 장애인의 특성 및 접근성을 고려하지 않고 있음을 문제로 지적하면서, 이를 해결하여 장애 특성과 수요를 반영한 지역사회 기반 장애인 평생학습 지원체계를 구축하는 것을 목적으로 시·군 및 자치구를 대상으로 '장애인 평생학습도시'를 지정하여 운영하고 있다. 장애인 평생학습도시는 장애인이 살고 있는 지역사회의 특성과 장애유형 및 장애정도를 고려한 맞춤형 평생학습 프로그램을 운영하고 편의시설, 이동권, 접근성 확보 등 지역 장애인 평생교육 인프라를 강화하기 위해 기획된 사업이다. 장애인 평생학습도시로 선정된 지역은 장애인 평생학습을 위한 다양한 지원을 받게 된다. 2020년에는 광명, 오산, 부산, 군산, 청주 등 5개 도시가 선정된 바 있고, 2021년에는 당진시를 비롯하여 김포, 이천 등 15개 도시가 선정되었으며, 2022년에는 김포, 수원 등 계속지원 19개 도시, 춘천, 전주 등 신규지정 13개 도시가 장애인 평생학습도시로 선정되었다.(서유경, 박재국, 장지현, 2022).

한편 지방자치단체에서도 「평생교육법」 개정 이후 장애인 평생교육 지원을 위한 법적근거를 마련하고 구체적인 프로그램 지원 사업 등을 추진하기 위해 노력하고 있다. 2021년 10월 17개의 광역자치단체 중에서 전라북도(2015), 경기도(2016), 제주특별자치도(2016), 광주광역시(2016), 대전광역시(2016), 경상남도(2017), 경상북도(2019), 부산광역시(2018), 서울특별시(2018), 세종특별자치시(2020), 충청남도(2020), 인천광역시(2021) 등 12개 자치단체에서 장애인 평생교육 지원을 위한 조례를 제정하여 시행 중에 있다. 광역자치단체의 장애인 평생교육 지원조례는 지자체별로 다소 차이가 있으나, 대체로 다음과 같은 내용을 포함하고 있다. 첫째, 시·도지사에게 장애인 평생교육 정책을 수립·시행할 책무가 있음을 규정하고, 장애인평생교육 지원을 위한 실태조사 및 지원계획을 수립하도록 명시하고 있다. 둘째, 장애인 평생교육 시행 계획에 필요한 사항을 심의하거나 장애인 평생교육의 실시와 관련한 사업간 조정및 유관기관과의 협력 증진을 위하여 별도의 장애인 평생교육 운영위원회 혹은 지원위원회를 두도록 규정하고 있다. 셋째, 장애인평생교육시설 지정·설치 및 운영에 관하여 규정하고 있으며, 장애인 평생교육 프로그램 개발 및 운영, 장애인평생교육시설 등에 대해 예산을 지원하도록 규정하고 있다(명소연, 한경근, 장철승, 2018).

또한 27개의 기초자치단체에서도 별도의 장애인 평생교육 지원조례를 제정하여 시행하고 있으며, 강원, 경기, 경남, 광주, 대전, 부산, 인천, 전남, 충북 등 10개의 광역자치단체 교육청에서 장애인 평생교육 지원에 관한 조례를 제정하여 관련 내용을 추진하고 있다(김두영, 2022). 지자체별로 구체적인 장애인 평생교육 사업도 법적 근거를 기반으로 전개하고 있다. 대구광역시(2015), 경기도(2017), 세종특별자치시(2017), 광주광역시(2017), 인천광역시(2018), 제주특별자치시(2018), 서울특별시(2018), 충청남도(2020) 등에서는 장애인 평생교육실태조사나 지원방안 연구를 통해 지자체 차원의 장애인 평생교육 지원방안을 마련하여 추진하고 있다. 최근에는 공주시와 당진시가 기초자치단체로는 처음으로 장애인 평생교육 지원방안 연구를 추진한 바 있다. 서울시는 장애인평생교육시설과 발달장애인평생교육센터 운영에 필요한 예산을 지원하고 있으며, 매년 장애인 평생교육기관 컨설팅 지원 사업, 일반/장애인평생교육기관 관계자를 대상으로 평생교육 전문성 강화 연수를 추진하고 있다. 경기도는 장애인평생교육시설에 운영비와 평생교육사 1명의 인건비를 지원하고 있고, 2019년부터 장애유형별 평생교육 프로그램 개발 및 시범운영 사업을 추진하고 있다. 이 외에도 여러 지자체에서 장애인 평생교육관계자나 강사들을 대상으로 장애인 교육 전문성 향상을 위한 연수 프로그램을 운영하고 있으며, 안산시, 오산시, 하남시, 의정부시, 전주시, 영월군, 공주시, 춘천시등에서는 한국장애인평생교육연구소와 연계하여 '장애인평생교육강사' 양성과정을 운영하여 장애인 대상 전문 프로그램 강사를 양성하여 기관에 파견하고 있다.

2020년 장애인 평생교육 현황조사에 따르면, 전국 1,296개 장애인 평생교육시설에서 75,448명의 학습자가 20,198개의 프로그램에 참여하고 있으나 전체 성인 장애인 인구의 약 30%만 참여하고 있는 것으로 나타나 참여율을 높이기 위한 다양한 지원이 요구된다. 장애인의 평생교육 참여율이 낮은 이유로는 프로그램의 획일화(이미현, 박성지, 2018), 장애인 평생교육기관의 웹접근성 부족(김성완 외, 2021), 교육환경의 문제(박미진, 김기룡, 2019; 박미진, 주영하, 김기룡, 2020) 등 다양한 것으로 선행연구들을 통해 밝혀진 바 있다. 이와 함께 근본적으로 장애인 평생교육프로그램을 운영하는 시설의 규모가 작고, 전문 인력이 부족한 상태에서 운영되고 있기 때문에, 장애인 평생교육이 안정적으로 제공되기 위해서는 지역 기반의 실제적인 지원이 필요하다. 현재 이를 위해 전국적인 장애인 평생교육 현황조사와 더불어 시도별 장애인 평생교육 실태 및 요구조사도 이루어지고 있다(국립특수교육원, 2019; 김두영 외, 2019; 김미영 외, 2019; 이재호 외, 2019).

4) 외국의 사례

미국이나 독일, 영국, 호주, 일본 등 소위 교육선진국에서는 통합된 평생교육 환경을 강조하며, 별도의 장애인 평생교육 부서나 기관을 신설하기보다는 장애인 학습자가 일반 평생교육 환경에서 차별받지 않는 환경을 구성하는 것을 최우선 가치로 설정하고 다양한 장애인 평생교육을 추진하고 있다. 물론 이들 국가에서도 발달장애인이나 중증장애인을 위한 별도의 주간활동 프로그램을 운영하거나 장애인을 위한 별도의 직업재활교육 프로그램을 운영하고 있으나, 기본적으로 장애인 학습자가 일반 평생교육 범위 안에 포함되어 차별 없이 일반 평생교육 정책 안에서 보호받고 있고, 평생교육 프로그램 역시 장애인 관련 시설이 아닌 일반 평생교육 프로그램을 자유롭게 이용할 수 있는 환경을 구축하기 위해 노력하고 있다(김두영, 2022; 박미진 외, 2021; 정동영, 정동일, 정인숙, 2003; 정인숙 외, 2005).

(1) 미국

미국 장애인 평생교육 철학의 핵심은 '동등한 교육 기회에 의하여 장애인도 비장애인이 받을 수 있는 높은 수준의 성인교육을 받을 수 있다.'는 논리에 기초하여 통합된 환경을 강조하고 있다. 미국은 지역사회 내에 주민을 위한 회관을 설치하여 주민이 취미생활이나 자기 발전을 위해 계속교육을 받을 수 있는 강좌를 개설하고 있다. 예를 들면, 장애인은 저녁시간이나 주말을 이용하여 개설되는 스케치, 수채화, 등산, 소설, 컴퓨터, 스피치 등의 다양한 교육 프로그램에 등록하여 비장애인과 함께 일상생활이나 취미생활에 필요한 내용의 교육을 받는다(정동영 외, 2003).

미국은 1976년 학습기회로부터 소외된 계층에 대한 적극적인 조치의 일환으로 「평생교육법」(Lifelong Learning Act)을 제정하였다. 그리고 「재활법」(Rehabilitation Act, 1973)과 「미국 장애인법」(The American with Disability Act, 1990)에 근거하여 장애인에 대한 차별을 금지하여 장애인 역시 평생교육의 대상임을 명확히 하였다. 특히 반차별 시민법인 「재활법」은 모든 사람은 장애로 인한 불이익이 없도록 해야 하며 특별 혜택이 아닌 일반적 접근 기회를 모두 공정하게 누릴 수 있도록 '적절한 조정'을 제공하여야 한다는 의무조항을 포함하고 있다(임은주, 최승숙, 2013). 이는 단순히 교육기회의 확대에만 한정되는 것이 아니라 장애인의 장애유형별 특성과 장애 정도 등 개인별 특성에 따라 모든 교육기관에서 학습자에게 최적화된 교육 및 관련 지원을 제공해야 함을 의미한다(김주영 외, 2013). 『미국장애인법』(ADA), 『장애인교육법』(IDEA) 등의 정책적 지원을 바탕으로 미국에서는 장애학생을 위한 특수교육서비스와 성인장애인을 위한 직업재활서비스의 제공이 보장되어 있다. 하지만, 평생교육 서비스 제공의 수혜자로서 장애인은 미국 사회에서도 오랫동안 소외되어 왔었다는 비판이 지속되었다. 고등교육이나 평생교육을 경험한 장애인이 취업 및 사회활동의 가능성, 건강관리 능력 향상, 빈곤 가능성 탈피 등의 여러 가지 긍정적 결과를 보여줄 수 있음에도 많은 미국의 장애인들 역시 평생교육 서비스 수혜에 어려움을 겪었던 것으로 보고되었다(Frieden, 2004; Roeher Inst., 1995; Slevin et al., 2008).

미국의 장애인들은 2007년 개정된 미국의 『고등교육법』(The Higher Education Act)을 통해 큰 변화를 경험하게 된다. 이전까지 장애인에 대한 특별한 언급이 없었던 미국의 『고등교육법』에 장애인 특히 지적장애를 가지고 있는 이들을 위한 규정이 강화된 것이다. 이를 계기로 많은 미국의 대학 및 직업훈련기관에서는 성인장애인을 위한 교육과정 및 프로그램이 조정되거나 개발되었고(Ford, 2007;

Frieden, 2004; The Arc of the US, 2007), 미국 장애인 평생교육은 새로운 전환기를 지나고 있다.

미국의 장애인 평생교육 지원체계 방식은 우리나라와 반대되는 수요자 중심의 상향식 방식을 사용하고 있다. 미국 정부의 역할은 별도의 장애인 평생교육 부서나 기관을 신설하는 것이 아니라 장애인 학습자가 일반 평생교육 환경에서 차별받지 않는 환경을 구성하는 것이다. 이에 미국은 평생교육에 참여하고자 하는 장애인만을 위한 별도의 평생교육기관이나 평교육 프로그램을 운영하기보다는 지역 내에 주민을 위한 회관이나 지역사회 대학 및 4년제 대학 등 다양한 고등교육기관에서 통합된 환경에서 장애인에게 적합한 프로그램을 개발하고 제공하고 있다(Prince & Jenkins, 2005).

성인기에 접어든 장애인은 본인의 선택 하에 지역마다 설치되어 있는 재활국 행정청(Rehabilitation Services Administration)을 방문하여 재활서비스(Rehabilitation Service)를 신청하며, 이 때 신청하게 되는 재활서비스에는 청년기성인을 위한 전환교육이나 평생교육 프로그램 서비스도 포함된다. 또한, 신청 단계부터 서비스 신청자인 장애인의 서비스 진행 상태에 대한 코드(code)가 부여된다. 예를 들어, 서비스 신청(Application: 02) 단계, 종합평가(Extended Evaluation: 06) 단계, 재활상담가의 서비스 적합도 판단 및 서비스 지원계획 수립(Eligibility & Plan Development: 10) 단계 등을 말한다(Mathew et al., 2011). 또한, 장애인의 재활서비스 신청 시점 이후 특별한 사유가없는 한 담당 재활상담가는 90일 내에 해당 사례에 대한 결론을 보고해야 한다. 이러한 과정을 통해 장애인이 원하고 재활국 상담가가 적합하다 판단되는 서비스의 종류를 확정되고 지원된다. 특히, 대학 등과 같은 고등교육 서비스를 원하거나 지역사회 기반의 평생교육 프로그램 서비스를 원하는 경우 접근성이 용이하고 해당 서비스 운영이 가능한 기관으로의 연계 및 정보제공을 진행하기도 한다(지은, 2019).

(2) 독일

독일은 '장애인 학습자의 동등한 사회참여와 자기 결정적 삶 영위 및 특수한 욕구를 고려해야 한다.'는 철학적 논리를 근거로 평생교육 차원의 통합된 환경을 강조하고 있다. 이는 미국이나 독일만의 이야기가 아니며, 호주와 일본, 영국 등 소위 교육 선진국에서 공통으로 강조하는 것이다(김두영 외, 2019).

독일의 대표적 장애인 관련법은 2002년에 제정된 『장애인의 재활 및 참여법』(Rehabilitation and Participation of People with Disabilities) (이하 SGB)를 들 수 있다. SGB는 장애인의 자율성과 동등한 사회참여를 향상시키고 장애인을 향한 사회적 행위를 막고자하는 데 주요 목표를 가지고 있다. 사실, SGB는 장애인 차별을 금지하는 1994년 개정된 『독일헌법』 제3조의 실행적 결과물로 평가된다. 독일 수정헌법 3조의 탄생은 1990년 제정된 『미국 장애인법』의 영향을 받은 것으로 알려지기도 했다(Heyer, 2017). 하지만 헌법상에서 장애인의 평등권을 규정하고 차별을 금지하는 독일의 규정은 미국의 헌법에서 규정하는 장애인 관련 규정보다 더 강화된 형태인 것으로 파악되기도 하며(UCLA World Policy Analysis Center, 2017), 독일이 장애인의 권익보호를 장애인 교육의 주요 정책 이념으로 삼고 있음을 짐작케 하는 지점이기도 하다. 하지만, 장애인의 사회적 통합을 지향하는 법률적·정책적 주도에도 불구하고, 독일에서 성인장애인의 사회적 통합은 다른 국가들에 비하여 미비한 수준으로 파악되었다. 특히, 평생교육과 고등교육을 포함한 성인기 교육에 대한 사회전반의 관심 부족, 고등교육에 진학한 장애학생의 낮은 비율, 관료제 하에서의 장애인 지원의 어려움 등은 독일의 장애인 평생교육 관련 저변 환경은 크게 호의적이지 않음을 보여주는 요인들로 제기되었다. 이러한 현상의 원인으로 21세기 초반의 독일 장애인 정책과 법적 정비는 미국의 장애인 정책과 법제를 따라가려는 경향에 근거한 것이고, 이러한 법령 위주의 변화 시도는 독일사회에 맞는 장애인 정책의 적용과 문화적 변용에 기여하지 못했다는 비판도 등장하였다(Deutsches Studentenwerk, 2008; Heyer, 2017; Powell

& Solga, 2011).

전쟁 이후 동독과 서독으로 분단된 독일에 다시 발달장애인들이 태어났다. 그래서 1960년대와 70년대에 발달장애 아동들에게 유아교육과 학령기 교육이 필요했다. 이들 발달장애인들이 성인이 되자 직업교육과 일자리 창출을 위해 보호작업장을 설립하기 시작했고, 장애인을 위한 공장으로까지 발전시켰다. 동독 지역에서는 상대적으로 장애가 가벼운 발달장애인들만 일반공장에 편입시켜 일을 할 수 있도록 정책을 펼쳤다. 장애인의 학령기 교육과 학령기 이후의 직업교육을 넘어 주거정책까지 확대되었다. 그러나 여전히 이러한 장애인정책의 혜택을 받을 수 있는 발달장애인은 주로 경증의 발달장애인이었다. 동독의 경우는 발달장애인은 중증장애인이기 때문에 학습능력이 없다고 단정해서 장애인정책의 대상자로 보지 않았고, 서독의 경우도 전통적인 치료교육 학자들은 1970년대까지 여전히 학습능력이 없다고 보았다. 저기능 자폐성 장애인과 지적장애인의 정신상태는 계속 퇴행한다고 보았기에 '교육의 기회'를 주어야 한다는 생각을 할 수 없었다. 일부 장애인 수용시설에서 교육학적 시도와 노력이 있었지만, 그저 몇몇 인물들의 앞서가는 업적일 뿐, 이론적 학문의 토대가 부족해서 발달장애인을 위한 평생교육 요구는 인정받을 수 없었다. 서독 지역에서 장애인의 평생교육을 인정할 때는 발달장애인을 위한 평생교육이 아니라 주로 지체장애인을 위한 평생교육이었다(김승용, 2021; Fornefeld, 2002).

독일에서는 1970년대 초에 와서야 처음으로 장애인을 위한 평생교육 강좌가 생겨났다. 그것은 몇몇의 큰 도시들인 하노버, 뉘른베르크 그리고 프랑크푸르트의 시민대학(Volkshochschule)이 장애인을 위한 평생교육 프로그램을 제공하면서 시작되었다. 초기에는 발달장애인들 중에 일부만 참여할 수 있었지만, 학습능력이 없다는 장애인에 대한 부정적인 고정관념을 바꾸는 효과를 냈다. 하지만 1970년대에는 치료재활적 교육지원이 중심이 되어서 정상적인 삶을 살아가도록 실질적인 일상생활 훈련과 행동치료가 중요하게 다루어지고 있었다. 비로소 1979년이 되어서야 특수교육학자 크렌처(Krenzer)는 그의 '특수교육학' 개론서에서 장애인의 학교 졸업 후에 직업활동을 위한 계속교육(Weiterbildung)과 함께 성인교육(Erwachsenenbildung)이라 불리우는 평생교육의 필요성을 언급했다. 그러나 이런 노력들과 조치들은 70년대 말까지도 중증의 발달장애인들에게는 해당되지 않았다. 심지어 발달장애 아동을 위한 교육영역에서 '취학의무'는 1978년까지도 없었다. 1980년대에는 서독의 몇몇 도시들에서 발달장애인을 위한 평생교육시설들이 설립되었는데 이런 조치들은 주로 교회의 장애인시설들, 장애인 거주시설, 장애인공장, 레벤스힐페 연합회 혹은 복지법인들에 의해 발의된 것이었다(김승용, 2021; Fornefeld, 2002).

(3) 일본

일본의 장애인 평생교육에서 지역의 공민관을 주요한 평생교육기관으로 활용하고 있는 바와 같이 그 정책은 지역사회를 중심으로 하고 있다. 일본의 장애인 평생교육 정책은 다른 나라와 같이 지역사회를 중심으로 장애인의 사회통합을 위해 그들의 직업능력을 회복하고 사회생활 능력을 촉진하는 방향으로 나아가고 있다고 할 수 있다. 또한 일본의 장애인 평생교육 정책은 장애인을 대상으로 별도로 규정하는 내용보다는 일반 평생교육 규정에 따라 이루어지고 있으면서도 장애인의 특성을 고려하여 그들의 사회생활 능력과 직업능력을 촉진하는데 중점을 두도록 규정을 마련하고 있다(박성숙, 2005; 송소현 외, 2011).

일본의 경우에도 「사회교육법」을 통해 장애인 학습자의 평생학습권을 보장하며 별도의 장애인 평생교육기관이 아닌 일반 평생교육기관에서 장애인 학습자에 대한 지원 및 프로그램참여를 관리하고 있다. 일본의 「사회교육법」은 제1조에 "학교교육법에 따라 학교의 교육과정으로 행해지는 교육활동을 제외하고, 주로 청소년 및 성인에 대해 행하는 조직적인 교육활동"을 사회교육이라 정의하고, 제3조에 "모든 국민이 모든 기회, 모든 장소를 이용하여 스스로 실생활에 부합하는 문화적 교양을 높일 수 있는 환경을 조성하도록 노력하지 않으면 안된다"고 규정하여 장애인도 이 법의 적용대상이 되어야 함을 밝히고 있다(정인숙 외, 2005).

또한 2001년 21세기 특수교육의 방향성에 관한 조사연구협력자회의의 답신 "21세기 특수교육의 방향성에 대하여: 한 사람 한 사람의 요구에 따르는 특별한 지원의 이념에 대하여(최종보고)"에서는 장애를 가진 사람이 학교졸업 후 지역사회 속에서 자립하고 참여하기 위해서는 교육위원회가 복지관계 기관 및 복지단체 등과 협력함과 동시에 학교가 복지 등의 관계시설과 협력하여 전 생애에 걸친 학습기회의 충실을 도모하고, 장애인을 위한 평생교육을 지원할 필요가 있다고 명기하며, 장애인의 학교졸업 후 평생교육에 관한 구체적인 방침을 최초로 제시하였다. 일본의 장애인 평생교육은 그 기관의 특성에 따라 다양하게 실천되고 있지만, 기본적으로는 장애인 평생교육을 별도로 구분하지 않고 모든 평생교육에 장애인을 대상으로 한 내용을 포함하고 있으며, 장애인의 요구가 있을 경우 이를 개선·보완하여 운영하고 있다.

3. 장애인 평생교육의 발전 방향

평생교육의 개념과 관련하여 다양한 논의가 있어 왔으나, 장애인 평생교육의 개념에 대해 서는 평생교육에 관한 모법적 성격을 갖는 평생교육법의 정의를 그대로 수용하거나, 전 생애와 전 사회적인 영역에서의 교육이라는 피상적인 개념을 여과 없이 받아들이거나 일부 연구자의 경우에는 성인을 대상으로 하는 평생교육이라는 협의의 의미에 국한하여 사용하고 있다. 정동영, 정동일, 정인숙(2003)에서는 학교교육을 포함하는 보다 넓은 의미의 개념으로, 교육의 보편성, 종합성, 연계성, 융통성, 다양성, 자율성, 자기실현을 특징으로 하는 제반 의도적·조직적인 모든 교육활동으로 정의하였다. 그러나 장애인 평생교육의 법적 개념은 장애인을 대상으로 하는 학교의 정규교육과정을 제외한 모든 형태의 조직적인 교육활동으로 보아야 할 것이다.

장애인 등에 대한 특수교육법의 평생교육 관련 조항을 평생교육법으로 이관하고 보완 규정을 추가로 신설하였음에도 불구하고, 여전히 장애인 평생교육의 실질적 보장을 위해서는 미흡한 부분이 있는 것으로 보인다. 먼저 평생교육사의 자격제도 및 배치와 관련하여, 장애인의 특성과 함께 고용 및 복지 분야의 전문성에 대한 고려가 전혀 없어 이에 대한 보완이 필요하다. 평생교육사 자격을 취득하기 위해서는 평생교육론, 평생교육방법론, 평생교육경영론, 평생교육 프로그램개발론, 평생교육실습 등 5개의 필수과목을 이수하여야 한다(평생교육법 제24조 및 동법 시행규칙 제5조 제1항). 특수교육론은 선택과목에 포함되어 있다. 따라서 현행 평생교육사 자격제도의 틀 내에서 선택과목에 포함된 특수교육론을 필수과목으로 이관하거나, 자격제도의 기본틀을 바꾸어 장애인 평생교육 관련 전문인력을 별도로 양성하여야 한다. 한편, 평생교육사의 배치대상기관 및 배치기준을 규정하고 있으나(평생교육법 제26조 4항 및 동법시행령 제22조), 이를 이행하지 않을 경우 제재규정이 없어서 그 실효성이 확보되지 않고 있다. 향후 장애인 평생교육 관련 기관이나 시설에 장애인 평생교육사를 포함한 장애인 교육전문가의 배치를 담보할 수 있는 근거 규정이 마련되어야 할 것이다. 또한 지방자치단체가 장애인 평생교육에 보다 적극적으로 관여할 수 있도록 관련 법규가 보완되어야 한다.

장오선(2018)은 장애인 평생교육은 그 대상에 따라 개별적 특성과 요구가 다르고, 그 내용의 다양성으로 인해 어느 한 기관이 모두를 담당할 수 없는 특성이 있다고 하였다. 장애인의 교육, 고용, 복지를 위해 관련 부처들이 각자의 전문성을 토대로 장애인에 대한 지원을 하고 있다. 그러나 소관 부처별로 추진하는 정책이 명확하게 구분되지 않고, 장애인의 생애주기의 일정시기만을 고려한 서비스 지원으로 지원내용이 중복되거나 단절되는데, 장애인에 대한 체계적이고 효율적인 지원을 위해서는 조정기구를 통한 관계기관의 연계 및 협력체제가 구축되어야 할 것이다. 지방차원에서는 지방자치단체와 시·도 교육청 간에 장애인 평생교육의 지원을 위한 역할 및 기능을 분담하고, 연계·협력 체제를 구축하는 것이 가장 시급한 것으로 보인다. 지방자치단체가 평생교육뿐만 아니라, 고용노동부나 보건복지부로부터 위임과 위탁에 의해 고용·복지와 관련된 업무를 수행하고 있음에 비추어 볼 때, 장애인 평생교육에 대한 주도적인 역할은 불가피하다.

정부와 지자체의 노력에도 불구하고 평생교육기관에서 운영하는 프로그램의 대부분이 비장애인 위주로 운영되고 있으며, 장애인의 접근성 확보 미흡으로 여전히 장애인의 평생교육 참여율은 저조하고, 프로그램의 다양성도 부족하며, 국가 단위의 장애인 평생교육 전담조직이 구성된 반면, 지역은 기존 평생교육 또는 장애인 업무 부서에서 장애인 평생교육을 담당하고 있어 체계적이고 지속적인 장애인 평생교육 지원 연계가 이루어지지 못하는 등 장애인 평생교육의 체계적 관리 체계가 미흡한 수준이다. 개정된「평생교육법」의 내용 및 행정체계의 미흡으로 인해 현장에서도 혼선이 일어나고 있고, 국가장애인평생교육진흥센터를 국립특수교육원에 설치함으로써 장애인 평생교육 전달체계를 일원화하고자 했던 법 개정의 의도는 무색해졌으며, 센터의 평생교육 전문성 부족으로 인해 현장의 공감을 얻지 못하고 있다는 지적도 많다. 이러한 가운데 한편에서는 별도의「장애인 평생교육법」을 발의하는 등 아직 혼란의 여지는 여전하다(김두영, 2022).

국가인권위원회는 2000년대 들어 장애인 평생교육과 관련된 다양한 연구와 권고를 제시해왔다. 그 주요 정책 개선의 기본 방향은 첫째, 평생교육 전달체계의 일원화ㆍ통합ㆍ다양화를 통해 장애인의 평생교육 기회를 확대하고, 둘째, 평생교육기관에 장애인의 요구를 고려한 관련시설 설비를 마련하고 교육에서의 정당한 편의 제공을 준수함으로써 장애인의 평생교육 환경을 개선하고, 셋째, 장애인 평생교육프로그램 운영 지침과 발달장애인 평생교육과정을 개발하고 프로그램 발굴 및 개발 보급 체계를 구축함으로써 교육 내용을 충실히 제공하며, 넷째, 장애인 평생교육기관 종사자의 인력 양성, 선발 및 처우에 관한 구체적인 방안을 마련함으로써 장애인에 대한 평생교육의 전문성을 제고하도록 권고하였다(권재현, 이정복, 윤미경, 2020).

11장

다문화 평생교육

한국은 단일민족국가에서 다문화국가로 바뀌어가고 있다. 이에 이번 장에서는 다문화 교육의 의미를 이해하고 한국사회의 다문화 평생교육 관련 정책 및 지원 사업을 파악하고 다문화 평생교육의 과제한계성을 알고 해결책을 살펴보고자 한다.

1. 다문화사회 평생학습 체제

1) 다문화교육의 개념과 의미

다문화교육의 이해를 위해서는 먼저 '다문화' 혹은 '다문화주의'에 대해 살펴볼 필요가 있다. 다문화 혹은 다문화주의는 1960년대 말 서구에서 진행된 소수 집단의 인권 운동(the civil rights movement)이 결정적 기폭제가 되어 미국, 캐나다, 스웨덴, 호주 등 전형적인 다인종국가들에서 등장한 것으로 흔히 다양한 문화적 주체들 혹은 소수자들의 특별한 삶의 자유 및 권리 보장을 위한 '정체성의 정치'(politics of identity) 혹은 '정체성 인정의 정치'(politics of recognition)로 지적된다(이상길, 안지현, 2007).

그러나 주류 문화의 일방적 '동화'(assimilation) 정책에 반하여 소수 집단 인권의 중요성을 획득하기 위한 사회 운동적 차원에서 등장한 다문화주의는 그 철학적 기반이나 정치적 지향, 구체적 방법론 등에 있어서는 다양한 주장이 있다. 철학적 입장에서 접근할 것인가, 일종의 정치 지향으로 볼 것인가, 아니면 단순한 사회제도 개선을 목표로 하는 상이한 정책적 대안으로 볼 것인가 하는 접근 상의 문제로부터 그 적용 범위와 핵심 주체를 어떻게 설정할 것인가 하는 문제 그리고 '문화'를 일반적인 삶의 방식으로 포괄적으로 규정할 것인지 아니면 특수한 공동체 고유의 관습 및 행위 양식으로 좁게 규정할 것인가에 따라서도 전혀 다른 주장과 견해들이 혼재된다.

다문화교육은 다문화주의에 대한 여러 가지 주장과 요구들이 교육계에 영향을 미쳐 등장한 개념이라는 점에서 다문화주의가 지니고 있는 개념적 혼란이 있다. 다문화교육이 지향해야 할 것이 무엇이며, 구체적으로 무엇을, 어떠한 방법으로 수행되어야 하는가와 관련해서 아직 분명하게 해명되지 못한 부분들이 적지 않아서 현재 다문화교육의 이름으로 실시되고 있는 여러 가지 교육활동들 예컨대 소수자를 위한 문화 동화 프로그램뿐 아니라 종족 및 인종과 관련된 내용을 교과서에 삽입하고 인종차별적 교육 내용을 제거하는 방향으로 교육과정을 개정하며 다문화교육 관련 교사 교육 프로그램을 개발하고 인종 혹은 종족 연구 강좌를 대학의 필수 강좌로 개설하는 등 크고 작은 시도들이 과연 다문화주의 구현에 얼마나 충실히 기여하고 있는가 하는 데에도 이견이 많다(박윤경, 2008; Banks, 2008).

Gibson(1976)는 다문화 교육을 5가지로 소개하였다. 첫째, 문화적으로 다른 이들을 주류 문화 및 사회에 통합시키려는 교육과 둘째, 문화 간 이해 증진을 위해 모든 학생들에게 문화 차이에 대해 알도록 가르치는 문화 차이에 대한 교육, 셋째, 종족 문화를 보호하고 소수 종족 집단의 권한을 증진시키려는 노력인 문화적 다원주의를 위한 교육과 넷째, 모든 학생들로 하여금 두 개의 다른 문화 속에서 성공적으로 생활할 수 있도록 가르치는 이중문화 교육(bicultural education), 마지막으로 다양한 문화적 맥락 속에서 성공적으로 활동할 수 있도록 학생을 미리 준비시키고 가르치는 '정상적인(normal) 인간 경험'으로서의 다문화교육이다.

이와 유사한 맥락에서 Grant와 Sleeter(2007) 역시 다문화교육의 구체적인 양상을 첫째, 1960년대의 이례적이고 문화적으로 다른 학생들을 가르치는 것과 둘째, 모든 미국 학생들로 하여금 문화적 고정관념을 감소시키고 편견과 차별을 제거하기 위한 '인간관계 접근'(the Human Relations), 셋째, 소수 종족, 여성, 노동 연구 등을 통해 해당 집단 구성원들이 얼마나 사회적으로 차별받아 왔고 그들이 역사 발전을 위해 어떤 기여를 하였는지를 학교교육과정에 포함함으로써 일반 학생들이 소수 집단을 존중하고 그들의 사회적 지위를 인정케 하려는 1970년대의 '단일집단연구'(Single-Group Studies), 그리고 학교가 문화적 다양성을 수용하고 그에 따라 다양한 학생들에게 다양한 방식으로 교육하며 그들에게 동등한 기회를 제공하도록 해야 함을 강조한 1970년대 초반 미국 사회의 '다문화교육'과 미래 시민들이 모든 집단의 이익에 봉사할 수 있도록 사회 변화 행동에 참여하도록 준비시키는 1990년대의 이른바 '다문화적 사회정의교육'까지 다양한 양상으로 전개될 수 있음을 지적하였다.

이러한 논의들을 근거로 다음의 몇 가지 공통된 다문화교육의 지향점을 발견할 수 있다. 첫째, 다문화교육의 등장 배경에는 소수 집단의 권리 및 그들의 '차이'를 '결핍'이 아닌 '다양성'으로 인정받도록 하려는 사회 운동적 동기가 있으며 이 점에서 다문화교육은 단순한 국제이해교육을 넘어서서 삶의 변혁을 수반하는 민주주의 활동으로 이해될 수 있다(Singh, 1995). 둘째, 다문화교육은 일방적인 '동화주의'를 지양하고 '문화적 다원주의'를 지향하는 이른바 '통합 속의 다양성'(diversity in unity) 구현을 핵심적 가치로 삼는 활동이다(Banks, et al., 2005). 따라서 비록 그것이 유색 인종 집단과 빈민, 여성, 그리고 그 밖에 주변화 된 집단을 위한 특별 프로그램이자 교육과정운동으로 시작된 것이라 하더라도 이제는 전체 사회에 여러 문화의 다양성들이 조화롭게 통합되게 하기 위하여 '모든 학생들이 문화적으로 다원화된 국가와 세계에서 지적이고 남을 보살필 줄 알고 능동적인 시민이 되는 능력을 갖추게 되는 것을 목표로 삼는 운동'(Banks, 2002)으로 발전하게 되었다. 그리고 그것은 단순히 모든 사람으로 하여금 같은 세계를 살아나가는 세계시민으로서 동질성을 갖도록 하는 차원에 머물지 않고, 모든 개인의 다양한 문화적 정체성을 강화함으로써 통합 속의 '다양성'을 지향한다는 점에서 세계시민교육과도 구분된다 할 수 있다.

다문화 교육의 일반적 목표와 학자별로 제시한 목표를 간략하게 제시하면 다음과 같다.

일반적인 목표

- 소수자를 위한 배려와 교육의 기회 균등 추구
- 주류 학생을 포함한 모든 학생들의 시민적 자질 육성
- 지구촌 공동체 일원으로서의 역량 함양

Banks(2008)가 제시한 목표

- 다양한 문화 속에서 자신을 바라보게 함으로써 자기 이해 증진
- 주류교육과정을 통해 다른 문화와의 관계 이해, 존중을 전제로 학생들에게 문화적, 민족적, 언어적 대안 제시
- 다문화사회에서 요구하는 지식, 기능, 태도 습득
- 소수집단의 학생들이 신체적, 문화적 특징 때문에 경험하는 고통과 차별 감소
- 다양한 집단의 구성원들이 살아가는데 필요한 기본적인 능력 습득 : 읽기, 쓰기, 수리적 능력 등
- 다양한 집단의 학생들이 자신이 속한 공동체에서 제구실을 하는데 필요한 지식, 기능, 태도 습득

김선미, 김영순(2008)이 제시한 목표

- 다른 문화에 대해 관대하게 할 수 있는 능력의 발전
- 세계의 역사 속에 있는 다양한 문화들과 집단들을 연계하는 능력과 각 문화의 차이점과 동등한 기여를 이해하는 것
- 자기 문화 중심적 사고의 극복과 다른 문화와의 대화를 시작하는 것
- 자신이 속한 문화와 다른 문화들 간의 관련성 이해와 역사 속에서의 상호 영향에 대한 인식과 이에 대한 수용

결국 다문화교육이란 소수 집단 문화의 불평등을 문제 삼고 그들의 권리를 민주적 차원에서 인정하려는 데서 시작된 것이지만 그것이 가능하기 위해서는 소수 집단 뿐 아니라 그들과 함께 어울려 살아가는 모든 사람들을 대상으로 자신의 문화와 다른 문화의 가치를 인정하고 그 속에서 나름대로 자신의 문화적 정체성을 확립하면서 살아가도록 하는 일이라 할 수 있다.

2) 한국사회의 다문화 특징

한국사회에서 다문화배경 인구는 결혼이민자 및 외국인 근로자 등 국내 유입 증가에 따라 국내 체류 다문화·외국인 등 이주배경 인구가 증가하고 있는 추세이다. 국내 체류 외국인의 경우에는 2007년에는 107만명, 2013년 158만명, 2020명에는 204만명으로 증가하였다(교육부, 2022). 특히 농·산·어촌에서 이들의 증가 비율은 더욱 높고, 다문화사회로의 체감도가 훨씬 더 크다. 결혼 이민자의 경우에는 2018년 159,206명, 2019년 166,025명, 2020년 168,594명으로 증가하고 있으며 결혼이주여성의 경우 자녀출산을 통하여 2세도 증가하고 있다. 그럼에도 불구하고 다문화 수용성, 소득, 한국 정착 등에서 문제점이 나타나고 있다.

다문화 수용성 측면에서 다문화배경 인구가 증가하는 것과 달리 높지 않은 이중적인 특성을 보이는 것이 특징이다. 현실은 다문화사회로 변화하고 있으나 인식은 이를 수용하지 못하는 인식 지체 현상이 일어나고 있음을 의미한다. 2015년 한국 다문화 수용성 조사결과(안상수 외, 2015)에 따르면 다문화 수용성 지수가 100점 만점에 54점으로 절반 수준이었다. 이런 경향은 2011년 조사결과(안상수 외, 2012)와도 큰 차이가 없다. 최훈진 (2016)은 한국사회는 동화주의적 태도를 강하게 보이며 이로 인하여 교류, 문화적 개방성 등이 낮고 이중적인 평가 잣대를 사용하는 경향이 강하다고 분석하고 있다. 한국의 다문화 수용성은 연령대별로도 큰 차이를 보인다. 연령대가 높아질수록 다문화 수용성 지수는 더 낮다. 청소년과 60대 이상 연령층 사이에서 보이는 차이가 약 19점에 이른다.

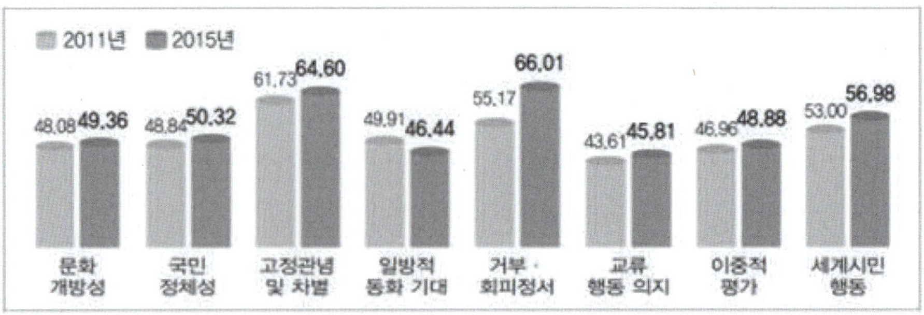

[그림 11-1] 다문화 수용성 조사 결과(최훈진, 2016)

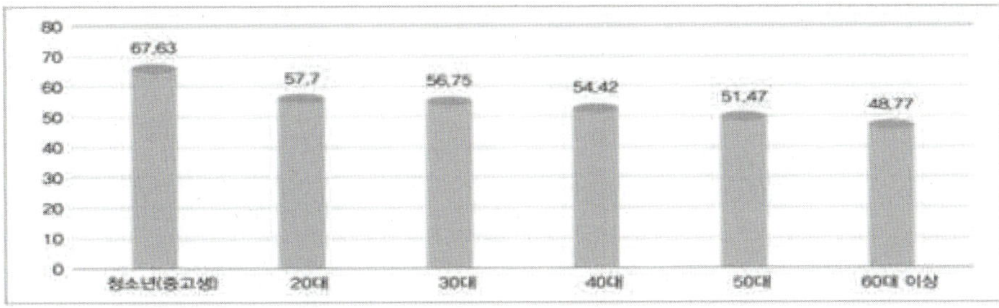

[그림 11-2] 2015년 연령대별 다문화 수용성 지수(안상수 외, 2015)

다문화가족이 경험하는 한국사회에서의 삶은 질과 소득 규모 측면에서 더욱 심각하다. 예를 들어서 월평균 가구소득은 2012년에 비해 2015년에 보이는 양극화 현상이 더욱 심하다. 월평균 가구소득이 100-200만원 미만인 가구가 크게 증가하였으며 전체의 30.9%를 차지하였다. 300만원 미만인 가구는 전체의 73.3%이다. 이들이 한국생활에서 겪는 어려움은 언어(34.0%), 외로움(33.6%), 경제(33.3%), 자녀 양육 및 교육(23.2%), 문화 차이(22.2%) 등의 순으로 나타났다.

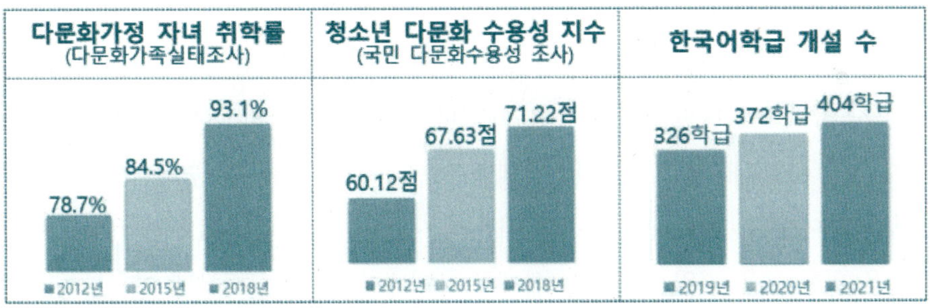

[그림 11-3] 다문화 교육 현황(교육부, 2022)

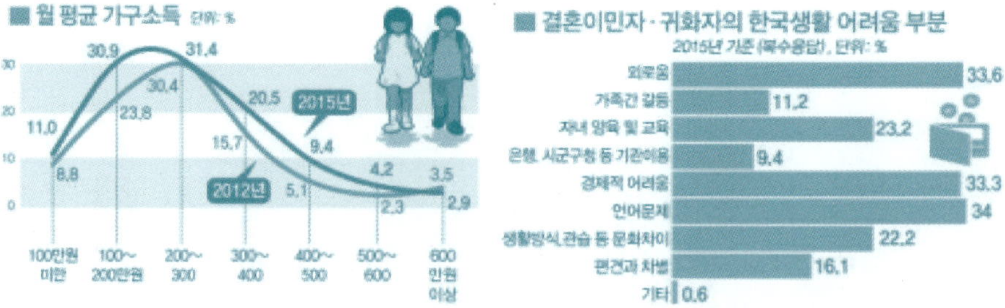

[그림 11-4] 다문화 가족 실태(반종빈, 2016)

교육부에서는 학교의 다문화교육을 활성화하기 위하여 다문화 예비학교 및 중점학교를 운영하고 있다. 이것은 교사와 학생을 위한 프로그램이다. 성인인 다문화배경 이주민을 위한 정책은 여성가족부를 중심으로 추진되고 있다. 언어교육, 직업교육, 지역사회 정착, 육아, 상담 등이 여기에 해당한다.

하지만 한국사회에서 다문화는 새로운 변화를 보이고 있다. 먼저, 세계화 관점에서 다문화 배경 이주민과 자녀의 이중언어 역량이 새롭게 조명을 받고 있다. 이들의 언어 역량은 세계화와 연계된 글로벌사회에서 매우 중요한 경쟁우위 요인으로 간주되기 때문이다. 다음은 다문화 배경 이주민의 연령대가 성인 중기와 후기로 확대되고 있다. 이에 따라 초기 정착 단계를 넘어서서 인생 전반에 걸친 교육과 복지 서비스에 대한 요구가 커지고 있다. 이러한 변화 대응과정에서 다문화배경 이주민(성인)의 역량 개발 및 강화를 위한 새로운 관심과 중요성을 내포하고 있음을 보여준다. 이런 관점에서는 기존의 시혜 중심적인 이주 초기의 다문화 이주민을 위한 교육 지원 서비스는 한계를 드러낸다. 그렇기 때문에 이러한 변화요인들을 고려한 다문화 차원의 새로운 평생학습 체제 구축이 필요하다.

3) 다문화 평생교육

다문화 부문 평생교육은 그 동안 적극적이지 못하였다. 평생교육에서의 다문화교육은 실천의 장에는 진입하지 못하였고 학술적 연구 수준에 머물러 있는 상황이다. 중요한 정책 이슈이면서 다문화교육이 강조되는 시점임에도 불구하고 학교에 재학 중인 다문화가정 자녀와 이들을 가르쳐야 하는 교사에 대한 교육에 주로 초점이 맞춰졌다. 이것은 여성가족부, 보건복지부, 교육부 등의 차별적 위치에 기인하기도 한다.

그럼에도 불구하고 지역 현장에서 보면 다문화교육은 다양하게 전개되고 있다. 현재 다문화교육은 평생교육의 논리와 이론에 기초하기 보다는 일회성의 처방적인 교육 프로그램 제공으로 인하여 한계점이 노출되고 있다.

이런 배경에서 지역수준의 다문화 평생교육은 성인학습자와 교육의 논리를 적용할 수 있는 체제가 마련되어야 한다. 이는 크게는 행정 칸막이 없이 대상과 서비스에 따라 평생교육의 역할을 다변화하는 것이다.

2. 다문화 (평생)교육의 지역통합 방안

지역의 다문화교육은 교육청, 지역다문화교육지원센터, 학교, 복지기관, 여성기관 등에서 동시다발적으로 운영하고 있다. 다문화교육은 소외계층 교육으로 인식되기도 하고 공공기관이 일부 수행하거나 전혀 역할을 수행하지 못하는 경우도 있으며, 교육 전문성 제고가 크게 요구되는 상황이다.

기초지방정부인 시·군·구 단위에서의 다문화교육 실천을 위한 노력을 공동으로 함으로써 다문화교육의 다양성, 자원효율성, 기관별로 차별화하거나 특화하는 것이 가능하다. 지역의 다문화 (평생)교육은 지역 내 다양한 기관이 서로 분업 내지는 연계 운영 체제를 고려해 볼 수 있다. 일부 기관에서 전담하여 운영하는 방식이 아니다. 이를 위해서는 지역의 다문화교육 협의체를 구성한다. 이 협의체는 지역의 다문화교육의 계획, 실행, 발전을 위한 논의, 권고, 의사결정 등을 하는 기구이다. 협의체 구성원은 평생교육기관, 유아교육기관, 초·중등학교, 대학교, 지역별 다문화가족지원센터 및 건강가정지원센터, 사회복지관 등을 고려할 수 있다.

여기서 다문화교육의 목적 및 방향성, 프로그램 진행방식 등을 논의하고 협의한다. 또한 하나의 프로그램에 다수의 기관이 참여하도록 하고 활용 가능한 공간을 공유하는 등 자원 효율성을 높이기 위한 전략도 적용한다. 다문화교육 협의체는 지역의 시·군·구 단위로 설치한다.

예를 들어, 다문화배경 여성이나 가족 중 성인은 평생교육기관에서 필요로 하는 교육에 참여하고 자녀는 학교 및 유관기관에서의 프로그램에 참여하도록 한다. 또한 상담의 경우 다문화가족지원센터 등에서 인프라와 전문가를 확보하고 있다는 점에서 상담 서비스 제공과 그에 따른 후속조치의 주체기관으로 역할을 한다(박인섭, 2019).

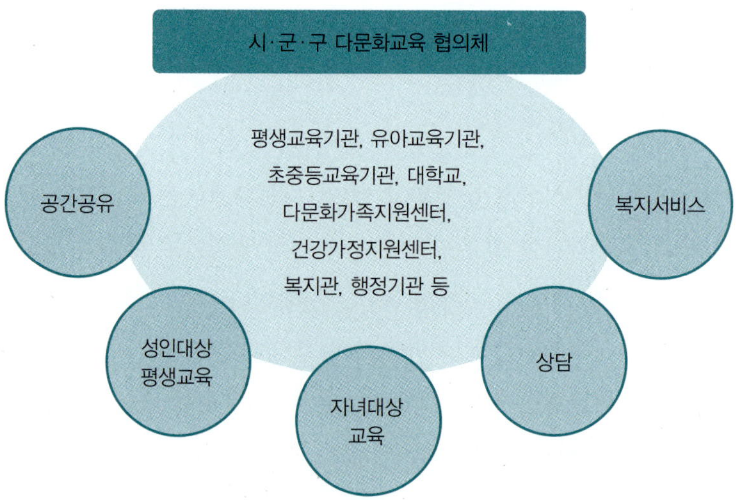

[그림 11-5] 시군구 다문화교육 협의체(박인섭, 2019)

행정기관의 참여는 협의체 운영의 실현을 위해 필수이다. 협의체가 시·군·구 단위로 설치되기 때문에 지역의 시·군·구청의 참여가 이루어져야 한다. 기관 간 갈등이 있는 경우 조정 역할이 이들에 의해 이루어져야 하기 때문이다. 또한 중요하게 생각되는 필요사업에 대한 지원을 적극적으로 전개해 나갈 역할이 이들에게 부여되어야 한다. 행정기관의 관리와 유도 기능은 협의체에서의 주요 결정사항이 지역단위 다문화교육에 번영될 수 있도록 하는데 있어서 중요하다.

3. 다문화학생 평생교육

1) 2019년 다문화 교육 지원(교육부)

교육부의 다문화학생(중도입국 및 외국인 학생 포함)에 대한 교육 지원 정책 및 관련 지원 사업의 추진 현황을 '2019년 다문화교육 지원계획'을 중심으로 살펴본다(국가평생교육진흥원, 2019).

'2019년 다문화교육 지원계획'은 '함께 배우며 성장하는 학생, 다양하고 조화로운 학교'를 비전으로 하고 다양한 문화가 공존하는 성숙한 교육환경 구축과 다문화학생 교육기회 보장 및 교육격차 해소를 정책 목표로 제시하고 있다. 또 추진 과제로는 ① 다문화학생 맞춤형 지원 강화 ② 학교 구성원의 수용성 제고 ③ 다문화교육 지원체계 내실화를 제시하고 있다. 이들 추진 과제에 대해서 차례대로 살펴보겠다.

첫 번째 추진과제는 다문화학생 맞춤형 지원 강화이다. 다문화학생을 우수 인재로 양성하기 위하여 한국어교육과 함께 공교육 진입 및 적응을 돕고 이들의 강점을 개발하기 위한 맞춤형교육 지원의 제공을 그 주된 내용으로 하고 있다. 구체적으로 다문화교육 정책학교 '한국어학급' 프로그램을 운영 중이다. 다문화교육 정책학교 한국어학급은 학교 내에 특별학급 형태로 설치하여 입국 초기 중도입국 · 외국인 학생(유아) 등을 대상으로 한국어와 한국문화 등에 관한 집중교육을 지원한다. 한국어학급이 운영되지 않는 학교(유치원)의 편 · 입학한 중도입국 · 외국인 학생에게는 '찾아가는 한국어교육'을 제공하여 교육의 사각지대를 해소하기 위하여 노력하고 있다.

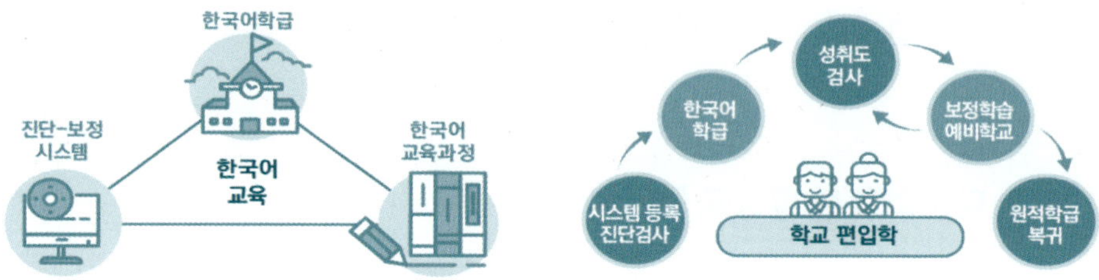

[그림 11-6] 한국어교육 지원 체계도(교육부, 2019)

또한 한국어학급의 체계적이고 내실 있는 운영을 위해 2017년에 개정된 표준 한국어(KSL) 교육과정을 2019년부터 초 · 중 · 고등학교에 적용하고 있다. 표준 한국어 교육과정의 학교현장 안착을 위해서 교육부는 국립국어원과의 협업을 통해 「표준 한국어」 교재를 일선 학교에 보급하고 「익힘책 및 지도서」도 추가로 개발하여 보급하고 있다. 또한 한국어학급의 내실 있는 운영을 위해 담당 교원, 관리자 등을 대상으로 직무 연수를 실시하고 있다. 이 외에도 체계적인 한국어교육을 위해 한국어능력 진단부터 보정 · 관리까지 지원하는 '한국어능력 진단-보정 시스템'을 개발하여 시범 도입하고 시스템 적용 대상을 지속적으로 확대해 가고 있다.

더 나아가 다문화학생의 학교 적응 및 기초학력 보장을 위해 학교급 전환기에 해당하는 학생들을 대상으로 '징검다리과정'을 개발 · 운영하고 학교급별 · 과목별 교과 보조교재도 개발하여 보급하고 있다. 기존 '징검다리과정(초등)' 개발에 이어 2019년에는 중학교 입학 예정인 다문화가정 학생 등을 대상으로 운영하는 '징검다리과정(중등)'을 개발하여 중학교 생활의 초기 적응을 돕고자 하였다. 또한 교과 보조교재는 다문화학생의 기초학력 보장을 위하여 제작된 것으로 학교급별 다문화학생이 어려워하는 교과의 주요 개념 및 어휘를 알기 쉽게 설명하고 있다.

한편 '다문화학생 대학생 멘토링'의 사업 방식을 지속적으로 개선하여 그 효율성을 높이는 것은 물론 취약계층 및 소외 지역에 대한 지원도 강화하고 있다. 온라인 등록을 통해 행정절차를 간소화하고 대학과 대학생, 연계·활동 기관의 자율성을 제고하고자 하였다. 더 나아가 저소득층 및 한부모가정, 기초학력 부족 학생 등의 취약계층을 우선 매칭 대상으로 설정하고 참여 대학 사업비의 일정 비율을 농어촌 등의 소외 지역 지원에 할당하여 다문화학생의 학교 적응을 지원하고 있다. 또한 중도입국 및 외국인 학생의 공교육 진입을 위한 취학 안내 지원을 강화하였다. 법무부가 보유한 시기별 중도입국자녀 및 난민아동 등의 정보를 연계하여 매 학기 초에 한국의 교육제도 및 편·입학 정보를 다문화학부모에게 제공하고 있다.

이 외에도 다문화학생이 우수 인재로 거듭날 수 있는 강점 개발 사업을 추진하고 있다. 이는 기존의 다문화학생 지원 사업이 주로 그들의 결핍을 보완하는 측면이 강하다는 지적에 대한 개선 노력의 일환이며 다문화학생의 이중 언어 학습의 장려를 위한 '전국 이중 언어 말하기대회'와 역할모델을 통한 진로탐색을 돕는 '어울림 원격영상 멘토링' 사업을 예로 들 수 있다.

두 번째 추진 과제는 학교 구성원의 다문화 수용성 제고이다. 이 과제는 다문화학생 및 다문화교육 정책학교 중심의 다문화교육을 넘어 모든 학생과 모든 학교로 다문화교육 대상 범위를 확장하여 학교 구성원의 다문화 수용성을 제고하는 것을 주된 내용으로 한다.

먼저, 학교 구성원으로 하여금 연간 2시간 이상 다문화교육 관련 교과·비교과 활동 실시를 권고하고 이를 지원하기 위하여 2019년 기준 다문화교육 연구학교 2차년도 계속 운영교 및 신규학교 지정을 통해 교육(누리)과정 연계 다문화교육 수업모델을 개발하고 그 결과를 자료집으로 제작하여 학교 현장에 보급하였다. 한편 기존 다문화 유치원·중점학교·예비학교를 '다문화교육 정책학교'로 통합하는 제도 혁신을 단행하여 운영의 효율성을 모색하였다. 더 나아가 교육부와 중앙다문화교육센터, 지역 다문화교육지원센터는 다문화교육 정책학교 운영 가이드라인 개정, 사업설명회(2회) 개최, 운영계획서 검토 및 환류, 컨설팅, 워크숍, 현장 방문, 교원 및 관리자 연수 등 다양한 프로그램을 통해 그 운영을 체계적으로 지원하였다.

다음으로 교원과 예비 교원, 학부모 대상 다문화교육 역량 강화를 위하여 교육과 연수 프로그램을 운영하고 있다. 현직 교원을 대상으로 한 원격연수 기초과정과 심화과정을 제공하는 동시에 진로·진학상담교사 및 전문상담교사, 한국어교육과정 운영 교원, 한국어학급 관리자 등 대상별 맞춤형 연수를 실시하여 전문교원 및 관리자의 역량강화를 도모하고 있다.

이 외에도 언론, SNS 등 다양한 채널을 통해 우리 국민의 다문화교육에 대한 이해를 높이고 특히 교원과 학부모를 대상으로 다문화교육 정책 홍보를 강화하고 있다. 2019년에는 '다문화교육 사업 성과보고회'를 개최하여 다문화교육 정책학교 등의 사업성과를 공유하고 '다문화교육 정책학교 운영 사례집'을 제작, 배포하여 우수 운영 사례를 전파·확산하였다.

세 번째 추진 과제는 다문화교육 지원체계의 내실화이다. 이는 다문화학생에 대한 교육지원을 체계화하고 학교 현장에 다문화교육이 안착할 수 있도록 중앙과 지방 간 연계 및 협업에 기반을 둔 다문화교육 지원체계를 마련하여 다문화교육 지원체계를 내실화하는 것을 주요 내용으로 하고 있다.

중앙 차원에서는 다문화교육 정책학교 활동 경험이 풍부한 현장 교원들을 위촉하여 '다문화교육 중앙지원단'을 구성하고 소속 시도교육청 다문화교육 전문 인력으로 다문화교육 정책학교 운영을 지원하여 지역 교원들의 다문화 역량을 강화하는 데 활용하고자 하였다. 지역 차원에서는 중앙지원단 소속 교원 등 시도교육청별 다문화교육 전문 인력으로 구성한 '다문화교육 지원단' 운영을 통해 지역별 여건과 특성을 고려한 다문화교육 연수와 다문화교육 정책학교 컨설팅, 자료 개발 등의 활동을 지원하고 있다.

다음으로 중앙다문화교육센터를 지정·운영하여 효과적인 다문화교육 정책 사업을 추진하고 다문화교육 정책학교, 연구학교 등의 운영을 체계적으로 뒷받침하고 있다. 중앙다문화교육센터는 중앙 차원에서 다문화교육 자료를 개발·보급하고 자체 홈페이지인 다문화교육포털(www.edu4mc.or.kr)의 운영을 통해 다문화교육 담당 교원들이 자료와 의견을 자유롭게 개진 할 수 있는 소통 공간을 제공하고 있다. 더 나아가 온라인 공간을 통해 다문화교육 정책 사업을 소개하고 다문화가정 학부모를 대상으로 진학정보, 자료를 제공함으로써 국민 대상 다문화 인식개선을 모색하고 있다.

이 외에도 다문화교육을 중심으로 한 부처 간 협업을 강화하여 다문화교육의 사각지대를 해소하고 정책 효과를 제고하고자 하였다. 국무총리실 산하 다문화가족정책위원회, 외국인 인권보호 및 권익증진위원회 등 범부처 연계를 추진하고 법무부, 여성가족부, 문화체육관광부 등의 관계 부처와 사업별 협업을 확대하였다. 이러한 부처 간 사업 연계는 사업의 효율성을 높이고 내실 있는 지원을 가능하게 하여 다문화사회의 균형 있는 발전을 도모하는 데 기여할 것으로 판단된다.

2) 다문화 관련 정책 및 지원 사업(여성가족부)

이제부터 여성가족부의 다문화 관련 정책 및 지원 사업에 대해서 간략하게 살펴보고자 한다(여성가족부, 2019)

여성가족부는 다문화가족 관련 정책 및 관련 지원 사업을 총괄하는 주무 부처로서 산하 공공기관인 한국건강가정진흥원, 이주배경청소년지원재단, 한국청소년상담복지개발원 등을 통해 다양한 지원 사업들을 추진하고 있다. 여성가족부는 2019년도 중점 추진 과제들 가운데 하나로 보편적 가족서비스 지원을 위한 지원체계 개편을 추진 중이다. 특히, 지역 다문화가족지원센터 등을 지역 특성에 맞는 가족센터로 개편하여 아동과 여성 등 가족서비스 관련 중추 기관의 역할을 수행하도록 변화를 모색하고 있다. 이는 다문화가족 방문교육사업과 사례관리사업 등의 혁신 및 강화로 나타나고 있다.

다음으로 여성가족부는 다문화 및 이주배경 청소년의 연령별, 정착 기간별 특성을 고려한 단계별 지원을 강화하였다. 구체적으로 다문화 및 이주배경 청소년이 처해 있는 상황을 초기정착, 적응단계 및 진로지원 단계 등으로 구분하여 그 단계에 적절한 각종 지원책을 제공하고자 한다. 예컨대, 특수목적 한국어교육 프로그램, 이중언어 가족환경조성사업, 다문화가족 자녀 언어발달 지원 사업 등이 일부 이에 해당한다고 볼 수 있으며 다문화청소년에 대한 심리·정서 상담과 학교·청소년시설 종사자를 대상으로 한 다문화이해 교육도 이 범주에 해당하는 지원사업이라고 할 수 있겠다.

마지막으로 여성가족부는 다문화가족 등에 대한 인식 개선 교육과 홍보를 강화하여 우리 사회의 다문화수용성을 제고하기 위하여 노력하고 있다. 다문화 전문인력 양성과 역량 강화를 통해 다문화이해교육과 다문화인식 개선 홍보를 추진하고 다문화가족 포럼 등을 운영하는 것이 그 예시라고 하겠다.

3) 다문화 평생교육의 과제

첫째, 다문화학생 등 이주배경 인구에 대한 정책적 관점의 전환이 필요하다. 국제결혼, 이민, 귀화 등의 다양한 배경의 사회 구성원들을 한국 사회의 취약 집단이 아닌 국제화 시대의 구성원으로 바라볼 필요가 있다. 우리 사회의 다문화학생에 대한 지원은 아직도 결핍 보완의 관점이 주를 이루고 있다. 이제는 다문화학생이 갖는 개인적 차원의 문화적, 언어적 강점을 개발하여 사회적 자원을 확보하는 방향으로의 시각 전환이 필요하다.

둘째, 다문화교육 지원의 안정적 추진을 위해 관련 법적 근거 마련 및 예산의 확보가 필요하다. 일부 관계 법령 등에서 국민의 교육기회를 보장하고 다문화학생의 편입학 및 학력 인정을 규정하고 있으나 사실상 그 대상이 대한민국 국적자인 국민으로 한정되어 있어서 외국인 등을 포괄하기 어렵고 공교육 진입 이후 교육 지원 등 다문화교육 추진의 근거가 미비한 상황이다. 따라서 현행 법령의 한계를 보완하는 동시에 다문화교육의 시행과 구체적 지원 방안을 담아 다문화교육을 발전시켜 나가기 위한 별도의 법령 제·개정을 통해 다문화교육의 안정적인 행정적, 재정적 기반을 마련할 필요가 있다. 만일 법령 제·개정을 통한 다문화교육 지원의 행정적, 재정적 기반 마련이 중장기적 관점에서 추진되어야 하는 과제라고 한다면 단기적으로 5년 단위의 체계적인 수요기반 기본계획의 수립과 그에 따른 재원마련 방안을 마련할 필요가 있다.

셋째, 다문화학생의 공교육 진입단계별 지원을 보다 더 강화하고 체계화할 필요가 있다. 중도입국 및 외국인 학생은 그 문화적, 언어적 배경 등의 차이로 인해 공교육 진입부터 학교생활 적응, 언어 및 학습 지원, 진학 및 진로 선택과 결정에 이르기까지 많은 어려움을 겪고 있다. 즉 중도입국 및 외국인 학생은 서로 다른 문화 및 언어 체계 등을 경험하면서 한국어를 통한 소통, 한국의 사회·문화 등에 대한 이해 미흡, 심리·정서적 불안 및 정체성 혼란을 겪기 쉽다. 따라서 이들의 교육기회 보장을 위해 공교육에의 접근성을 한층 제고하고 학교생활에 대한 적응 지원을 내실화하고 체계화할 필요가 있다. 이를 위해서는 유관 부처 및 관계 기관의 연계·협력을 통한 공교육 진입 안내 강화, 관계 법령의 개정 및 학교생활 적응 프로그램 운영의 내실화와 체계화가 이루어져야 한다. 또한 다문화학생의 진로지도 등을 위한 다양한 정보 제공, 양질의 교수학습 자원 개발 및 보급 등이 한층 확대될 필요가 있다.

넷째, 지역사회와 연계한 진로 지원과 삶의 질을 개선할 수 있는 학습 선순환 체계를 조성해야 한다. 다문화학생을 포함한 모든 아동과 청소년이 자신의 교육적 요구에 따라 지역사회의 지원체계에 제한 없이 접근하도록 하여 개인과 사회의 삶이 지속적으로 발전할 수 있는 학습생태계를 구축할 필요가 있다. 이를 통해 학습자는 거주하는 지역의 삶을 이해하고 다양한 경험을 인정받아 진로 선택의 범위를 확장할 수 있으며 지역사회는 인적·물적 자원과 문화를 유지하고 발전시킬 수 있는 순환체계를 조성할 수 있다.

마지막으로 지역사회를 기반으로 우리나라 성인들의 다문화 수용성 제고를 위한 다양한 다문화교육 참여 기회를 더욱 확대하고 지역의 다문화 친화적인 환경을 한층 강화할 필요가 있다. 앞서 시사점에서 지적한 바 있듯이 성인과 청소년의 다문화 수용성 격차는 매우 큰 것으로 나타났다. 이는 양자 간의 다문화교육 참여 비율에 기인한 것이라고 해석될 여지가 크다. 따라서 시도평생교육진흥원, 시군구 평생학습관, 읍면동평생학습센터 등 기존 지역 평생교육 추진체계와 연계한 지역사회 대상별 맞춤형 다문화교육 프로그램 지원을 확대할 필요가 있다. 또한 이를 위해 지역 평생교육 설계사인 평생교육사의 다문화 관련 인식을 제고하고 관련 사업역량을 강화해야 할 것이다.

12장
문해교육

사람으로서 살아가기 위해서는 문해력이 매우 중요하다. 따라서 이 장에서는 문해 교육의 의미, 현재 우리나라의 문해 교육 현황, 해외 문해교육지원 상황에 대해 살펴보고자 한다.

1. 문해교육

1) 문해교육의 정의

'문해 능력'은 단순히 읽기, 쓰기, 셈하기에서 나아가 인간의 존엄성과 직결된 역량으로 한 개인이 사회 구성원으로 참여하기 위한 기본적인 전제이다. 문해교육을 통해 학습자는 과거에 글을 몰라 겪었던 어려움의 시간과 화해하고 현재의 세상과 소통하며 미래에 대한 꿈을 가지고 새로운 인생을 시작한다(교육부, 국가평생교육진흥원, 2019).

특수교육학 용어사전(2009)에 따르면 문해 교육의 정의는 다음과 같다. 글을 읽고 이해하는 능력을 기르기 위한 교육이다. 문해 교육은 음소기반 교수뿐만 아니라, 효과적으로 말하고 쓰고 경청하는 능력과 다양한 학교 및 일상생활에서 요구되는 문해 능력 기술을 사용하는 데 초점을 둔다. 「평생교육법」에서는 '문해'(제2조 2항)를 일상생활을 영위하는데 필요한 문자해득 능력을 포함한 사회적 · 문화적으로 요청되는 기초생활 능력으로 정의하고 있다(교육부, 국가평생교육진흥원, 2017).

2) 문해교육의 중요성과 요소

평생교육에서 문해 교육이 갖는 위상과 중요성은 매우 크다. 문해 능력은 모든 교육의 토대가 되는 인간생활의 가장 기본적인 능력으로(교육과학기술부, 평생교육진흥원, 2009), 개인이 교육을 받을 수 있는 권리를 실현하는 기본 전제가 되기 때문이다(김석진 외, 2012). 또한 기본적인 문해 기술을 습득하는 것은 공동체에 참여할 수 있는 기회를 제공하며 타인에 대한 의존도를 줄이고 개인이 원하는 것을 하고 배우도록 하는 개별적인 선택을 가능하게 할 수 있다(이미경, 박경옥, 박윤정, 2014).

문해 능력을 기르기 위해서는 음소와 특정 문자 소리를 이해하는 수준을 넘어 모르는 단어를 읽을 수 있는 해독 능력을 갖추도록 하여야 한다. 전통적인 문해는 인쇄된 교재로부터 의미를 구성하기 위해 읽기와 쓰기를 활용하는 능력을 의미하지만 현대에는 기본 학습 능력(basic learning competencies)으로써 읽기, 쓰기, 수학뿐만 아니라 지식, 문제 해결, 생활 기술 등을 포함한다. 기본 학습 능력은 실제적 문제에 독립적으로 대처하고 해결할 수 있는 능력을 의미하며 이러한 관점에서의 문해는 형식적 학교 중심의 기능은 물론 기능적 과업과 요구를 처리하는 능력도 반영한다(이삼경, 백지선, 정은주, 2019).

성인문해교육이 추구하는 가치는 다음 3가지로 설명해 볼 수 있다(이경아, 박소연, 윤정은, 서영아, 2008). 첫째, 배워서 남 주는 교육이다. 자신만의 지식으로 축적하거나 타인과 경쟁하는 교육이 아닌 배움의 가치를 '나눔'으로 실현하는 교육이다. 둘째, 마음을 치유하는 교육(자신의 인권을 되찾는 교육)이다. 대부분의 사람들이 다 아는 한글을 몰라 답답하고 불편하지만, 부끄러워 가족들에게조차 비밀로 하였고, 그 때문에 늘 작은 사람으로 웅크린 채 살아온 삶을 풀어내고 당당하며 자신 있는 새로운 삶을 살아가기 위한 기본 교육이다. 셋째, 타인과 또는 세상과 소통하는 교육이다. 평생을 가족만을 바라보고 또 가족을 위해 살아왔지만 이제는 나와 가족을 벗어나 다른 사람들의 삶을 이해하고 세상에 관심을 갖으며 사회의 소중한 구성원으로 참여할 수 있도록 하는 교육이다.

노년층에 주는 문해교육의 평생교육적인 의미는 다음과 같다(kcefkorea, 2020). 첫째, 문해 교육은 공교육에 소외되어 비문해자로 일상의 소외를 감당해야 했던 여성 노년층의 삶을 자신감과 행복감을 회복할 기회를 제공해주고 있다. 문해 학습자들은 공통으로 '정서' 영역에서 최고의 만족도를 보여주고 있다는 점이 이를 방증한다. 둘째, 문해 학습의 장은 문해 학습자들에게 '글을 배우는 곳'만이 아니라 평생학습의 출발점이 되고 있다. 경기도 문해교사들의 64%는 학습자들의 평생교육 참여에 문해교육이 긍정적인 영향을 미치고 있다고 보고 있다. '글' 학습은 문해 학습자들에게 평생학습의 중요한 입문이 되는 셈이다. 셋째, 문해 교육은 노년층의 평생교육과 복지의 요구를 충족시키는 장으로 진화하고 있다. 과거 저학력 청년이 중심이 되었던 한국의 문해교육은 '노인' 중심으로 재편되어 왔다. 경로당, 노인복지관 등이 중요한 문해 학습의 장으로 부각되고 있다. 이에 따라 문해교육은 문자 문해뿐만 아니라 노년기 삶에 필요한 디지털 문해, 건강 문해, 금융 문해 등의 요구와 결합하고 있다.

문해 교육의 요소는 다음과 같다

① 문해 교수를 위한 매일 집중적 시간 분배,
② 문해 교수를 위한 꾸준한 일상 학습,
③ 새로운 글자와 소리에 대한 명시적 학습,
④ 청각적 음소 탐지(detection), 분절(segmenting), 합성(blending)에 대한 비계 또는 도움 학습,
⑤ 즉각적인 교정적 피드백,
⑥ 음소와 문자-소리 수준에서 새로운 지식을 다양한 문해 맥락에 걸쳐 일상적으로 적용,
⑦ 매일 실시하는 복습 등을 들 수 있다.

3) 우리나라의 문해교육 현황

오늘날 문해교육은 '글을 모르는 사람'만을 대상으로 하지 않는다. 평생교육법상 성인문해교육은 중학 수준까지다. 전국 저학력 성인 현황(통계청 인구주택총조사, 2020)을 살펴보면 20세 이상 성인인구 중 의무교육에 해당하는 중학학력 미만인 성인인구는 약 408만명(9.8%)으로 추정된다.

〈표 12-1〉 전국 저학력 성인 현황

(단위 :명)

구분		전체인구 (20세 이상)	합계 (잠재수요자 비율,%)	초등학교 잠재수요자 (미취학+초등 중퇴)	중학교 잠재수요자 (초등 졸+중학중퇴)
특별 광역시	서울	7,863,025	526,200 (6.7%)	120,070 (1.5%)	406,130 (5.2%)
	부산	2,796,080	285,417 (10.2%)	67,878 (2.4%)	217,539 (7.8%)
	대구	1,972,678	193,643 (9.8%)	49,470 (2.5%)	114,173 (7.3%)
	인천	2,354,226	195,795 (8.3%)	51,682 (2.2%)	114,113 (6.1%)
	광주	1,172,737	94,104 (8.0%)	25,756 (2.2%)	68,348 (5.8%)
	대전	1,200,167	103,052 (8.6%)	26,781 (2.2%)	76,271 (6.4%)
	울산	901,594	68,658 (7.6%)	17,879 (2.0%)	50,779 (5.6%)
특별 자치시	세종	258,196	17,314 (6.7%)	4,924 (1.9%)	12,390 (4.8%)
도	경기	10,515,689	751,537 (7.1%)	200,327 (1.9%)	551,210 (5.2%)
	강원	1,256,791	185,268 (14.7%)	59,370 (4.7%)	125, 898 (10.0%)
	충북	1,301,509	173,509 (13.3%)	54,889 (4.2%)	118,620 (9.1%)
	충남	1,701,170	258,691 (15.2%)	85,661 (5.0%)	173,030 (10.2%)
	전북	1,459,022	225,608 (15.5%)	83,202 (5.7%)	142,406 (9.8%)
	전남	1,453,461	285,853 (19.7%)	111,629 (1.1%)	174,224 (12.0%)
	경북	2,156,335	350,734 (16.3%)	113,873 (5.3%)	236,861 (11.0%)
	경남	2,656,101	316,362 (11.9%)	110,309 (4.2%)	206,053 (7.8%)
특별 자치도	제주	516,764	53,132 (10.3%)	19,524 (3.8%)	33,608 (6.5%)
합계		41,535,545	4,084,877 (9.8%)	1,203,224 (2.9%)	2,881,653 (6.9%)

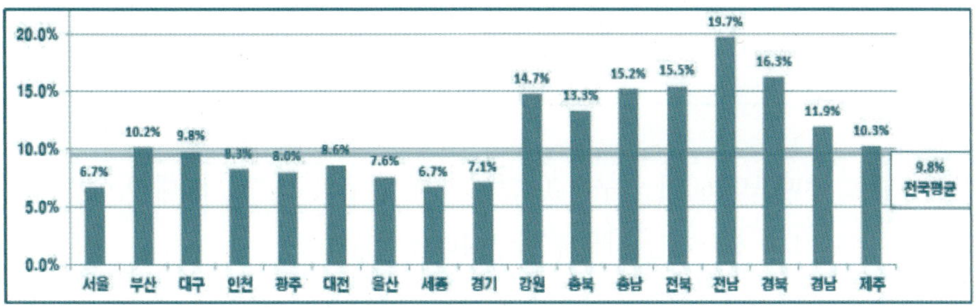

[그림 12-1] 잠재교육 수요자

최은옥, 권성연, 조영석, 변종임, 이세정, 한규형, 오형실(2017)에 의하면 성인의 문해 현황에서 초등학교 이하의 문해 능력을 지닌 성인이 12.3%에 해당하였다.

〈표 12-2〉 문해 능력 수준

구분	수준 정의	비율(%)	추정인구(명)
수준 1	일상생활에 필요한 기본적인 읽기, 쓰기, 셈하기가 불가능한 수준 (초등 1~2학년 학습 필요 수준)	7.2	3,111,378
수준 2	기본적인 읽기, 쓰기, 셈하기는 가능하지만, 일상생활에 활용은 미흡한 수준 (초등 3~6학년 학습 필요 수준)	5.1	2,173,402
수준 3	가정 및 여가생활 등 단순한 일상생활에 활용은 가능하지만, 공공 및 경제생활 등 복잡한 일상생활에 활용은 미흡한 수준 (중학 1~3학년 학습 필요 수준)	10.1	4,328,127
수준4이상	일상생황에 필요한 충분한 문해력을 갖춘 수준 (중학 학력 이상 수준)	77.6	33,365,908
전체		100.0	42,978,815

성별로 살펴보면 만 18세 이상 성인 중 여성 9.9%, 남성 4.5%가 '수준 1'에 해당하는 비문해 인구로 비문해 인구는 여성이 남성보다 높게 나타났다.

〈표 12-3〉 성별 문해 능력 수준

성별	수준 1	수준 2	수준 3
남성	4.5	4.6	8.9
여성	9.9	5.5	11.2
전체 응답자	7.2	5.1	10.1

연령별로 살펴보면 60대 인구의 14.2%, 70대 인구의 28.7%, 80대 이상 인구의 67.7%가 '수준 1'에 해당하는 비문해 인구이다.

〈표 12-4〉 연령별 문해 능력 수준

연령	수준 1	수준2	수준 3	수준 4 이상
18~29세	1.2	0.6	4.6	93.6
30~39세	1.3	1.2	4.9	92.5
40~49세	0.7	1.4	6.6	91.3
50~59세	3.3	4.7	11.6	80.4
60~69세	14.2	10.9	20.9	54.0
70~79세	28.7	21.7	22.0	27.6
80세 이상	67.7	11.9	7.8	12.5
전체 응답자	7.2	5.1	10.1	77.6

월가구 소득별로 살펴보면 월가구소득 100만 원 미만 인구의 41.1%가 '수준 1'에 해당하는 비문해 인구로 분류되어 월가구소득 500만 원 이상 인구의 1.5% 대비 비문해 인구 비율이 상대적으로 높게 나타났다. 즉 이는 월가구소득이 낮을수록 문해능력수준이 낮다.

〈표 12-5〉 월가구소득별 문해 능력 수준

(단위: %)

월가구소득	수준 1	수준 2	수준 3	수준 4 이상
100만 원 미만	41.1	18.0	16.1	24.8
100~299만 원 미만	10.0	8.1	16.7	65.1
300~399만 원 미만	1.4	2.2	8.3	88.2
400~499만 원	1.6	1.9	4.4	92.1
500만 원 이상	1.5	1.7	5.7	91.0
전체응답자	7.2	5.1	10.1	77.6

지역별로 살펴보면 농산어촌 거주자의 16.2%가 '수준 1'인 비문해인구로 분류되어 서울 및 광역시의 5.7%, 중소도시의 7.2% 대비 비문해 인구 비율이 상대적으로 높게 나타났다. 농산어촌이 대도시보다 문해 능력 수준이 낮음을 알 수 있다.

〈표 12-6〉 지역별 문해 능력 수준

(단위: %)

지역	수준 1	수준 2	수준 3	수준 4 이상
서울 및 광역시	5.7	4.3	9.2	80.8
중소도시	7.2	5.4	11.0	76.4
농산어촌	16.2	7.5	9.4	67.0
전체응답자	7.2	5.1	10.1	77.6

문해 능력 수준별 사회 인식을 살펴보고자 먼저 문해 능력 수준별 생활만족도를 분석해 보면 문해 능력 수준이 높을수록 생활만족도가 높아지는 경향성이 있고 정치관심도도 문해 능력 수준이 높을수록 높아지는 경향성이 있다.

〈표 12-7〉 문해 능력 수준별 사회 인식

(단위: %)

지역	수준 1	수준 2	수준 3	수준 4 이상
생활만족도	75.7	75.7	81.6	87.2
정치관심도	31.0	36.4	51.5	52.3

4) 성인문해교육 지원 현황

오늘날 문해교육은 어떻게 이루어지고 있을까? 1950년대 정부는 '전국문맹퇴치운동'을 통해 초등학교 2학년 수준으로 국민의 문해력을 높이기 위한 전국적인 캠페인을 펼쳤다. 전국에 강습소가 설치되었고 군대에서도 공민학교를 운영하였다. '문맹 퇴치'의 대상은 12세 이상 45세 이하의 경제 인구가 중심이었다. 오늘날의 문해교육은 전문 문해교육기관이나 야학처럼 전통적인 문해교육기관 뿐만 아니라 복지관, 주민자치센터, 마을회관, 경로당 등 민간단체와 공공기관에서 다양하게 이루어지고 있다.

성인문해교육 지원은 자치단체의 경우 2019년 기준 자치단체 245개 중 93.1%(228개)가 성인문해교육을 지원하고 있다고 응답했다. 시도교육청의 경우 모든 시도교육청에서 성인문해교육을 지원하는 것으로 나타났다. 이러한 수치를 지난 2017년 자치단체 지원 비율(93.1%)과 비교해보면 2019년 자치단체의 성인문해교육 지원 비율은 93.1%로 동일한 수준을 보였으나, 시도교육청의 경우 2017년 지원 비율이 88.2%인 것에 비해 11.8% 늘어나 성인문해교육 지원에 대한 시도교육청의 노력을 확인할 수 있었다.

〈표 12-8〉 지역별 성인문해교육 지원 현황

지역	자치단체				시도교육청			
	지원하고 있음		지원하지 않음		지원하고 있음		지원하지 않음	
	빈도	비율	빈도	비율	빈도	비율	빈도	비율
서울	24	92.3	2	7.7	1	100.0	0	0.0
부산	16	94.1	1	5.9	1	100.0	0	0.0
대구	9	100.0	0	0.0	1	100.0	0	0.0
인천	8	72.7	3	27.3	1	100.0	0	0.0
광주	6	100.0	0	0.0	1	100.0	0	0.0
대전	6	100.0	0	0.0	1	100.0	0	0.0
울산	6	100.0	0	0.0	1	100.0	0	0.0
세종	1	100.0	0	0.0	1	100.0	0	0.0
경기	31	96.9	1	3.1	1	100.0	0	0.0
강원	15	78.9	4	21.1	1	100.0	0	0.0
충북	12	100.0	0	0.0	1	100.0	0	0.0
충남	16	100.0	0	0.0	1	100.0	0	0.0
전북	15	100.0	0	0.0	1	100.0	0	0.0
전남	20	87.0	3	13.0	1	100.0	0	0.0
경북	24	100.0	0	0.0	1	100.0	0	0.0
경남	17	89.5	2	10.5	1	100.0	0	0.0
제주	2	66.7	1	33.3	1	100.0	0	0.0
합계	228	93.1	17	6.9	1	100.0	0	0.0

성인문해교육 지원사업 참여기관 및 학습자 수는 2015년에 318개 문해교육기관수가 2019년에 407개로 증가되었다.

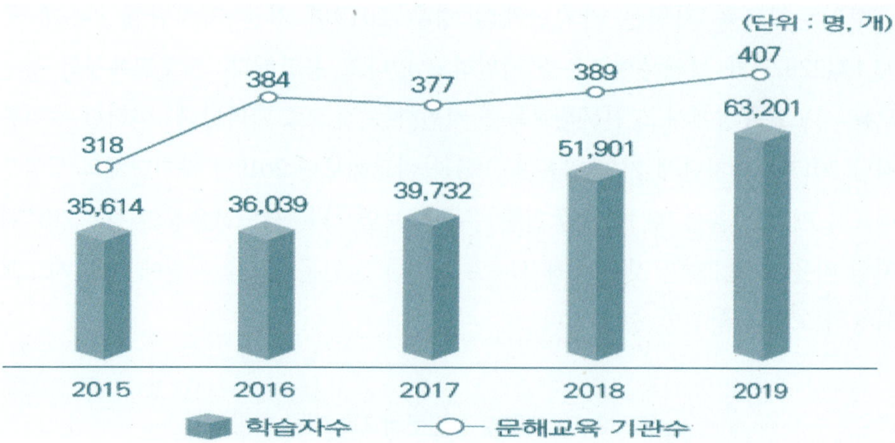

[그림 12-2] 성인문해교육 지원 사업 참여기관 및 학습자 수

출처: 국가평생교육진흥원, 2019.

5) 성인문해교육 프로그램 지원

「성인문해교육 지원사업」은 공모 사업 형태로 추진하며 시도 단위 맞춤형 문해교육 지원체제 구축을 위한 '광역문해교육 활성화 사업', 기초 지방자치단체, 야학 및 비영리 민간단체 등을 지원하는 '문해교육 프로그램 지원', 수요자 맞춤형 생활문해교육 프로그램 발굴을 위한 '문해 교육 특성화 프로그램 지원', 문해교사가 기관 접근이 어려운 개인 학습자를 찾아가는 '가정방문형 문해교실 지원'으로 구분된다.

'광역문해교육 활성화 사업'은 2016년 2월 「평생교육법」 일부 개정을 통해 '시도 문해교육센터' 설립 근거가 마련됨에 따라 광역 단위의 맞춤형 문해교육 활성화를 위해 국가-지역 간 공동 사업인 대한민국 문해의 달 행사를 운영하고 문해교육 교원연수과정 및 보수교육, 지역 문해교육 활성화를 위한 사업을 기획·운영한다. '광역문해교육 활성화 사업'은 2016년 14개 광역 지방자치단체의 참여로 시작하여 2019년에는 17개 광역 지방자치단체 전체가 사업에 참여하고 있으며 현재까지 시도문해교육센터는 총 8개 지역으로 확대하여 설립되었다.

'문해교육 프로그램 지원'은 저학력·비문해 학습자에게 제2의 교육기회를 제공하기 위하여 교육강사비, 교재비 등 프로그램 운영비를 지원한다. 문해교육 프로그램 운영비는 공공기관(기초 지방자치단체, 국공립학교 등) 및 비영리기관(야학, 복지관 등)을 지원하며 해당 지역의 기초자치 단체를 통해 사업 신청이 가능하다. 「평생교육법」 제39조는 지방자치단체의 문해교육 지원 책무를 명시하고 있으며 「성인문해교육 지원사업」에 참여하고자 하는 기초지자체는 지역 내 문해교육 기반 및 관심 확대를 위하여 국고 지원액의 70% 이상의 대응투자액을 필수 확보하여야한다(2020년은 대응투자 100%). 2019년에는 교육소외지역 문해교육 여건 강화를 위해 읍면 지역을 포함하는 기초지자체 지역의 찾아가는 문해교육 프로그램 지원액을 당초 1,000만 원에서 1,500만 원 상한으로 상향하여 농산어촌의 교육기회 강화를 모색하고자 하였다.

'문해교육 특성화 프로그램 지원'은 문해 학습자 맞춤형 생활문해교육 프로그램 발굴 및 우수문해교육 사례 확산을 위해 「성인문해교육 지원사업」에 5회 이상 참여한 기관을 대상으로 지원(기관당 최대 500만 원)하며 '문해교육 프로그램'과 중복 지원이 가능하다. 문해교육 특성화 프로그램은 인문학, 생활문해교육, 문화예술, 교수-학습자료 개발 등 다양한 영역에서 기관 특성을 반영한 사업 성과물을 산출해 냄으로써 전국 단위의 문해교육 우수 성과 확산에 기여하고 있다.

'가정방문형 문해교실'의 경우 2019년에 최초로 도입한 사업으로 건강, 지리적 여건 등으로 교육기관 방문이 어려운 개인 학습자를 위해 문해교사가 직접 가정을 찾아가 교육을 제공하는 프로그램(지방자치단체당 최대 1,000만 원)이다. 2019년 시범 사업에는 총 6개 지방자치단체가 참여하였다.

「성인문해교육 지원사업」의 주요 추진체제는 교육부, 국가평생교육진흥원, 광역 지방자치단체, 기초자치단체, 문해교육기관으로 구분할 수 있다. 교육부는 사업 기본 계획을 수립하며 국가평생교육진흥원은 세부 사업을 운영·지원한다. 광역 지방자치단체[시도(시도진흥원), 시도교육청]는 시도 단위 문해교육 활성화 사업을 추진하고 기초자치단체는 지역 내 문해교육기관에 대한 지도·점검을 수행한다.

〈표 12-9〉『성인문해교육 지원사업』 추진체제

추진체제	주요 역할
〈총괄 기획 · 조정〉 교육부(평생학습정책과)	• 사업기본계획수립, 사업 추진 상황 모니터링 등 • 타 부처 역할 조정 · 협업 강화
〈사업전담기관〉 국가평생교육진흥원국가문해교육센터	• 세부 사업 추진계획 수립 · 추진, 사업 신청서 접수 · 선정 평가 • 사업수행 지원, 결과 분석 등
〈시도 단위 사업 주체〉 시도(시도진흥원) 및 시도교육청	• 광역문해교육 활성화 사업 운영, 학력인정 문해교육기관 설치 · 지정 • 문해교육 교원연수 및 보수교육, 네트워크 구축 등 지역 문해교육 활성화 사업 추진
〈시 · 군 · 구 단위 지원 주체〉 기초 지방자치단체	• 사업 신청서 작성, 문해교육 프로그램 운영 및 국고보조금 집행 • 문해교육기관 지도 · 점검
〈사업 수행기관〉 문해교육기관	• 프로그램 개설 · 운영, 학습자 관리, 사업비 집행 결과 보고

출처: 국가평생교육진흥원(2019)

2. 장애인 문해교육

장애인은 신체적, 정신적 손상 등으로 인한 사회적 차별로 인해 일상생활에 제약을 받는 사람이다(위키백과, 2022). 장애인 상태나 상황이 다양하여 하나로 의미를 정하는 것은 한계를 가진다. 2017년 보건복지부 조사(김성희 외, 2017)에 따르면 초등학교 졸업 이하의 저학력 장애인이 38.4%이고 중학교 졸업 이하의 학력은 55.2%에 이른다. 특히, 장애인 실태조사 비율에 근거하여 볼 때 만 18세 이상의 장애성인 중 초등학교 졸업 이하의 학력자는 990,856명으로 18세 이상 전체 장애성인 중 37.1%가 저학력 장애성인에 해당되는 것으로 추정할 수 있다.

장애성인들의 삶의 질 향상을 위해 지난 2012년 국립특수교육원에서 초등·중학 학력인정을 위한 장애성인 문해 교재를 개발·보급하였으나 학력인정에 필요한 일반적인 기준과 조건 등이 까다로워 그 활용 대상 및 범위가 제한적이라는 한계가 지적되고 있다(홍성두 외, 2014). 이에 「제5차 특수교육발전 5개년(2018~2022) 계획」에는 학령기 의무교육 단계에서 교육기회를 놓친 장애인에 대한 지원을 강화하기 위해 장애유형을 고려한 학력인정 맞춤형 교육시스템을 개발하여 국가 차원의 교육지원을 강화할 것을 명시하고 있다.

이에 장애인을 위한 기초문해교육은 평생을 살아감에 있어서 매우 중요한 부분이다. 기초문해교육은 생활 속 다양한 지식과 정보를 주체적으로 이해하고 자기결정을 통해 의사를 표현하기 위한 능력을 함양하는 평생교육과정이다(한경근, 2019). 학습자가 지역사회에 참여하고 긍정적인 사회적 관계를 형성하기 위한 가능성을 높여 삶의 질을 향상하는 것을 궁극적인 목적으로 한다.

기초문해교육 과정은 3R, 즉 읽기(Reading), 쓰기(Writing), 셈하기(Arithmetic)와 같은 전통적 문해의 개념을 넘어 학습자가 생태학적 환경에서 어떻게 이해하고 적용할 수 있는지에 관한 이해를 바탕으로 다양한 상호작용 기술의 필요성을 강조하였다. 이를 통해 발달장애성인 학습자는 개인의 요구에 따라 실용적이고 기능적으로 사용할 수 있는 문해 학습 경험을 통해 지역사회와 능동적으로 소통하는 구성원이 된다.

기초문해교육 과정은 발달장애성인 학습자가 다양한 생활 장면에서 자신의 경험을 독립적으로 선택하고 결정하는 데 필요한 정보를 이해하고 활용하여 자신의 권리를 실현하기 위한 학습 경험 요소를 추출한다. 추출된 학습 경험 요소는 발달장애성인 학습자의 인지 및 학업적 특성과 사회생태학 관점에서 적절한 지원을 제공하기 위한 기준으로 통합한다. 이를 바탕으로 발달장애성인 학습자가 지역사회에서 더욱 가치 있는 역할을 지닌 구성원으로 함께 살아가기 위한 다양한 형태의 문해 경험을 내용으로 선정되었다.

선정된 내용은 다른 사람과의 의사소통을 위해 시각 정보를 이해하고 활용하는 문해 능력인 '시각 문해', 한글을 수준에 따라 읽고 쓸 수 있는 능력인 '한글 문해', 발달장애성인이 사회의 구성원으로서 다양한 생활 장면을 중심으로 참여하기 위한 능력을 개발하는 '생활 문해'로 세 가지 내용 영역으로 구성된다.

기초문해교육 과정의 내용 영역은 학습자의 강점을 바탕으로 현재와 미래의 삶에 가장 의미 있는 것을 인식하는 시간을 확보함으로써 이를 기능적이고 효과적으로 이해하고 사용하고 서로 소통하며 살기 위한 학습, 나아가 존재하기 위한 학습의 순환적 구조를 반영한다.

한경근(2019)에서 제시한 기초문해교육 내용은 다음과 같다.

〈표 12-10〉 기초문해교육

6대 영역명	내용 영역	내용범주	내용 요소	학습 활동의 예 1	학습 활동의 예 2	학습 활동의 예 3
기초문해교육	시각문해	상징으로 읽는 단어	그림 상징	그림으로 읽는 안전	그림으로 읽는 정보	그림으로 읽는 감정
			문자와 상징 그림	글자와 그림으로 읽는 정보	숫자와 그림으로 읽는 정보	인포그래픽으로 읽는 정보
		한눈에 읽는 단어	한눈에 읽는 안내	한눈에 읽는 생존 단어	한눈에 읽는 공공 장소	한눈에 읽는 대중 교통 단어
			한눈에 읽는 지역 사회	한눈에 읽는 상업 시설 정보	한눈에 읽는 의료 시설 정보	한눈에 읽는 공공 시설 정보
			한눈에 읽는 숫자	한눈에 읽는 구입 속 숫자	한눈에 읽는 일정 속 숫자	한눈에 읽는 단위 속 숫자
			한눈에 읽는 영어	한눈에 읽는 공공 영어 정보	한눈에 읽는 영어 구입 정보	한눈에 읽는 영어 간판 정보
		보완대체 의사소통 (AAC)	몸짓 언어	몸짓 언어	좋은 자세와 목소리	기초 수어
			그림 상징 의사소통	말 주머니	요청하는 말	내가 좋아하는 것
			시각장면 의사소통	일상생활 이야기	나만의 이야기	당신과 나의 이야기
	한글문해	기초 한글	읽기 선수 기술	가장 작은 말소리	모음과 자음	한글, 소리를 담는 글자
			단어 인지	받침 없는 글자 읽기	받침 있는 글자 읽기	복잡한 낱말 읽기
			글씨 쓰기	글자의 형태 이해	바른 필순으로 쓰기	글자 및 낱말 듣고 쓰기
			낱말 관계	비슷한말과 반대말	여러 가지 뜻으로 쓰이는 말	포함하는 말과 속하는 말

기초문해교육	한글문해	응용한글	문장의 성분	문장의 주성분	문장의 부속성분	문장의 독립 성분
			문장의 짜임	나홀로 문장	안은 문장	이어진 문장
			문법	아침 쪽지 전하기	책 만들기	메신저로 대화하기
			문장의 종류	풀이하는 문장과 묻는 문장	감탄을 나타내는 문장	시키는 문장과 권유하는 문장
			문장의 표현	재미있는 문장 즐겨찾기	높임말 길라잡이	어제 있었던 일 그리고 내일 일어날 일
		심화한글	문단의 짜임	글 스케치	기사 읽고 주요 소식 전하기	이어 주는 말
			여러 가지 글 읽기	오늘의 시 낭독하기	알아 두면 유익한 지식 창고	세계 문학 함께 읽기
			즐거운 글쓰기	사진 일기 쓰기	마음을 전하는 글쓰기	추천하는 글쓰기
	생활문해	일상생활읽기	식품 구입과 보관	안전한 장보기 정보 이해	식품 라벨 정보 이해	식품 보관 정보 이해
			건강한 밥상	식당에서 읽기	배달음식 읽기	조리법 읽기
			나를 가꾸기 위한 읽기	의생활 정보 읽기	미용 정보 읽기	의복 정리 및 세탁 정보 읽기
			아름다운 우리집	건강한 환경 조성 읽기	공동생활 주택관리 읽기	가전제품 읽기
			가족생활	가족 역할 및 행사 읽기	결혼생활 미리 읽기	임신과 육아 미리 읽기
			건강한 삶	건강관리 정보 읽기	체력 운동 정보 읽기	위생관리 정보 읽기
		사회생활읽기	지역사회 활용	우리 동네 이동시설 정보 읽기	우리 동네 의료시설 정보 읽기	우리 동네 공공시설 정보 읽기
			상거래 정보	카페 정보 읽기	생활용품 판매장 구입 정보 읽기	온라인 구입 정보 읽기
			인간관계	친구 관계 예절 읽기	이성 관계 예절 읽기	대인관계 예절 읽기
			시민권리와 의무	시민으로서 알아야 할 정보 읽기	유권자로서 알아야 할 정보 읽기	알아 두면 유익한 생활 법률 읽기

기초문해교육	생활문해	직업 생활 읽기	직업 정보	직업 탐색 정보 읽기	직업 적성 정보 읽기	직업 서적 함께 읽기
			취업 준비	채용 정보 수집	취업 지원 서류 준비	면접 준비
			직무 수행	수행 속도 준수를 위한 읽기	작업 정확성 유지를 위한 읽기	직무 관련 용어 읽기
			직업생활 적응	근로 계약 읽기	금전 관리 읽기	복무 관리 읽기
			직장 내 대인관계	우리 부서 정보 읽기	협업 정보 읽기	직장생활 예절 읽기
		여가 생활 읽기	문화예술 활동 정보	영화 관람 정보 읽기	우리 동네 도서관 정보 읽기	금주의 인기가요 읽기
			콘텐츠 활용 정보	유행하는 드라마 정보 읽기	온라인 강의 정보 읽기	영상 제작 정보 읽기
			여행 및 관광 활동 정보	주말 당일치기 여행 정보 읽기	지역축제 관광 정보 읽기	시티투어버스 여행 정보 읽기
			생활체육 활동 정보	생활체육 정보 읽기	공공체육시설 정보 읽기	일일 유산소 및 근력 운동 정보 읽기
		디지털 생활 읽기	생활 속 컴퓨터 및 인터넷 문해	컴퓨터 활용 기초 읽기	포털 사이트 읽기	인터넷 콘텐츠 읽기
			생활 속 스마트폰 문해	스마트폰 기초 읽기	모바일 메신저 읽기	스마트폰 카메라 읽기
			생활 속 무인 정보 단말기 문해	터치로 주문하는 읽기	터치로 구입하는 입장권 읽기	터치로 편의시설 안내 읽기
			생활 속 디지털 금융 문해	모바일 뱅킹 읽기	모바일 결제 읽기	디지털 보안 읽기
			생활 속 인터넷 윤리	인터넷 생활 예절 읽기	디지털 미디어 저작권 읽기	건강한 인터넷 콘텐츠 읽기

기초문해교육 과정은 읽기와 쓰기 교육이 지닌 전통적 문해력의 개념을 확장하는 차원에서 음성이나 문자 이외에 다양한 형태의 정보를 이해하고 실용적이고 기능적으로 활용하여 자신의 의사를 표현하고 세상과 소통하는 기회를 확대하는 것을 목표로 한다.

1) 시각 문해

중도 발달장애인을 포함한 모든 발달장애성인 학습자를 위한 보편적 문해 영역으로서 다양한 형태의 시각 정보를 이해하고 활용하는 능력을 함양한다.

(1) 상징으로 읽는 단어

정보의 내용을 함축하거나 대신하는 기능을 가진 그림 상징을 통해 나타내고자 하는 정보의 내용을 빠르게 파악한다.

(2) 한눈에 읽는 단어

학습자가 자주 접하는 단어의 의미를 말소리 체계에 대한 분석 없이 한눈에 읽고 이해한다.

(3) 보완대체의사소통

구어로 의사소통하는 데 발생하는 어려움을 보완하거나 대체하는 다양한 의사소통 방식을 실제 맥락에서 기능적으로 활용한다.

2) 한글 문해

발음 중심 접근과 의미 중심 접근의 균형적 언어 지식을 바탕으로 가능한 한 넓고 풍부한 범위의 문해 경험과 기술을 함양한다.

(1) 기초 한글

한글 비문해자가 한글을 읽고 쓸 수 있는 기초문해력을 가질 수 있도록 뜻을 가진 말의 가장 작은 단위인 단어 수준의 한글을 체계적으로 학습한다.

(2) 응용 한글

단어 수준의 한글을 해득한 학습자가 생각과 감정 또는 사건과 상태를 표현하기 위하여 단어를 응용하고 배열한 문장 수준의 한글을 체계적으로 학습한다.

(3) 심화 한글

개별 학습자의 이야기, 정보, 생각 또는 감정을 단어, 문장의 조합으로 나타낸 실제적이고 기능적인 글 수준의 한글을 학습한다.

3) 생활 문해

학습자와 생태학적 환경과의 역동적인 상호작용을 바탕으로 다양한 형태의 정보를 이해하고 이를 주체적이고 기능적으로 활용하기 위한 다차원적인 문해 능력을 함양한다.

(1) 일상생활 읽기

개인 및 가정생활에서 구체적으로 반복되는 경험을 주체적으로 선택하여 누리기 위한 지식과 정보를 이해하고 활용한다.

(2) 사회생활 읽기

지역사회의 구성원으로서 언어, 규범, 생각, 문화를 다른 사람과 공유하고 함께 사는 삶을 실천하는 데 유용한 지식과 정보를 이해하고 활용한다.

(3) 직업생활 읽기

취업 준비, 직무 수행, 직업 적응 및 유지를 통한 사회적 역할 가치화를 위한 지식과 정보를 이해하고 활용한다.

(4) 여가생활 읽기

자신의 선호와 의지에 따른 여가생활의 선택과 향유를 위해 유용한 정보를 이해하고 활용한다.

(5) 디지털생활 읽기

다양한 맥락에서 디지털 기기 사용의 보편화에 따라 컴퓨터, 인터넷, 스마트폰, 무인 정보 단말기 등을 기능적으로 사용하기 위해 유용한 여러 가지 형태의 정보를 이해하고 활용한다.

3. 디지털 문해력

디지털 리터러시(digital literacy) 또는 디지털 문해력은 디지털 플랫폼의 다양한 미디어를 접하면서 명확한 정보를 찾고 평가하고 조합하는 개인의 능력을 뜻한다(김선아, 박효영, 이수진, 2017).

디지털 리터러시의 개념은 각자 자신에게 주어진 컴퓨터를 활용하는 기술을 가르치는 데 초점을 둔 컴퓨터 활용 교육 시절부터 등장하였으나 인터넷의 발달과 모바일 기기의 출현 그리고 소셜 미디어의 확장으로 단순히 기기를 사용하는 방법만이 아니라 정보를 다루고 가공하는 일까지 범위를 확장하게 되었다. 디지털 리터러시는 일반적으로 지식의 형성 수단에 속하는 활동과 그에 따른 역량으로 다루어진다

연합뉴스(2021)에 따르면 한국 학생들의 디지털 정보에 대한 사실과 의견 식별률도 최하위(25.6%)를 기록했다. OECD 회원국 학생의 평균 식별률은 47%였다.

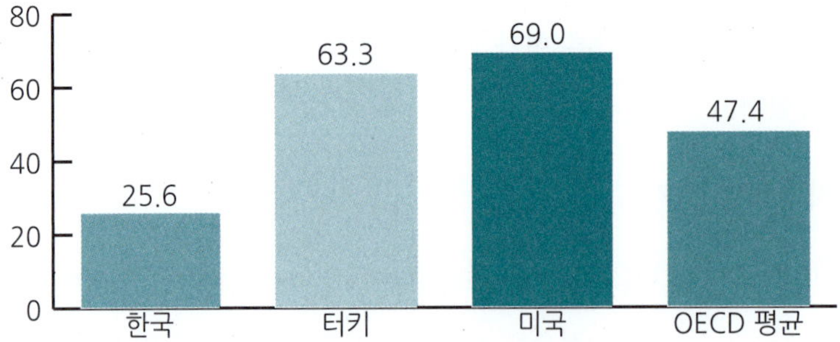

[그림 12-3] 사실과 의견을 식별하는 능력

출처: 연합뉴스(2021)

'정보가 주관적이거나 편향적인지를 식별하는 방법에 대해 교육을 받았는가'에 대한 설문에서 디지털 문해력 수준이 높게 나온 오스트레일리아·캐나다·덴마크·미국 등은 70% 이상의 학생이 '교육을 받았다'고 응답한 반면 한국은 49%만 교육을 받았다고 응답해 폴란드·이탈리아·그리스·브라질 등과 함께 평균 이하의 그룹에 속했다. 청소년들의 디지털문해력이 낮은 이 시점에 무엇보다도 성인들의 디지털 문해력 교육을 보다 더 강조할 필요가 있다.

4. 다른 문화에서의 다문화 문해력

외국의 성인문해 정책 추진 사례는 이지혜(2019)의 정책 포럼, 마상진, 안석(2018)의 연구보고서, 배지혜(2020)의 해외교육동향의 내용을 발췌하였다.

1) 노르웨이

학교 형식이 아닌 직장내 훈련 형식인 '직장생활에서의 기초역량 프로그램(BKA)을 2006년 도입하여 근로자들의 기초역량 증진을 지원하고 있으며 현재 평생학습원(Vox)에서 담당을 하고 있다. 읽기, 쓰기, 수리 및 ICT 분야의 기초역량을 강화하는데 목적을 두고 있으며 BKA 프로그램 하에서 기업은 고용인의 기초 역량 증진을 위한 재정지원을 신청 할 수 있으며 40세 이상의 중고령자 또는 여성들의 참여가 높은 편이다.

2) 아일랜드

성인들의 읽기, 쓰기, 수리력 역량 개선과 관련 국가자격취득을 지원하는 쌍방향 학습사이트(www.writeon.ie)를 운영하고 있다. 국가 성인문해력기관(NALA, Natianal Adult Literacy Agency)에서 개발·운영 중이며 동 학습 사이트 아일랜드 국가자격(Quality and Qualifications Ireland, QQI) Leverl3(중학교 수준)까지 수여 가능하며 현재 6만 5천여명의 학습자가 등록을 하였다.

NALA의 목적(마상진, 안석, 2018)은 ① 보다 통합된 아일랜드를 위해 문해의 중요성 인지 향상활동 ② 성인 문해, 수리 그리고 기본 디지털 기술 교육과 학습의 혁신 선도 ③ 아일랜드의 성인 문해 수리 향상을 위한 미래 투자 개발이다.

주요 활동(마상진, 안석, 2018)은 다음과 같다.

- 아일랜드의 성인 문해 수리 향상을 위한 미래 투자를 위한 로비
- 사회 참여를 위한 성인 문해, 수리, 디지털 스킬 개발 촉진
- 연계 멤버 조직의 필요 대응
- 성인 문해, 수리, 디지털 스킬 교육과 학습의 가장 효과적인 실천 발굴과 보급을 위한 교육 공급자들과 협력
- 문해와 수리 학습 코스와 서비스의 접근성 향상
- 문해문제 인지를 위해 기관과 서비스 조직 지원
- 문해욕구와 최선의 교습과 학습 실천에 관한 연구 수행
- 비문해에 대한 낙인 제거노력
- TV 프로그램을 통한 문해 교육 (다큐멘트)
- 가족 문해 프로그램
- On-line 플랫폼 개발

- Plain English: 비문해 성인의 건강, 경제(finance), 복지 영역의 접근성 향상
- 직업 훈련: 기본 문해 교육 + 특정 과목 훈련
- 동기화 (motivation)
- 인터넷을 활용한 문해 교육 (writeon.ie): 개인 수준에 맞춘 다양한 교육 코스, 정규수준의 교육 인증을 받을 수 있음
- Distance Learning Service: 무료 전화 교육 서비스, 주 1회 30분, 접근성 향상, 낙인 감소
- 건강 문해: Well-now 10 weeks course

3) 독일

독일은 인구 약 8,300만 명 중 25%인 약 2,100만 명이 이민자이며 그 중 약 1,100만 명은 외국 국적을 가지고 있는 다문화 국가이다. 다문화 인구 비율이 2005년 기준 약 14%에서 15년간 10% 이상 증가하였다. 급격히 증가한 이민자와 난민은 독일어의 낮은 문해력으로 다양한 사회 참여에 제한을 받고 있다.

연방 교육연구부는 문해력 교육을 위한 '알파데카데(Alpha-dekade)' 프로젝트를 시행하고 있는데 2016년부터 2026년까지 10년간 1억 8,000만 유로(한화 약 2,430억 원)가 투입된다. '알파데카데'는 취학 전 영역에서 문해력 교육의 기본이 되는 독서 문화 조성을 위해 1~3세 어린이의 부모를 대상으로 책 읽어주기 프로그램을 운영한다. 초중등교육에서는 2019년 '주 교육부장관회의(Kultusministerkonferenz, 이하 KMK)'의 중점 사업으로 '교육언어로써의 독일어 교육'이 설정되었다. 이를 통해 초중등학교, 직업학교에서 교육 언어로써의 독일어 교육이 다방면으로 활성화되었다. 성인교육 분야의 문해력 교육은 성인문해능력조사를 바탕으로 알파벳, 단어, 문장 수준의 1~3단계 기능적 저문해 성인의 수를 줄이기 위한 다양한 프로그램이 장기적·체계적으로 실시되고 있다.

또한 공개학습포털[ich-willernen.de('나는 배우기를 원한다.')]을 통해 문해력, 수리력 등 기초 역량 강좌뿐만 아니라 금융관리, 구직 등 생활 관련 안내도 제공하고 있다. 연방 교육연구부의 재정지원을 받아 독일 성인교육협회가 개발한 웹포털로 2003-2014년 40만 계좌가 개설되었다.

Part 3.

평생교육의 과제

13장
미래 사회와 평생교육

이 장에서는 변화하는 미래 사회의 패러다임과 교육환경을 알고 이에 따라 한국 평생교육의 전망과 과제를 살펴보고자 한다.

1. 사회패러다임의 변화와 교육환경의 변화

1) 미래 사회의 변화

4차 산업혁명과 관련된 미래 사회의 변화는 커즈와일(R. Kurzweil), 프레이(K. Frey), 오스본(M. Osborne) 등 여러 학자들을 통해 제기되었다. 특히, 최근 강조되고 있는 기술 중 하나는 인공지능이다. 인공지능이란 인공적으로 지능을 실현하는 기술로 여기서 인공적이라는 의미는 이성적으로 판단 또는 행동하거나 인간처럼 생각하고 행동하는 것을 말한다(도용태 외, 2013). 그리고 지능이라는 단어는 통찰, 이해, 사고를 의미하는 intelligentia라는 단어에서 유래한 것으로 사람이 주어진 문제의 내면을 뚫어보고(통찰), 이와 관련된 상황을 알아차린 후에(이해), 해결하기 위한 적절한 방법을 찾는(사고) 정신적 능력을 말한다. 이에 대한 연구는 20세기 초반 침팬지의 문제해결 능력을 실험한 콜러(W. Kohler)로부터 출발하였으며 튜링(A. Turing)이 1950년 인공지능이 사람처럼 행동하는 시스템을 판별하기 위한 시험(Turing Test)을 제안한 것과 관련이 있다. 튜링 테스트란 질문자 A가 상대방을 알아볼 수 없도록 한 뒤 질문하고 그에 대한 응답을 받았을 때 상대방이 사람인지 컴퓨터인지 구분할 수 있는지 판단하는 것을 말한다. 이러한 테스트는 지난 수십 년간 절대 통과할 수 없을 것 같았지만 기계학습(Machine Learning), 인공 신경망(Artificial Neural Network), 딥 러닝(Deep Learning) 등의 알고리즘이 개발되면서 점점 해답에 가까워지고 있다. 특히 2015년 구글(Google)에서 개발한 알파고와 이세돌 국수 간의 대결이 컴퓨터의 승리로 끝나면서 미래 인공지능이 가져올 새로운 미래에 대한 기대와 함께 인간의 능력을 넘어서는 것에 대한 두려움을 함께 보이고 있다. 커즈와일(Kurzweil, 2005)은 과거의 과학기술의 발전 속도에 관한 연구들을 토대로 미래 인공지능의 발달 속도가 지수함수의 형태로(Exponentially) 증가하게 될 것이라고 전망하였다. [그림

13-1]에 따르면 2020년 이전에 설치류(쥐)의 지능에 버금가는 인공지능이 개발되고 2030~2035년 무렵에는 인간의 두뇌와 비슷한 기능을 할 수 있는 인공지능 시스템이 만들어질 것으로 예측하였다. 그리고 2045년 경에는 전 인류의 지적 능력보다 뛰어난 초지능 시스템이 등장할 것으로 예상하였다. 인공지능과 로봇의 발달은 결국 인간을 노동에서 해방시켜 줄 것 이라는 장밋빛 기대와 함께 인공지능과 로봇으로 인해 인간의 일자리와 인간성이 위기에 처할 것이라는 부정적 전망이 공존하고 있다(차두원 외, 2016; Westlake, 2014).

제4차 산업혁명(fourth industrial revolution, 4IR)을 정보통신기술(ICT)의 융합으로 이루어낸 혁명 시대로 설명하고 있다. 이런 관점에서 보면 4차 산업혁명의 핵심은 높은 지능을 가진 시스템, 컴퓨터, 또는 로봇과 인간 그리고 모든 자연의 데이터가 서로 연결되는 초지능화이다. 그리고 이런 초지능화를 가능하게 하는 핵심 기술은 인공지능, 사물인터넷(Internet of Things: IoT), 빅 데이터(big data)라고 할 수 있다(WEF, 2016).

	제1차 산업혁명	제2차 산업혁명	제3차 산업혁명	제4차 산업혁명
시기	18세기	19~20세기 초	20세기 후반	21세기
특징	증기기관 기반의 '기계화 혁명'	전기 에너지 기반의 '대량생산 혁명'	컴퓨터와 인터넷 기반의 '디지털 혁명'	사물인터넷(IoT)과 빅데이터, 인공지능(AI) 기반의 '만물 초지능 혁명'
영향	수공업 시대에서 증기기관을 활용한 기계가 물건을 생산하는 기계화 시대로 변화	전기와 생산조립 라인의 출현으로 대량생산 체계 구축	반도체와 컴퓨터, 인터넷 혁명으로 정보의 생성 · 가공 · 공유를 가능케하는 정보기술시대의 개막	사람, 사물, 공간을 연결하고 자동화 · 지능화되어 디지털 · 물리적 · 생물학적 영역의 경계가 사라지면서 기술이 융합되는 새로운 시대

[그림 13-1] 4차 산업혁명의 위치

출처: 미래세셋대우(2016). 2쪽

그렇다면 4차 산업혁명으로 인해 미래 사회는 어떻게 변화할 것인가? 미래 사회는 단지 과학기술의 새로운 출현 외에도 그로 인해 산업 구조와 사회 문화의 패러다임이 변화될 것으로 예상된다. 과거로부터 교훈을 얻는다면 영국의 1·2차 산업혁명은 자본주의의 팽창을 가져왔으며 3차 산업혁명은 ICT 기술을 통한 전자정부, 직접 민주주의의 시대를 끌어가고 있다. 4차 산업혁명이 가져올 변화를 4가지로 범주화하면 다음과 같다.

현재와 비교해 4차 산업혁명의 가장 직접적인 변화는 일자리의 변동이다. 현재에도 이미 일자리의 감소와 경쟁의 격화는 이미 노동생산성과 고용 사이의 디커플링 현상을 통해 나타나고 있다. 노동생산성과 고용은 20세기 후반까지 함께 증가하였지만 21세기 이후, 노동생산성은 시간이 감에 따라 증가하지만 고용과 임금은 정체되어 마치 뱀의 입처럼 그 격차가 점차 벌어지고 있다(Bernstein, 2008). 3차 산업혁명을 통해 나타난 공장 자동화로 예전보다 적은 인력으로 공장을 운영할 수 있게 되면서 기업의 이윤 창출이 고용 확대로 이어지지 않으면서 점점 심화되고 있다. 4차 산업혁명에서 로봇과 인공지능의 등장은 기존에 인간이 하던 일들을 적은 비용으로 해결하게 된다. 이로 인해 가장 위협받는 직업은 서비스업을 중심으로 한 단순노무직, 단순기능직이다. 전문직 역시 위험 지역에 놓여 있는데 2025년 내에 로봇 약사가 등장할 확률이 86%로 예측되고 있다(Schwab, 2016). 우리나라의 한국고용정보원(2016)은 델파이 연구를 통해 2025년까지 대체될 직업군을 예상하였는데 그 결과 단순노무 종사자(90.1%), 농림어업 숙련 종사자(86.1%), 장치, 기계조작 및 조립종사자(79.1%), 서비스 종사자(75.9%), 기능 종사자(74.3%), 판매 종사자(74.2%) 등의 순으로 대체될 가능성이 높다고 보고 있다. 프레이와 오스본(Frey & Osborne, 2013) 역시 단순노무직과 서비스직, 육체활동 중심의 직업군을 미래 취약 직업군으로 지적하면서 의료, 법률, 금융의 전문가 역시 대체될 가능성이 있다고 지적하고 있다. 이와 같이 로봇과 인공지능이 인간의 노동을 대체하면서 일자리 감소뿐만 아니라 부의 편중으로 불평등이 심화되는 것을 로봇 가설(Robot Hypothesis)라고 한다(Westlake, 2014).

이와 반대로 미래 사회에는 새로운 기회가 열릴 것으로 예상하는 경우도 있다. 미래 과학기술로 앰비언트(Ambient Computing)를 꼽으면서 사용자의 요구를 지속적으로 수집해 처리할 수 있는 로봇 개인비서 등으로 인간의 삶이 편리해지며(Schwab, 2016), 인공지능을 통해 새로운 시장수요와 일자리가 생길 것으로 전망하고 있다(Schwarz, 2015). 특히 스마트 팩토리와 개인 제조시대(Personal Fabrication)로 다양한 분야에서 창업이 일어날 것으로 예상된다. 거쉔펠드(Gershenfeld, 2012)는 4차 산업혁명이 한편으로는 더욱 심각한 사회 불균형을 가져올 수 있으며 결국에는 대안으로 개인 제조시대가 열릴 것이라고 전망하였다. 개인 제조시대란 컴퓨터와 3D 프린터, 빅데이터 등을 활용해 개인이 공산품을 생산하는 것을 말한다. 이와 같이 전망하는 이유는 점차 감소되고 있는 창업비용과 현존하는 3D 프린팅 기술의 발전에 있다. 미국의 인터넷 기반 창업비용은 2000년 500만 달러였으나 2011년 5,000달러로 1/1000 수준으로 감소하였다(차두원 외, 2016). 이는 클라우드 서비스와 오픈소스 활용 등을 통해 이루어진 것으로 보다 쉽게 창업할 수 있는 환경이 앞으로 조성될 것이다. 현재 다국적 기업들 대부분은 인건비 절감을 통해 생산단가 인하를 위해 개발도상국에 공장을 두고 있으나 재고 관리나 유통, 품질 관리 등의 문제점을 가지고 있다. 인공지능과 빅데이터, 클라우드 등을 활용한다면 인공지능이 스스로 제품 생산과 재고 관리, 공정을 통제함으로써 최적화할 수 있게 된다. 소수의 인력만으로도 별도의 창고 없이 공장을 운영할 수 있게 되면 굳이 먼 나라에 공장을 지을 필요가 없다. 현재 유명 메이커 회사들이 공장 자동화를 통해 비용을 절감해 자국으로 돌아가는 리쇼어링 현상을 보이고 있다. 한편, 대기업들은 외부의 변화에 빠르게 대처할 수 없기 때문에 오히려 더 큰 위기를 맞이할 수도 있다. 과거의 싸움은 큰 물고기(Big Fish)와 작은 물고기(Small Fish)의 경쟁이었다면 이제는 느린 물고기(Slow Fish)와 빠른 물고기(Fast Fish) 간의 경쟁으로 볼 수 있다(김정욱 외, 2016). 따라서, 생산기술이 아닌 주어진 플랫폼을 통해 새로운 아이디어를 얼마나 창안할 수 있느냐에 따라 창업의 성패가 결정된다.

둘째, 4차 산업혁명이 몰고 올 변화는 다름 아닌 소비 중심에서 공유 중심의 경제 체제 변화이다. 현재의 경제 체제는 소비 진작을 통한 경제 성장이었다. 이는 90년대 그리고 2000년대 초반까지 활황을 이루던 시기에는 잘 통용되는 전략이었으나 세계 경제 위기 이후 높은 경제 성장률은 한계에 직면하였으며 자연자원의 고갈, 환경오염 등의 문제를 낳고 있다. 이러한 문제를 해결하기 위해 지속가능발전(Sustainable Development)이 강조되고 있는데 이를 해결할 대안으로 꼽히는 것이 공유 경제이다. 이것은 비단 재화나 물리적 자원에 국한되지 않고 정보와 지식 역시 해당된다. 빅데이터와 자율주행, 인공지능의 결합으로 미래의 교통수단은 소유보다는 공유의 형태를 띠게 될 것이라고 예견된다. 현재에도 그러한 사례가 있는데 최근 미국과 유럽에서 각광받는 우버(Uber)가 바로 그 대표적인 예이다. 또한 이미 클라우드 서비스를 통해 많은 사용자들이 자신의 컴퓨터나 스마트 폰의 자료를 쉽게 공유하고 있다. 특히, 4차 산업혁명 중 하나의 기술로 꼽히는 것이 블록체인인데 디지털 화폐의 등장으로 종이 화폐 역시 동전과 마찬가지로 쇠락할 것으로 예견되고 있다(Schwab, 2016). 블록체인은 거래 기록과 승인이 이루어지기 전에 컴퓨터 네트워크 상에서 참여자들 공동의 검증을 받아야 하는 보안 프로토콜로 서로 모르는 사용자들끼리 중앙당국 개입 없이 거래 가능한 시스템을 말한다. 인공지능과 빅데이터의 결합을 통한 시스템 최적화는 저렴한 비용으로 쉽게 자신이 원하는 자원을 나눠 쓸 수 있도록 함으로써 소비지향적인 경제체제의 변화를 가져오게 될 것이다.

셋째, 과학기술의 발전은 현재 도시 중심의 집중화된 산업 활동에서 탈도시화의 분산된 삶의 형태를 가져올 가능성이 높다. 역사적으로 도시 국가의 형성은 자본과 노동력에 의해 결정되어 왔다. 산업혁명 이후, 경공업·중공업이 활성화되면서 많은 노동력을 필요로 하게 되고 자연스럽게 대도시가 형성되었다. 오늘날 첨단과학기술이 중심이 되는 사회에서도 사람들이 보다 나은 일자리를 위해 도시로 모여 들고 있다. 그러나 과학기술의 발전은 더 이상 특정 지역으로의 편중 현상을 해소할 수 있다. 오늘날 대도시는 자신이 가진 역사와 문화 그리고 정보, 데이터 등을 통해 가치를 지속적으로 창출하나 가상현실을 구현하는 기술(Cyber Physical System)이 성숙하고 장거리 이동수단이 획기적으로 개선된다면 삶의 질을 위해 더 이상 도심지에 살 이유가 없어진다. 우리나라의 경우에도 KTX 개통 이후 서울을 중심으로 한 생활권이 수도권에서 충청남도 이남까지 확대되었다. 현재 여러 기술자들이 관심을 가지고 있는 하이퍼루프(Hyperloop) 또는 드론을 활용한 비행 등의 교통수단의 혁신이 이루어지면 주거비용에 대한 부담을 줄이고 보다 쾌적한 환경에 살기 위해 인구가 분산될 수 있다.

마지막으로 4차 산업혁명의 가장 큰 변화이자 위기는 인간성 상실에 있다. 과거 20세기 초반 산업혁명과 세계대전 등으로 인해 인간 소외가 문제가 되었다면 오늘날은 아예 인간 존재가 상실될 위기에 처해 있다. 미래에는 컴퓨터의 도움을 받은 인지적, 신체적, 정신적 능력이 향상된 인류가 등장할 것으로 보이지만(Del Prado, 2015) 한편으로는 인공지능과 로봇을 통한 산업 활동의 대체는 중산층의 몰락과 부의 양극화를 초래할 것으로 우려된다. 또한 인간과 기계의 상호작용이 활발해지면서 둘 간의 경계가 모호해지고 인간의 기능과 역할이 인공지능으로 대체되면 필연적으로 인간의 존재 이유에 대해 의심받게 된다. 4차 산업혁명에 대한 디스토피아는 결국 인간이 기계의 지배를 받거나 사라지게 되는 결과를 가정한다. 따라서 로봇에 대한 윤리 규정이 명확히 제정되고 미래 사회 인간이 가져야 할 덕목과 인성을 강조할 수밖에 없다. 특히 의사결정이나 정서적 영역은 인간의 고유한 것으로서 어떻게 그 가치를 지킬 것인지 중요하게 다루게 된다.

결국 4차 산업혁명에 의해 나타나게 될 일자리 변화로 인한 창업 중심의 생태계 구성, 소비에서 공유 중심의 경제 관념 변화, 탈도시화와 분산 시스템의 추구, 인간성 상실의 위기 등은 지금과는 전혀 다른 문화나 체계가 도래할 것을 시사한다. 따라서 미래 사회에 필요하고 적응할 수 있는 인재를 길러내기 위해서는 환경 변화를 예측해 이에 맞는 역량과 소양을 기를 수 있도록 해야 한다. 동시에 대학 역시 이러한 변화에 적응하기 위해 새로운 교육과정과 시스템을 구축해야 하는 현실에 직면해 있다. 우리가 마주하는 현실을 극복하고 이해하기 위해서도 시대를 통찰하고 파악할 수 있는 교육이 필요한 것이다.

2) 교육의 패러다임과 전환과 교육의 방향

1962년 토마스 쿤(T. Kuhn)은 《과학혁명의 구조(The Structure of Science Revolution)》에서 사회전체가 공유한 지배적인 시대정신 또는 사회변화의 흐름을 패러다임이라고 하고 그것은 교육환경은 물론 사회 전반에 걸쳐 큰 영향력을 미친다고 하였다. 쿤은 패러다임의 의미를 확장하여 한 시대를 관통하는 과학적 사고와 이론 및 지식, 사회적 관습, 관념 및 가치관 등이 결합된 총체적 집합체라고 정의하였다.

패러다임은 각 시대가 직면한 문제에 따라 교육, 정치, 경제, 그리고 사회문화 등 사회 전반적인 분야에서 다양한 형태로 나타난다. 기존의 패러다임으로는 당면한 문제 해결이 어려울 때 새로운 패러다임은 더욱 빨리 그리고 뚜렷이 현 사회 전체를 지배하고 변화시킨다. 패러다임의 파고(Wave)는 개인에게는 숙명이며 국가에게는 필연이다. 개인과 국가의 운명이 패러다임의 창조와 그것의 수용 여부에 달려 있다.

21세기 초입부터 지구촌은 과거 한 번도 경험하지 못한 다양한 문제로 몸살을 앓고 있다. 정치체제(system)의 문제, 글로벌 금융위기, 환경문제, 치명적인 바이러스의 출현 등 인류의 생존을 위협하는 이런 문제들은 더 이상 산업화사회의 패러다임으로는 해결 불가능하다. 이런 산적한 문제의 해결을 위한 새로운 패러다임이 요구된다. 사회가치 대전환의 시대에 교육 역시 그 의미의 재정의와 새로운 형태의 교육, 그리고 사회적 부가가치 창출이라는 지식을 기반으로 하는 사회에 맞는 획기적인 교육 방법을 필요로 한다. 아무리 좋은 교육목적과 콘텐츠가 구비되어 있다고 해도 그것을 전달하고 가르치는 방법이 효과적이고 효율적이지 못하다면 교육의 성과는 교육목적과 교육내용에 비하여 반감될 수밖에 없다.

교육은 사회현상의 핵심적인 활동이다. 21세기 교육현상은 지식기반사회라는 틀로 이해하고 해석해야 한다. 교육본질은 변함이 없다고 해도 예상할 수 없는 교육문제의 해결을 위해 교육본질조차도 변화를 강요한다. 세상이 달라지면 적응방식도 달라져야 하고 교육도 변화되어야 한다.

교육의 변화로 현재의 사회를 지식기반사회로 만들어 왔다. 지식기반사회(Knowledge Based Society)란 다른 가치보다도 지식의 가치가 부가가치를 창출해 내는 사회, 정보가 가치 있는 재화(財貨)로 인식되는 사회, 정보와 지식이 개인, 기업, 국가의 경쟁력을 좌우하는 핵심 요소이자 가치창출의 원천이 되는 사회, 즉 고도의 정보화 사회를 말한다. 지식의 합의된 정의를 내리기는 쉽지 않지만 지식의 다양한 정의를 먼저 살펴보면 다음과 같다. ① 정보가 축적되어 체계화되고 한층 더 농축된 상태, ② 정보가 가공, 재구성되어 행동으로 옮겨지고 가치창출로 이어질 때의 의미, ③ 일하는 방법을 개선, 개발, 혁신하여 부가가치를 높이는 것, ④ 사물을 아는 마음의 작용(일반적 정의), ⑤ 정당하고 진실 된 체험과 믿음에 의해 획득된 스킬, ⑥ 경험, 상황, 판단, 사상과 결합된 정보, ⑦ 당면한 문제와 연관되고 즉시 활용될 수 있는 정보 또는 과학적으로 조직되어 객관적 타당성을 요구할 수 있는 판단의 체계 등을 말한다. 종합하면 지식이란 가치 있는 정보, 새로운 아이디어, 당면한 문제를 해결할 수 있는 정보, 부가가치(added value)를 창출해 낼 수 정보, 블루오션(blue ocean), 경쟁자가 전혀 없는 시장(red ocean)으로 갈 수 있게 하는 가치 있는 정보, 문제해결에 직접 활용되는 정보, 정보를 문제해결에 활용하는 능력 등으로 정의내릴 수 있다.

지식기반사회에서의 지식은 종전의 지식 개념과는 다른 의미를 지닌다. 지식기반사회에서의 지식은 정보 중에서 특정한 능력을 함양해 주는 정보 또는 이용자의 목적에 맞을 뿐 아니라 유용하고 부가가치를 창출할 수 있는 것일 때의 지식이라고 할 수 있다. 따라서 지식이란 가치 있는 정보를 말하며 '가치가 있다'는 말은 당면한 문제를 해결할 수 있는 가장 직접적인 것, 부가가치를 창조할 수 있는 정보를 말한다. 원래 정보란 자료를 수집, 정리, 분석하는 가운데 단순한 사실에 인간이 의미를 부여한 것이라고 할 수 있다. 정보는 그 수신자(Recipient)에게 의미가 있는 형태로 처리된 자료(data)로서 현재 또는 미래의 행위나 의사결정에 실제적인 혹은 지각된 가치를 지니고 있다. 따라서 정보는 자료와 구분되는 개념이며 자료가 어떤 의미를 갖도록 처리한 것을 정보라고 한다.

지식기반사회의 핵심은 새로운 지식을 창출하는 일이며 그 다음은 그 지식을 관리하고 유용하게 활용하는 것이다. 조직과 사회, 나아가 그 시대가 자신에게 요구하는 역할과 위치를 정확히 파악할 줄 아는 능력, 자신의 일과 관련된 지식을 끊임없이 쌓아 가는 태도, 자신의 일이 과연 누구에게 영향을 미치는가를 염두에 두는 자세, 타인들과 우호적인 관계를 맺을 줄 아는 따뜻한 감성과 친화력, 변해 가는 세상을 읽어 낼 줄 아는 예견력 등은 지식을 활용하기 위한 기본 소양이다. 이런 소양은 지식기반사회에서의 지식과 더불어 필수적인 덕목이다. 21세기는 이와 같은 '지식'을 갖춘 사람만을 신(新) 엘리트라 부를 것이다. 그들은 ① 창의력, ② 통합력, ③ 다양성의 수용, ④ 관용과 나눔, ⑤ 소통의 가치 등과 같은 21세기 뛰어난 리더로서의 자질도 함께 갖출 것이다.

지식기반사회의 특징을 요약하면 다음과 같다. ① 정보통신혁명으로 정보의 가공·처리 비용 감소, 지식과 정보의 양 폭발, ② 과학기술의 발달로 기술혁신 가속화와 혁신을 위한 지적 기반 확대, ③ 경쟁의 세계화로 시장경제의 통합 촉진과 하이테크 기반 생산체제 확대, ④ 수요의 고급화·다양화로 기술혁신과 창의성 중심의 기업환경과 인적자원, ⑤ 지식 중심의 생산체제와 수확체증(increasing returns≠수확체감의 법칙) 메커니즘(지식이나 노하우는 쓰면 쓸수록 늘어나고 발전하여 새로운 지식과 노하우를 많이 창출한다고 보는 법칙) 등이다.

지구촌은 이미 지식기반사회의 정점을 향해 달리고 있다. '지식'과 더불어 미래 사회에서 또 하나의 중요한 자산은 '속도'가 될 것이다. 미래는 '스피디한 지식기반사회'가 될 것이 분명하다. 미래는 지식 자원으로부터 지식을 습득하고 습득한 지식으로부터 가치 있는 새로운 지식을 창출하며 창출된 지식을 이용하여 사회를 혁신하는 것을 반복하는 과정을 겪을 것이다. 너무나 빠르게 무한 반복되는 새로운 지식의 창출은 신 엘리트만이 가능할 것이다. 새로운 지식을 창출할 수 있는 그런 능력을 가진 사람을 육성하는 것이 앞으로 우리에게 주어진 교육의 명제가 될 것이다. 따라서 평생학습을 통해 고등지식 인력 양성과 지식창출자(노동자)에 대한 지원은 국가 예산의 상당한 부분을 차지하게 될 것이다. 국가적 차원의 교육 목적도 마땅히 고등지식 인력 양성과 확충에 두어야 할 것이다.

새로운 지식은 언제나 개인에서 시작되고 그 개인의 지식이 사회 전체에 귀중한 지식으로 변환되며 사회 또는 국가 전체로 조직적으로 증폭되는 과정을 계속 반복한다. 이런 과정이 자유로운 사회를 지식기반사회라고 한다. 여기서 가장 중요한 것은 지식 창출의 시작은 개인의 주도적이고 자발적인 행동에서 비롯된다는 점이다. 각 개인은 지식의 생명력이 하루를 견디기 힘든 세상에서 남과 다른 방식(창의력)으로 새롭고 참신한 고품질의 지식을 습득하고 가공해내지 않으면 안 된다. 형식적 교육기관에서 제공되는 지식을 주입받거나 축적만해서는 다른 사람의 실패 전철을 밟을 가능성이 높다. 스스로 부가가치가 높은 새로운 지식을 창출해 내는 능력과 그것을 새롭게 변형, 융합시킬 수 있는 능력 및 새로운 지식 창출을 위한 적극적이고 능동적인 실행력을 갖추지 않으면 안 된다. 이를 위한 최선의 방법은 스스로 필요한 지식을 찾아, 의도한 목적에 맞는 지식으로 가공 및 변형할 수 있는 자기주도학습 능력을 탁월하게 신장시키는 일이다. 자기주도학습 능력의 정도는 창의적 사고뿐 아니라 다른 모든 능력의 특별함을 낳는 단초가 될 것이다.

3) 코로나 이후의 평생교육

코로나19 발생 전후로 성인의 평생학습 참여 양상의 변화와 특징이 제시되었다(정동철, 2022). 분석 결과 코로나19의 발생과 확산은 저학력자, 농어촌지역 거주자, 비경제활동인구, 임시 및 일용근무자, 저소득층의 평생학습 참여율을 5년 전의 수준으로 되돌려 놓은 것으로 나타났다. 주요 분석 결과는 다음과 같다.

학력별로는 코로나19 발생 후 중졸 이하 학력자의 평생학습 참여율이 가장 많이 감소(−12.8%p)했고 학력 간 격차가 더 벌어졌다. 지역 규모별로는 코로나19 발생 이전에 농어촌지역의 평생학습 참여율은 상승 추세였으나 코로나19가 본격적으로 유행한 2020년 이후에는 급격하게 감소했다.

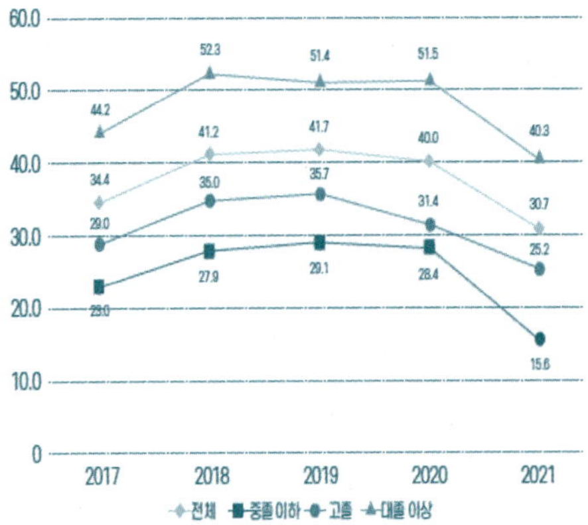

[그림 13-2] 학력별 평생학습 참여율

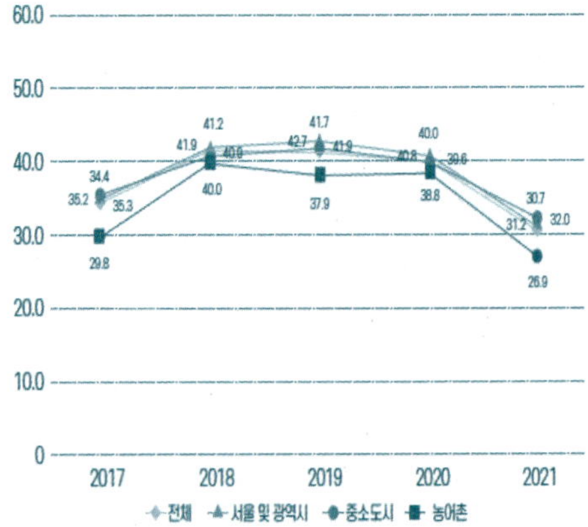

[그림 13-3] 지역 규모별 평생학습 참여율

경제활동 상태별로는 코로나19 유행으로 실업자와 비경제활동인구의 평생학습 참여율은 큰 폭으로 감소했다. 고용형태별로는 2017년 상용근로자와 임시 및 일용근로자의 평생학습 참여율 차이가 17.5% 포인트이었으나 코로나19의 유행 이후 20.7% 포인트로 그 차이가 더욱 벌어졌다.

[그림 13-4] 경제활동상태별 평생학습 참여율

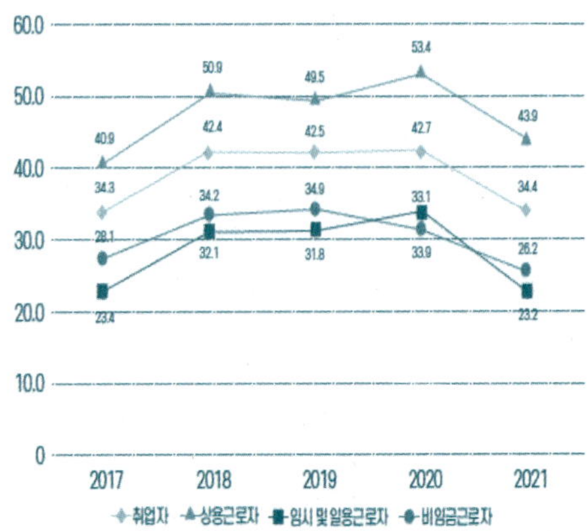

[그림 13-5] 고용형태별 평생학습 참여율

연령대별로는 코로나19 발생 후 30대(−13.9%p), 70대(−10.9%p), 60대(−9.7%p)

의 평생학습 참여율 감소가 두드러진 반면 20대(−6.2%p)와 50대(−7%p)의감소폭은 다른 연령대에 비해 상대적으로 낮았다. 마지막으로 성별로는 코로나19 발생 이후 남성과 여성의 평생학습 참여율이 역전됐다.

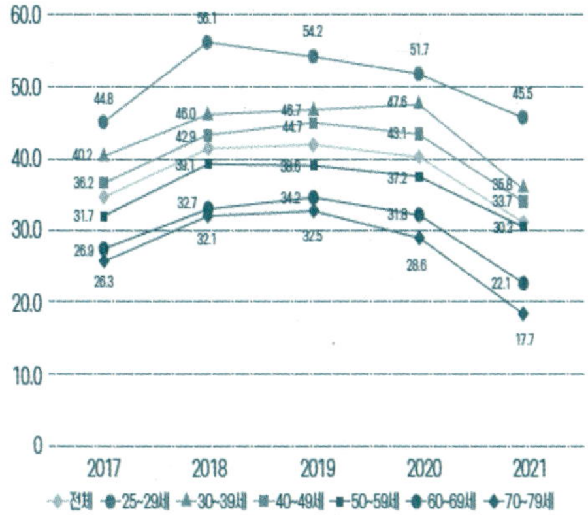

[그림 13-6] 연령대별 평생학습 참여율

[그림 13-7] 성별 평생학습 참여율

이와 같은 결과는 코로나19 발생과 확산으로 인한 취약집단의 평생학습 참여율 변화를 이전 상황으로 돌려놓았음을 알 수 있고 이를 위해 취약집단의 평생학습 참여를 제고하기 위해서는 구조적 접근성을 높일 수 있는 정책이 강화될 필요가 있음을 시사한다.

또한 코로나 이후 미래교육 전환을 위한 10대 정책과제안에서 8번째『전 국민의 전 생애 학습권을 보장하겠습니다』의 내용을 살펴보면 다음과 같다(2020, 교육부).

첫째, 대학의 평생교육 기능 강화이다. 학령기 학생 중심의 운영을 탈피하여 성인학습자의 참여 기회를 확대하고 학습을 지속할 수 있는 유연한 학사 운영체제를 구축하는 것이다. 이를 위해 각종 사회경험의 학점인정(학습경험인정제), 수업기간의 다변화(다학기제, 집중이수제), 원격교육 활성화 등을 추진한다. 또한 비학위과정의 활성화를 위해 성인학습자가 신기술 분야 등 고등교육 수준의직무역량 개발 교육을 탄력적으로 이수할 수 있는 여건을 마련하고 원하는 시기·필요에 따라 적정교육을 이수할 수 있도록 대학-산업체협업으로 모듈화된 단기교육과정(3~6개월 단위) 개발 등을 추진할 예정이다.

둘째, 평생학습-직업훈련 연계 및 경로의 다양화이다. 평생교육 및 직업교육을 목적으로 하는 평생직업교육학원의 근거 법령 개정의 논의를 추진하며 사내대학 교육과정을 대학에 위탁할 수 있도록 허용하고 교육 참여대상을 확대하는 등 재직자 교육을 활성화한다. 또한 소규모 개별기업이 맞춤형 교육을 실시할 수 있도록 직원 대상 평생교육시설 제도의 신설을 검토한다. NCS 능력단위를 참고한 학점은행제표준교육과정 분석을 바탕으로 직업훈련과의 연계 기준을 개발한다. 자격별 실제 업무난이도와 직무역량을 차별화하여 학점으로 인정받을 수 있도록 현행 자격 및 학점 인정기준을 개선한다. 이를 위해 국가기술자격에서 요구하는 NCS 능력 단위를 고려하여 현행 학점은행제에서 '자격 → 학점 전환 기준'을 세분화·구체화하여 추진할 것이다.

셋째, 일-학습-삶 연계 강화이다. 평생교육 이용권의 지원액을 늘리고 지원 대상도 저소득층에서 경력단절여성, 은퇴자, 취업준비생까지 확대 검토한다.

• 싱가포르 SFC(Skills Future Credit) : 25세 이상의 국민 누구나 500 싱가포르달러(44만원)에 해당하는 크레딧을 부여, 해당 크레딧으로 정부 승인 학습과정수강

국가역량체계(KQF)와 '학습-훈련 연계 기준'을 바탕으로 직무경험까지 학점으로 전환할 수 있는 체계 구축한다. 이를 위해 현장 직무경험 등 무형식 학습 결과를 표준화된 학습 성과(학점)로 인정받을 수 있도록 학점은행제에 학습경험인정제(RPL) 도입을 24년에 할 예정이다.

넷째, 초고령사회 대비 은퇴·노년층 교육 제도화 추진이다. 노인 인구 급증 및 기대수명 증가에 따라 은퇴 이후에도 자존감 유지, 고립감 해소 및 관계 형성 등을 지원하는 사회적 시스템이 필요하다. 우리나라는 이미 2017년 9월 고령사회(65세 이상 14%) 진입하였고, 2025년에 초고령사회(20%) 진입을 예상하고 있다. 대

만 정부(교육부)는 2008년부터 4년 주기로 '노인교육 중 장기 방안' 수립하고 있다. 우리의 경우에도 노인 대상 교육과 복지 등을 연계하는 종합적 방안 마련을 위해 의견수렴, 정책연구 등 사회적 논의 추진해야하며 학력, 소득, 생애이력 등이 매우 상이한 고령층의 특성을 고려한 개인 맞춤형 교육 패키지 개발이 필요하다. 이에 은퇴 노년층 맞춤형 교육을 다음과 같이 예시안을 제시할 수 있다.

- 변화하는 사회에 대응하는 유연성 등을 배양하는 사회 이해증진 교육

※ 디지털 리터러시 교육, 세대소통 교육, 다문화 교육, 양성평등 교육 등

- 노후 만족과 삶의 질 제고를 위한 취미 · 교양 중심 교육
- 개인의 지식욕 해소와 자아발전을 위한 학력 · 학위 취득 교육
- 사회 공헌에 따른 보람과 소득 유지를 위한 직업훈련 교육

평생교육시설 기능 확대, 폐교 활용, 대학 정규과정 개방 등 다양한 노인교육 수요에 대응할 수 있는 기존 교육기관 기능 개선 및 새로운 교육기관 발굴 추진이 필요하다.

2. 한국 평생교육의 전망과 과제

한국 평생교육의 전망과 과제의 내용은 교육부, 국가평생교육진흥원(2019)에 제시된 내용을 발췌해서 정리를 하였다.

1) 산업 4.0시대의 국가 평생학습생태계 구축

미래가 불확실해진 오늘날, 저출산·고령화와 직업 소멸, 여가 폭발 등이 미래 사회를 급격하게 변화시킬 것이라 예측하고 있다. 특히 산업 4.0의 사회 패러다임은 교육에 있어서도 혁명적 변화를 요구하고 있다. 산업개발시대의 학교 중심 전

통 교육 모델은 기술 변화에 대응하는데 한계가 있다는 반성과 함께 평생학습체제로의 전환이 필요하다는 주장이 나온지는 오래되었다. 이는 사회 각 부문에서 내세우는 다양한 구상들(일터는 학습조직으로, 지방자치단체는 학습도시로, 국가는 지식강국으로)로 확산되고 있지만 그 실체를 보면 구호(rhetoric)에 그치는 경우가 많다.

우리 정부의 교육 정책은 아동·청소년에 정책적 관심과 투자를 집중하여 왔다. 이를 하연섭(2015)은 초중등교육과 성인교육의 비대칭적 구조의 '다이아몬드'형 교육투자 패턴이라고 지적하였다. 교육단계의 처음과 끝을 이루는 유아교육부문과 고등교육부문 그리고 평생·직업교육부문이 교육재정에서 차지하는 비중은 상대적으로 작았던 반면 초중등교육에 교육투자가 집중되는 양상을 보여 왔다. 이러한 교육투자 패턴이 나타난 근본적인 원인은 초중등교육만을 국가의 기본적인 책무로 설정하고 나머지 영역은 민간이 책임질 영역으로 설정한 것에 기인한다. 학교교육이 교육의 전부라는 근대적 사고 방식(학교=교육)의 관행이 오랫동안 교육 정책에 그대로 투영된 것이다.

미래교육 담론이나 국가 차원의 교육 체제 구상에서도 이러한 관성은 계속 유지될 것인가?라는 질문에 현재와 같은 현상 유지적 교육체제로는 이러한 격랑을 넘어설 수 없다. 기존의 학교교육 체제를 넘어서 노동과 문화, 복지 등의 사회정책들을 가로지르는 개념이 필요하다. 최근 이슈가 되고 있는 '주민자치' 논의나 '전 국민 고용기금' 등에 대응하는 교육 개념으로서 평생학습 정책개념이 필요하다. '평생학습'은 기존의 좁은 의미의 사회교육을 대치하는 개념이 아닌 통합적 정책 개념으로서 새로운 틀로서의 구조 전환이 필요하다. 이는 국민 전 생애의 다양한 학습 경로들을 구축하여 학력 축적에 머무르지 않고 언제나 환승 가능한 평생학습 플랫폼으로 생애 전환을 가능하게 하는 미래교육 구상을 의미한다. 이는 국가 혁신성을 대폭 제고하여야 하며 생활공간인 지역에서 삶의 역량을 키우는 교육 생태계를 요청하는 것이다.

2) 평생학습도시 : '사업'에서 '파트너십'으로

2001년 '평생학습도시' 사업은 지방자치단체들의 평생교육 정책에 참여하는데 결정적인 기여를 하였다. 일반적으로 평생학습도시는 주민의 생활권인 지역사회에서 주민들의 교육을 어떻게 활성화 할 것인가의 문제뿐만 아니라 그 교육이 다시 어떻게 지역으로 환원되는가에 더욱 중요한 의미를 부여하고 있다. 개인이 평생학습에 참여함으로써 개인적으로 성장을 하는 것은 물론이고 사회적 변화의 중심적 참여를 하여야 함을 강조하고 있다. 이를 위하여 행·재정 지원의 단위인 지자체의 평생학습도시로서의 역할과 그 지역에서의 평생교육 자원의 활용, 평생교육기관 단체 간의 협력, 평생교육프로그램의 핵심 내용으로서 지역의 과제 등이 중요하게 취급되고 있다. 많은 지방자치단체들이 평생학습도시에 주목하는 이유가 여기에 있다.

그동안 시민의 학습을 소비적으로 인식하던 것과는 다르게 이제는 지역 주민들의 평생학습은 지역의 교육적, 사회적 문제들을 해결할 수 있는 방안으로 활용될 수 있으며 지역의 과제에 주민의 적극적인 참여를 보장할 수 있기 때문이다. 지역이 하나의 '도시(city)'라는 공간 개념을 넘어서서 '공동체(community)'라는 생활과 운명을 같이 하는 통합적인 개념으로 받아들여지는 시대가 도래하였다. 이와 관련해서 도시 정책도 하드웨어적 개발에서 공동체 개발로 그 사업의 성격을 전환하고 있다. 공동체 개발 사업에서 그 핵심 요소는 지역 주체들의 적극적인 참여에 달려 있다.

각 도시들은 경제적, 인구적, 사회적 특성 등 지역적 맥락을 기초로 하여 도시마다 상이한 추진체제와 지역 주체 간 파트너십, 중점 사업 등을 추진하여 왔다. 학습도시는 참여 전략으로서 지역의 모든 교육 주체와 자원, 정보 등이 통합적으로 협동하는 지역 파트너십을 강조하고 있다. 하지만 대부분 평생학습도시의 현실은 평생학습 프로그램과 사업을 늘려가면서 기관·단체들과의 파트너십을 형성하지 못하는 한계를 가지고 있다. 기관들의 서비스 제공 중복 문제와 비효과성 점검, 안정적 체계 구축 등 평생학습도시에서 파트너십의 필요성은 한국 평생교육 전체의 과제이기도 하다.

3) 평생학습관 설치 지원 및 표준 모델 필요

평생학습관이 증가하고 있음에도 불구하고 거점 공간으로서 평생학습관이 독립적으로 설치되지 않은 기초자치단체들도 많다. 이렇게 '1도시 1평생학습관'도 완성되지 않은 상태에서 향후 평생교육 시설 관련 과제를 검토할 필요가 있다. 그 중에서 현재와 같이 지역의 실정에 따라 지정·위탁·설립 등 다양하게 운영되고 있는 평생학습관의 설치·운영 방식은 법·제도적인 측면, 조직과 인력의 측면, 기능과 역할의 측면 등을 종합적으로 검토되어야 한다.

우선 모든 도시에 평생학습 전달체계가 고르게 설치되어 학습 기회의 격차가 줄어들 수 있도록 국가 차원의 노력이 필요하다. 국가의 지자체에 대한 재정 지원은 「보조금 관리에 관한 법률」에 의거하여 대부분 지원되고 있다. 도서관, 청소년 및 문화시설 등도 이 법률에 따라 국가의 재정 지원 대상으로 분류되어 안정적인 지원 아래 설치·운영되고 있다. 그러나 현재 평생학습관은 보조금 지급 대상에서 제외되어 있다(「보조금 관리에 관한 법률 시행령」 별표2 : 보조금 지급 제외 대상으로 분류). 평생학습관 설치에 대한 국가의 재정 지원을 기대하는 기초자치단체는 예산 확보가 제도적으로 곤란한 상황인 것이다. 따라서 이 법의 시행령 개정을 통해서 평생학습관도 국가의 재정 지원을 통해 1도시 1평생학습관이 설치·운영될 수 있도록 해야 한다. 이와 같은 맥락에서 추가로 제안한다면 광역시도의 평생교육진흥원과 읍면동평생학습센터, 장애인평생교육시설 설치·운영에 필요한 경비도 함께 지원받을 수 있도록 하는 것도 필요하다.

그 규모와 조직, 교육과정 등에 따라 다양한 유형들이 모델화되어 주민의 학습권 보장이라는 이상적 가치에 부합한 것인지 실천 과정에서의 효율성과 전문성이 보장될 것인지 보다 심도 있는 구상이 필요할 때이다. 현재 평생학습관의 설치·

운영에 필요한 세부적인 사항들은 지자체의 조례로 정하도록 하고 있다(「평생교육법」 제21조제4항). 이는 지역의 실정을 반영하여 평생학습관의 설치·운영을 자유롭게 결정할 수 있다는 취지였다. 그러나 일정한 기준을 제시하고 있지 않고 지역의 의지 여하에 따라 매우 다양한 방식으로 평생학습관이 설치·운영되었다. 주지하는 바와 같이 평생학습관은 「평생교육법」이 규정한 평생교육 전달체계 속에서 논의되고 있다. 이러한 법적 규정과 연계하여 평생학습관은 지역 단위에서 표준화되어 지자체 공간 규모, 인구 규모 등에 따라 시스템적 체계를 갖추어 주민의 요구와 지역의 필요에 대응한 평생교육 진흥의 중심 기관으로 자리매김해가야 할 것이다.

이제는 평생학습 기회 확대라는 양적인 성장을 넘어서 평생교육 전담 기관으로서 질적인 성장을 고민해야 할 때이다. 즉 지역의 현안 과제들을 학습의 과정으로 연결하는 것이 필요하며, 지역에서 스스로 실천하는 주민의 주체 역량을 강화하는데 평생학습관이 주도적인 역할을 담당해야 한다. 지역에서 일어나고 있는 다양한 교육적 활동들을 평생학습기관·단체들과 연계하여 지역을 하나의 평생학습 공동체로 창조해가는 노력도 필수적이다.

4) 시민 학습과 지역 실천의 선순환

최근 시민의 주체적 참여 학습 모델들이 실험적으로 시도되고 있다. 이러한 혁신적 학습모델은 시민이 주도적으로 만드는 학습에 대해서 고민하기 시작하였다. "우리 마을 어디에나 숨은 고수가 있다. 가르치고 배우며 서로 성장한다. 학습은 사람과 마을을 연결한다."는 이념으로 풀뿌리 주민교육의 씨앗을 다시 키우고 있는 것이다. 평생학습센터가 법제화되는 과정을 전후해서 지역에서는 주민자치센터나 공유 공간에 학습 공간을 운영하는 경향을 보이고 있다. 이것은 현재 한국 평생교육이 가지고 있는 형식성을 극복하는 지역화·생활화·운동화의 가능성으로 보이기 시작하고 있다. 그 동안의 평생교육체계는 행정적 체계화에 그쳐서 주민의 생활 속으로 파고 들어가지 못하였다. 평생학습센터는 동네라는 생활공간에서 주민들의 교류 ⇔ 교육 ⇔ 실천 등의 다양한 활동들이 서로 유기적으로 상호작용하게 할 수 있는 공유 공간이다. 우선 기존의 공간에 프로그램이라는 매개를 통해서 공간에 새로운 의미 부여가 되는 것이다. 이 공간은 지역 주민들이 모이고 지역사회의 현안에 대해 학습하고 토론하며 그 과정 속에서 자연스럽게 유대감과 실천(활동)을 구상할 수 있는 가장 기초적인 활동의 거점이 된다.

우선 이처럼 공간을 발굴하여 교육과 실천의 거점으로 활용하는 것은 매우 중요한 과제이며 유관 분야와 (공간 조성) 사업과의 연계를 통해 지속적으로 마련해 나가는 것이 필요하다. 이후 주민 각자 개인의 주체성과 실천(활동)의 역량 제고를 위한 활동으로서의 '교육'이 이어진다. 교육은 단순히 교양과 취미 중심의 프로그램을 운영하는 것에 머무르는 것이 아니라 마을의 현안 과제가 교육으로 연결되고 나아가 실천(활동)과 연계되는 체계 속에서 논의되어야 한다. 따라서 마을에서 일어나는 다양한 분야의 교육 프로그램과 사업을 연계 · 융합하여 전 생애주기적 관점에서 주민의 역량을 제고하는 거점이 되도록 설계할 필요가 있다. 교육프로그램 사업이 검토해야 할 역량은 인간 역량 전반에 걸친 것일 필요가 있다. ① 기초학습역량(기초생활기술 프로그램, 문자해득 프로그램, 학력보완 프로그램 등), ② 기초직업역량(직업 준비 기초교육 프로그램, 자격증 취득 프로그램 등), ③ 문화역량(문화예술교육 프로그램, 인문교양교육 프로그램 등), ④ 지역참여 역량(시민참여 프로그램, 리더 역량 프로그램, 시민책무성 프로그램 등) 등이 그것이다.

교육을 통해서 형성된 역량은 지역 활동으로 연계되어 '실천'화 된다. 실천(활동)은 마을의 요구와 문제를 해결하기 위한 시도와 더 나은 삶터를 만들기 위한 구상에서 시작된다. 다양한 마을교육 프로그램들은 개별 주민의 성장을 위한 활동에서 시작하여 학습동아리 등을 통해 마을 공동체 형성에 기여하는 프로그램으로 집단적 성장으로 이어진다. 이것은 다시 마을 주민들과의 상호작용을 통해 마을봉사, 체험학습, 마을발표회 및 전시회 등과 같은 마을행사로 지역사회 활동으로 확장되고 이 사회적 실천은 다른 차원의 학습경험을 하게 되어 지역사회적 역량으로 형성되는 것이다. 결국 지역적 실천은 또 하나의 새로운 학습활동으로 주민의 역량을 높여주어 다양한 지역적 과제와 연결된 지역문제해결학습과 실천(활동)의 선순환 구조를 정립하게 된다.

태초부터 학습은 새로운 환경과 과제에 예민하게 대응해왔던 우리의 DNA이다. 개인의 역량보다는 집단의 역량을 키우는 힘을 함께 만들어왔던 것이다. 이제 개인의 욕구에 부응하는 뷔페식 강좌들을 차리는 것보다는 함께 생각하고 고민해서 만들어가는 협동적 학습을 조직화하는 것이 시급하다. 생활 속 공동의 과제를 학습하는 시민들에게 스며드는 학습력을 어떻게 형성해 갈 것인가가 새로운 과제가 넘쳐나는 미래에 적극적으로 대응하는 평생학습의 방향일 것이다.

참고문헌

가영희, 성낙돈, 안병환, 임성우(2013). 성인학습 및 상담. 서울: 동문사.

강구섭, 김진희(2019). 독일의 평생교육 정책 동향 분석: 체제 및 내용을 중심으로. 기업교육과 인재연구, 21(4), 19-41.

강마리아, 강진희, 김선자, 백주현, 임경미(2021). 평생교육실습. 서울: 동문사.

강은숙, 신혜정, 엄미란, 임정임, 정선영(2021). 평생교육론. 서울: 동문사.

강일규(2001). 지역공동체 형성을 위한 지역평생교육추진기구의 현황과 역할 개선방향: 지역공동체 형성을 위한 평생교육의 과제. 한국평생교육학회 추계학술대회 발표집.

강준모(1980). 평생교육의 개념에 관한 고찰. 사학, 12. 113-123.

강태중(1999). 지식기반사회를 염두에 둔 평생교육연구의 국제적 동향: 새로운 방향과 좌표. 한국평생교육학회 춘계세미나 발표집.

강혜정, 이승주, 정진구, 차혜경, 한영수(2021). 평생교육경영론. 서울: 동문사.

경기개발연구원(2006). 새마을운동의 재조명 :성공원리의 분석과 활성화를 위한 제언. 경기개발연구원.

곽삼근(2001). 한국 평생교육기관의 이념 및 방향에 관한 논의: 지역사회 평생교육이념을 중심으로. 평생교육학연구, 7(2), 1-23.

곽삼근(2016). 현대인의 삶과 문화예술교육. 서울: 집문당.

곽삼근, 김재인, 최운실, 김경희(2000). 평생학습사회에서의 여성의 평생교육기회 격차 분석, 교육정책 연구과제 00-07. 서울: 교육부.

교육개혁위원회(1995). 세계화 정보화 시대를 주도하는 신교육체제수립을 위한 교육개혁방안. 교육개혁위원회.

교육개혁위원회(1996). 신교육체제구축 & 위상 교육개혁(안). 서울: 교육개혁위원회.

교육과학기술부(2008). 2008 평생교육법령해설자료. 교육과학기술부.

교육과학기술부(2008a). 제3차 특수교육 발전 5개년 계획('08~'12). 서울: 교육과학기술부.

교육과학기술부(2008b). 평생교육진흥기본계획(2008-2012). 서울: 교육과학기술부.

교육과학기술부(2010). 장애성인 평생교육 활성화 방안. 서울: 교육과학기술부.

교육과학기술부, 평생교육진흥원(2008). 2008 평생교육백서. 서울: 교육과학기술부, 평생교육진흥원.

______________________(2009). 2009 평생교육백서. 서울 : 교육과학기술부, 평생교육진흥원.

교육법전편찬회(2011). 교육법전. 서울: 교학사.

교육부(1998). 평생교육백서. 교육부.

_____(1999). 평생교육백서. 교육부.

_____(2000). 평생교육백서. 교육부.

교육부(2008). 평생교육진흥기본계획(2008-2012). 평생직업교육국 평생교육정책과.

교육부(2016). 2016 특수교육 연차보고서. 서울: 교육부.

교육부(2018). 2018년도 장애인 평생교육 진흥을 위한 시행 계획. 서울: 교육부.

교육부(2018). 제4차 평생교육진흥 기본계획(안)(2018-2022). 서울: 교육부.

교육부(2019). 장애인 평생교육 활성화 방안('20-'22). 세종: 교육부.

교육부(2020). 코로나 이후, 미래교육 전환을 위한 10대 정책과제(안). 세종: 교육부.

교육부(2022). 출발선 평등을 위한 2022년 다문화교육 지원계획. 세종: 교육부.

교육부, 국가평생교육진흥원 (2013). 2013 평생교육백서. 서울: 교육부, 국가평생교육진흥원.

교육부, 국가평생교육진흥원(2017b). 2017 평생교육백서. 출처: 교육부, 국가평생교육진흥원.

교육부, 국가평생교육진흥원(2017b). 2017년 성인문해능력조사. 출처: 교육부, 국가평생교육진흥원.

교육부, 국가평생교육진흥원(2019). 2019 평생교육백서. 출처: 교육부, 국가평생교육진흥원.

______________________(2021). 2020 평생교육백서. 서울: 교육부, 국가평생교육진흥원.

교육부, 한국교육개발원(2018). 2018 한국 성인의 평생학습실태. 충북: 한국교육개발원.

교육부·국가평생교육진흥원(2020). 2020 평생교육백서. 교육부·국가평생교육진흥원.

____________________(2021). 2021 평생교육백서. 교육부·국가평생교육진흥원.

교육부·한국교육개발원(2015~2020). 교육통계분석자료집. 교육부·한국교육개발원.

_________________(2015~2020). 평생교육통계자료집. 교육부·한국교육개발원.

교육인적자원부(2002). 평생학습진흥종합계획. 서울: 교육인적자원부.

교육인적자원부(2003). 제2차 특수교육 발전 5개년 계획('03~'07). 서울: 교육인적자원부.

교육인적자원부(2007). 지역과 함께하는 학교 사업 담당자 workshop 자료.

교육인적자원부·한국교육개발원(2007). 2007 평생교육백서. 교육인적자원부·한국교육개발원.

_______________________(2001~2007). 평생교육백서 제5-10호. 서울: 한국교육개발원.

국가인권위원회(2012). 장애인 인권증진 중장기계획 수립을 위한 장애유형별 실태조사. 서울: 국가인권위원회.

국가인권위원회(2017). 장애인 평생교육권 증진을 위한 실태조사 연구. 서울: 국가인권위원회.

국가평생교육진흥원(2013). 글로벌 평생교육 동향, ISSUE01.

_______________(2013). 글로벌 평생교육 동향, ISSUE03.

국가평생교육진흥원(2019). 2019 평생교육백서. 서울: 국가평생교육진흥원.

국립특수교육원(2019). 「장애인 평생교육 중장기계획」 수립을 위한 기초 연구. 충남: 국립특수교육원.

권건일, 김인아(1999). 사회교육의 이해-프로그램 이론과 실제-. 서울: 양서원.

권대봉(2001). 평생교육의 다섯마당. 서울: 학지사.

권두승(1996). 미국의 평생학습법에 관한 일 연구. 교육학연구, 35(5), 331-352.

권두승(2000). 성인학습 지도방법의 이론과 실제. 서울: 교육과학사.

권두승, 최운실(2009). 평생교육경영론. 경기: 교육과학사.

권이종, 이상오(2001). 평생교육-이론편-. 서울: 교육과학사.

권인탁(2009). 평생교육경영론. 서울: 학지사.

권인탁(2014). 지역평생교육 활성화를 위한 광역수준 지역평생교육체제화의 분석과 발전과제. 교육종합연구, 12(1), 129-157.

권재현, 이정복, 윤미경(2020). 일반 평생교육과 장애인 평생교육 통합체제 구축의 정책변화과정 영향 요인 분석: 옹호연합모형(ACF)을 적용하여. 평생교육학연구, 26(2), 103-134.

권정숙, 정여주(2017). 장애성인 평생교육 활성화를 위한 장애인복지관 사회복지사의 역량. 예술인문사회융합멀티미디어논문지, 7(10), 513-520.

기영화(2007). 노인교육의 실제. 서울: 학지사.

김경년, 강경애, 황정숙(2018). 주거 안정성을 신장하는 사회자본 형성의 기제로서 지역사회 기반 평생교육. 평생교육학연구, 24(2), 57-86.

김경택(2003). 독일 성인교육에 관한 연구. 단국대학교 대학원 박사학위논문.

김기룡(2011). 학교형태의 '장애인평생교육시설' 발전방안. 학교형태의 장애인평생교육시설 발전방안 공청회 자료집.

김남선, 안현숙(2006). 평생학습도시 관련변인의 사회자본 영향에 관한 연구: 안동시와 영천시의 사례. 한국지역사회생활과학회지, 17(2), 113-124.

김남진, 박재국(2007). 특수교육 학술지를 통해 본 장애인 평생교육 연구동향과 과제. 특수교육학연구, 41(4), 215-234.

김대욱, 손화정(2020). 평생교육법 관련 제도 개선. 한국지방행정연구원.

김도수(1994). 사회교육학. 서울: 교육과학사.

김도수(1996). 평생교육 사회의 교육제도론. 서울: 교육과학사.

김도수(1999). 장애인 통합교육을 위한 평생교육체제 구축. 국립특수교육원 개원 5주년 기념 국내 세미나 자료집(국립특수교육원).

김동배, 정규형, 이은진(2012). 노인평생교육 참여가 자아통합감에 미치는 영향과 생활만족도의 매개효과. 한국노년학, 32(3), 801-817.

김동일(2020). 평생교육실습 이론과 실제. 경기: 정민사.

김동일(2021). 평생교육경영론. 서울: 동문사.

김두영(2013). 장애인 평생교육 프로그램 분류체계 연구. 단국대학교 대학원 박사학위논문.

김두영(2022). 한국 장애인 평생교육 정책의 발전과정에 관한 연구. 평생교육학연구, 28(3), 229-260.

김두영, 강명희, 김호연, 박원희, 박애스더, 이경준, 이정미(2017). 경기도 장애인 평생교육 실태분석 및 정책방향 연구. 경기도: 경기도평생교육진흥원.

김두영, 김미아(2016). 장애인야학 교사의 직무만족도 분석. 특수교육저널: 이론과 실천, 17(1), 293-312.

김두영, 김호연, 신민선, 오은경, 이예다나, 조창빈(2019). 서울시 장애인 평생교육 지원 방안 연구. 서울: 서울특별시평생교육진흥원.

김두영, 박미진, 정진숙(2016). 2016「평생교육법」개정에 따른 장애인 평생교육의 발전 과제. 장애인 고등교육 연구, 2(2), 175-195.

김두영, 박원희(2014). 장애인야학의 운영 현황 및 발전 방안. 특수교육저널: 이론과 실천, 15(2), 311-339.

김두영, 박원희(2013). 장애인야학 평생교육 프로그램 개설정향성 분석. 특수교육저널: 이론과 실제, 14(4), 1-25.

김두영, 박원희(2013). 장애인야학 평생교육 프로그램 개설정향성 분석. 특수교육저널: 이론과 실천, 15(2), 311-339.

김두영, 이윤조 외(2017). 경기도 장애인 평생교육 실태분석 및 정책방향 연구. 경기도: 경기도평생교육진흥원.

김두영, 조창빈(2021). 당진시 장애인 평생교육 지원방안 수립 연구. 충남: 당진시.

김미란(2005). 일본의 평생학습정책의 전개와 실천: 지역재생 정책을 중심으로. 평생교육학연구, 11(2), 181-203.

김미영, 이채식, 정현용, 한호정(2019). 대전시 장애인 평생교육 실태조사 및 정책방안 연구. 대전: 대전평생교육진흥원.

김미향(2010). 지역평생교육 사례로서의 일본 공민관 제도의 전개과정과 그 특질에 관한 연구. 평생교육학연구, 16(3), 127-150.

김보선(2013). 건강백세운동교실 참여 노인의 체력과 우울 정도 변화에 관한 연구. 경기대학교 스포츠과학대학원 석사학위논문.

김석진, 정인숙, 최기상, 구본경, 이경아, 이해영, 한효정, 이대식, 정은영(2012). 장애성인 문해교유 지원방안 연구. 아산: 국립특수교육원.

김선미, 김영순(2008). 다문화교육의 이해. 서울: 한국문화사.

김선아, 박효영, 이수진(2017). 융복합 교육을 위한 시각적 리터러시의 재개념화: 복합양식성을 중심으로. 조형교육, 62. p.31-51.

김선요(1998). 사회교육사: 서양사회교육사, 교육학대사전. 서울: 하우.

김성길(2004). UNESCO와 OECD의 평생교육전략 비교를 통한 우리나라 평생여가교육의 가능성. 연세교육연구, 17(1), 55-71.

김성완, 김병건, 정동훈, 채희태, 박종화(2021). 장애인 평생교육기관의 웹 접근성 실태 및 분석. 특수교육교과교육연구, 14(4), 147-169.

김성희, 이연희, 오욱찬, 황주희, 오미애, 이민경, 이난희, 오다은, 강동욱, 권선진, 오혜경, 윤상용, 이선우(2017). 2017년 장애인 실태조사. 세종: 보건복지부.

김수천(1979). 평생교육개념과 학교교육과정. 교육연구, 2, 15-38.

김승옥(2010). 지역 평생교육 향상을 위한 평생학습도시 발전 방안에 관한 연구. 한국지역경제연구, 16, 63-82.

김승용(2021). 독일의 장애인 평생교육. 한독교육학회 추계학술대회 발표집.

김신일(1983). 평생교육의 기초와 체제. 서울: 법문사.

김신일(1998). 사회교육사: 한국, 교육학대사전. 서울: 하우.

김신일, 김재웅(2002). 평생교육경영학. 서울: 한국방송통신대학교 출판부.

김영석(2019). 인구사회학적 특성에 따른 노인의 평생교육 참여양상 분석: 2017년 노인실태조사 자료를 활용하여. 한국노년학, 39(4), 959-976.

김영순(2016). 노인평생교육의 활성화 방안에 관한 연구 : 한국과 주요 외국사례를 중심으로. 건국대학교 행정대학원 석사학위논문.

김오차(2006). 고령화 사회에서 평생교육의 역할에 관한 연구. 부모교육연구, 3(1), 5-25.

김오차(2007). 한국의 노인교육정책에 관한 분석적 연구. 안양대학교 대학원 박사학위논문.

김오차(2008). 한국 노인교육 정책론. 파주: 집문당.

김용수(2013). 고령화 사회의 도래에 따른 노인교육의 필요성에 관한 고찰. 인문사회21, 4(2), 71-90.

김용욱, 하상근(2009). 장애인야학의 전개와 운영상의 쟁점에 관한 문화기술적 사례 연구: 두 야학을 중심으로. 특수교육저널: 이론과 실천, 10(3), 159-186.

김용욱, 우정한, 박종화 (2011). 장애인의 사회참여 확대를 위한 직업교육 중심의 평생교육 모델 개발에 대한 기초 연구. 지체·중복·건강장애연구, 54(1), 237-256.

김용현, 김종표(2017). 평생교육론. 경기: 양서원.

김은중(2005). 세계화, 정체성, 다문화주의. 라틴아메리카연구. 제18호. 137-179.

김재웅, 강태중, 한숭희, 엄태동(2000). 원격교육기관의 질확보 체제. 평생교육학연구, 6(1), 89-108.

김정재, 이상로, 송민경, 구미영, 도지영, 서은경, 최복천, 김기룡(2009). 경남지역 장애인 평생교육 개선 방안에 관한 연구. 경남: 경상남도교육정보연구원.

김정헌, 박명호(2006). 지역복지적 관점에서의 주민자치센터 기능 재정립 모색. 복지행정논총, 16(2), 1-29.

김종두(2017). 미래 학습생활 만족도 향상을 위한 한국과 중국의 평생교육 정책 추진과정 탐색. 한국엔터테인먼트산업학회논문지, 11(3), 173-182.

김종서(1982). 노인과 학습. 서울: 대한노인회.

김종서(1982). 평생교육 개념의 탐색. 교육문제연구: 명지 실전, 2, 5-23.

김종서, 주성민(1990). 지역사회학교의 이론과 실제. 서울: 교육과학사.

김종서, 황종건, 김신일, 한숭희(2000). 평생교육개론. 서울: 교육과학사.

김종서, 김신일, 한숭희, 강대중(2009). 평생교육개론. 경기: 교육과학사.

김종완, 도용태, 김일곤, 박창현 (2013). 인공지능: 개념 및 응용. 파주: 사이텍미디어.

김주선(2002). 주5일 근무제 대비 평생교육정책 방향과 과제. 서울: 한국교육개발원 평생교육센터.

김주영(2018). 제4차 평생교육 진흥 기본계획 실행과 장애인 평생교육의 발전 방향 및 과제. 장애인평생교육·복지연구, 4(2), 1-28.

김주영, 강경숙(2012). 우리나라 발달장애인의 고등교육 형태에 대한 탐색. 특수교육연구, 19(1), 217-240.

김주영, 김두영, 정희섭, 한경근, 홍석의(2013). 대학기반 발달장애인 평생교육 모형 개발. 평택:

한국복지대학교.

김준석, 최용환, 김현호, 강주희(2006). 새마을운동의 재조명:성공원리의 분석과 활성화를 위한 제언. 경제정책연구

김진균(1984). 한국의 교육문화에 대한 사회학적 접근. 서울: 민중사.

김창환(2016). 2016 한국 성인의 평생학습 실태. 서울: 한국교육개발원.

김춘식(2017). 독일 평생교육의 역사와 한국에의 시사점. 역사와 교육, 25, 75-109.

김태현(1994). 노년학. 서울: 교문사.

김한별(2019). 평생교육론(3판). 서울: 학지사.

김향식, 최은수(2009). 지역사회학교의 평생교육 실천적 함의: 지역사회 학교의 평생교육 활동 사례를 중심으로. 평생교육·HRD연구, 5(1), 31-53.

김형수, 조병준(2003). 은퇴…조용한 혁명. 인천: 인천지역평생교육정보센터.

김형수, 한정란, 이이정, 조혜경, 전수경(2006). 세계의 노인교육. 서울: 학지사.

김혜숙(2015). 평생교육 활성화를 위한 연구. 건국대학교 행정대학원 석사학위논문.

김호연, 김두영, 홍재영, 김해동(2014). 시각중복장애학생 고등·평생교육 기반 구축 방안 연구. 세종: 교육부.

김후년(2018). 노인교육을 위한 평생교육기관에 대한 검토. 인문사회21, 9(6), 1491-1502.

김희아, 기영화(2009). 학교의 지역사회 평생교육에 영향을 미치는 stakeholder의 참여에 관한 연구. 평생교육·HRD연구, 5(1), 155-179.

나항진(2004). 노인교육론. 서울: 교육과학사.

나항진, 김경수, 김형수, 구본영, 박성희, 박영미, 신정혜(2011). 평생교육론. 파주: 양서원.

나항진, 김형수(2012). 유럽의 고령화 현황과 노년교육의 시사점: 프랑스 Brest시를 중심으로. 한독사회과학논총, 22(1), 3-32.

나항진·김경수·김형수·구본영·박영미·신정혜(2015). 평생교육론. 경기: 양서원.

남정걸(2008). 평생교육경영학. 경기: 교육과학사.

노인교육연구회(2004). 노인교육. 서울: 학지사.

노일경, 이해주, 양은경(2009). 대학평생교육체제 변화에 따른 한국국공립대학평생교육원협의회의 발전방안. 사단법인 한국국공립대학평생교육원협의회의 보고서.

노종희(1992). 대학의 사회교육 실태 및 발전과제, 교육월보(8).

림광철, 림광명(2001). 평생교육개론. 서울: 형설출판사.

마상진, 안석(2018). 문해 교육 관련 외국 정책 및 사례 조사. 출처: 농업·농촌정책연구본부.

명소연, 한경근, 장철승(2018). 지방자치단체 장애인 평생교육 관련 조례 분석 연구. 특수교육저널: 이론과 실천, 19(2), 1-24.

미래에셋대우(2016). 4차 산업혁명 산업지도: 먼 미래와 가까운 미래.

박광옥, 전주혜, 박용민, 정현주, 황주희, 박희찬(2012). 장애인복지관 직업재활서비스 원가분석 연구. 직업재활연구, 22(2), 139-158.

박기언(1989). 대학사회교육론. 광주: 전남대학교 출판부.

박미진, 김기룡(2019). 발달장애인 평생교육 운영 현황 및 과제: 장애인야학을 중심으로. 특수아동교육연구, 21(3), 167-196.

박미진, 김기룡, 김재정, 주영하(2021). 해외 발달장애인 평생교육과정·프로그램 운영 사례집. 아산: 국립특수교육원 국가장애인평생교육진흥센터.

박미진, 주영하, 김기룡(2020). 장애인 평생교육에 대한 인식연구: 수요자와 공급자를 중심으로. 특수아동교육연구, 22(3), 171-200.

박미현, 이미예, 허균(2021). 평생교육 제도에 대한 한·일 비교연구. 동북아시아문화학회 국제학술대회 발표집, 185-188.

박복선(2013). 중국의 평생교육정책의 변천과정과 방향. 한국동북아논총, 18(1), 185-203.

박상선(2021). 고령화 사회에서 노인 평생교육의 필요성과 활성화 방안. 초등교육연구, 32(2), 213-219.

박성숙(2005). 장애인의 평생교육 실태 및 개선 방안에 관한 연구. 서강대학교 교육대학원 석사학위논문.

박성희(2011). 평생교육론. 파주: 양서원.

박승희(2004). 대학부설 평생교육원의 발달장애인을 위한 성인교육 프로그램의 개관 및 효과. 특수교육학연구, 39(1), 39-75.

박영진(2006). 중국 평생교육의 체계성 강화 연구. 한국교육논단, 5(2), 105-129.

박원희(2002). 중도·중복장애인 여가활동 프로그램의 방향: 평생학습차원을 중심으로. 중앙대학교 대학원 박사학위논문.

박윤경(2008). 다문화교육의 원리와 쟁점들: 교육적 함의. 청주교육대학교 교육대학원 논문집. 제 13집.

박응희(2005). 독일대학교의 노인교육모델에 대한 고찰: 독일 사례분석과 한국에 주는 시사점을 중심으로. 비교교육연구, 15(3), 249-266.

박의수, 강승규, 정영수, 강선보(1993). 교육의 역사와 철학. 서울: 동문사.

박인섭(2018). 미래사회 패러다임 전환에 따른 평생학습체제 재구축의 전략과 과제. 서울: 국가평생교육진흥원.

박인용(2007). 한국사회 장애인 부모운동 연구: 장애인교육권연대를 중심으로. 한신대학교 사회복지실천대학원 석사학위논문.

박재국, 김혜리, 민영성, 이충렬, 박유정(2013). 장애성인 평생교육 전문 인력 수급을 위한 법령 및 제도 개선 연구. 아산: 국립특수교육원.

박홍순 외(2002). 주민자치센터 운영길라잡이. 서울: 열린사회시민연합회.

배석영·박성희·박경호·황치석(2013). 평생교육론. 파주: 양서원.

배영주(2014). 지역평생교육 활성화를 위한 지자체 역할 과제 탐색: 광주광역시를 중심으로. Andragogy Today: International Journal of Adult & Continuing Education, 17(4), 159-177.

배지혜(2020). 각국의 문해력 증진 전략. 메일진 해외교육동향 347호.

백은순(1999). 영국 성인교육의 발전과 패러다임 변화. Andragogy Today : International Journal of Adult & Continuing Education, 2(3), 107-127.

백종면, 김영표(2019). 장애인 평생교육 관련 법규 및 지원체계의 현황과 과제. Asia-pacific Journal of Multimedia Service Convergent with Art, Humanities, and Sociology, 9(1), 859-871.

변종임, 최돈민, 이덕난, 이세정, 고영상, 위영은(2014). 100세 시대 평생학습체제 구축을 위한 평생교육법 정비방안 연구. 국가평생교육진흥원.

서유경, 박재국, 장지현(2022). 장애인 평생교육 관계자의 장애인 평생학습도시 운영 실태와 활성화 방안에 대한 인식: 부산광역시를 중심으로. 발달장애연구, 26(1), 97-118.

성낙돈, 가영희, 조현구(2013). 평생교육방법론. 서울: 동문사.

성낙돈, 안병환, 가영희, 임성우(2015). 평생교육학개론. 서울: 동문사.

성연옥(2012). 고령화시대의 노인교육에 관한 연구: 프랑스, 독일, 영국의 노년교육정책 및 교육프로그램을 중심으로. 기업경영리뷰, 3(2), 33-52.

손승남(2015). 지역사회 평생교육기관으로서 대학의 역할과 과제. 교양교육연구, 9(3), 71-96.

송명미(2016). 고령화사회 노인평생교육 활성화 방안에 관한 연구. 건국대학교 행정대학원 석사학위논문.

송병순·이영호(2000). 평생교육의 이론과 실제. 서울: 원미사.

송소현, 김영미, 김영표, 나홍주, 박재국, 정해동(2011). 특수학교 기반 발달장애 성인 평생교육 지원 모형개발. 농협경제연구.

송주미, 백우석(2020). 고령사회 노인 평생교육에 관한 연구. 창조교육논총, 22, 59-77.

신경희(2002). 평생학습을 통한 서울시 사회적 자본 형성에 관한 연구. 서울시립대학교 대학원 석사학위논문.

신미식(2005). U3A(the University of the Third Age)가 한국 노인교육에 주는 시사점. 평생교육학연구, 11(3), 127-149.

신영철(2014). 지역사회 중심의 평생교육 실천 모형: 평창군 사례중심으로. 한국사상과 문화, 74, 332-353.

신용주(2000). 노인교육의 새로운 패러다임 모색: 영국의 제3연령 교육 정책을 중심으로. 평생교육학연구, 6(2), 1-22.

심재신(2014). 노인교육복지지원을 위한 노인평생교육 활성화방안 연구: 전라남도 지역을 중심으로. 상명대학교 대학원 박사학위논문.

안병환, 가영희, 임성우, 조현구(2020). 평생교육경영론. 서울: 동문사.

안상수, 김이선, 마경희, 문희영, 이명진(2015). 국민 다문화수용성 조사 연구. 서울: 한국여성정책연구원.

안상수, 민무숙, 김이선 (2012). 국민 다문화수용성 조사 연구. 서울: 한국여성정책연구원.

안현정(2012). 여성노인 생활체조 참가자의 참여동기가 생활만족도와 자아존중감과의 관계. 경북대학교 과학기술대학원 석사학위논문.

야마다 노리히로(2004). 일본의 公民館 행정의 과제와 전망: 이와끼市의 公民館 행정을 중심으로. 한국지방자치학회 세미나, 2004(8), 929-952.
양대종(2008). 독일 평생교육 정책동향: 독일 평생교육체제 구축 정책추진 현황을 중심으로. 서울: 평생교육진흥원.
양병찬(1997). 영국의 대학확장 연구-대학사회교육의 이념 형성과 제도화 과정을 중심으로. 박사학위논문. 단국대학교 대학원.
양병찬(2009). 평생교육시스템과 문화예술교육의 연계 방안. 모드니예술, 2, 279-296.
양유정, 양은아(2020). 지역사회 기반 대학 평생교육 프로그램 개발 방향 탐색: 방송대 지역대학 사례를 중심으로. 평생교육학연구, 26(3), 97-132.
양은아, 김재웅(2003). 지역사회 평생교육의 문제 및 발전방안: 구리시·남양주를 중심으로. 평생교육학연구, 9(3), 151-172.
양흥권(2004). 지역혁신형 학습도시시스템 구축과정에 관한 연구: 일본 카케가와시의 평생학습도시 사례를 중심으로. 서울대학교 대학원 박사학위논문.
양흥권(2019). 한국 대학평생교육의 특성 변천에 관한 연구: 1900년대부터 현재까지의 시기별 특성을 중심으로. 평생교육·HRD연구, 15(2), 279-300.
여성가족부(2018). 제3차 다문화가족정책 기본계획. 세종: 여성가족부.
여성가족부(2019). 2018년 국민 다문화수용성 조사결과. 세종: 여성가족부.
오경석(2007). 어떤 다문화주의인가?: 다문화사회 논의에 관한 비판적 조망. 한국에서의 다문화주의: 현실과 쟁점. 서울: 한울아카데미.
오석연(1980). 평생교육의 개념에 관한 고찰. 비사논집, 3, 29-41.
오영석, 박원희(2008). 정신지체인 평생교육의 필요성과 지원방안. 평생교육학연구, 14(4), 83-101.
오혁진(2006). 지역공동체 평생교육의 개념과 성격에 관한 고찰. 평생교육학연구, 12, 53-80.
와다나베(2001). “일본의 생애학습: 특색, 경위, 과제” 21세기 여성의 문화활동 활성화를 위한 여성평생교육의 역할: 한·일 비교연구 세미나자료. 서울: 한국여성개발원.
원재천, 전명희, 김미연, 이수효, 이시연, 정숙희, 최용준, 황충만(2016). 유엔장애인권리협약에 기초한 국제 장애인 인권 매뉴얼. 경기: 공동체.
유네스코(2022). 제7차 세계성인교육회의 마라케시 실행계획.
유네스코한국위원회, 한국평생교육기구(1983). 평생교육의 기초와 체제. 서울: 법문사.
유진영, 박성희(2017). 독일 직업분야 평생교육 체제 및 시사점. Andragogy Today: International Journal of Adult & Continuing Education, 20(3), 57-75.
윤여각(2015). 평생교육 개념의 재검토: 유네스코의 랑그랑·포르·다베·들로 보고서를 중심으로. 평생교육학연구, 21(4), 31-53.
윤점룡, 양종국, 원성옥, 강병호, 정인숙(2010). 성인발달장애인의 평생교육 모형 연구. 특수교육연구, 17(2), 3-141.
윤진(2003). 성인·노인심리학: 성인기 이후의 발달과 노화과정. 서울: 중앙적성출판사.
이경아(2008). 평생학습 참여의 사회적 자본 형성 효과에 관한 실증 연구. 평생교육학연구, 14(2), 117-146.

이경아, 박소연, 윤정은, 서영아(2008). 문자해득교육 프로그램 지정 및 성인학습자 초등학력 인정을 위한 성인문해교육 평가매뉴얼. 출처: 교육과학기술부, 평생교육진흥원.

이규환(1986). 교육·사회. 서울: 형설출판사.

이다현(2004). 유네스코 세계성인교육회의에 나타난 성인교육 이념 분석. 공주대학교 대학원 석사학위논문.

이동철(2010). 노인여가복지시설 실태 및 개선방안에 관한 연구: 경로당을 중심으로. 고려대학교 정책대학원 석사학위논문.

이무근(1982). 실업기술교육론. 서울: 배영사.

이무성(2007). Opening up the ideologies in "learning: The treasure within". KEDI Journal of Educational Policy, 4(2), 17-36.

이미경, 박경옥, 박윤정(2014). 중도장애학생을 위한 문해교육. 서울 : 학지사.

이미현, 박성지(2018). 장애인 평생교육 프로그램의 참여현황과 욕구: 장애인복지관을 중심으로. 특수교육재활과학연구, 57(3), 191-214.

이병호(2010). 지역사회 발전을 위한 평생교육정책 과정 추이 분석: 새마을교육과 평생학습도시 정책을 중심으로. 숭실대학교 대학원 박사학위논문.

이삼경, 백지선, 정은주(2019). 2019년 지자체 성인문해교육 기관지원현황 조사. 국가평생교육진흥원.

이상길, 안지현(2007). 다문화주의와 미디어/문화 연구: 국내 연구동향의 검토와 새로운 전망의 모색. 다문화사회 한국 사회과학의 과제 심포지엄 자료집. 성대동아시아지역연구소.

이석진(2005). 한국 특수교육정책 발전과정에 관한 연구. 공주대학교 대학원 박사학위논문.

이수경(2020). 홍콩 노인 아카데미 사례를 통한 활동적 고령화(Active Ageing)의 평생교육 활성화 방안. 대한고령친화산업학회지, 12(1), 63-74.

이수정, 허준(2017). 장애성인 대상 교육적 중재 연구의 국내 동향 분석. 특수교육학연구, 51(4), 61-90.

이양교(2002). 평생교육정책론. 서울: 학문사.

이영호(2005), UNESCO의 평생교육 국제적 보급이 한국 평생교육에 미친 영향. 비교교육연구, 15(3), 219-247.

이윤경, 김세진, 황남희, 임정미, 주보혜, 남궁은하, 이선희, 정경희, 강은나, 김경래(2020). 2020년도 노인실태조사. 서울: 보건복지부, 한국보건사회연구원.

이은미, 진성미(2014). 시민교육의 확장을 위한 평생교육의 의의: 지역사회기반 시민교육을 중심으로. 시민교육연구, 46(3), 195-221.

이은형(2018). 초고령화 시대에 따른 노인 무용의 역할과 필요성. 숙명여자대학교 대학원 석사학위논문.

이은희(2003). 한국노인교육의 정책에 관한 연구. 중앙대학교 교육대학원 석사학위논문.

이재호, 박영근, 차재경, 최인관(2019). 광주광역시 발달장애인 평생교육 발전방안 연구보고서. 광주: 광주광역시.

이정진(2014). 고등교육기관의 참여 활성화를 위한 노인평생교육 현황 분석. 한국교통대학교

교육대학원 석사학위논문.
이종각(2005). 새로운 교육사회학총론. 서울: 동문사.
이지수(2019). 장애인 평생교육의 쟁점과 현장의 목소리: 전북 군산시 사례를 중심으로. 평생교육학연구, 25(1), 55-83.
이지혜(2019). 성인문해교육지원사업의 과거와 현재, 그리고 미래 포용과 공정사회를 위한 정책 포럼. 포용과 공정사회를 위한 성인문해교육 활성화 정책 포럼.
이창기, 고영상, 박경호(2010). 평생학습도시 조성정책의 질적 성과분석. 한국사회와 행정연구, 21(1), 75-96.
이해주(2010). 외국사례를 통해 본 대학평생교육의 방향과 과제. 평생학습사회, 6(1), 1-24.
이해주(2011). 지역중심 평생교육으로의 회귀: 그 필요성과 전략의 탐색. 평생학습사회, 7(1), 43-59.
이현림, 김지혜(2006). 성인학습 및 상담 (2판). 서울: 학지사.
이호선(2010). 고령사회를 대비한 노인평생교육에 관한 연구. 중앙대학교 행정대학원 석사학위논문.
이희수(2009). 평생교육 삼두체제의 기원: UNESCO의 평생교육, OECD의 순환교육, EC의 영속교육. 역량개발학술연구, 4(3), 95-128.
이희수, 박인종, 백은순, 서혜애, 유균상, 최돈민, 홍영란(2000). 평생학습지원체제 종합발전방안연구 Ⅰ. 서울: 한국교육개발원.
이희수, 백은순, 방명숙(2000). 평생교육기관간 연계체제 유지 및 활성화 방안 연구. 서울: 한국교육개발원.
이희수, 백은순, 최돈민, 오혁진(2001). 평생학습체제 종합발전방안Ⅱ. 서울: 한국교육개발원.
이희수, 조순옥(2007). 「Learning to be」와 「Recurrent Education」에 대한 비교. 평생교육학연구, 15(4), 203-230.
이희수, 박인종, 백은순, 서혜애, 유균상, 최돈민, 홍영란, 권재현, 이세정, 이정희(2000). 평생학습지원체제 종합 발전 방안 연구(Ⅰ). 한국교육개발원.
임영희(2005). 평생학습도시의 평생교육체제 분석. 전북대학교 대학원 석사학위논문.
임은주, 최승숙(2013). 발달장애학생의 대학기반 중등이후 교육 프로그램 실행에 대한 관계자의 인식 및 현황 분석. 지적장애연구, 15(3), 263-285.
임춘식, 김근홍, 김형방, 김형수, 김혜경(2008). 노인복지학개론. 파주: 학현사.
장오선(2018). 장애인 평생교육을 위한 거버넌스 구축방안 및 향후 과제. 대구대학교 한국특수교육문제연구소 학술대회발표자료집.
장원동, 윤영란(2015). 평생교육론. 서울: 동문사.
장지은(2019). 대학-지역연계에 의한 지역평생교육의 확장: 일본의 대학COC사업을 중심으로. 평생교육학연구, 25(1), 85-110.
장진호(1991). 교육과 사회. 서울: 대은출판사.
정경태(2012). 장애성인 평생교육의 실태 및 지원요구. 대구대학교 교육대학원 석사학위논문.

정동영(2004). 장애인 평생교육: 장애성인 교육의 현황·과제 및 대책. 장애인교육권 보호·향상을 위한 3차 토론회 자료.

정동영, 정동일, 정인숙(2001). 장애인 평생교육 협력체제 구축 방안 연구. 국립특수교육원 연구보고서, 2001, 1-336.

정동영, 정동일, 정인숙(2003). 장애인 평생교육 실태 및 개선 방안 연구. 아산: 국립특수교육원.

정동일(2006). 특수교육 정책 수립의 추진 과정과 실적 분석: 제2차 「특수교육 발전 종합계획('03~'07)」을 중심으로. 특수교육학연구, 41(2), 267-296.

정동철(2022). 코로나19 시기 성인의 평생학습 참여실태와 변화. KEDI BRIEF 12. 진천: 한국교육개발원.

정복임(2021). 대학과 지역사회 평생교육정책 변천에 관한 연구: 국가 평생학습진흥종합계획을 중심으로. 인문사회21, 12(4), 1945-1959.

정순둘, 김성원(2012). 사회복지학 분야 '고령화 사회' 연구 동향: 인식과 대책. 사회과학 연구논총, 27, 275-311.

정연경, 박수빈, 백령, 김기현, 신민섭, 이진, 김미경, 김붕년(2014). 문화예술교육이 아동의 행동과 사회기술에 미치는 영향. 소아청소년정신의학, 25(4), 203-208.

정우현(1981). 평생교육체제의 수립방법. 서울: 정민사.

정인숙, 김석진, 박재국, 박진홍, 이해영, 홍성두(2013). 장애성인 평생교육 전문인력 수급 방안 연구. 아산: 국립특수교육원.

정인숙, 김현진, 김형일, 정동영, 정희섭(2005). 장애인 평생교육 실태 및 개선방안 연구, 아산: 국립특수교육원.

정평강, 이현주, 이영선, 구정아(2019). 평생교육에 대한 발달장애인 당사자와 가족의 요구 탐색. 평생학습사회, 15(4), 57-82.

정현주, 김은홍(2013). 스마트 학습사회의 평생교육. 서울: 동문사.

조성희(2008). 교회에서의 노인교육에 관한 한 연구. 한일장신대학교 한일신학대학원 석사학위논문.

조순옥(2009). OECD 순환교육의 형성 과정 연구. 중앙대학교 대학원 박사학위논문.

조순옥(2014). 유네스코 평생교육 논의에서 나타난 평생교육기관으로서 학교의 어제와 오늘. 한국평생교육, 2(1), 55-80.

조창빈, 김두영(2016). 발달장애인 평생교육 프로그램 이용 현황 및 요구 분석. 특수교육저널: 이론과 실천, 17(4), 1-24.

조현(2017). 유네스코 문헌에 나타난 평생교육 개념에 대한 탐색적 연구. 서강대학교 교육대학원 석사학위논문.

조화태, 김계현, 전용오(2006). 인간과 교육. 서울: 방송대 출판문화원.

지 은(2019). 국내외 장애인 평생교육 정책 비교를 위한 탐색적 연구. 인하교육연구, 25(2), 433-450.

차갑부(1999). 사회교육방법의 탐구. 서울: 양서원.

차갑부(2012). 평생교육론. 서울: 교육과학사.

차두원, 김서현(2016). 잡 킬러 – 4차 산업혁명, 로봇과 인공지능이 바꾸는 일자리의 미래. 서울: 한스미디어.

차세진, 황순영(2017). 발달장애 성인을 위한 장애인평생학교 교육과정 구성경험에 대한 자문화기술지. 평생교육학연구, 23(4), 163–199.

차진태(2019). 일본의 노인교육. 사회보장법연구, 8(1), 41–76.

천성호(2009). 한국야학운동사. 서울: 학이시습.

천후섭(2014). 노인 평생교육의 실태와 평생학습의 효과에 관한 연구. 경성대학교 교육대학원 석사학위논문.

최상근(2006). 학교평생교육 활성화를 위한 운영체제 개발 연구. 서울: 한국교육개발원.

최상덕(2005). 영국의 평생학습체제 구축에 대한 법·제도적 고찰: 학습, 고용, 생활세계의 연계체계를 중심으로. 평생교육학연구, 11(3), 105–126.

최운실(1986). 성인교육유형에 따른 교육참여 특성 분석. 박사학위논문, 이화여자대학교 대학원.

최운실(1990). 한국의 평생교육. 서울: 교학사.

최운실(1993). 한국사회교육의 실상과 미래전망연구(1). 서울: 한국교육개발원.

최운실, 백은순, 최돈민(1995). 한국 사회교육의 과거·현재·미래 탐구. 한국교육개발원.

최윤진(2009). 외국의 평생학습도시의 사례와 인권교육. 법과인권교육연구, 2(1), 26–42.

최은수, Wen–Juan, Lv. (2007). Meeting a Learning Century: Formation and Modernization of Lifelong Learning Cities in China. Andragogy Today: Interdisciplinary Journal of Adult & Continuing Education, 10(4), 231–249.

최은수, 기영화, 최성우, 이기성, 전주성, 박경실, 전기선, 진규동, 한우섭, 최영준, 김대식, 김주섭, 송민열, 신재홍, 최용범(2010). 평생교육론. 서울: 학지사.

최은수, 배석영(2009). 평생교육경영론. 경기: 양서원.

최은옥, 권성연, 조영석, 변종임, 이세정, 한규형, 오형실(2017). 2017년 성인 문해 능력 조사. 발행처: 교육부·국가평생교육진흥원.

최정웅, 양경숙(2006). 교육사회학. 서울: 양서원.

통계청(2022). 2022 고령자 통계.

특수교육학 용어사전(2009). 네이버 지식백과: 문해 교육.

평생교육진흥원(2013). 2011–2012「평생교육백서」.

하미경, 윤동열(2013). 문화예술학습활동이 삶의 만족도와 심리적 안녕감에 미치는 영향. 인적자원관리연구, 20(5), 157–177.

한경근(2019). 발달장애인 평생교육과정. 아산: 국립특수교육원(국가장애인평생교육진흥센터)

한국교육개발원 평생교육센터(2000). 지역사회 평생교육 네트워크 구축방안 워크숍. 서울: 한국교육개발원.

한국교육개발원(2005). 세계로 가는 길, 교육을 만나다. 서울: 한국교육개발원.

한국교육개발원(2016). 2016 한국 성인의 평생학습 실태. 서울: 한국교육개발원.

한삼수(2003). 한국과 독일의 평생교육 비교 분석. 원광대학교 교육대학원 석사학위논문.

한상길(1995). 사회교육학. 서울: 교육과학사.

한상길(2009). 평생교육론. 경기: 공동체.

한숭희(2000). 시민지식연대: 사회교육의 새로운 역할. 평생교육학연구, 6(2), 129-157.

한숭희(2001). 평생학습과 학습생태계: 평생교육론의 새로운 패러다임. 서울: 학지사.

한숭희(2005). 북유럽 평생학습정책 추진 사례 분석을 통한 한국의 평생학습 추진 전략 수립 탐구 (RR 2005-12). 서울: 한국교육개발원.

한숭희(2014). 포괄적 고등평생학습체제 구축을 위한 정책기조 분석. 한국방송통신대학교 정책과제. 14.

한숭희(2009). 학습사회를 위한 평생교육론. 서울: 학지사.

한숭희, 채재은, 정혜령, 김미경(2014). 포괄적 고등평생학습체제 구축을 위한 정책기조 분석. 한국방송통신대학교 정책과제 14-01.

한우섭, 김미자, 신승원, 연지연, 진규동, 신재홍, 송민열, 김대식, 최용범(2019). 평생교육론(2판). 서울: 학지사.

한정란(2005). 노인교육의 이해. 서울: 학지사.

한정란, 박성희, 원영희, 최일선(2011). 한국 노인교육의 현황 및 발전 방안. Andragogy Today: International Journal of Adult & Continuing Education, 14(1), 121-149.

한정란, 이이정, 조해경, 전수경, 박성희, 김형수, 나항진, 이화정, 이경희, 이호선(2006). 세계의 노인교육. 서울: 학지사.

행정안전부(2019). 2019년 지방자치단체 외국인주민현황. 세종: 행정안전부.

허정무(2002). 노인교육이론과 실천방법론. 서울: 양성원.

허정무, 홍진욱(2016). 지역사회중심 평생교육지원체계 분석. 예술인문사회융합멀티미디어논문지6(11), 211-220.

현은령(2012). 문화예술교육의 사회적 확산을 위한 성공사례연구. 한국과학예술융합학회, 10. 99-109

홍기형, 이화정, 변종임(2004). 학습사회 구현을 위한 평생교육의 이해. 서울: 교육과학사.

홍성두, 김기룡, 박유정, 손지영, 이기정(2014). 장애성인 맞춤형 문해교육 교육과정개발 연구. 서울: 국가평생교육진흥원.

홍성우, 김종래(2013). 평생학습도시 조성 사업의 활성화 방안 연구: 사업체계 및 사업내용 분석을 중심으로. 한국정책연구, 13(3), 375-401.

홍숙희(2010). 평생교육 기반으로서의 지역사회교육 논의의 역사적 변천 과정 탐색. 평생교육학연구, 16(1), 25-62.

황수경(2004). WHO의 새로운 국제장애분류(ICF)에 대한 이해와 기능적 장애 개념의 필요성. 노동정책연구, 4(2), 127-148.

황영희(2011). 고령사회에 대비한 대학개방을 통한 노인교육연구: 프랑스·독일·영국 노인대학

사례를 중심으로. 서울기독대학교 대학원 박사학위논문.

황종건, 김인아, 권두승, 송병국, 최운실, 조아미, 기영화, 노재화, 한준상(1996). 학교에서의 평생교육. 서울특별시 교육연구원.

山本慶裕(1995). 生涯學学習のための都市戦略-OECD報告概要. 社會教育.

生涯学習と地域づくり研究会(2004). 生涯学習と地域づくり研究会調査研究報告. 東京: 地域づくり研究会

小林文人(2006). 公民館60年の歩みが問いかけるもの. 日本民館学会主催:公民館60周年の集い講演記録.

辻田昌弘(2004). 構造改革特区は地方分権のシミュレーション. 東京: 21世紀政策研究所.

日本公民館学会編(2006). 公民館コミュニティ施設ハンドブック. エイデル研究所.

日本社會教育學會編(1988). 現代社會教育の創造: 社會教育研究30年の成果課題. 東京: 東洋館出版社.

中央教育審議会生涯学習分科会資料(2004). 経済財政運営と構造改革に関する基本方針.

澤野 由紀子(1999). 生涯学習の歴史. 東京: 福村出版.

Adelman, A, H, (1981). Evaluation Perspective in Consciousness-) Raising Education. Comparative Edcation Review, 25(1)

Apps, J. (1989). Providers of adult and continuing education: A framwork. In S. B.

Arnold, R., Nolda, S., Nuissl, E.(2001). *Woerterbuch Erwachsenenpaedagogik*. Wissenschaftliche Buchgesellschaft.

Australian Law Reform Commission. (2014). *Equality, Capacity, and Disability in Commonwealth Laws*. Retrieved from https://www.alrc.gov.au.

Banks, J.A.(2008). An introduction to multicultural education. 모경환, 최충옥, 김명정, 임정수 (공역)(2008). 다문화교육입문. 서울: 아카데미프레스.

Banks, J.A., Cookson, P., Gay, G., Hawley, W.D., Irvine, J.J., Nieto, S., Schofield, J. W., & Stephen, W. G.(2005). *Education and diversity. Social Education, 69*(1). 36-40.

Barnes, C., & Mercer, G. (2005). Disability, work, and welfare: challenging the social exclusion of disabled people. *Work, Employment and Society, 19*(3), 527-545.

Beaver. M. L. (1986). *Social Work with Aging. Silver Spring*. MD: National Association of Social Work Inc.

Bernard, J. (1973). *The sociology of community*. Glenview: Scott, Foresman and Co.

Bernstein, J.(2008). *Crunch - why do I feel so squeezed?* San Francisco, CA: Berrett-Koehler Publishers.

Bigby, C. (1996). Transferring responsibility: The nature and effectiveness of parental planning for the future of adults with intellectual disability who remain at home until mid-life. *Australian Society for the study of Intellectual and Developmental Disability, 21*(4), 295-312.

Bigby, C. (2002). Ageing people with a lifelong disability: Challenges for the aged care and disability sectors. *Journal of Intellectual and Developmental Disability, 27*(4), 231–241.

Bilger, F., Behringer, F., Kuper, H., Schrader, J(2017). *Weiterbildungsverhalten in Deutschland 2016.* Bundesministerium fuer Bildung und Forschung.

Blid, H. (1989). *Education by the people: Study circle in Sweden.* Tryckeri AB Plimo

BMBF. (2015). *Report on Vocational Education and Training.*

Borland, J., & James, S. (1999). The learning experience of students with disabilities in higher education. A case study of a UK university. *Disability & Society, 14*(1), 85–101.

Butterwick, S., & Benjamin, A.(2006). The road to employability through personal development: A critical analysis of the silences and ambiguities of the British Columbia (Canada) life skills curriculum. *International Journal of Lifelong Education, 25*(1), 75–86.

Canestrari, R. E. (1963). Paced and Self–Paced Learning in Young and Elderly Adults. *Journal of Gerontology, 18*, 165–168.

Cappelle, G., Le Roy, E., & Verkest, H. (2008). How to introduce citizenship in a special world. In A. Ross, & P. Cunningham(Eds.), *Reflecting on identities: Research, Practice and innovation.* Proceedings of the tenth conference of the children's identity and citizenship in Europe Academic Network, Istanbul 2008.

Cassara, B. B. (1979). The Lifelong Learning Act–An assessment. *Convergence: An International Journal of Adult Education*, 12(1–2), 55–63.

Cattell, R. B. (1963). The of Fluid and Crytallized Intelligence: A Critical Approach. *Journal of Educational Psychology, 54*(1), 71–88

Chang, L. (2014). Leisure education reduces stress among older adults. *Aging & Mental Health, 18*(6), 754–758.

Coleman, J. S. (1988). Social capital in the creation of human capital. *The American Journal of Sociology*, 94, 95–120.

Commonwealth of Australia. (2006). *Disability Standards for Education 2005.* Retrieved from

Cooper, K. H. (2005). *Regaining the Power of Youth at Any Age.* New York: Nelson Book.

Council of Europe. (1970). *Permanent education.* Strasbourg: Council of Europe.

Council of Europe. (1975). *Permanent education, A framework for recurrent education: Theory and practice.* Strasbourg: Council of Europe.

Cropley, A. J. (1977). *Advances in lifelong education.* Oxford: Pergamon Press.

Cropley, A. J. (1980). *Towards a System of Lifelong Education.* New York: Pergamon Press.

Dave, R. H. (1973). *Lifelong education and school curriculum.* UNESCO Institute for Education.

Dave, R. H. (1976). *Foundation of lifelong education.* UNESCO Institute for Education.

Delors, J. (1996). *Learning: The treasure within.* Paris: UNESCO Publishing.

DeSanctis, V. (1979). *The Adult Education Act 1964-79: A political history.* New Jersey: National Adult Education Clearing House(ERIC Document Reproduction Service No. ED 218 517)

Deutsches Studentenwerk. (2008). *Sozialerhebung des Deustchen Studentenwerks.* Die wirtschaftliche und soziale Lage der Studierenden in der Bundesrepublik Deutschland, Deutsches Studentenwekr, Berlin.

Development Associate, Inc. (1979). *Legislative and programmatic Trends in adult education.* Washington, D. C.: Office of Evaluation and Dissemination (ERIC Document Reproduction Service No. ED 193 468)

Durkheim, E. (1984). The Division of Labour of Society. Baingstoke: Macmillan. Erickson, E. H. (1963). Childbood and Society. New York: North and Co.

Elder Academy. (2013). *Elder Academy: Curriculum Design and Operation Model.* Lingnan University: Elder Academy Publication for Senior Citizens.

Elias, L. & Merriamm, S. (1994). Philosophical foundations of adult education 기영화 역(2002). 성인교육의 철학적 기초. 서울: 학지사.

Faure, E. (1972). *Learning to be: The world of education today and tomorrow.* Paris: UNESCO.

Faure, E., Herrera, F., Kaddoura, A.-R., Lopes, H., Petrovsky, A. V., Rahnema, M. and Ward, F. C. 1972. *Learning to Be: The World of Education Today and Tomorrow,* Paris: UNESCO.

Fejes, A. (2005). New Wine in Old Skins: Changing Patterns in the Governing of the Adult Learner in Sweden. *International Journal of Lifelong Education, 24*(1), 71-86.

Ford, J. (2007). Educational supports for students with disabilities and significant behavioural challenges: Teacher perceptions. *Australasian Journal of Special Education, 31*(2), 109-127.

Fornefeld, B. (2002). Einführung in die Geistigbehindertenpädagogik. *München, 2.* Durchges. Aufl.

Franklin, A., & Sloper, P.(2006). *Listening and responding? Childrens participation in health care within England.* In M. Freeman(Ed), Children's Health and Children's Rights (pp. 11-30). Brill.

Freire, P.(1973). *Education as Practice of Freedom. Education for Critical Consciousness.* New York: Continumm Publishing.

Freire, P. (1995). 페다고지(성찬성 역). 서울: 한마당.

Frieden, L. (2004). *Improving Educational Outcomes for Students with Disabilities.* Washington: National Council on Disability.

Fuller, M., Bradley, A., & Healey, M. (2004). Incorporating disabled students within an inclusive higher education environment. *Disability & Society, 19*(5), 455-468.

Gelpi, E. (1985). Lifelong Education and international relations. London: Croom Helm.

Giddings, F. H(2001). Principles of Sociology: An Analysis of the Phenomena of Assiciation and of Social Organization. University Press of the Pacific.

Grant, C., & Sleeter, C.(2007). *Doing multicultural education for achievement and equity.* New York: Routledge.

Haberzeth, E. & Kulmus, C. (2013). Förderprogramme der beruflichen Weiterbildung: Bedeutung, Stand und Entwicklung von Weiterbildungsgutscheinen in Deutschland. In Käpplinger,

B., Klein, R. & Haberzeth, E. (Hg.), Weiterbildungsgutscheine. Wirkungen eines Finanzierungsmodells in vier europäischen Ländern. Bielefeld: W. Bertelsmann.

Havighurst. R. J.(1972). *Developmental tasks and Education*. New York: Longmans Green.

Heyer, K. C. (2017). The ADA on the road: Disability rights in Germany. *Law & Social Inquiry, 27*(4), 723–762.

Houl, C. (1992). *The literature of adult education: A bibliographic essay*. San Francisco: Jossey–Bass.

Hurst, R. (1999). 'Disabled People's Organisations and development: strategies for change'. In Stone, E.(Ed.), *Disability and development: learning from action and research on disability in the majority world*, Leeds: The disability press.(pp.25 - 35).

Hutchins, R. M.(1968). *The learning society*. New York: Praeger.

Illich, I. (1971). *Deschooling Society*. New York: Harper & Row Publishers.

Janicki, M. P., Otis, J. P., Puccio, P. S., Rettig, J. H., & Jacobson, J. W. (1985). Service needs among older developmentally disabled persons. In M. P. Janicki & H. M. Wisniewski(Eds.), *Aging and developmental disabilities: Issues and approaches*(pp. 289 - 304). Baltimore, MD: Brookes.

Jarvis, P. (1983). *Adult and continuing education: Theory and practice*. London: Croom Helm.

Jarvis, P. (1985). *Adult and Continuing Eucation*. London: Croom Helm,

Jarvis, P. (1990). Trends in Education and Gerontology. *Education Gerontology, 16*(4), 401–409.

Javis, P. (1986). *Sociogical perspectives or lifelong education and lifelong learning*. University of Georgia. Department of Adult Education.

Kallen, D. (1979). *Recurrent Education and Lifelong Learning: Definitions and Distinctions*. In T. Schuller & J. McGarry(Eds.), World Yearbook of Education: Recurrent Education and Lifelong Learning(pp.45–56). London: Kogan Page.

Kallen, D. (2002). Lifelong Learning Revisited. In D. Istance et al.(Eds.), International Perspectives on Lifelong Learning: From Recurrent Education to the Knowledge Society (pp. 32–38). Buckingham: Open University Press.

Kerensky, V. M., & Melby, E. O. (1971). *Education Ⅱ: The Social Imperative*. Midland, Michigan: Pendell Publishing Co.

Knapper, C. K. & Cropley, A. J. (2000). *Lifelong Learning in Higher Education(3rd ed.)*. London: Kogan Page.

Knowles, M. (1977). *A history of the adult education movement in the United States*. New York : Robert E. Krieger Publishing Company.

Kurzweil, R.(2005). *The singularity is near - when humans transcend biology*. New York: Viking.

Lattke, S. (2014). *National Progress Report submitted by the Government of Germany*. German, Institute for Adult Education: Leibniz Centre for Lifelong Learning.

Lengrand, P.(1970). *Introduction to Life-Long Education*. Paris: Unesco.

Lenzen, D. (2001). Paedagogische Grundbegriffe. Rowohlts Enzyklopaedie.

Leung, A., Lui, Y. H., & Chi, I. (2005). Later life learning experience among Chinese elderly in Hong Kong. *Gerontology and Geriatrics Education, 26*(2), 1-15.

Levinson, D. (1978). *The season of a man's life*. New York: Konpf.

Longworth. N. (1999). *Making lifelong learning work: learning cities for a learning century*. London: Kogan Page.

Longworth, N. (2000). *Making lifelong learning work: Learning cities for a learning century*. London: Kogan Page.

Longworth, N., & Davies, W. K. (1996). *Lifelong Learning*. London: Kogan Page.

MacIver, R. M. (1951). *Community*. London: Routledge and Kegan Paul.

Marklund, S. (1980). *The Democratization of Education in Sweden*. Paris: UNESCO.

Markus, S. (2010). 공간, 장소, 경계: 공간의 사회학 이론 정립을 위하여(정인모, 배정희 역). 서울: 에코리브르.

Marland, S.(1972). *Career education means every student headed for a goal*. American Vocational Journal, 47(3), 34.

Maslow, A. H. (1943). *A theory of human motivation*. Psychological Review, 50, 370-396.

Mathew, S. N., Field, W. E., & Etheridge, S. (2011). Assessing the relationship between AgrAbility projects and state vocational rehabilitation services. *Journal of Vocational Rehabilitation, 35*(2), 93-105.

McClusky, H. Y. (1971). *The 1971 White House Conference on Aging*. Education: Background.

McEachern, A. G., & Kenny, M. C.(2007). Transition groups for high school students with disabilities. *The Journal for Specialists in Group Work, 32*(2), 165-177.

McIlveen, P. Everton, B., & Clarke, J.(2005). University career service and social justice. *Australian Journal of Career Development, 14*(2), 63-71.

Merriam, S. B., & Brockett, R. G. (1997). The profession and practice of adult education. San Francisco: Jossey-Bass.

Merriam, S. B., Caffarella, R. S., & Baumgartner, L. M.(2006). *Learning in adulthood: A comprehensiv guide(3rd ed.)*. San Francisco: Jossey-Bass.

Merriamm, S. & Brockett, R. (1997). *The profession and practice of adult education*. San Francisco: Jossey-Bass.

Mezirow, J. (1990). *How Critical Reflection Triggers Transformative Learning. Fostering Critical Reflection in Adulthood*. San Francisco: Jossey-bass.

NCEA (2004). What is community education? National Community Education Association. (Retrieved September 25, from http://www.ncea.com)

Norman, Longworth. (1999). *Making lifelong learning work: learning cities for a learning century*. London: Kogan Page.

OECD (1973). *Recurrent Education: A Strategy for Lifelong Learning*. Paris: OECD.

OECD (1996). *Lifelong Learning for All*. Paris: OECD.

OECD (1996). *Making lifelong learning a reality for all*. Paris: OECD.

OECD (1997). *Lifelong learning for all*. Paris: OECD.

OECD (2001). *Cities and regions in the new learning economy*. Paris: OECD.

OECD (2001). *Education policy analysis 2001*. Paris: OECD.

Patterson, C. (1973). Humanistic education. Englewood Cliffs, NJ: Prentice-Hall.

Peers, R. (1988). *Adult education: a comparative study*. London: Routeledge kegan paul.

Perry, W. (1976) Open university. Milton Keynes: Open University.

Peterson, R. A. (1997). *The Later Years: Social Application of Gerontology*. Ca: Brooks cole.

Peterson, R. E. (1979). Lifelong learning in America: An overall view of current practices, available resources, and future prospects. San Francisco: Jossey-Bass.

Piaget, J. (1966). Psychology of Intelligence. Totowa, N. J.:Littlefield, Adams.

Powell, J. J., & Solga, H. (2011). Why are higher education participation rates in Germany so low? Institutional barriers to higher education expansion. *Journal of Education and Work, 24*(1-2), 49-68.

Prince, D., & Jenkins, D. (2005). Building pathways to success for low-skill adult students: Lessons for community college policy and practice from a statewide longitudinal tracking study. *Community College Research Center, 25*, 1-4.

Putnam, R. D. (2000). *Bowling alone: America's declining social capital*. New York: Palgrave Macmillan.

Reimer, E.(1971). School is Dead: An Essay on Alternatives in Education. New York: Penguin Education.

Riddell, S. (1998). Chipping away at the mountain: Disabled students' experience of higher education. *International Studies in Sociology of Education, 8*(2), 203-222.

Riddell, S., Tinklin, T., & Wilson, A. (2005). *Disabled students in higher education: perspectives on widening access and changing policy*. London; New York: Routledge.

Roeher Institute. (1995). *Harm's way: The many faces of violence and abuse against persons with disabilities*. North York, Ontario: The Roeher Institute

Rohfeld, R. W. (1990). *Expending access to knowledge: Continuing higher education: NUCEA·1915-1990*. Washington D. C.: National University Continuing Education Association.

Ross, M. (1967). *Community Organization Theory, Principles and Practice*. New York: Harper and Row.

Rubin, B. L. (1979). *Women of Certain Age*. New York: Harper & Row.

Sadler, W. A. (2001). *The Third Age: Six Principles of Growth and Renewal After Forty*. 김경숙 역(2015). 서드 에이지, 마흔 이후 30년. 서울: 사이

Schaie, K. W. (1994). The Course of Adult Intellectual Development. *American Psycologist. 49*(1)

Schiersmann, C., & Schober, K. (2014). Qualtätsstandards für die Beratung in Bildung, Beruf und Beschäftigung Nationales Forum Beratung in Bildung, Beruf und Beschäftigung.

Schuetze, H. G. (2006). *International Concepts and Agendas of Lifelong Learning*. Compare, 36(3), 289–306.

Schwab, K.(2016). *The fourth industrial revolution*. Geneva, Switzerland: World Economic Forum.

Schwartz, B. (1974). *Permanent education*. The Hague: Martinus Nijhoff.

Singh, B. R.(1995). *Multicultural education*. Educational Review, 4(1), 11–25.

Slevin, E., Truesdale–Kennedy, M., McConkey, R., Barr, O., & Taggart, L. (2008). Community learning disability teams: developments, composition and good practice: a review of the literature. *Journal of Intellectual Disabilities, 12*(1), 59–79.

Swindell, R., & Thompson, J. (1995). An international perspective on the university of the third age. *Educational Gerontology, 21*(5), 429–447.

Tam, M. (2012). Active ageing, active learning: Elder learning in Hong Kong. In G. Boulton–Lewis, & M. Tam(Eds.), *Active ageing, active learning: Issues and challenges*(pp. 163–174). Dordrecht, the Netherlands: Springer.

Tam, M. (2018). Evaluation of third age learning in Hong Kong: Why and how?. *Educational Gerontology, 44*(11), 724–731.

The Arc of the US. (2007). *2007 Annual Report*. Retrieved from http://www.thearc.org.

Titmus, C. J. (2014). *Lifelong education for adults: An international handbook*. Elsevier.

Tuijnman, A. (1996). Recurrent Education. In A. Tuijnman(Ed.), International encyclopedia of adult education and training(pp.99–106). New York: Pergamon.

U.S Congress. (1971). "Title 20–Education: Chapter 30". United States Code: 1970 Edition. Washington D.C. : U.S. Government Printing Office.

U.S. Congress. (1965). Public Law 89–329: Higher Education Act of 1965. Washington D.C. : U.S. Government Printing Office.

UCLA World Policy Analysis Center (2017). *Fundamental Rights of Persons with Disability Statistics and Charts*. Retrieved from https://ph.ucla.edu/research/centers/world–policy–analysis–center

UNESCO(1982). Recommendation on the Development of Adult Education. Paris: OECD.

Vickerman, P., & Blundell, M. (2010). Hearing the voices of disabled students in higher education. *Disability & Society, 25*(1), 21–32.

WEF(2016). The Future of Jobs: Employment, Skills and Workforce Strategies for the Forth Industry Revolution. 〈http://www3.weforum.org/docs/WEF_Future_of_Jobs.pdf〉.

Weinberg, J. (2000). Einführung in das Studium der Erwachsenenbildung. Deutsches Institut für Erwachsenenbildung

Weller, E. K. (1983). The course of Adult Intellectual Development. *American Psycologist. 49*(1)

Westlake, S.(2014). Our work here is done – visions of a robot economy. London, U.K.: National Endowment for Science, Technology and the Arts (NESTA).

Yair, G. (2008). Key educational experiences and self–discovery in higher education. *Teaching and*

Teacher Education, 24(1),a 92–103.

Zepke, N., Leach, L., & Prebble, T. (2006). Being learner centred: one way to improve student retention? *Studies in Higher Education, 31*(5), 587–600.

국가평생교육진흥원 홈페이지 https://www.nile.or.kr

연합뉴스, 다문화가족 실태. (2016. 4. 26.) http://img.yonhapnews.co.kr/etc/graphic/YH/2016/04/26//GYH2016042600060004400.jpg?detail.

연합뉴스, 한국청소년 '디지털 문해력'마저... OECD 바닥권. (2021. 12. 18).https://www.yna.co.kr/view/AKR20211209134600501.

위키백과, 장애인의 정의. (2022) https://ko.wikipedia.org/wiki/%EC%9E%A5%EC%95%A0%EC%9D%B8.

kcefkorea(2020). 문해교육의 현재와 미래. 출처: KCEF과 함께하는 평생학습타임즈. http://lltimes.kr/?p=53648.

저자소개

강유정

계명대학교 사범대학 교육학과(문학사)

계명대학교 일반대학원 교육학과(문학석사)

계명대학교 대학원 교육학과(교육학박사)

현) 대구공업대학교 레저스포츠계열 교수

저서: 교직의 사회학적 이해 (강현출판사, 2014) 외

신연희

대구가톨릭대학교 사범대학 교육학과(교육학사)

계명대학교 일반대학원 교육학과(문학석사)

계명대학교 일반대학원 교육학과(교육학박사)

현) 가야대학교 교육혁신원 교수학습개발센터 연구교수

저서: 교육과정(창지사, 2020) 외

장기덕

대구교육대학교 초등교육(교육학)

계명대학교 교육대학원 교육학과(교육학석사)

계명대학교 일반대학원 교육학과(교육학박사)

현) 김천대학교 유아교육과 교수

저서: 교육심리학(수양재, 2018) 외

최성열

대신대학교 신학과(문학사)

계명대학교 일반대학원 교육학과(문학석사)

계명대학교 일반대학원 교육학과(교육학박사)

현) 경북과학대학교 유아교육과 교수

저서: 교육사회학(동문사, 2018) 외

평생교육론

초 판 1쇄 인쇄 2023년 2월 27일
초 판 1쇄 발행 2023년 3월 7일

지 은 이 | 강유정 · 신연희 · 장기덕 · 최성열
펴 낸 이 | 김기섭
편 집 인 | 오선율
펴 낸 곳 | 창지사 www.changjisa.com
08589 서울시 금천구 가산디지털 1로 83 파트너스타워 1차 9층
전화 (02)719-2211~3
팩스 (02)701-9386
등 록 | 1977년 4월 28일 · 제1-421호

ISBN 978-89-426-1816-3 (93370)

값 22,000원